新世纪高职高专实用规划教材　公共基础系列

大学生心理健康教育
(第 4 版)

王金凤　柴义江　主　编

清华大学出版社
北　京

内容简介

本书根据教育部《普通高等学校大学生心理健康教育工作的实施纲要》的要求，同时针对高职高专类院校学生的身心特点和思想情况来编写，具有一定的理论性和很强的实用性。

本书共十二个项目，每个章节从不同角度介绍了大学生在日常生活和学习中遇到的各种心理健康问题，并分析了原因，最后重点阐述对相关心理问题的自我调适方法。

本书附有与章节内容相配套的心理训练游戏和心理测试。我们希望读者能根据提供的心理训练游戏和心理测试，增加自己的认知和体验。需要说明的是，心理测试在使用过程中受选取的样本人群、文化背景和时代变迁的影响，其测试结果具有相对性，因此心理测试的结果只能作为一个重要参考。

本书可作为各类高职高专院校大学生心理健康教育的教材和指导用书，也可作为教育学和心理学工作者的参考用书。

本书封面贴有清华大学出版社防伪标签，无标签者不得销售。
版权所有，侵权必究。举报：010-62782989，beiqinquan@tup.tsinghua.edu.cn。

图书在版编目(CIP)数据

　大学生心理健康教育/王金凤，柴义江主编. —4版. —北京：清华大学出版社，2017（2021.8重印）
　(新世纪高职高专实用规划教材　公共基础系列)
　ISBN 978-7-302-46623-9

　Ⅰ. ①大… Ⅱ. ①王… ②柴… Ⅲ. ①大学生—心理健康—健康教育—高等职业教育—教材 Ⅳ. ①G444

　中国版本图书馆CIP数据核字(2017)第029333号

责任编辑：张彦青
封面设计：常雪影
责任校对：周剑云
责任印制：杨　艳

出版发行：清华大学出版社
地　　址：北京清华大学学研大厦A座
网　　址：http://www.tup.com.cn
邮　　编：100084
社 总 机：010-62770175
邮　　购：010-62786544
投稿与读者服务：010-62776969，c-service@tup.tsinghua.edu.cn
质量反馈：010-62772015，zhiliang@tup.tsinghua.edu.cn
课件下载：http://www.tup.com.cn，010-62791865

印 装 者：北京鑫海金澳胶印有限公司
经　　销：全国新华书店
开　　本：185mm×260mm　　印　张：22　　字　数：533千字
版　　次：2004年9月第1版　2017年2月第4版　　印　次：2021年8月第7次印刷
定　　价：39.00元

产品编号：073288-01

前　言

本书自2004年9月出版以来，受到高职院校广大师生的普遍欢迎。2006年被江苏省教育厅评为省评优精品教材，2008年被教育部评为国家"十一五"规划教材。有的高职院校以本书为蓝本开发并建设成省级精品课程。本书所产生的社会影响和获得的荣誉，是对我们的鼓励和鞭策。

在本书第一、二版使用期间，我们开展了以下工作：一是调动作者及任课教师，在教学过程中用心体会教材与高职大学生的心理健康状况的匹配程度，考察教材的针对性和适用性；二是召开座谈会，发放问卷，广泛征求教师和学生对教材的意见和建议；三是收集有关高职院校最新的心理咨询案例；四是加强高职院校大学生心理健康教育的教学和科研工作。上述工作的成绩是我们了解到，高职大学生心理障碍和心理疾病的病例数量有上升的趋势；同时也掌握了一手资料。所以，我们决定对本书进行再次改版。

第三版修订版我们在保持原教材特色的基础上，既努力突破以往心理学教材板着老面孔说教的局面，又力求保持心理健康教育的科学性，使内容与时俱进。第三版修订版从内容上看，反映了2006年第二版以来高职大学生心理健康教育的教学和科研成果，使用了权威部门公开的最新数据，选用了最新的案例、名人名言及有关图表，难度适宜，指导性、适用性、可读性进一步增强。从形式上看，突破了传统教材的编写体例，设计了案例导读、心理知识讲坛、心理训练游戏、心理测试等栏目，结构与众不同。

参加第三版修订版编写的作者具有在高职院校长期从事心理健康教育、思想政治工作和学生管理工作的经历，包括教授一名、副教授六名。作者了解高职大学生，并带着真诚的关怀和爱心，从高职大学生的身心特点和发展规律出发，对高职大学生的自我意识、学习、人际交往、恋爱与性、择业、挫折的承受与应对、常见心理障碍与心理疾病等方面的问题，进行潜心研究并撰写了本书。各章执笔者分工：第一章，王金凤、周家华；第二章，赵建梅；第三章，郑之左；第四章，李晶；第五章，张小光、郑步淮；第六、七章，董芸；第八章，柴义江；第九章，王金凤；第十章，蒋桂萍；第十一章，解光夫；第十二章，王金凤。周家华、王金凤统稿、审稿。

我们希望本书的出版能对高职院校的学生，从事心理健康教育的老师和思想政治教育工作者，以及关心、爱护高职大学生的学生家长、广大心理教育工作者有些实际的帮助。

本书的出版，得到了清华大学出版社的关心与支持，在此表示由衷的感谢！同时，对书中所引用资料的原作者亦表示真诚的谢意！尽管在本书编写过程中，作者已尽最大努力，但由于水平有限，难免有疏漏与不足，敬请读者批评指正。

周家华

目　录

项目一　心理健康导读 1

第一节　健康与心理健康 6
一、现代人的健康观 6
二、心理健康的标准 8
三、心理健康的测定 10

第二节　大学生与心理健康 10
一、大学生的身心特点 10
二、大学生常见的心理健康问题 13
三、大学生心理健康问题的
　　原因与对策 15

第三节　大学生心理健康教育 17
一、大学生心理健康教育的
　　主要任务和内容 17
二、大学生心理健康教育的
　　发展趋势 18

项目思考 20

项目二　自我意识认知 21

第一节　自我意识概述 25
一、自我意识的含义 25
二、自我意识的结构 26
三、自我意识的作用 28

第二节　大学生自我意识的发展 30
一、历史变迁中的大学生自我意识 30
二、大学生自我意识发展的过程 31
三、大学生自我意识发展的特点 34
四、大学生自我意识发展中的缺陷 ... 36

第三节　大学生自我意识的养成 39
一、影响大学生自我意识发展的
　　因素 39

二、大学生自我意识的养成 42

项目思考 46

项目三　情绪情感管理 48

第一节　情绪与情感 52
一、情绪情感的概述 52
二、情绪的基本状态 54
三、情感的种类 56
四、情商 57

第二节　大学生常见的情绪困扰 59
一、大学生情绪情感发展的特点 59
二、情绪情感对大学生身心健康的
　　影响 60
三、大学生常见的情绪困扰 61

第三节　情绪调节与控制 69
一、健康情绪的标志 69
二、学会调节和控制情绪 69
三、学会应激的调适 73
四、培养高级情感 74

项目思考 75

项目四　学习心理探索 76

第一节　学习与心理健康 81
一、学习概述 81
二、大学生学习的基本特点 83
三、大学生学习的任务 85
四、学习与心理健康的关系 87

第二节　大学生学习心理问题及其调适 ... 89
一、学习动机问题 89
二、大学生学习焦虑问题 95
三、大学生学习畏难问题 98

四、大学生学习疲劳问题 99
　　五、注意力不集中问题 101
　　六、记忆力差的问题 103
第三节　大学生学习方法与学习能力的
　　　　培养 108
　　一、学习方法的培养 108
　　二、学习能力的培养 116
项目思考 120

项目五　人际关系优化 121

第一节　大学生人际关系概述 124
　　一、人际关系概述 125
　　二、大学生人际关系 128
　　三、大学生人际关系与心理健康的
　　　　关系 132
第二节　大学生人际交往中的心理障碍
　　　　及其调适 133
　　一、自负心理及其调适 133
　　二、嫉妒心理及其调适 134
　　三、多疑心理及其调适 139
　　四、自卑心理及其调适 141
　　五、害羞心理及其调适 145
第三节　大学生人际关系优化 148
　　一、优化人际交往态度 148
　　二、优化人际交往技能 150
　　三、掌握人际交往技巧 153
项目思考 155

项目六　恋爱心理解析 156

第一节　大学生恋爱面面观 161
　　一、爱情的本质 162
　　二、大学生恋爱面面观 164
　　三、大学生恋爱的特点及
　　　　原因分析 169
第二节　健康的恋爱观与恋爱行为 172

　　一、大学生谈恋爱应具备的条件 172
　　二、健康的恋爱观 174
　　三、健康恋爱行为的养成 175
第三节　大学生恋爱的心理困扰与
　　　　调适 178
　　一、单相思的困扰与调适 178
　　二、一见钟情的困扰与调适 180
　　三、对男友性冲动的困扰与调适 182
　　四、失恋的困扰与调适 184
　　五、大学生恋爱中的其他困扰与
　　　　调适 187
项目思考 192

项目七　性心理探秘 193

第一节　青春期的性心理 198
　　一、青春期的性生理发育特征 199
　　二、青春期性心理发展的特征 200
　　三、大学生的性困扰与调适 202
第二节　大学生婚前性行为的现状与
　　　　透析 206
　　一、大学生发生婚前性行为的
　　　　现状 206
　　二、女大学生应慎重对待婚前
　　　　性行为 208
　　三、简单的避孕知识 210
第三节　探索具有中国特色的
　　　　性健康教育 211
　　一、我国大学生性教育的现状 211
　　二、大学生性教育的必要性 212
　　三、探索中国特色的性健康教育 214
项目思考 215

项目八　择业心理调适 216

第一节　大学生择业的心理准备 224
　　一、择业心理概述 225

二、当前大学生择业的心理特点
分析 227
三、大学生择业必需的心理准备 229
第二节 大学生择业的心理问题 231
一、大学生择业心理问题产生的
原因 231
二、大学生择业中常见的
不良心理 232
三、女大学生择业的特殊心理 236
第三节 大学生择业心理的调适 237
一、个性心理与择业 237
二、培养健康的择业心理 240
三、择业心理的调适 242
项目思考 245

项目九 网络心理引导 246

第一节 大学生与互联网 248
一、互联网及其特点 248
二、大学生网络活动的类型 249
三、网络与大学生心理需求 251
第二节 大学生网络心理障碍及调适 253
一、什么是网络心理障碍 253
二、大学生网络心理障碍的
基本类型 253
三、大学生网络心理障碍的调适 ... 255
第三节 网络成瘾症及其防治 257
一、网络成瘾症及其基本类型 257
二、网络成瘾症的防治方法 259
项目思考 260

项目十 挫折心理应对 261

第一节 挫折概述 264
一、挫折及其作用 264
二、常见的挫折类型 265
三、挫折的防御机制 266

第二节 大学生挫折的反应及原因 273
一、大学生最常见的挫折 273
二、大学生的挫折反应 275
三、大学生挫折产生的原因 278
第三节 大学生挫折的承受与应对 283
一、大学生挫折的承受 284
二、大学生挫折的应对 290
项目思考 297

项目十一 心理问题识别 298

第一节 心理问题识别 301
一、相关概念的区分 301
二、心理问题鉴别 303
三、病因识别 305
第二节 认识日常生活中的精神障碍 307
一、神经症 307
二、人格障碍 309
三、精神疾病 310
四、性心理障碍 311
第三节 心理问题的治疗 312
一、什么是心理治疗 312
二、心理治疗的方法 312
项目思考 318

项目十二 心理咨询入门 319

第一节 心理咨询概述 320
一、心理咨询的含义 321
二、心理咨询的作用 322
三、心理咨询的类型 322
四、心理咨询的原则 325
五、心理咨询的过程 327
第二节 大学生心理咨询的主要内容和
步骤 329
一、大学生对心理咨询的态度 329
二、大学生心理咨询的主要内容 ... 330

三、大学生心理咨询的步骤..............330
四、大学生心理咨询效果的评价及
　　影响因素........................333
第三节　团体心理咨询......................334
一、团体心理咨询概述....................334
二、团体心理咨询的发展过程..........335
三、团体心理咨询的操作过程和
　　常用方法........................337
项目思考..342

参考文献..343

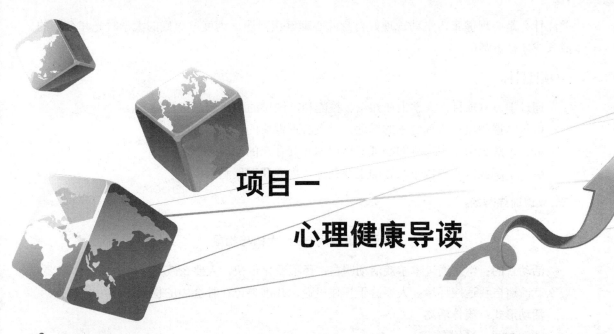

项目一
心理健康导读

导学案例

小王来自贫困地区，祖祖辈辈都是面朝黄土背朝天的农民，全家人省吃俭用供他读书。他明白家里父母的艰辛和亲人的期望，学习很努力，也学得很刻苦，整天除了学习就是学习。参加高考，他是全校第一名，全村人为他祝贺，因为他是村里的第一个大学生。家里穷，全村人就为他拼凑了路费和第一年的学费。带着难以名状的自豪与期望，他来到了大学校园。看到大批从各地赶来报到的新同学，他们提着各式各样的旅行包、行李袋，着装十分漂亮，许多同学还有父母陪同开心地谈笑着。而他，为了节省车费，孑身一人来报到，穿着一双自制的布鞋，用竹棍子挑着两个尼龙袋，上面还写着"化肥"两个字……他一下子觉得自己好像从垃圾堆里爬出来的苍蝇，感觉大家都在盯着他，嘲笑他……入学后，小王学习依然十分刻苦，学习成绩在班上还算不错。可除了学习，他什么也不会，琴棋书画不会，唱歌跳舞更是不行。别的同学见多识广，开口谈论的是网络，而他连计算机都没怎么碰过。别人的谈话他无法介入，也不敢介入，怕同学笑话他。渐渐地，小王就不与同学接触，课余时间就待在图书馆里，有时等到快睡觉时才回宿舍。小王感到真没意思，想退学，但想到父母的艰辛，亲人的期望，他又无颜以对……

案例提示：小王的心理困扰在进入青年初期的大学生中普遍存在。大学生因社会经验不足、依赖性强、心理承受能力差，面对学业、人际交往、经济、情感、就业、家庭变故、环境变化等诸多因素，容易产生自卑、焦虑等心理问题。我们的调查显示，高职院校大学生中存在心理问题的占 32.60%。特别是近几年，大学生因为心理障碍和心理疾病而被迫休学、退学、自残、自杀、伤害动物甚至杀人的案例数量有上升的苗头。所以，大学生要关注自身的心理健康，提高身心素质，激发潜能，成就人生。一切从心开始，让我们走进心理健康。

项目说明

本项目通过对心理健康的认知与学习，指导学生提高对心理健康重要性的认识，进而关注什么是心理健康,主动管理好自身的心理健康问题,为度过美好的大学时光和今后的成长成才打下基础。

➡ 项目目标

通过学习本项目,大学生在知识、技能和方法层面应达到以下目标。
- 掌握健康和心理健康的概念,以及心理健康的一般标准
- 了解大学生中常见的心理健康问题及其存在的原因
- 了解我国心理健康教育的主要任务、内容和发展趋势

心理训练游戏

心理训练游戏一: 大树与松鼠

活动目的: 学生通过本游戏活动明白:环境变化很快,人要么改变环境适应个体需要,要么就改造自我适应环境;人要善于抓住机遇,找准自己在社会中的位置。

活动形式: 集体活动

活动时间: 15分钟

活动准备: 全体人员分为若干组,每组三人。其中两人扮演大树,这两人站着并手拉手围成一个小椭圆,另一个人扮演松鼠,站在椭圆里面。

场地要求: 可移动桌椅的大教室或室外

活动步骤:

(1) 随口令"松鼠",大树不动,松鼠重新找大树;
(2) 随口令"大树",松鼠不动,大树重新找松鼠;
(3) 随口令"地震",大树与松鼠全部重新组合;
(4) 请参与人员谈活动的心理感受。

心理训练游戏二: 滚雪球

活动目的: 促进同学之间的了解,扩大人际交往范围,为新生融入新的人际环境打下基础。

活动时间: 8~10分钟

活动准备: 全体人员分为若干组,每组6~8人。

场地要求: 可移动桌椅的大教室或室外

活动步骤:

(1) 以小组为单位,小组中每人首先用一句话介绍自己,一句话中必须包括姓名、所属(系、班级)、个人特征、性格、爱好(如爱说爱笑,喜欢唱歌,爱读书等)。

(2) 在依次介绍中,每个人介绍自己之前要附带前面已介绍过的同学的所有信息。格式如"我是来自江苏经贸职业技术学院贸易经济系物流专业的爱说爱笑的王××同学,左边的是来自会计系财务管理专业的喜欢踢球的李××同学,他左边的是来自工程技术系食品检测专业说话嗓门特别大的张××同学。"

(3) 当小组每个同学顺利做完这种滚雪球式的自我介绍之后，全组为他鼓掌以示鼓励。
(4) 老师请每组出一位代表将全组成员的情况向全班同学作介绍，并谈活动的心理感受。

心理测试

测试目的：看你是否有某种心理症状及其严重程度。

测试要求：

(1) 独立的、不受任何人影响的自我评定；
(2) 评定的时间范围是"现在或最近一周"；
(3) 每次评定一般在 20 分钟内完成。

问卷如表 1-1 所示。

以下列出了有些人可能会有的问题，请仔细阅读，然后根据最近一星期自己的感觉作答。其中"没有"记 1 分，"较轻"记 2 分，"中等"记 3 分，"较重"记 4 分，"严重"记 5 分。

表 1-1　SCL—90 症状自评量表(问卷)

症　状	分　值
1. 头痛。	
2. 神经过敏，心里不踏实。	
3. 头脑中有不必要的想法或字句盘旋。	
4. 头晕或昏倒。	
5. 对异性的兴趣减退。	
6. 对旁人求全责备。	
7. 感到别人能控制你的思想。	
8. 责怪别人制造麻烦。	
9. 忘性大。	
10. 担心自己的衣饰整齐及仪态的端正。	
11. 容易烦恼或激动。	
12. 胸痛。	
13. 害怕到空旷的场所或街道。	
14. 感到自己的精力下降，活动减慢。	
15. 想结束自己的生命。	
16. 听到旁人听不到的声音。	
17. 发抖。	
18. 感到大多数人都不可信任。	
19. 胃口不好。	
20. 容易哭泣。	
21. 同异性相处时感到害羞或不自在。	
22. 感到受骗、中了圈套或有人想抓住你。	
23. 无缘无故地突然感到害怕。	
24. 自己不能控制地发脾气。	
25. 怕单独出门。	
26. 经常责怪自己。	
27. 腰痛。	
28. 感到难以完成任务。	
29. 感到孤独。	

续表

症 状	分 值
30. 感到苦闷。	
31. 过分担忧。	
32. 对事物不感兴趣。	
33. 感到害怕。	
34. 感情容易受到伤害。	
35. 感到旁人能知道你私下的想法。	
36. 感到别人不理解你,不同情你。	
37. 感到人们对你不友好,不喜欢你。	
38. 做事必须做得很慢以保证做得正确。	
39. 心跳得很厉害。	
40. 恶心或胃部不舒服。	
41. 感到比不上他人。	
42. 肌肉酸痛。	
43. 感到有人在监视你、谈论你。	
44. 难以入睡。	
45. 做事必须反复检查。	
46. 难以做出决定。	
47. 怕乘电车、公共汽车、地铁或火车。	
48. 呼吸有困难。	
49. 一阵阵发冷或发热。	
50. 因为感到害怕而避开某些东西、场合或活动。	
51. 脑子变空了。	
52. 身体发麻或刺痛。	
53. 喉咙有梗塞感。	
54. 感到没有前途、没有希望。	
55. 不能集中注意力。	
56. 感到身体的某一部分软弱无力。	
57. 感到紧张或容易紧张。	
58. 感到手或脚发重。	
59. 想到死亡的事。	
60. 吃得太多。	
61. 当别人看着你或谈论你时感到不自在。	
62. 有一些不属于你自己的想法。	
63. 有想打人或伤害他人的冲动。	
64. 醒得太早。	

续表

症　状	分　值
65. 必须反复洗手、点数目或触摸某些东西。	
66. 睡得不稳不深。	
67. 有想摔坏或破坏东西的冲动。	
68. 有一些别人没有的想法或念头。	
69. 感到对别人神经过敏。	
70. 在商店或电影院等人多的地方感到不自在。	
71. 感到任何事情都很困难。	
72. 一阵阵恐惧或惊恐。	
73. 感到在公共场合吃东西很不舒服。	
74. 经常与人争论。	
75. 单独一人时神经很紧张。	
76. 感到别人对你的成绩没有做出恰当的评价。	
77. 即使和别人在一起也感到孤单。	
78. 感到坐立不安心神不定。	
79. 感到自己没有什么价值。	
80. 感到熟悉的东西变成陌生或不像是真的。	
81. 大叫或者摔东西。	
82. 害怕会在公共场合昏倒。	
83. 感到别人想占你的便宜。	
84. 为一些有关"性"的想法而很苦恼。	
85. 你认为应该因为自己的过错而受到惩罚。	
86. 感到要赶快把事情做完。	
87. 感到自己的身体有严重问题。	
88. 从未感到和其他人很亲近。	
89. 感到自己有罪。	
90. 感到自己的脑子有毛病。	

评分规则：将因子 F1(躯体化)、F2(强迫)、F3(人际关系敏感)、F4(抑郁)、F5(焦虑)、F6(敌意)、F7(恐怖)、F8(妄想)、F9(精神病性)、F10(其他)各自所包含的项目得分分别累计相加，即得到各个因子的累计得分；将各个因子的累计得分除以其相应的项目数，即得到各个因子的因子分数——T 分数，如表 1-2 所示。

结果解释：在对大学生进行心理健康测评和心理咨询过程中，比较粗略、简便、直观的判断方法是看各因子的 T 分数是否超过 3 分(1～5 分评分制)，如表 1-3 所示。当 T≥3 时，即表明该因子的症状已达中等以上的严重程度。此时，应对受测大学生采取必要的心理治疗措施。

表 1-2　SCL—90 测验答卷得分换算表

因　子	所属因子的症状项目编号	累计得分(S)	T 分数 (S/项目数)
F1	1，4，12，27，40，42，48，49，52，53，56，58		/12
F2	3，9，10，28，38，45，46，51，55，65		/10
F3	6，21，34，36，37，41，61，69，73		/9
F4	5，14，15，20，22，26，29，30，31，32，54，71，79		/13
F5	2，17，23，33，39，57，72，78，80，86		/10
F6	11，24，63，67，74，81		/6
F7	13，25，47，50，70，75，82		/7
F8	8，18，43，68，76，83		/6
F9	7，16，35，62，77，84，85，87，88，90		/10
F10	19，44，59，60，64，66，89		/7
阳性项目总数：(=90-选择"没有"的项目数)	总累计得分：	总因子分数：	

表 1-3　正常人 SCL—90 的因子分布

项　目	X+SD	项　目	X+SD
躯体化	1.34+0.45	敌意	1.50+0.57
强迫	1.69+0.61	恐怖	1.33+0.47
人际关系	1.76+0.67	妄想症	1.52+0.60
抑郁	1.57+0.61	精神病性	1.36+0.47
焦虑	1.42+0.43	阳性项目数	27.45±19.32

注：X 是平均值，SD 是标准差。

心理知识讲坛

第一节　健康与心理健康

健康是每个人所向往的。前世界卫生组织(World Health Organization，WHO)总干事马勒博士曾指出："必须让每个人意识到，健康并不代表一切，但失去了健康，便丧失了一切。"英国作家斯宾塞说过"良好的心理健康和随之而来的愉快的情绪是幸福的最好资本"。那么，究竟什么是健康？什么是心理健康呢？

一、现代人的健康观

对于健康的概念，传统的观点认为，躯体没病就是健康。因此，人们重视锻炼身体，而忽视了心理的卫生保健。

> **知识链接**
>
> "健康"一词最早出现于我国儒家经典著作《周易》和《尚书·洪范》。《周易》曰:"天行健,君子以自强不息。"《尚书·洪范》曰:"身其康强,子孙其逢吉。""健康"有"刚健""无病",于是"安乐"之意。

1948年世界卫生组织(WHO)提出,健康是一种生理、心理与社会适应都趋于完满的状态,而不仅是没有疾病但虚弱的状态。WHO进一步指出健康的新概念:一是有充沛的精力,能从容不迫地担负日常工作和生活,而不感到疲劳和紧张;二是积极乐观,勇于承担责任,心胸开阔;三是精神饱满,情绪稳定,善于休息,睡眠良好;四是自我控制能力强,善于排除干扰;五是应变能力强,能适应外界环境的各种变化;六是体重得当,身材匀称;七是眼睛炯炯有神,善于观察;八是牙齿清洁,无空洞,无痛感,无出血现象;九是头发有光泽,无头屑;十是肌肉和皮肤富有弹性,步伐轻松自如。

1989年WHO进一步深化了健康的概念,认为健康不只是指身体无疾病。健康应包括躯体健康、心理健康、社会适应良好以及道德健康,要求人们从四个方面综合评价一个人的健康(如表1-4所示)。所以,健康不只是指身体无疾病。牙齿棒、吃饭香、身体壮的人不一定就健康。

表1-4 健康的含义

健康	躯体健康	人体的结构完整,生理功能正常
	心理健康	在身体、智能及情感上与他人的心理健康不矛盾的范围内,个人心境发展最佳的状态
	社会适应良好	能胜任个人在社会生活中的各种角色,能立足角色创造性地开展工作并取得成就,贡献社会,实现自我
	道德健康	在稳定的道德观念支配下表现出来的一贯的符合社会道德规范行为
健康四方面之间的关系		躯体健康是其他健康的基础;心理健康与躯体健康相互作用;以心理健康为基础发展起来的道德健康高于单纯的心理健康;社会适应良好是心理健康的充分体现,是健康的最高境界

> **知识链接** 身体问题躯体化
>
> 所谓躯体化,就是这样一种现象:患者自觉有很严重的躯体症状如头痛、乏力、失眠、身体不舒服、工作效率下降等,但在相应的医学检查却没有发现什么明显的病理改变;又或者,临床检查中发现的病理改变不足以解释患者自觉症状的严重程度。出现这种躯体化的深层次原因在于心理问题长期压抑而得不到解决。
>
> 中医认为身心存在互动关系,怒伤肝、喜伤心、思伤脾、忧伤肺、恐伤肾。七情失调,从而引起阴阳失调,气血不和,经络阻塞,脏腑功能失常而患病。

二、心理健康的标准

1. 心理健康的含义

心理健康是相对于生理健康而言的，它是指生活在一定社会环境中的人，在高级神经系统功能正常的情况下，智力正常、具有协调关系和适应环境的能力和性格、情绪稳定、行为适度。心理健康不是指对任何事物都能愉快地接受，而是指在对待环境和问题冲突的反应上，能更多地表现出积极的适应倾向。因此，心理健康是一种积极向上的高效而满意的持续的心理状态。

2. 心理健康的标准

心理健康包括哪些维度？是否有心理健康标准？国内外学者有过各种不同的阐述。

世界心理卫生联合会曾具体明确地指出心理健康的标志是：身体、智力、情绪十分调和；适应环境，人际关系中能彼此谦让；有幸福感；在工作和职业中，能充分发挥自己的能力，过着有效率的生活。

> **知识链接**
>
> 坎布斯(A. W. Combs)认为心理健康者有4种特质：积极的自我观念；恰当地认同他人；面对和接受现实；主观经验丰富，可供人们取用。
>
> 罗杰斯(C. R. Rogers)认为心理健康者的特征是：对任何经验是开放的，不对某种经验拒绝和歪曲；自我结构与其经验相协调，并能同化新经验；体验到自我价值感；与周围人高度协调，乐于给他人以关怀；自我实现的潜能得到发挥。

美国心理学家马斯诺和密特尔曼提出了十条被认为是经典心理健康的标准：有充分的自我安全感；能充分了解自己，并能恰当评估自己的能力；生活理想切合实际；不脱离周围现实环境；能保持人格的完整与和谐；善于从经验中学习；能保持良好的人际关系；能适度地宣泄和控制情绪；在符合团体要求的前提下，能有限度地发挥个性；在不违背社会规范的前提下，能适当地满足个人的基本需要。

我国绝大多数学者认为心理健康的标准是以下几个方面。

(1) 智力正常。一般智商在80以上。这是人们学习、生活与工作的基本心理条件，也是适应周围环境变化所必需的心理保证。

(2) 情绪健康。其标志是情绪稳定和心情愉快。具体表现为：愉快情绪多于负面情绪，乐观开朗，富有朝气，对生活充满希望；情绪较稳定，善于控制与调节自己的情绪，既能克制又能合理宣泄；情绪反应与环境相适应。

(3) 意志健全。意志是人在完成一种有目的的活动时，所进行的选择、决定与执行的心理过程。意志健全者在行动的自觉性、果断性、顽强性和自制力等方面都表现出较高的水平。意志健全的大学生在各种活动中都有自觉的目的性，能适时地做出决定并运用切实有效的方法解决所遇到的问题；在困难和挫折面前，能采取合理的反应方式；能在行动中控制情绪和行为，而不是行动盲目、畏惧困难、顽固执拗。

(4) 人格完整。人格是指个体比较稳定的心理特征的总和。人格完整就是指有健全统一的人格，即个人的所想、所说、所做都是协调一致的。个人具有正确的自我意识，能以积极进取的人生观作为人格的核心，并以此为中心把自己的需要、目标和行动统一起来。

(5) 自我评价正确。正确的自我评价是大学生心理健康的重要条件。大学生要学会自我观察、自我认定、自我判断和自我评价。恰如其分地认识自己，摆正自己的位置，既不以自己在某些方面优于别人而自傲，也不以某些方面不如别人而自卑。能做到自尊、自强、自制、自爱，正视现实，积极进取。

(6) 人际关系和谐。其表现为：乐于与人交往，既有广泛而深厚的人际关系，又有知心朋友；在交往中保持独立而完整的人格，有自知之明，不卑不亢；能客观评价别人和自己，善于取长补短，宽以待人，乐于助人；积极的交往态度多于消极态度，交往动机端正。

(7) 社会适应正常。个体与客观现实环境保持良好秩序。个体能客观地认识现实环境，以有效的办法对应环境中的各种困难，不退缩，还要根据环境的特点和自我意识的情况努力进行协调，或改善环境适应个体需要，或改造自我适应环境。

(8) 心理行为符合年龄特征。不同年龄阶段有不同的心理和行为，心理健康者应具有与多数同龄人相符合的心理行为特征，如果严重偏离，就是不健康的表现。

值得注意的是，心理健康的标准是相对的。我们在理解和运用心理健康的标准时，应把握以下几点。

(1) 一个人心理不健康与有不健康的心理活动和行为表现不能等同。心理不健康是指一种持续的不良状态。我们不能仅根据一人、一时、一事而简单地给自己或他人下心理不健康的结论。不健康的心理活动和行为表现是指一个人偶尔出现一些偏离正常的心理活动或行为表现。这并不意味着这人就一定是心理不健康，应具体问题具体分析。例如，一个平时活泼可爱的大学生，近来突然变得忧郁寡欢，有时半夜啼哭。她的表现正常吗？心理健康吗？如果告诉你，她的亲人刚去世了，或者她最近失恋了，你又会怎么想？

(2) "心理健康"和"心理不健康"不是泾渭分明的截然对立，而是一种连续或交叉的状态。人的心理健康水平可以分为不同等级，从严重的心理疾病、轻度的心理障碍、心理健康状况一般到心理健康状况良好，是一个连续的过程。在许多情况下，异常心理与正常心理、变态心理与常态心理两极之间只有相对标准，没有绝对的界限。

(3) 心理健康状态具有动态性。心理健康的状态并非静止的、固定的，而是动态的变化的过程。如果人们不注意心理保健，经常处于焦虑、抑郁的心理状态，那么心理健康水平就会下降，甚至出现心理变态和患上心理疾病；反过来，如果心理有了困扰或出现失衡时，能及时自我调整和寻求心理咨询的帮助，就会很快恢复到心理健康良好的状态。另外，随着人的成长，经验的积累，环境的改变，心理健康状况也会有所改变。

(4) 心理健康的标准是一种理想的尺度。它不仅为我们提供了衡量心理是否健康的标准，而且为我们指明了提高心理健康水平的方向。

心理健康，说到底是一种人生态度。心理健康的人，一般都能以积极的眼光看待世界，看待周围事物，富有利他精神，能在付出、发展自己的过程中增强自我价值感。他们追求高尚的生活目标，但又没有做"完人""超人"等超载其自身能力的念头。

三、心理健康的测定

人的心理是人脑的内部活动，无法用科学的方法直接测量人的心理，只能根据人的具体活动加以推测，通过测量作为心理外部表现特征的行为(如人的言行)，间接知道人的心理特征和心理健康水平。通常情况下，测量心理健康状况有两种方法：即心理测验法和精神检查法。

1. 心理测验法

心理测验法是运用各种标准化的心理健康量表对个体进行测试，把测试结果与常模进行比较，若某项超出该项常模过多，则一般认为是异常的。此方法除用于个别检测外，还大量地用于团体测验和心理健康的流行病调查，以把握某一人群的心理健康分布状况。这是目前心理健康测定中使用最广泛的一种方法。心理测验的用途很广：在教育工作领域，它可以测量学生的智能、品德、个性的发展，学习动机和兴趣爱好，便于因材施教。在人才选拔和职业指导领域，有利于实现人职匹配。每一职业往往对就业人员的心理结构有一定的要求，心理测验便是了解一个人的心理结构的一种简洁、可靠的方法。常用的心理测验有智力测验、能力倾向测验、人格测验、成就测验及各类职业测验等。本书附有常用的症状自评量表(SCL—90)、抑郁自评量表(SDS)、焦虑自评量表(SAS)等问卷材料及评分标准供大家参考。

心理测验法虽然比较科学、可靠，但必须有相应的量表，使用者要经过专业培训。目前有关心理健康方面的量表使用范围、测定内容有限，还不能满足需要。因此，人们也常用精神检查法。

2. 精神检查法

精神检查法是对心理健康状况进行评判的一种方法。一般多由具有心理健康专业知识的专业人员，在心理咨询或治疗中，对当事人心理健康问题的性质、类型、程度做出评判。此方法多用于个别检查，需要评定人员具有较丰富的专业知识和经验，否则容易误判，尤其当症状不典型、不明显或时好时坏时，更需谨慎。

在实际操作中，尤其在面临难以判断的情形时，为了增加结论的可靠性，常将心理测验与精神检查两种方法结合使用，或先做心理测验，对提示可能有异常者再进行面谈和深入了解；或先做一般性精神检查，再用适宜的量表做专门评定。

第二节 大学生与心理健康

一、大学生的身心特点

在校的大学生是最富有理想、生气，文化层次较高的青年群体。与西方国家的大学生不同，中国大学生的群体特征相对突出，表现在年龄段的相对集中(一般在 18～23 岁左右)、学习和生活环境相对封闭、学习条件相似等方面。大学生的心理活动特征以其生理特征为基础，同时又受社会环境和教养方式的影响。因此，要了解大学生的心理健康问题，必须熟悉大学生的生理特征、心理特征以及社会适应性特征。

(一)大学生的生理特征

18～23 岁的大学生，其生理特点主要表现为体、力、脑、性四个方面的巨大变化。

(1) 体，突出地体现为身高和体重的急剧变化。人的一生有两次生长高峰，一是从出生到周岁，这一时期身高可增加 50%，体重可增加一倍；二是青年期，男女青年平均每年身高、体重增长较快。迅速的成长使青年人骨骼粗壮，肌肉发达，在体形上步入了成人的行列。

(2) 力，青年期生命力处于最旺盛时期。身体的各系统、器官全面发展；心脏的重量猛增至出生时的 10 倍，肺活量达 4800 毫升，食欲极佳，胃肠容量达到最大，体温、脉搏、呼吸、血压发生明显变化，脑垂体加快各种激素的分泌，新陈代谢处于最佳状态。青年人充满了生机和活力。

(3) 脑，大脑和神经系统处于最发达状态。脑重量达到极值，脑神经细胞的分化机能达到成人水平，大脑的第一和第二信号系统的功能已经完善。由于大脑的发达和完善，使得青年人能够理智地走向社会。

(4) 性，青春期是性萌发和性成熟最神秘、最敏感的时期。第一、第二性征突出变化，男女性别差异明显。在青年中期，个体的生理发育已接近完成，已经具备了成年人的体格以及各种生理功能，故又称此阶段为性成熟期。

青年时期的体、力、脑、性四个方面的巨变，为青年的心理变化提供了良好的物质基础。

(二)大学生的心理特征

1. 心理发展的过渡性

青年期是少年向成人转变的过渡期，也是少年心理向成人心理过渡的关键期。从心理发展水平看，多数大学生的心理正处于迅速走向成熟又没有完全成熟的时期。从心理发展过程看，认知迅速发展，达到了相对成熟，认知的核心要素思维已由经验型向理论型转化；情感也从激情体验，易感状态逐步升华过渡到富于热情，充满青春活力的状态；社会道德感和社会责任感增强；在意志行动上则从容易冲动发展到具有一定的自控力，形成相对稳定的行为习惯。从个性发展看，性格、能力等个性心理特征都达到相对稳定和渐至成熟的水平；理想、信念、自我意识等个性意识经过大学阶段逐渐接近成人的发展水平。

2. 心理发展的可塑性

大学时代是人生各种心理品质全面发展、急剧变化的时期。大学生在这一时期心理发展具有不稳定、可塑性大的特点。例如，在认知方面容易偏执；在情绪方面容易走极端；在意志方面有时执拗；在个性方面，虽然许多个性品质已基本形成，但却容易受外界或生活情境的影响。

3. 心理发展的矛盾性

当代大学生由于在学校受教育时间长，从学校到学校，没有社会生活经验，心理成熟滞后于生理成熟。经济上不独立，传统价值权威的衰落，以及现代价值多元化的影响等，使得大学生的心理既存在积极面，又存在消极面，这必然导致各种矛盾和冲突。大学生常见的心理矛盾有以下几种。

(1) 理想与现实的矛盾。大学生对未来有自己的设想，一般理想比较高远，希望将来能发挥自己的才能，成为社会有用之人。然而，他们在现实生活中往往难以找到实现理想的途径，有的面对前进道路上的障碍没了信心和方法；有的只有美好的向往而没有切实的行动；有的眼高手低，不喜欢"从我做起，从小事做起"，只想做大事从而一鸣惊人，这就必然产生理想与现实的冲突。

(2) 情绪与理智的矛盾。大学生的情绪是丰富而动荡的，往往容易激动、兴奋，也容易转向消沉、失望，特别是在挫折面前，情绪容易走向极端。其原因是大学生的心理发育相对滞后，往往从某种感性认识或经验直觉出发评价自己以及周围的人和事情，以个人的情趣、好恶为标准处理问题。

(3) 独立与依赖的矛盾。从中学进入大学，伴随着大学生生理的逐渐成熟，在心理上，则表现为增强了独立的倾向。独立意识、自我意识大大增强，渴望摆脱家庭和老师的束缚。但是，大学生还处于学习阶段，经济上必须依赖父母的供给，而且缺乏独立生活的经验，还不能真正依靠自己的力量独立解决生活中遇到的一些问题，不能恰当处理社会交往中的各种关系，一时难以摆脱对家庭、老师的依赖，不可避免地造成独立与依赖的矛盾。

(4) 乐群与防范的矛盾。大学生一般远离亲人，渴望交友，乐于参加群体活动。但大学生彼此之间相处的时间较短，一时难以建立心贴心的真情与友谊，在与他人的交往中，总是带有试探和防范的心理，这就产生了乐群与防范的矛盾。大学生经常感叹接触的人很多，信得过的人却很少；同学很多，知心朋友却很少。

(5) 自尊与自卑的矛盾。经过激烈的竞争进入大学校园的大学生成为青年中的佼佼者，受到社会的称赞、父母的宠爱、同龄人的羡慕，容易产生一种优越感和自豪感，表现出强烈的自尊心。然而，大学里人才济济，高手如云。许多高中时期的尖子生，其优势不再明显，失去了往日的荣耀，易产生心理失衡。有的同学因此怀疑自己，否定自己，产生了自卑感、挫折感和焦虑感，表现为自我评价过低、丧失信心、悲观失望、不求进取，甚至走向退学和轻生的极端。

(6) 竞争与求稳的矛盾。当代大学生平等竞争意识较强，渴望在平等的条件下参与竞争，以便充分地发挥自己的才能，实现自己的奋斗目标。他们对那些投机取巧，靠侵害别人的利益获取好处的行为深恶痛绝。但在实际竞争中又怕风险，抱怨竞争的残酷性，出现求稳心态。竞争与求稳的冲突在择业时表现得尤为突出。

(7) 性生物性和性社会性的矛盾。青春期的大学生性生理已成熟，有了性的欲望和冲动。然而，由于社会道德、法律、校纪等方面的制约，性冲动受到压抑。一般大学生通过学习、工作、文体活动和社交活动等途径，可以使之得到某种程度的转移和升华。但也有一部分学生由于缺乏性知识，对性问题有偏见，性冲动得不到正常的转移，久而久之造成性冲动与性压抑的尖锐矛盾。

以上这些心理矛盾如果得不到合理解决和正确的引导，就容易导致心理问题。

4. 大学生心理发展的差异性

不同年级的大学生心理发展的特点不同。

(1) 适应期。大学新生带着"胜利者"的喜悦进入大学后，突出的问题主要是如何适应大学生活，建立人际关系。有调查显示，在大学新生中，有适应不良和人际交往问题的占68.7%。他们的心理矛盾主要是：自豪感和自卑感交织；新鲜感和恋旧感交织；轻松感和紧张感交织；奋发感和被动感交织。这个时期一般是在一年级。

(2) 发展期。当新生适应了大学生活，建立起新的心理平衡后，大学生活进入了相对稳定的时期，这是大学生成才定型的关键时期。这一时期的大学生大多产生了自信心，竞争意识增强，突出的心理问题是：成才道路的选择与理想的树立，学习目标的实现，学习态度、学习方法的掌握，以及学习心理结构的形成。这个时期是大学生人生观的形成时期，也是实现教育目标的关键时期。这个时期一般是在二年级至三年级。

(3) 成熟期。大学生经过3~4年的生活和学习，世界观、人生观逐步形成，心理逐渐成熟，他们的心理特点与成人的心理特点有许多相近之处。但是，这个时期又是大学生从学生生活向职业生活过渡的阶段，他们又要面临新的心理适应，例如，是继续升学，还是就业？留在国内深造，还是选择出国？求职择业中双向选择的压力，使大学生们的心理又掀起波澜。这时他们的心理特点主要是有紧迫感、责任感和忧虑感。

二、大学生常见的心理健康问题

调查结果表明：学业问题、情绪问题、人际关系问题、情感问题、性心理问题、特殊群体心理健康问题和大学生活适应问题是目前大学生中普遍存在的心理健康问题。

1. 学业问题

学习压力大、学习动力不足、学习目的不明确、学习动机功利化、学习成绩不理想、学习困难、考试焦虑等学业问题始终困扰着大学生。另外，有的学生专业选择不当，也会影响学习兴趣和学习成绩。

2. 情绪问题

主要表现为以下几个方面。

(1) 抑郁。以个体心中持久的情绪低落为主，常伴有身体不适、睡眠不足等，心情压抑、沮丧、无精打采、什么活动都懒于参加。

(2) 情绪失衡。大学生的社会情感丰富而强烈，具有一定的不稳定性与内敛性，表现为情绪波动大。

3. 人际关系问题

主要表现为以下几个方面。

(1) 人际关系不适。进入大学，远离原来熟悉的生活与学习环境，面对新的人际群体，部分学生显得很不适应。

(2) 社交不良。部分学生缺乏在公众场合表达自己思想的能力与勇气，面对各种各样的活动，充满了兴趣，却又担心失败，只是羡慕而积极参与的不多，久而久之，他们开始回避参与，感叹"外面的世界很精彩，外面的世界很无奈"。

(3) 个体心灵闭锁。学生从学校到学校，缺乏人际交往经验，而自身在人际交往中的不自信又不利于增加自身的人际魅力，妨碍了良好的人际交往圈的形成。与此同时，由于个体间正常的交往不够，又易引发猜疑、妒忌等不良心理，不利于学生的健康成长。

4. 情感问题

爱情、友情、亲情是学生情感方面的三个重要问题。

(1) 爱情的困扰。爱情虽然在大学并非一门必修课，但大学生们仍然从各个方面开始自己的情感之旅。大学生中流传着"每周一哥""普遍撒网、重点培养、择优而谈"，"不在乎天长地久，只在乎曾经拥有""预约失恋"……爱情与婚姻分离成为一种较为普遍的现象。单相思、失恋、网恋的现象时常发生，引发的问题众多。因此，正确处理爱情与学业的关系是大学生的一门必修课。

(2) 友情困扰。在处理个人情感问题上，分不清友情与爱情，不能很好地把握男女同学交往的尺度。有的同学希望珍惜友谊又不经意间与友谊失之交臂。

(3) 亲情问题。近年来，反映大学生家书越写越短的文章不再鲜见。很多大学生反映与家长没有太多的话讲，写信基本是缘于解决实质性问题，如经济供给、物质补充而非情感沟通，尽管自己也认识到不应该这样，但懒得提笔却是一种普遍的心态，而且从心理上也并不感到有些许歉疚，即使通电话，也仅仅是"我一切都好""不用牵挂"之类的客套话。与此相反，恋人之间的信件越来越厚，电话越来越频，形成鲜明的对比。

5. 性心理问题

性教育是道德教育、文明教育、健康教育，也是人格教育，基本得到了教育工作者的认同，但性生理与性心理方面的问题并未得到很好的解决，主要表现在以下几个方面。

(1) 性生理适应不良。青春期性生理的成熟，必然带来相应的心理变化，渴望获得异性的好感与承认，产生性幻想、性压抑、性冲动、性梦等。由于性教育的严重缺失，很多学生不能正确认识自我的性反应，产生了堕落感、耻辱感与罪恶感。有的大学生因做性梦产生性幻想不能自拔以至于萌发轻生的念头，还有的学生由于对自身性生理欲望的放纵，与恋爱对象发生两性行为。

(2) 性心理问题。性的好奇、性无知、性贞洁感淡化、性与爱的困惑、性与爱的分离以及由于性行为引起的后果及其产生的心理压力，都是值得引起重视的问题。

6. 特殊群体学生的心理健康问题

以特困生和"网络生"为例。特困生心理健康问题：近年来，特困生的思想、学习、生活已受到社会各界的广泛关注。高校采取了"奖、贷、勤、免、补"等办法，广开渠道，解决困难学生的生活问题。困难学生不仅仅是经济困难，他们的心理问题也值得引起高度重视。特困生与普通生相比，更多地表现出自卑而敏感、人际交往困难、身心疾病突出和问题行为较多的状况。尤其是"双困生"，学业成绩不理想，家庭经济又很困难，心理负担很重。"网络生"心理健康问题："网络生"上网成瘾，甚至形成依赖，或陷入网恋不能自拔，并引发了种种问题行为。

7. 大学生活适应问题

主要表现在以下几个方面。

(1) 生活能力弱、自立能力弱的情况普遍存在。尽管高校都在倡导大学生"自我教育、自我管理、自我服务"，作为社会一员，大学生普遍不能够很好地处理自己的事务。

(2) 大学生对挫折的心理承受力弱。目前在校大学生，基本出生于国家改革开放之时，成长于国家经济发展之日，物质生活条件在逐步好转，兄弟姐妹减少，可以说"一路高歌到大学"，在学校"老师宠着"，在家里"父母捧着"。面临学业、生活、感情方面的挫折，显得无所适从，感到失去了生活的意义，甚至怀疑人生。这些大学生在独立性、未来感、自由感、自信心等方面更容易受挫折。面对就业制度的改革带来的机遇与挑战，大学生没有足够的心理准备，担心受挫。特别是毕业生，往往情绪不安，思想不稳定。

三、大学生心理健康问题的原因与对策

(一)大学生心理健康问题的原因分析

社会环境、学校教育、家庭教育与自我因素都直接影响大学生的心理健康。

1. 社会环境的影响

许多心理问题是由于环境适应不良而引起的。进入改革开放的新时期以来，随着市场经济体制的确立，竞争机制的导入，中国社会发生了巨大改变。在社会物质方面，物质利益格局的重新调整，贫富差距的加大，对人们的心理产生了很大的影响。在社会文化方面，当代大学生处在东西方文化交叉、多种价值观冲突的时代。随着改革开放的深化，西方文化大量涌入，东西文化发生着前所未有的碰撞与冲突。例如，东方重义，西方重利；东方尚礼，西方尚法；东方重和谐，西方重竞争；东方讲群体利益，西方重个人利益等。面对不同的文化背景和多种价值选择，大学生常常会感到茫然、疑虑、混乱。诸如，对个人利益与个人主义、个性发展与个性放纵、自我意识与自我中心等，没有明确的认识。求新求异的心理使青年盲目追求西方文化，而这些东西与中国现实社会有许多方面格格不入，使青年学生陷入空虚、混乱、压抑、紧张的状态，在人生道路的选择上处于两难或多难的境

地。长时间的心理失调必然带来心理上的冲突，出现适应不良的种种反应。此外，随着电视机的普及、广播电视节目播放时间的延长、报纸杂志的增多、信息高速公路的建设、互联网的普遍应用，大众传播媒介对大学生的心理健康影响也越来越大。一般大学生求知欲强但辨别力弱，崇尚科学但欠缺辩证思维。当前一些格调低下、观念错误的报纸书籍或其他传媒，对青年学生的思想及行为带来了消极的影响。与此同时，社会风气、社会舆论也会在成长着的大学生心中留下深层的心理积淀。

2. 高等教育层面的影响

教育层面的影响分两个方面：一是高等教育观念发生变化，高等教育逐步适应市场，专业拓宽，注重学生能力的培养，应试教育逐步弱化；二是高等教育招生、就业体制发生改变，学生交费上学，在一定范围内自主择业，增加了市场对高校与学生的约束机制。这一切都直接冲击着当今大学生的心理。他们必须承担上学的部分教育成本，面对求学、择业过程中选择机会的增多，选择难度的增大，他们有着更多的焦虑、不安、失落、无所适从。而择业过程中，人才市场的不规范更进一步地刺激着当今大学生的心理。大学生既希望参与竞争又担心失利，既希望手中握有更多的机会，又担心失去原有的保障。

3. 家庭层面的影响

家庭的影响主要包括家庭的情绪氛围、父母的教养态度、家庭结构、家庭经济状况四个方面。家庭是人生的奠基石，父母是孩子的第一任老师，对学生的成长与成才的影响是长久而深远的。家庭的情绪氛围是良好心理素质形成的前提，家庭成员间的语言及人际氛围直接影响着家庭中每个成员的心理，对个性逐渐成熟的大学生更具有特别的意义。父母的教养态度和教育方法直接影响孩子的行为和心理。民主、平等而非命令、居高临下的，开明而非专制的，潜移默化而非一味娇宠的教养态度和教育方法，有利于大学生心理的健康发展；而家庭结构的变化，如单亲家庭、重新组合家庭等必然对正在读书的大学生心理产生一定影响；部分大学生在幼年、童年，甚至青少年时期的生活环境中，曾经历过不幸的事件或境遇，并给大学生带来严重的伤害性体验，这会对他们的行为模式、生活态度、个性产生恶劣的影响。他们进入大学后，仍会以仇恨、多疑、逃避、攻击、不合作等行为模式对待周围的一切，使得他们对社会适应不良，并影响他们的自我发展。家庭经济状况，特别是家庭经济状况长期严重困难的特困生的身心健康也值得重视。

4. 大学生自身因素

大学生自身因素分为个体心理品质、环境变迁、人际关系与生活事件四个方面。一是个性心理品质方面的因素，自然人与社会人的冲突、文化人与社会人的冲突、成才与成人的相互关系，心理品质的稳定性与承受挫折的能力都是影响个体心理健康水平的重要因素。二是生活环境与学习环境的变化，大学生生活空间相对狭小，生活方式各不相同，大学生面临学习环境，如教学方式、师生关系、学习主体、竞争对手与竞争方式的改变，如果不能及时调整自己适应新的生活、学习环境，易产生心理不适。三是人际关系处理不当，大学是社会的缩影，学生的人际交往关系亦随之扩大和发展，大学生迫切希望得到他人的认同，获得归属感和尊重感，而他们与人交往、相处的经验又相对较少。四是日常生活事件的困扰，主要包括个人患小伤病、评优落空、考试失败、经济困难、学习压力过大或负担过重、失窃或财产损失、被人误会等。生活事件特别是对本人构成重要影响的事件对大学生的心理健康水平影响是直接的。

(二)大学生心理健康问题的对策

(1) 从高校层面看，要积极开展心理健康教育和心理咨询工作。心理健康教育工作是大学生日常教育与管理工作的重要内容。高校要开设心理健康教育课，为大学生提供适应、发展、学习、潜力开发、压力、人际关系、异性交往、恋爱、择业等方面的指导。教师要结合教学过程，渗透心理健康教育的内容。班主任、政治辅导员不仅要在日常思想政治教育中发挥作用，也要在增进全体学生心理健康、提高学生心理素质中发挥积极作用。高校还要重视开展大学生心理辅导或咨询工作。高等学校开展心理辅导或咨询工作，对于解决部分学生的心理问题，具有重要的作用。心理辅导或咨询工作要通过个别咨询、团体咨询、心理行为训练、书信咨询、热线电话咨询、网络咨询等多种形式，有针对性地向学生提供经常、及时、有效的心理健康指导与服务。

(2) 从大学生个人层面看，大学生应努力做到：树立正确的世界观与人生观；不对自己过分苛求，把奋斗目标确定在自己能力所及的范围以内；对他人期望不要过高，以避免失望感；学会情绪的自我调控，排除愤怒情绪；多找朋友倾诉，以宣泄抑郁情绪；自我娱乐，防止心境压抑；不盲目地与人竞争，以避免过度紧张；积极参加社会活动，适当扩大人际交往范围；积极寻求心理辅导和心理咨询。

第三节　大学生心理健康教育

一、大学生心理健康教育的主要任务和内容

高等学校培养的学生不但要有良好的思想道德素质、文化素质、专业素质和身体素质，而且要有良好的心理素质。加强大学生心理健康教育工作是新形势下全面贯彻党的教育方针、实施素质教育的重要举措，是促进大学生全面发展的重要途径和手段，是高等学校德育工作的重要组成部分。

《教育部关于加强普通高等学校大学生心理健康教育工作的意见》明确指出，高等学校大学生心理健康教育工作的主要任务是：根据大学生的心理特点，有针对性地讲授心理健康知识，开展辅导或咨询活动，帮助大学生树立心理健康意识，优化心理品质，增强心理调整能力和社会生活的适应能力，预防和缓解心理问题。帮助他们处理好环境适应、自我管理、学习成才、人际交往、交友恋爱、求职择业、人格发展和情绪调节等方面的困惑，提高健康水平，以促进德智体美等全面发展。

高等学校大学生心理健康教育工作的主要内容包括以下几个方面。

(1) 宣传普及心理科学基础知识，使学生认识自身的心理活动与个性特点；宣传普及心理健康知识，使大学生认识到心理健康的重要作用，特别是心理健康对成才的重要意义，树立心理健康意识。

(2) 培训心理调适的技能，提供维护心理健康和提高心理素质的方法。教育大学生学会自我心理调适，有效消除心理困惑，及时调节负性情绪；教育大学生养成良好的学习习惯，掌握科学、有效的学习方法，提高学习能力，自觉地开发智力潜能，培养创新精神和实践能力；教育大学生树立积极的交往态度，掌握人际沟通的方法，学会协调人际关系，增强适应社会生活的能力；教育大学生自觉培养坚忍不拔的意志品质和艰苦奋斗的精神，提高承受和应对挫折的能力。

(3) 认识与识别心理异常现象，使大学生了解常见心理问题的表现、类型及其成因，初步掌握心理保健常识，以科学的态度对待各种心理问题。

(4) 根据大学生活不同阶段以及各层次、各学科门类学生、特殊群体学生的心理特点，有针对性地实施心理健康教育。新生心理健康教育重点放在适应新环境等内容上，帮助他们尽快完成从中学到大学的转变与适应；二、三年级学生心理健康教育要以帮助他们了解心理科学基础知识、初步掌握心理调适技能以及处理好学习成才、人际交往、交友恋爱、人格发展等方面的困惑为重点；对于毕业生，要配合就业指导工作，帮助他们正确认识职业特点，客观分析自我职业倾向，做好就业心理准备。在日常的学习、生活中，要针对大学生普遍存在的、较为集中的心理问题安排专题教育。要特别重视经济困难学生等特殊群体学生的心理健康教育工作。

二、大学生心理健康教育的发展趋势

我国学校心理健康教育起步于20世纪80年代中期，已经历了近20年的发展历程。面对21世纪人才培养的更高要求，我国学校心理健康教育将进一步发展，高校更是如此。清华大学著名心理学教授樊富珉女士将高校心理健康教育的发展趋势归纳为九个方面，带给我们很多启示。今后高校心理健康教育工作必将迎难而上，顺势而为并有所作为。

下面具体介绍高校心理健康教育的发展趋势。

1. 学校心理健康教育将渗透到教育观、人才观和学生观中，成为学校教育的内在要求

国内外的实践证明，心理健康教育不仅仅是一套方法和技术，更重要的是体现为一种实践性很强的、先进的、科学的教育观念。心理健康教育在承认学生个别差异的基础上尊重每一个学生的价值，相信每一个学生有发展自我的潜能，不以学习成绩、智力水平、家庭背景、经济状况衡量评价学生。加强心理健康教育已成为教育界的共识，21世纪心理健康教育将全面渗透到学校教育的全过程，呈现校校设有辅导机构、人人接受心理健康教育的局面。

2. 心理健康教育将成为每一个学生自身成长的内在需要

随着我国教育体制的改革、成人高等教育与普通高等教育的发展，秋季高考不再一锤定终身，千军万马过独木桥的局面将得到根本的改善，学生的成才道路选择将会更加多样化。从沉重的学习负担中解放出来的学生会更加注重自身全面素质的提高，他们会意识到只有全面发展的人才能适应时代的需要，赢得竞争的胜利。因而他们会主动、自觉地接受和参与心理健康教育活动。

3. 心理健康教育将成为每一个教师必备的职业能力

作为"人类灵魂工程师"的教师不仅要有专业知识和教学能力，而且必须了解学生身心发展的规律，了解心理健康教育的意义，具备心理教育的能力，在各自的教育实践中自觉体现和渗透心理健康教育，成为学生的良师益友。缺乏心理教育能力的教师不是合格的教师。随着网络技术时代的到来，专家们预测教师的传统功能"传道、授业、解惑"中的授业的功能将减弱，而人格培养的功能将加强。因此，心理健康教育的知识将成为师资培训及教师资格认定中的一项重要内容。

4. 心理健康教育的模式将从补救性为主转变为发展性为主

发展性为主模式是将全体学生作为心理健康教育的对象，针对学生共同的成长课题给予指导，同时兼顾少数有障碍的学生心理的治疗与行为的矫正。我国学校心理健康教育是从心理咨询工作开始，从解决学生心理障碍入手的。但随着对心理教育认识的深化，越来越多的人认识到学校心理健康教育对每一个学生成长发展的重要意义，以全体学生为服务对象，发展为主、治疗为辅已成为共识。

5. 心理健康教育的对象将从学生转变为学生、教师、管理者、学校环境

十多年来的学校心理健康教育工作主要集中在如何引导学生身心健康成长，无论是研究内容、培训课程，还是工作重点都体现为以学生为主。然而，在影响学生心理健康的诸多因素中，教师的作用不可低估。教师自身的心理健康问题不仅影响教师个人的发展，而且会影响到众多学生的心理健康。因此，学校心理健康不仅要关注学生，而且也要关注教师，因为这是关系到优化学生成长环境的大事。家庭心理健康、全民心理健康也日益受到重视。

6. 心理健康教育的领域将从人格辅导扩展到学习辅导、职业辅导、生活辅导

目前我国大中小学开展的心理健康教育主要集中在良好个性的培养和心理障碍的防治方面，虽然涉及学习指导和个人发展指导，但针对全体学生开展学习辅导、就业辅导尚不普遍。预计我国学校心理健康教育的领域将不断拓宽，根据学生的需要为学生成长和发展提供更多样的服务和指导。

7. 心理健康教育的内容将从心理适应教育转变为潜能开发

我国学校心理健康教育开展初期，教育内容侧重于指导学生提高心理适应能力，减少心理疾患。但随着心理健康教育的普及与深化，开发学生心理潜能，为今后的发展打下良好的基础将受到重视。学校心理健康教育的内容将会侧重于学生创造力的培养、心理潜能开发、健康自我形象的确立、情绪管理、压力处理和人际交往训练等方面。

8. 心理健康教育的方法将从个别辅导为主转变为团体辅导训练为主，网络等新技术将被广泛采用

学校心理健康教育是先从个别辅导入手开展心理健康教育工作的。近年来，团体辅导与训练逐渐升温。团体辅导重在团体成员的互动，实践性强，形式多样，生动有趣，适用面广，在心理健康教育课、课外活动、班级和团队活动中都可以应用。因此，团体辅导与训练将会成为协助学生成长发展的重要方法。例如，社交技巧训练营、自信增强小组、做情绪的主人团体训练、压力处理工作坊、领导才能拓展小组等团体辅导与训练形式深受学生欢迎。21世纪网络技术将会走进人们的日常生活，而网络技术的运行将开辟网上咨询等辅导与训练形式。

9. 心理健康教育的队伍将从兼职为主转变为专职为主、专兼结合

学校心理健康教育工作质量取决于教育工作者队伍。由于学校心理健康教育对人员的专业要求很高，所以必须经过专业培养或专门培训才能胜任。目前，这项工作在我国还是新生事物，它的专业化程度比较低，各个学校心理辅导员的水平也参差不齐。各高校从事心理健康教育和心理咨询工作的人员主要由德育工作者、青少年工作者、心理学者、学校医务人员组成，专职人员少，兼职人员多。随着学校心理健康教育的普遍开展，教育部及各省市教育主管部门已经开始重视师资建设，提出了培训要求，试行资格认定制度，落实编制、职称评定、规范管理等多项措施。预计经过5～10年的努力，将形成一支专职为主、专兼结合的学校心理健康教育队伍，使学校心理健康教育更加有效的开展。

项目思考

1. 如何科学地理解"健康"的概念？
2. 大学生心理健康的标准有哪些？
3. 利用《SCL—90症状自评量表》为自己做一次心理健康测试并做简单的自我评价。

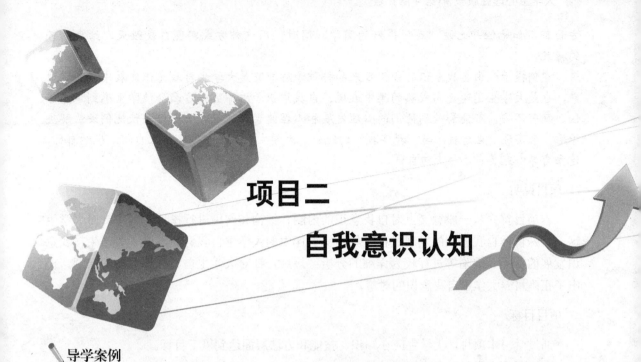

项目二
自我意识认知

导学案例

案例一：

许同学，女，某经贸职业技术学院大二学生。该生长期营养不良而导致全身长满了紫癜，精神不济，学习成绩下降，人际关系紧张。该生家庭十分贫困，无钱供她读书，她靠做家教挣来的工资做生活费，还要养活一个正在读高中的弟弟。因此，她很自卑，总觉得同学都瞧不起她，感觉很痛苦。其实，该生成绩不错，大一时曾获二等奖学金，同学对她评价也还可以。可她却固执地认为同学都因她家庭困难而"鄙视"她，最令她苦恼的是没有男生追求她。为了改变现状，她常常连续一个月不吃肉，节约伙食开支，用节约的钱去购买漂亮衣服，甚至，买新上市的水果，在寝室吃给别的同学看，以获得同学的羡慕与"尊重"。这样的"牺牲"，并没有让她感到自己的处境有任何好转，反而发现同学们投来异样的眼光，心情越来越糟，由于长期缩食，她患上了严重贫血，常常头晕目眩，注意力难以集中，记忆力减退，学习成绩大滑坡，以致补考多门而成为班上的"困难"学生。烦恼、自卑、懊恼时刻在吞噬着她不甘人后的自尊心，但此时的她已感力不从心。

案例二：

某女大学生，因用卑鄙的手段盗取同学卡上的钱而进了监狱。可这位女生却声称她并不难过，因为她是有意这样做的，目的是让自己对未来彻底绝望。她一直都认为自己是一个非常不错的人，无论外表还是能力，她都认为自己是周围人中的佼佼者，心存宏伟的抱负。可进大学后，面对众多的竞争对手，她的梦想一次次被击碎，干部竞选中受挫，各类比赛失利，人际关系紧张，自己的梦想变得不切实际，而她又不想"大材小用"。结果，小事不想做，大事做不了，抱怨自己运气不好，怀疑身边那些"远不如她"的人是用了卑劣的手段取得了暂时的成功。她不是努力缩小"理想我"与"现实我"的距离，而是经常逃课，自我放弃。最后，她成了全系最差的学生，无法正常毕业。盗窃是因为痛恨那个各方面都不如她但却比她"混"得好的同学，同时，用这种方式实现自我毁灭，结束痛苦的挣扎。

案例提示：由自我意识的分化带来的种种矛盾冲突是大学生自我意识发展中的正常现象，也是大学生迅速走向成熟的集中表现。自我意识矛盾冲突一方面会使学生感到焦虑苦恼、痛苦不安，可能影响到他们的心理发展和心理健康；另一方面也会促使他们设法解决矛盾，来实现"理想我"与"现实我"的统一。大学生要认识自己，树立自信；悦纳自己，建立自尊；完善自己，走向自强。

项目说明

本项目首先从一般意义上对自我意识的内涵、结构和作用进行探讨；其次针对大学生这一特殊群体自我意识的发展过程，如历史变迁中的大学生自我意识发展、大学生自我意识发展的特点、缺陷等进行较为详细的分析；最后，针对大学生自我意识存在的问题，提出了正确培养大学生自我意识的对策。

项目目标

通过学习本项目，大学生应在知识、技能和方法层面达到以下目标。
- 了解大学生自我意识的结构
- 了解大学生自我意识的特点
- 引导大学生培养健全而良好的自我意识

心理训练游戏

心理训练游戏一：理想的我

活动目的：寻找理想的我与现实的我之间存在的差距

活动时间：约 30 分钟

活动准备：笔和纸

活动步骤：

(1) 将班级中的学生按 3~4 人一组划分为若干组；

(2) 要求每个学生认真思考理想中的我具有哪些特征，在 8 分钟内至少列举出 10 个"理想的我"的特征(越多越好)；

(3) 每组学生分别轮流对每个组员的"现实的我"的特征进行评价，然后，每个组员对同学的评价与自己所认为的"理想的我"进行比照，寻找自己存在的差距，时间约 15 分钟；

(4) 每个小组选派一名代表，谈谈参加此次活动的感受。

心理训练游戏二：不打不相识

活动目的：正确认识自我

活动时间：约 20 分钟

活动准备：简易的小棒

活动步骤：

(1) 将班级中的学生按 6～8 人一组划分为若干组，并围成圈；

(2) 要求小组中的每位成员先在头脑中认知自己，准备简单的自我介绍；

(3) 一位同学站中间，用棒子指向哪位同学，这位同学就必须立即报出自己的名字，附带简单的自我介绍，其他同学记住这些信息；

(4) 一圈循环下来之后，第一位同学将棒子交给圈内的某位同学，由他执棒，棒子指向哪位同学，该同学必须立即报出圈内另外一名同学的姓名，而且不可与前面同学已报出的名字重复，执棒者立即跑到被喊出名字的同学面前，等他喊出下一个同学的名字；

(5) 限定时间报不出名字的同学遭执棒者棒击，并被换上来执棒。如此，直至大家熟悉组内每位同学的姓名；

(6) 每个小组选派一名代表，谈谈参加此次活动的感受。

心理测试

性格倾向测验

下面有 50 道题，请根据自己的实际情况作出回答。

1. 与观点不同的人也能友好往来。
2. 你读书较慢，力求完全看懂。
3. 你做事较快，但较粗糙。
4. 你经常分析自己、研究自己。
5. 生气时，你总不加抑制地把怒气发泄出来。
6. 在人多的场合，你总是力求不引人注意。
7. 你不喜欢写日记。
8. 你待人总是很小心。
9. 你是个不拘小节的人。
10. 你不敢在众人面前发表演说。
11. 你能够做好领导团体的工作。
12. 你常会猜疑别人。
13. 受到表扬后，你会工作得更努力。
14. 你希望过平静、轻松的生活。
15. 你从不考虑自己几年后的事情。
16. 你常会一个人想入非非。
17. 你喜欢经常变换工作。
18. 你常常回忆自己过去的生活。
19. 你很喜欢参加集体娱乐活动。
20. 你总是三思而后行。
21. 使用金钱时，你从不精打细算。

22. 你讨厌在工作时有人在旁边观看。
23. 你始终以乐观的态度对待人生。
24. 你总是独立思考回答问题。
25. 你不怕应付麻烦的事情。
26. 对陌生人你从不轻易相信。
27. 你几乎从不主动制订学习或工作计划。
28. 你不善于结交朋友。
29. 你的意见和观点常会发生变化。
30. 你很注意交通安全。
31. 你肚里有话藏不住,总想对人说出来。
32. 你常有自卑感。
33. 你不大会注意自己的服装是否整洁。
34. 你很关心别人会对你有什么看法。
35. 和别人在一起时,你的话总比别人多。
36. 你喜欢独自一个人在房内休息。
37. 你的情绪很容易波动。
38. 看到房间里杂乱无章,你就静不下心来。
39. 遇到不懂的问题,你就去问别人。
40. 旁边若有说话声或广播声,你总无法静下心来学习。
41. 你的口头表达能力还不错。
42. 你是一个沉默寡言的人。
43. 在一个新的环境里,你很快就能熟悉了。
44. 你同陌生人打交道,常感到为难。
45. 你常会过高地估计自己的能力。
46. 遭到失败后,你总是忘却不了。
47. 你感到脚踏实地地干比探索理论原理更重要。
48. 你很注意同伴们的工作或学习成绩。
49. 比起小说和看电影来,你更喜欢郊游和跳舞。
50. 买东西时,你常常犹豫不决。

说明:以上50道题目,完全符合你实际情况的得2分,基本符合得1分,不符合得0分。然后看你得分多少,对照表2-1,查看你的性格倾向。

表2-1 性格倾向测验表

性向指数	0～19	20～39	40～59	60～79	80～100
性格倾向	内向	偏内向	中间型(混合型)	偏外向	外向

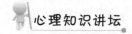

第一节　自我意识概述

> **小故事**　　　　　　　　**斯芬克斯之谜**
>
> 　　斯芬克斯是希腊神话中一个长着狮子躯干、女人头面的有翼怪兽。坐在忒拜城附近的悬崖上，向过路人出一个谜语："什么东西早晨用四条腿走路，中午用两条腿走路，晚上用三条腿走路？"如果路人猜错，就会被害死。俄狄浦斯猜中了谜底是人，斯芬克斯羞惭跳崖而死。
> 　　我们对斯芬克斯之谜的深度阐释将表明：俄狄浦斯对"斯芬克斯之谜"的解答是"表象"的、"动物"层面的，换言之，他并没有真正地解开"斯芬克斯之谜"。对于今天的我们来说，德尔菲神庙前石碑上镌刻着的"认识你自己"几个大字仍然是一个"谜"，迄今，它仍是横亘在当代人类面前的一个严峻课题。

　　人生活在世界上，总要同周围的各种事物发生这样或那样的联系。为了使个人与周围世界保持平衡，使周围世界服务于人的生存与发展，人们就必须对周围世界进行探究和发现，形成对外部世界的一些看法。同时，为了使自己能适应这个社会发展的要求，能在社会中更好地发挥作用，每个人又不得不对自己本身进行反思，以了解自己是一个什么样的人，有什么样的特点和能力，能在社会中发挥怎样的作用，这样就形成了人对自身的意识，即自我意识。

　　那自我意识的本质是什么？它是怎样形成的？它对人格的形成和发展有何作用和意义？

一、自我意识的含义

　　你喜欢照镜子吗？我想你的回答是肯定的："哪个少男少女不喜欢照镜子呢？"那你在照镜子时在镜子里看到了什么，发现了什么呢？你或许会说，怎么会问这么傻的问题，我当然看到我自己了，难道还会看到妖怪。你随意的一句回答，却准确地指出了"自我"的两种状态，即"我"可以分成一个处于观察者角色的"我"和一个处于被观察者角色的"我"。很明显，在"我看见我自己"这句话里，前一个"我"处于观察者的地位，后一个"我"是处于被观察者的地位。这就是我们经常讲的自我的两种分类。

　　先回答我一个问题，"镜子中的你长得是否很漂亮啊？"对于这个问题，你肯定也会有个答案，你会说"我长得很漂亮，貌似潘安(貂蝉)"，或者"我长得很丑"，或者"我长得还可以"等。你的这个自我评价，就是自我意识，它反映的是生理的自我，即对自我相貌特征的评价。

　　什么是自我意识？它是人对自身以及自己同客观世界关系的认识。自我意识是人的意识活动的一种形式，也是人的心理区别于动物心理的一大特征。它同时是一个复杂的、多层次的心理系统。从内容上来看，自我意识又可分为生理自我、社会自我和心理自我。生理自我是指个体对自己身体的意识，如刚才所举的例子"我认为自己长得很漂亮"。社会自我是指个人对自己在社会关系、人际关系中的角色的意识，包括个人对自己在社会关系、人际关系中作用和地位的意识，对自己所承担的社会义务和享有的社会权利的意识等，如"我是一个有人缘的人""我是一个有责任心的人"。社会自我出现的同时，心理自我也形成和发展。心理自我是指个人对自己心理的意识，包括个人对自己的性格、智力、态度、信念、理想和行为等的意识，如"我的性格是内向型的""我的信念很坚定"。个人对自己生理的、社会的、心理的种种意识，是密切联系在一起的。因而，每个人都有对他自己的看法和态度，并有其独特的形式和内容。

就自我认知中的自我观念来看，自我意识又可分为现实的自我、投射的自我、理想的自我。现实的自我也称现实我，是个人从自己的立场出发对自己目前实际状况的看法。投射的自我也称镜中自我，是个人想象中他人对自己的看法，想象他人心目中自己的形象，想象他人对自己的评价，以及由此而产生的自我感，如"大家都说我长得很漂亮"就是投射自我的表现。个人对自己现实的观感，即现实自我不一定与想象中他人对自己的观感即镜中自我完全相同，两者之间可能有差距。当这个距离加大时，便会感到自己不为别人所了解。理想的自我也称理想我，是指个人想要达到的完善的形象，如"我想成为一名医生""我想做一名诚实的人"等。理想我是个人追求的目标，不一定与现实我是一致的。理想我虽非现实，但它对个人的认识、情绪和行为的影响很大，是个人行为的动力和参照系。

名人名言

聪明的人只要能认识自己，便什么也不会失去。 ——尼采
世界上最大的事莫过于知道怎样将自己给自己。 ——歌德
在所有的知识中，智者与好人寻找最多的是了解他们自己。 ——莎士比亚

二、自我意识的结构

自我意识是一种多维度、多层次的复杂心理现象，它由自我认识、自我体验和自我控制三种心理成分构成。这三种心理成分相互联系、相互制约，统一于个体的自我意识之中。

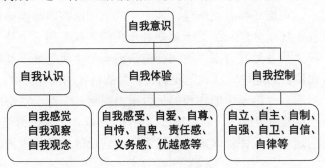

(一)自我认识

自我认识是自我意识的认知部分，它是主体我对客体我的认知和评价，即自我认知和自我评价。其中，自我认知是自己对自己身心特征的认识；自我评价是在自我认知的基础上对自己做出的某种判断。

自我认识主要解决"我是一个什么样的人"的问题，例如，有人观察自己的形体，认为自己属于"健壮型"；分析自己的为人处事，认为自己是热情友善的；用批评的眼光审视自己时，觉得自己脾气暴躁、容易冲动等。可见，自我认识涉及个人的自我感觉、自我观察、自我分析和自我批评等。

在客观的自我认识基础上做出正确的自我评价，对于个人的心理活动、行为表现及个人在社会群体中人际关系的协调，都具有重大的作用。如果一个人在社会生活中把自己看得低人一等、没有价值，那么，他就会产生自卑感，做事缺乏信心，没有主动性和积极性，其结果是无论做什么事情都难以保证质量。相反，如果一个人只看到自己的长处，就会产生盲目乐观的情绪，自我欣赏，自以为是，结果往往不能处理好人际关系，难以与人合作，或被他人拒绝、被群体所孤立。可见，对自我的客观认知和评价，对个人的健康发展有着不可忽视的影响。

(二)自我体验

自我体验是通过认识和评价而表现出来的情绪上的感受，其中包括满意或不满意、自尊、自爱、责任感、义务感、优越感、羞怯、自卑等。在人的生活体验中，不仅有肯定的情绪体验，也有否定的情绪体验。而且，还要按照自己在社会中的地位或角色体验多种不同的情绪。

自我体验的产生是环境与个人内部的心理因素相互作用的结果，它是由外在环境的变化引起的，而外在环境能引起一定的情绪状态，又是与情绪经验的积累与概括相联系的。尤其是当个人的动机活动受到环境的阻碍或干扰但又无法克制时，情绪就容易激动，这种激动水平的大小，又可能随着受到挫折的强弱、范围，过去受挫折次数和可能受到的压力度的不同而产生不同的情绪体验。愉快、兴奋、愤怒、恐惧与羞怯都是以动机的形式对自我知觉发生作用，激起人们的行动。情绪有更大的适应环境变化的特点。行为的成功与失败，总是引起一定的积极的与消极的情绪反应：如果学生把测试的优良成绩归因于自己的努力和能力，就能提高自我价值并增强自尊心；当把考试的失败归因于自己的努力和能力这些内部因素时，则会降低自我价值并挫伤自尊心。这说明行动原因的归位与情绪有密切的联系。

(三)自我控制

自我控制是主体对自身心理行为的主动的掌握。自我控制表现在意志方面，就是对自己的行为和活动的调节，从而了解自己在达到目的的过程中，如何克服外部障碍与内部困难，采取什么手段实现自己的决定。

一个具有坚强意志的人，在控制方面就会表现出自立、自主、自制、自强、自信、自律，发挥独立性、坚定性、增强责任感；遇到挫折时，沉着冷静；做事果断而有韧性，执行计划时，绝不半途而废；不说空话，不炫耀自己，不哗众取宠。而一个意志薄弱的人则缺乏主见，容易受暗示，随波逐流，不能自制，情绪不稳定，不努力思考；面对困难，畏缩不前，缺乏竞争意识；有的人怯懦，有的人爱冲动，轻易地或随便地违背自己应遵守的原则，不负责任，不尽义务；有的人在人际关系中有更多的防卫心理，嫉妒或提防他人，或者害怕与他人发生冲突、忍让退缩。因而，需要进行自我监督、自我命令和自定义务。但监督自己的执行要与个人具体特点相结合，当缺乏某种知识或技能时，就不能取得积极的成果，因而，对自我发生不满。自我监督的实际意义在于根据个人能力水平确定任务和目标，实现计划时不受其他事件的引诱与干扰，防止改变决定。对各方面的条件估计越全面，接受的信息越多，越有利于实现自我监督。例如，有的学生由于阅读文艺作品，注意到作者表达思想的论证方法，而改变了读书的目的，把过去注意情节有趣转向思维与论证，并学会监督自己。自我命令不限于自我强制或自我压抑，它的实际作用取决于个人的信念，以使自己的决定符合生活的主要目标和信念。自我命令有时由于迁就自己的惰性而不能执行，在这种情况下，首先，要求有意识地养成严于律己的习惯，不随便姑息自己，轻易地改变决定；其次，提高责任感水平，进行自我说服。青年期思维与论证能力的发展，使青年有足够的理由，从增强认识与信念上，克服自己的缺点，加强果断执行的意志力。

由上所述，自我意识的结构包括自我认识、自我体验、自我控制，三者有机统一，不可分割。通过自我认识，使人明确"我是一个怎样的人"；通过自我体验，可以解决"我这个人怎样""我是否接受自己"；通过自我控制，可以最终解决"我应当成为一个怎样的人"。

三、自我意识的作用

自我意识是人类特有的心理现象，它的作用十分巨大。从种系发展来看，人类的心理具有自我意识，大大地优越于任何动物；从个体来看，人类个体进入青年期，其自我意识发展成熟，才脱离少年儿童的幼稚，进入成人阶段，真正具有了人的责任感和义务感。

(一)自我意识经常把自身作为自己活动的参照物

人们怎样活动，活动的内容，都是以自己为参照物。人们对外部世界的各种看法，大多是相对于自己状况而来的。例如，我们说"那儿离这儿很远"，是相对于自己所处的地理位置而言(同样，认为某人很蠢，其潜在含义至少是那人没有自己聪明)。临床发现，先天失明而后天恢复了视力的人，在初次看到外部世界时，并未报告是颠倒的。原因在于人类总是把自己作为参照物去观察外部世界，用这种方式把自身与外部世界作为一个参照系统。

(二)自我介入对个体活动的意义重大

我们将某一事物与自我有内在的关系,称为自我介入。在个体活动中,自我介入通常与感情因素有关。自我介入在少儿三岁前后开始产生,表明个体对于自身有相当的认识,已经知道自己与其他人、其他事物的不同。之后,自我介入范围越来越广。到成年时,和自我有关的事物不但包括财产、家庭、职业、国家、政党、民族,而且还包括思想、观念、信仰、目标、价值观等,如果这些受到损害或威胁,个体会认为是自己受到损害或威胁,便会进行自我防卫。

(三)自我是个体活动的觉察者、调节者和发动者

自我作为个体活动觉察者是使个体知道他在干什么,干得如何,并随时修正。而某一活动干得是否恰当,自我会对它作出评价,提供反馈信息,从而保持或改变活动的内容、方向和强度,这是自我作为调节者。这种调节有时是有意识的,而有时也是无意识的。当个体总感到自己不能决定自己的活动时,他就处于一种危险的境地。临床发现,如果个体长期处于被强迫的活动状态之中,就会产生心理上的烦恼,丧失自信,产生生理或心理疾病。由此可见,自我作为个体活动的发动者的重要性。

(四)自我使个体的活动具有一致性、独特性和共同性

例如,有人认为做人应该对得起自己的良心。那么,无论在何种情况下,他都会努力按照这一信条去做,否则便有一种过失感和罪恶感。个体活动的一致性是相对于他们自身而言的,如果个体感到自己处处与他人一样,他会感到不满意,因此,自我总是要寻求自己活动的独特性。而当个体的活动被预期可能受惩罚时,个体总要寻求与其他个体活动的共同性。

(五)不同的自我优势,引起相应的自我评价与自我追求

当生理的自我占优势,在其自我评价的基础上,个体主要追求其身体外表、物质欲望的满足,获得家庭成员的关心与爱护等;如果以社会的自我为主导,那么在其自我评价的基础上,个体则处处追求他人的注意与重视,追求他人对自己的情感,追求名誉、地位、金钱;如果心理的自我占优势,在其自我评价的基础上,个体主要追求自己在政治上、宗教上、道德上能上进,并且努力发展自己的智慧。

(六)自我寻求理想的自我实现

理想的自我不一定是客观上有价值的,它是个体希望使自己成为什么样的人。每一个健康的个体都需要两种类型的关心——社会的和个人的关心。假若个体没有感受到别人对他的关心,以及缺乏一种具有真实基础的对自身价值的意识时,他就不可能是正常的,也不

可能正确地发挥作用。完全理想的自我实现的个体几乎是没有的。从个体的角度看，个体很少有自我满足的时候，他总是处于不断地追求和奋斗的状态中，即寻求理想的自我实现。

第二节　大学生自我意识的发展

一、历史变迁中的大学生自我意识

从纵向的历史演变来看，漫长的封建大一统的社会，造就了人在多个层面上是统一于一体的状况。在公与私、忠与奸、多元与单一、丰富与简单等多种因素的对立冲突中，大家不约而同而且毫无争议地选择了单一与简单，而视任何的多元化为异端邪说。这样内在心灵的冲突往往演变为二元对立的单一模式，与外界的冲突往往成为一种强大的外力压迫，内心软弱苍白，内心世界成为一种阴暗的角落和极力克服的对象。在内外一致中，基本上是以"外"为动力并以外作为判断是非的标准。这样"自我"在此价值体系中，基本上是处于"恶""私"的一面而出现的，并由此成为人们价值体系中极力驱逐和鞭挞的对象。在此情景下，"自我意识"是以一种变形的方式展示的，并且往往处在阴暗的角落中而极易产生变态。由此，使"自我意识"异化为非我的极力排斥的对象。总之，理想主义的、形而上学的价值取向的"自我意识"观，成为此时的一种主流的，甚至是唯一的声音。

从20世纪50年代中期到1979年改革开放政策实施之前，中国是一个高度的计划经济社会。在这个时代，中国青年的世界观基本上是一致的，并与社会总体世界观是一致的。其世界观中的人生价值的指向是"无我"和"忘我"——国家的需要就是自我的需要，国家的利益高于包括自我在内的一切。尤其在"文革"中，这种人生价值观发生变异达到了极致。极左思潮在给我们造成灾难性的经济建设恶果的同时，也扭曲了人的灵魂，塑造了一种远离现实生活的"圣人"价值观。这样，自我价值观与社会价值观高度一致，社会价值观便是一种放大了的个人价值观。从表面看，在自我意识中，自我价值观不应该与社会价值观有矛盾冲突，否则，便是一种异于社会价值观的、具有错误政治色彩的反常心理。自我意识被社会意识和社会意志篡夺并取代了，自我成了一个没有灵魂的空壳，何谈自我意识的培养与发展！

始于20世纪70年代末的改革开放是一场社会主义制度自我完善和发展的革命：从计划经济与市场经济体制的并存，社会主义市场经济体制的建立，到社会主义初级阶段理论的确认，再到两个文明建设的"两手抓、两手都要硬"的思想等。20年来社会的巨大变革，首先引起了整个社会价值观的巨大变革，进而引起了当代中国大学生的世界观、价值观、人生观的巨大变化，这种变化必然对大学生自我意识的发展产生深远的影响。

一般认为，改革开放以来，中国大学生价值观的发展经历了四个基本阶段：

(1) 1980年，主要特征是以潘晓的"人生观"讨论为主题；

(2) 1981—1985年，主要特点是开始以一种多取向的、积极的方式和态度寻求新的价值观念；

(3) 1985—1989年，主要特征是价值观的高期望值与低评价率之间发生冲突；

(4) 1989年至今，主要特点是人生价值观趋于现实。

上述见解对当代中国大学生人生观的发展作出了深入而细致透彻的研究，但事实上，各阶段或各时期之间往往很难作出如此细化的科学界定。上海社科院青少所苏颂兴先生认为，改革开放以来青年人生观的发展分成两个阶段，即：

(1) 80年代，青年思考的主旋律是"人为什么活着"；

(2) 90年代，青年思考的主旋律是"人怎样活得更好"。

苏先生认为，这种划分表现出了在这改革开放的20年中，中国社会的巨大变化顺应人类社会发展的潮流[1]。我们已经从传统社会向现代工业社会过渡，并且正从现代工业社会向后现代工业社会迈步。不同社会形态相应地塑造出不同人的社会性格：传统的、自我的、他人的，其实质就是三种不同的价值取向。当代中国大学生人生价值观的演变就经历了从传统(这里的传统不仅是指农业社会给我们留下的某些封建传统，而且还包括受左的思想影响而形成的意识形态传统)的没有选择余地的、单一价值观向自我的、多元化的价值观转变，并且正在呈现出为适应社会发展而选择的环境、时尚决定自己行为的他人导向的价值观。可以说，当代中国大学生人生价值观演变与世界范围内的人生价值观演变在方向上是吻合的，在进程上则因为中国社会急剧的变化而表现出浓缩性的特征。

二、大学生自我意识发展的过程

进入青春期后，大学生的自我意识会出现一个分化——冲突——统一的过程。这一过程是大学生自我意识不断发展，趋于成熟的过程。

(一)自我意识的分化

儿童的自我意识是一个尚未分化的整体，其意识内容主要停留在对自己外部行为和自己与周围关系的外部特征上。进入青年期，原来在儿童、少年时期统一不可分割的自我意识一分为二：一是理想自我，它是根据主观的自我和主观感受的社会现实所希望自己未来成为什么样的人而达成的自我状态。理想自我是处于观察者的地位，也就是"主体我"。二是现实自我，是指当前实际所达到的自我状态，即我现在是什么样的人。现实自我处于被观察者的地位，是理想自我所要观察的对象，也就是"客体我"。

自我意识的明显分化，使大学生主动、迅速地对自己的内心世界和行为具有了新的意识，开始意识到自己那些从来没有被注意到的"我"的许多方面和细节。在这一时期，大学生的自我沉思、自我分析、自我反省的时候明显增多；对自我新的认识、体验和控制而带来的种种激动、焦虑、喜悦和不安也显著增加；为自己应该怎样做、能怎样做、不应该怎样做等而开始认真地动脑筋，不像中学生那样随心所欲。

---

[1] 苏颂兴. 从传统向自我向他人价值导向的转变——当代中国青年人生价值观的演变. 当代青年研究，1998(4).

此时，如果个体的理想自我(主体我)和现实自我(客体我)能保持大致的平衡，也就是说，个体的真正能力、性格、欲望能如实地表现出来，个体便能以自己的本来面目出现在别人面前，既不用掩饰自己的努力，也不怕暴露自己的缺点，从而有利于发挥自己的实际能力，促进个体健康发展。但也常常会出现理想自我和现实自我的失衡感。

现实自我占优势的个体，往往表现出较强的虚荣心和自我陶醉感，特别在乎他人对自己的评价，期望事事处处得到他人的赞赏。他们担心暴露自己的缺点，常常炫耀自己的知识，追新猎奇，哗众取宠，以换取他人的赞赏。

理想自我占优势的大学生，往往将"客体我"萎缩到实际能力之下，总认为自己事事处处不如人。他们往往自卑感较强，为自己某方面的欠缺，如口才不好，身材不高，相貌一般，家境贫寒，能力不强而苦恼，甚至放弃应有的努力，形成自我怜悯或伤感的心理状态。

总之，自我意识的分化促进了大学生的思维和行为的主体性的形成，从而为客观地评价自己和他人，合理地调节自身的言行奠定了基础。这是自我意识开始走向成熟的标志。

(二)自我意识的冲突

自我意识的分化，一方面使青年开始意识到自己不曾注意的许多"我"的方面和细节，发现理想我与现实我的差距。另一方面，由于处于发展阶段，自我形象不能很快确立，自我概念不能明确地形成，因而自我冲突加剧，表现为内心冲突，甚至有很大的内心痛苦和强烈的不安感。

归纳起来，当代大学生自我意识的矛盾冲突主要表现在以下几个方面。

一是"理想我"与"现实我"的冲突。这可以说是大学生自我意识矛盾的最突出、最集中的表现。大学生对未来充满信心，抱负水平较高，成就欲望较强，但由于他们生活范围相对狭窄，社会交往比较单一，缺乏社会阅历，对自我认识的参照点较少，因此，不能很好地将理想与现实结合起来，从而使"理想我"与"现实我"之间产生较大差距。这种差距在给大学生带来苦恼和不满的同时，也会激发大学生奋发进取的积极性；但如果这种矛盾与冲突过于强烈，不能及时加以调适，则会导致自我意识的分裂，从而带来一系列心理问题。

二是独立意向与依附心理的冲突。上大学后，大学生的独立意识迅速发展，他们希望自己能在经济、生活、学习、思想等方面独立，希望摆脱成人的管束，自主地处理所遇到的一些问题，但他们在心理上又依赖成人，无法真正做到人格上的独立，这种独立意向与依附心理的矛盾也一直困扰着他们。

三是交往需要与自我闭锁的冲突。大学生迫切需要友谊，渴望理解，寻求归属和爱。他们有强烈的交往需要，希望能向知心朋友倾吐对人生和生活的看法，盼望能有人分担痛苦，分享欢乐。但同时他们又存在着自我闭锁的倾向，许多人往往不愿主动敞开自己的心扉，而把自己的心灵深藏起来，在公开场合很少发表个人真实意见。他们在与他人交往时存有较强的戒备心理，总是有意无意地保持一定距离，正是这种交往需要与自我闭锁的矛盾冲突，使得不少大学生备受"孤独"的煎熬。

四是自信心与自卑感的冲突。大学生刚刚考上大学时，受到老师、家长、亲朋好友的赞赏、同辈人的羡慕，因而优越感和自尊心都很强，对自己的能力、才华和未来都充满了自信。然而进入大学后，群英荟萃，许多大学生发现"山外有山"，尤其是当学习、文体、社交等方面显露出某些不足时，有些大学生就会陷入怀疑自己、否定自己的不良情绪中，于是产生自卑心理。在这些大学生的内心深处，自信心和自卑感常常处于冲突状态。

五是追求上进与自我消沉的冲突。许多大学生都有较强的上进心，他们希望通过努力来实现自身的价值。但在追求上进时，困难、挫折在所难免，不少大学生常常出现情绪波动。在困难面前望而生畏，消极退缩，虽然退缩但又不甘放弃，心中依然想追求、想奋进，内心极为矛盾，困惑、烦躁、不安、焦虑也由此而生。

(三)自我意识的统一

由自我意识的分化带来的种种矛盾冲突是大学生自我意识发展中的正常现象，也是大学生迅速走向成熟的集中表现。自我意识矛盾冲突一方面会使大学生感到焦虑苦恼、痛苦不安，可能影响到他们的心理发展和心理健康，另一方面也会促使他们设法解决矛盾，来实现"理想我"与"现实我"的统一。但是，由于个人的社会背景、生活经验、智力水平、追求目标等方面的差异，自我意识的统一途径也有所不同，但总的来说其统一途径有三个方面：一是努力改善现实自我，使之逐渐接近理想自我；二是修正理想自我中某些不切实际的过高标准，并改善现实自我，使两者互相趋近；三是放弃理想自我而迁就现实自我。按照心理学健康标准，无论哪种途径达到自我意识的统一，只要统一后的自我意识是完整的、协调的、充实的、有力的，就是积极和健康的统一，这种统一就有利于个体的心理健康和发展，有利于社会的文明与进步。

由于个人的社会背景、生活经验、智力水平、追求目标等方面的差异，大学生自我意识的分化、冲突、统一的途径不同，其统一的类型也不同，结果也不同。一般来说，我们把理想自我和现实自我的矛盾统一归纳为五种类型。

第一种是积极型。不断完善现实自我，使之与符合社会发展要求的理想自我达到统一。这是有抱负、有志气的青年所采取的一种统一类型，它最典型地反映了青年人积极向上、努力进取的精神，是值得鼓励和提倡的。

第二种是现实型。一方面不断完善现实自我，另一方面又根据现实自我的实际状况，修正理想自我，达到两者统一。在这里虽理想自我也有朝着现实自我"靠拢"的修正，但出于较现实的考虑，仍不失为一种积极的统一。

第三种是庸碌型。放弃理想自我，以迁就现实自我，达到统一。这是不思进取、安于现状、庸庸碌碌、得过且过的一种统一。例如，有的人原来有良好的理想自我，但在改善现实自我的过程中遇到挫折，便消极处世，作茧自缚，放弃理想自我，听凭自然发展。这是需要教育者促其前进的一类。

第四种是虚假型。通过对现实自我的过高评价或虚妄的判断，获得与理想自我的统一。

这类人往往狂妄自大，自命不凡，以主观臆想代替客观现实，沉浸于自我陶醉之中。这是需要教育者击其猛醒的一类。

第五种是消极型。理想自我和现实自我在不符合社会发展要求的方向上的统一。这多为自甘堕落、执迷不悟的人所采取的一种统一类型。例如，有的人形成了与社会进步相悖的理想自我，只是由于种种主客观条件的束缚(如主观上的自尊心，客观上的道德舆论)，现实自我才滞后于理想自我，一旦束缚被挣脱(如自尊心已挫伤，已无视道德舆论)，便破罐破摔，使现实自我一下子滑向消极的理想自我，获得统一。这是有极大危害性的统一，应引起教育者高度警惕。虚假型和消极型的学生实际上都有不同程度的心理障碍，属于自我意识的变异状态。这类学生人数极少，但表现出来的心理与行为问题波及面较大，是高校学生思想政治教育和心理卫生咨询引导的重点对象之一。

总之，青年中期是理想自我与现实自我矛盾突出的时期，也是使其趋向统一和转化的关键时期。过了青年中期，自我意识就逐渐趋于稳定，再变化发展就没有原来那样急剧了。一般来说，一年级的大学生具有一定的依赖性和盲目性，二年级的大学生理想成分较多，容易想入非非，三年级以后就显得沉着稳定了。这表明，大学生的自我意识正处在矛盾、统一、转化并日趋稳定的阶段。教师应把握大学生的自我意识发展的各个重要环节，认识大学生自我意识发展的规律性，促使大学生的自我意识沿着正确健康的方向发展。

三、大学生自我意识发展的特点

在校大学生正处于自我意识发展的关键时期，其自我意识的发展出现了许多新的特点。确定大学生自我意识发展的水平，应以其自我意识结构之间是否协调发展为重要指标。如果要素协调发展一致，自我意识的发展水平就高；反之，如果要素协调发展不一致、不统一，自我意识的发展水平就低，就会出现障碍。下面，将从自我认识、自我体验和自我控制三个方面来了解大学生自我意识发展的特点。

(一)大学生自我认识的特点

1. 大学生更加注重对自己内在素质的认识

调查表明，在中学尤其是高年级，学生对自我的认识比较看重一些外在的东西，如身体、容貌、仪表等。到了大学阶段，学生对自己的认识发生了很大变化，这种变化不是说学生不看重外在的东西了，而是与外在的东西相比，他们更加注重内在的素质。在一所大学的问卷调查中，在回答"你认为你是一个什么样的人"时，多数学生回答的是自己的一些心理品质，如善良、热情、诚实、乐观、自信、自尊等。

2. 大学生更加注重自己在社会中的地位和作用

随着年级的升高，大学生对自我的社会属性(社会地位、社会角色、社会责任、社会义务等)越来越关注。经常在校园里听到大学生们说："宇宙是无限的，人生只是昙花一现，但也要在这一瞬间把斑斓的色彩留给人类""社会的进步不是靠哪个救世主，而是靠社会成员的努力，靠我们自己掌握自己的命运"。也经常有许多高年级的学生以未报答父母的辛苦劳动而感到内疚。

3. 大学生的自我认识以肯定性评价为主

值得注意的是，在大学生中存在着自我评价的偏差，他们要么高估自我，要么低估自己，但从总体上看，现代的大学生看到更多的是自己的优势、优点。从一定意义上说，这一状况显示了当代大学生的自信、积极向上的心理状态。但同时，过分地看重自己的优势，而看不到自己的缺陷，这也可能走向另一个极端，即盲目自大、目中无人的心理状态，而这对大学生的发展是极为不利的。

4. 大学生的自我评价从高估到走向平衡

西方心理学家的研究认为，青年大学生对自己的评价有过高评估的倾向。从我国大学生的实际来看，低年级的学生自我评估的倾向比较明显，这是因为他们刚从中学毕业，能升入大学的毕竟是少数人，因此，他们自认为是"天之骄子"。但是，经过四年的大学学习、观察和体验，自我的评价趋于平衡，对自己的评价更为客观和现实。

(二)大学生自我体验的特点

1. 大学生自我体验的发展水平渐趋稳定

对大学生的自我体验测验显示，大学生一年级与高中三年级学生处于同一级水平，他们的自我认识与评价能力有所增高，自我体验仍在发展变化。但大学二年级和三年级自我体验的测验得分有所下降。这是因为在大学期间大学生的自我体验受到社会需要和主体的意识与客体的相互关系的影响，理想和现实往往发生矛盾冲突，这种矛盾一直持续到四年级才得到解决，因而自我体验经过三年级这个转折点，到四年级又回升到较高水平。

2. 大学生的自我体验较为强烈

大学生在自我评价和提高的基础上，认识到自我的价值、地位和作用，责任和义务感增强，在学习和各项活动中争强、好胜，自尊心有突出的表现，一旦受挫和失败就会产生内疚和压抑的情绪。成功与失败都会引起大学生强烈的情绪反应。

3. 大学生的自我体验敏感性大

处在青年期的大学生对涉及自我的一切事物都非常敏感，特别是在与异性的接触中更常常引起情绪的波动，在行为与自我形象的塑造上往往触景生情，通过想象抒发自己的灵感和生活的体验，因而在思维中经常流露出一些感触和遐想等。

从性别差异来看，在自我体验强度方面，男生大于女生；在体验的持续性上，女生比男生更持久。

(三)大学生自我控制的特点

1. 大学生自我控制的能力与自我监督能力的提高

自我监督与调控有两种类型,一种是不随意的,在知觉结构中进行,使计划中动作的程序重复反馈,符合预期的模式;另一种是使外部的规范标准与自己的动作标准一致。通常我们的行为与规范的关系有三类:第一类是一致性信息,个人的行为表现与规范标准一致;第二类是连续性信息,个人的行为表现与规范标准在任何场合都符合;第三类是区别性信息,对不同的目标,行为的表现也不同。不随意的自我监督是被动地使自己的行为与规范要求一致,也可以重复表现出来。但更换目标后会发生什么行为仅靠外在压力是不够的,这是一个从外向内的转化过程。大学生的自我控制已经发展到能够由自觉提出的动机、目的来调节与支持,防止活动的任意改变,坚持实行预定的行动计划,因而能应用逻辑分析提高执行过程的知觉水平。例如,运动员运用逻辑分析控制跑速。大学生自我监督的自觉性来源于社会责任感、成就目标、生活的价值定向、意志的努力和锻炼,而外部直接诱因的作用则相对地减少了。

2. 大学生自我控制的社会性增加,更多地用社会标准要求自我

根据一项对11所院校15个系的395名大学生的调查发现,多数大学生希望做一个能够为社会做贡献、适应时代发展特点、德才兼备、富有开拓精神、肩负重任的人,而认为自己只能做一个普普通通、没有远大理想的人的大学生,只占少数。

3. 从高估和低估自我向平衡发展

大学生由于自我评价与自我体验发展的不平衡,有时表现出高估自己的倾向。所谓高估,就是自我评价高于他人评价。根据上述调查发现,在自我认识方面,45项测试题中有31项存在高估的情况,有些学生的自信心和优越感强,他们用自己之长比他人之短;有的学生出现了盲目的抗拒心理,认为别的同学都不如自己,甚至采用各种方式表现自己的能力,思想偏激、武断,因而出现错误的行为。这种自我扩张型的大学生行为上缺乏理智,情绪容易冲动,妄自夸大自我形象,幻想高于现实,当现实条件不如意时,就埋怨客观环境不佳,学业与品德向不良方向发展。另一种类型是低估自己,在大学生活和学习中积累了更多的挫折和困难,自卑感严重,出现了焦虑和紧张,倾向于自我否定。这两种表现都说明大学生在自我控制方面更需要注意调整自我控制由不平衡向平衡发展。

四、大学生自我意识发展中的缺陷

个体的自我意识是在外部环境的影响作用下,通过自我的主观努力形成的。自我发展的历程是一个主观与客观、内在与外在双向互动的过程,自我意识的发展水平就是个体主客观力量共同作用的结果。大学生正处于心理迅速成熟、又尚未完全成熟的时期,自我意识还在不断发展中。传统观念作用下的大学生,在当前多元化的人生观和价值观的冲击下,

在复杂多变的社会环境的影响下，如果缺乏自省和正确的引导，容易出现各种发展的偏差，导致以下几个方面的缺陷。

1. 扭曲的自尊——虚荣

虚荣心是一种追求虚假荣誉，以期获得尊重的心理行为。在社会生活中，人人都有被尊重的需要，都希望得到社会的承认。但好虚荣者不是通过实实在在的努力，而是利用吹牛、撒谎、作假、投机等非正常手段去沽名钓誉。"空袋不能直立"，追求虚假的荣誉，只是自欺欺人，不仅会使个体失去他人的尊重和友谊，失去诚实，而且会使他失去实在的追求，留下空虚苍白的人生。

2. 消极的自觉——自卑

蒋文兵，男，21岁，大学二年级学生。性格内向，不善言谈，遇到事情总爱一个人苦苦思索。一年级第二学期，有一门功课不及格，这次参加英语四级又没有通过，蒋文兵就认为自己的学习能力不强，没法适应大学的学习；觉得自己缺乏社交能力，两年的大学生活，没有知心朋友，有话无处讲，有事无处求。他对自己就读的大学不满意，认为缺乏学术氛围，周围的同学都在混日子，自己也只能无所事事，随波逐流。因此，蒋文兵认定自己的前途是一片暗淡，将来是注定没有出息的。个体的自卑感形成的原因比较复杂，主要有以下几种影响因素。

其一是来自自我认知的偏差。具体表现有：

(1) 消极的自我暗示。凡事好从消极悲观的方面考虑，喜欢拿自己的短处与他人的长处相比，总觉得"我可能不行""我天生不是那块料"等等，使自己的自信心逐渐丧失。

(2) 过低的自我期望。不相信自己的能力，对自己缺乏激励，造成失败的结果反过来又验证了自我的认识和期望，进一步强化了自卑。

(3) 过强的自尊。个体过强的自尊心，会导致自尊的需要经常得不到满足，产生心理失望，并逐渐丧失自信。另外，挫折的经历和不恰当的归因也会导致自卑心理的形成。尤其是多次受到别人的嘲笑、讽刺和打击时，有可能对自己的能力产生怀疑，出现过低自我评价，从而一蹶不振。

其二是来自个性的差异。瑞士心理学家荣格把人的性格类型分成两类：外倾型和内倾型。外倾型的人活跃而开朗，对周围的一切都很感兴趣，易受感情支配，不拘泥于小事，反应快；内倾型的人优柔寡断，孤僻，常有某种提防戒备心理，不愿抛头露面。心理研究表明，几乎所有的自卑者，都是性格内倾的人，他们情感脆弱，体验深刻，比较敏感，常常自惭形秽，总感到别人瞧不起自己，所以事事退缩，处处回避。结果，其增长经验才干的机会无形中大大减少。

其三，生理缺陷是自卑性格形成的又一个重要原因。主要表现在一些身材矮小，身患残疾的大学生身上。他们常常体验着常人无法感受的失落和痛苦，易产生自轻自贱的情绪，并由此陷入孤独、沉默、神经过敏的自卑境地。

其四，幼年时生活信息的影响。心理学家认为，自卑感起源于人的幼年时期。心理科学的研究证实，不少心理问题都可在早期生活中找到症结，自卑作为一种消极心态也不例外。

一个人的自卑心理一旦形成以后，不仅会严重地阻碍他们的交往生活，使他们孤立、离群，而且还会抑制他们的自信心和荣誉感的发展，抑制他们的能力的发挥和潜能的挖掘。特别是当他们的某种能力缺陷或失败的交往活动被周围人轻视、嘲笑或侮辱时，这种自卑心理会大大加强，甚至以嫉妒、暴怒、自欺欺人等畸形的方式表现出来，给自己、他人和社会造成一定的危害和损失。由于这种自卑心理对交往和个人发展的危害性，我们应当采取适当的措施去克服它，让自卑者从自设的陷阱里走出来，潇洒地走进人群，享受人际交往的乐趣。

克服自卑心理首先要提高自我期望。自卑者首先要善于发现自己的长处，肯定自己的成绩，并且让优点长处进一步放大。一个人只有客观地评价自己和他人，与他们进行正确的社会比较，才有助于肯定自己，才可能克服自卑感。其次要积极参加交往活动，增加成功的交往体验。自卑者总是把自己孤立起来，避开与人的交往，而越不与人交往，就越怯于交往，就越自卑。同时，不常交往以后，基本的交往技能也难以发挥，交往经验更是少得可怜了，所以偶尔参加一次交往活动，似乎早已遗忘人情世故，怎能与交往场上的老手相比，挫折和自愧自在情理之中。然而，如果自卑者能积极参加交往活动，主动与陌生人进行交往，去提高交往成功的概率，去享受哪怕是很小的成功的欢乐，那么对这些从未获得过交往成功的自卑者来说，再小的成功也能给人以鼓舞，因为，它毕竟是零的突破，是再次成功的希望，是大有潜力的先兆。

3. 退缩的自主——从众

从众，是一种普遍存在的心理现象，它是在群体舆论的压力下，放弃个人意见而采取与大多数人一致的自我保护行为。从众心理人皆有之，但有过强从众心理的大学生，没有独立思考，缺乏主见，丧失自我，有碍于心理发展。造成从众心理过强的原因是多方面的：一是害怕孤立，为了求得小团体的认同，避免孤立而放弃了主见，随大流，凑热闹，以求并无实际意义的"合群"；二是缺乏自信，有些学生对自己的能力缺乏自信，不敢自己下判断，作决定，只好随大流；三是当今不少家庭和学校一味要求"听话""服从"的教育，使学生形成了一种极富惰性的人格特质，窒息了他们独立思考的精神。

4. 变态的自立——逆反

青年大学生在成人眼里是孩子，在孩子眼里是成人。他们渴望在思想上、行为上乃至经济上尽快独立。这个时期，他们的智力发展虽已达到高峰，但阅历有限，感性经验不足，且情绪表现富于两极性，易于感情用事，主观片面、脱离实际，以至形成偏见。当这种偏见在现实生活中碰壁时，在青年期特有的强烈的独立意识和批判精神的驱使下，他们就很容易出现逆反心理。例如，对师长的教育或班干部的工作抵触，以"顶牛""对着干"来显示自己的"高明""非凡"。对正面教育和宣传表现出一种怀疑、不认同的态度，对社会、人生和个人前途显出玩世不恭的态度。导致其个性倾向也会因此发生偏移，越是禁止的东西，越是感兴趣，越是不让做的事，越要做，常常表现出有意违拗的行为和放荡不羁的倾向。

马胜利，男，20岁，大一学生。读小学时，为人老实，唯父母和教师的意见是从。上初中以后，妈妈还是像过去一样没完没了地唠叨，一件小事，总是千叮咛万嘱咐，马胜利一听就烦。于是一反常态，开始和家长唱反调。进大学后不相信他人，我行我素，学校和班级要求的，他就反对。学校和班级反对的，他偏要去做。

应该看到，逆反心理的出现是青年学生批判精神、独立意识增强的标志，这是值得肯定的。但是，如不加以正确引导，消极作用很大。例如，有助长个人自由主义倾向、使人际关系僵化、不利于个人的社会化、产生不健康的思维模式和行为方式及情感反应固执等负面作用。

5. 极端的自信——自负

谢小强，男，22岁，大学二年级学生。认为自己聪明过人，才能超群，爱在别人面前夸耀自己，别人越关注就越兴奋。认为自己关注的问题都是哥德巴赫猜想式的，很少有人问津。对同学有比较强的支配欲，爱支配他人而不愿受他人支配。对同学们提出的还谈不上批评的意见，谢小强总是不能接受，内心里十分反感，还经常发怒。他看不到自己的缺点和不足，盲目地为十全十美的自我而陶醉，而且总是看不起周围的同学，既没有异性朋友，也没有同性朋友。自负是个体自以为是、自命不凡的一种情感体验和情绪表现。随着改革开放的深入，人们的思想观念发生了巨变。在谦虚淡出的同时，自信成为这一代大学生较为普遍的优秀品质，他们有独立思考的精神，不唯书、不唯上、不唯师，更不唯一些陈规陋习，对自己的才学信心十足，对自己的未来踌躇满志。但有些同学自信过了度，自我感觉太好就变成了自负。他们听不进师长的教诲，听不进同龄人的意见，一意孤行。

6. 放纵的自我——任性

这一代大学生，绝大多数是家中的独生子女，加上"大学生"这个头衔的光环，使得他们往往集家长的溺爱、老师的宠爱和社会的关爱于一身，在顺境中长大，缺乏挫折的磨炼。相当一部分同学有任性孤傲的毛病。例如，在人际交往中，不顾及他人的想法，而一味地要求别人依着自己行事；没想过自我克制，而一味地要求他人对自己忍让；在待人接物时，单从个人好恶出发，只凭一时意气用事，容易被本能的欲望和偶然的动机以及不良的情绪所左右。社会上"跟着感觉走"，片面主张个性自由张扬的思潮，也使他们对自己的弱点不以为然，进而发展到以我为中心，唯我独尊的境地。

第三节　大学生自我意识的养成

一、影响大学生自我意识发展的因素

根据我国学者对大学生自我意识所做的调查，我国大学生自我意识的发展基本上是积极的、健康的，但发展的过程并非直线向上，而是有起伏的矛盾斗争过程。有人认为，大学二年级是自我意识矛盾最尖锐的时期，也有人认为大学三年级是自我意识发展的关键时

期。总的说来,直到大学四年级,大学生的自我观念才基本趋于统一,自我意识的发展才趋于稳定。那在大学四年的学习过程中,到底有哪些因素制约着大学生自我意识的发展和变化呢?我们认为,自我意识的发展变化离不开整个社会环境与教育的影响,离不开学生自身的思维和实践体验。

(一)社会楷模的影响

自我成为一个什么样的人,总是离不开社会生活中各种楷模的影响。"孟母三迁"就是为了给儿子寻找一个适合效仿的楷模。中国古代十分重视树立良好的社会楷模,使受教育者同正人君子生活在一起,使他每天"目见正事,闻正言,行正道,左视右视,前后皆正人"(《大戴记》)。四面八方都是"正人",自然不能不正了。

但是,大学生受社会楷模的影响并不是像少年那样,对所喜爱或崇拜的人直接模仿,而是从众多社会楷模身上吸取有意义的、令人敬佩的内容,作为创造理想自我的素材。例如,保尔·柯察金、吴运铎、雷锋、张华等英雄楷模的形象曾经是我国大学生创造"理想的我"的重要榜样。不同的时代有不同的楷模,他们对不同时代大学生自我意识中"理想的我"的形成起着重要作用。

在对大学生进行的问卷调查中,当问到被调查的大学生希望成为一个什么样的人时,有个学生回答希望成为一个惩治贪污腐败的纪检干部;在问到最崇敬的人是谁时,他回答是海瑞、彭德怀;在回答最喜欢的文艺作品是什么时,他说是《七品芝麻官》。可见,大学生的思想已经围绕一些基本的观点形成了一个互相贯通的体系,他的理想同他的兴趣、爱好,以及崇敬的人物的理想都是相通的。由此也可看出,大学生建构的自我形象,并非来自对某一个人物楷模的直接模仿,而是从众多的楷模中吸取素材来创造的。

因此,为了帮助大学生塑造"理想的我"的形象,引导大学生学习古今中外历史上为人类社会的进步和发展做出贡献的科学家、思想家、教育家和革命家的光辉形象,有利于大学生从中吸取建构"理想的我"的养料,尤其是引导大学生学习那些和他们年龄与角色相近的同时代青年英雄和杰出大学生的光辉事迹,对于他们建构"理想的我"的形象具有重要的作用。

(二)他人评价的影响

俗话说,"旁观者清,当局者迷。"他人的评价是客观认识自己的一面镜子,可以帮助自己了解"现实的我"的形象,认识自己的长处和短处,知道自己在别人心目中是一个什么样的人,既是作为建构"理想的我"的依据,也是提高"现实的我"的重要参照。

大学生可以通过某些会议、竞赛评比、表扬与批评、学习成绩报告单等各种途径获得别人非正式的评价,这些评价都可能对大学生的自我意识产生影响。

然而,别人的评价与大学生的自我评价总是会有一定的矛盾与距离,如何使别人的评价与大学生的自我评价趋于一致,从而为大学生所采纳,取决于许多因素。

1. 评价要从肯定优点入手，对大学生的优点与缺点进行全面的评价

即使是指出缺点，也应从肯定成绩和优点入手。在一般情况下，教育工作都应从正面对大学生进行肯定和鼓励出发，以激发其信心和斗志，不要一提优点就一笔带过，一讲缺点和错误就大做文章，这种消极的批评难以收到积极的效果。

2. 评价要从关心和爱护出发

出于爱护和关心的善意批评，即使是指出缺点和错误，也可能使人心悦诚服；而恶意的指责、指桑骂槐、冷嘲热讽就难以为人所接受。

从关心和爱护出发的正面评价，常常能对大学生的自我实现产生强有力的激励作用。有个大学生牢记一位长者对他的评价："你心地善良，待人宽厚，将来一定会有远大的前途。"他认为这个评价不仅使他对自我的个性品质产生了积极的体验，而且使他增加了对未来社会的信心。因此，亲人、爱人、受敬重的人所作的评价往往具有强大的激励作用。有时，一个有威望的教师或长者的肯定评价甚至可以成为大学生刻骨铭心的座右铭，鼓舞他终身不懈地奋斗。

3. 评价要尊重大学生的心理特点和人格

大学生是趋于成熟的青年，有强烈的自尊心和独立自主的人格。因此，对大学生的评价必须尊重他们的自尊心和人格。通过谈心或民主探讨的方式，使他人的评价与大学生自我的评价形成共识，较有利于促进大学生自我意识的发展；而采取专制性的批评指责，并强加于人，就容易伤害大学生的自尊心，不仅会造成学生心情压抑和不满，甚至会产生逆反心理。

在对大学生进行评价前，还应该了解大学生自我评价的特点，才能进行有效的沟通，使别人的评价与大学生的自我评价趋于一致，从而达到提高自我认识的目的。

(三) 个人实践的体验

大学生的自我意识是随着学习活动、课外活动和各种社会交往活动而不断发展的。他们通过实践活动增进对自我的认识，获得自我体验，并进一步修正自我观念，调整对自我的要求和自我实现的行动。

当他们在学习中获得显著进步时，他们就体验到成功的愉快，提高了对自我学习能力的评价，增强了信心；而当学习成绩下降时，他们不但体验到失望和痛苦，而且会对自己的学习能力产生怀疑，降低对自我的信心。当他们参加某些竞赛活动(如唱歌、舞蹈、运动、绘画和演讲比赛等)而获奖时，他们会为自己过去未曾发现的才能而感到欣喜，并相应地提高对自己的评价；如果比赛受挫，有些人不但会感到失望和难过，可能还会认为自己"本来就不是从事那项活动的料"而灰心丧气。有个大学生说："我原来认为自己很聪明，可是，第一学期几科成绩都考不好，我开始对自己的智力产生怀疑，后来，我的成绩又上去了，我又恢复了对自己学习能力的信心。"可见，实践的结果不断影响着大学生的自我认识和自我评价。

实践中角色地位的变化也会影响到自我评价。一个学生当选为班长，会提高他对自我的积极评价，由此增加对自我的满意感和自信度；如果落选，则会降低对自我的评价和信心。

大学生对自我的评价和认识，通常并不是一次实践活动的直接结果，而是他们经过实践——认识——再实践——再认识反复实现的。大学一年级的时候，许多学生对自我尚缺乏全面的、统一的、稳定的认识，对自我的评估一般偏高。经过几年学习生活实践的反复认识后，他们才形成了比较统一的、稳定的认识，形成了比较确定的自我观念。

(四)网络信息交流的影响

目前，我国加入计算机互联网络的青少年日益增多，80%以上的用户是青少年，其中，大学生占了很大比例。现在，这些加入计算机互联网络的大学生不仅受到教师和家庭的影响，受到电视、电影等单向传播的影响，而且受到计算机互联网络交流信息的影响。当他们坐在计算机前同国内外其他人进行交流的时候，那种"老师讲、学生听"的传统教学方法顿显逊色，而"自我"的主体地位日益明显。当他们操作电脑接受信息、处理信息和发布信息时，犹如"运筹帷幄"，发挥着自己的主动性、探索性和创造性，培养了自己独立分析问题、解决问题和创新的能力，以一种前所未有的方式促进自我意识的发展。

二、大学生自我意识的养成

怎样培养大学生具有良好的自我意识，使他们具有健康的自我概念、自我体验和自我实现的意向呢？这主要靠两个方面的工作：一方面，家庭、学校和社会要营造一个有利于大学生自我意识发展的环境；另一方面，大学生要加强自我意识的修养。

(一)营造良好的社会环境

这是涉及大学生教育培养全方位性的工作，是涉及家庭、学校和整个社会教育思想、教育制度和教育方法改革的大问题，需要慎重地加以对待。

1. 提倡新现代化的思想观念

一个民族的思维模式和社会性格总是同民族的文化渊源密不可分。我国传统文化历来重视人际之间的伦常关系和道德规范，这往往使学生形成一种传统的思维模式和拘谨的性格特征。有人对我国青年学生观念现代化做了调查，发现有82.3%的学生处于由传统观念向现代观念的过渡阶段，13.4%的学生传统观念十分严重，只有4.3%的学生具有较为现代化的观念。

具有传统观念的学生对世界大局不关心，只关心本地区同自己密切相关的问题，但表达意见谨慎；他们缺乏接受新事物的心理倾向，对周围的人缺乏信任感；他们关心国家的改革开放，但缺乏参与的积极性与勇气。

上述这种传统观念下的表现显然同时代的要求、同培养社会主义现代化人才的要求不相符合。如果我们培养的大学生只能恪守传统，而没有自己的独立意识，缺乏参与竞争的精神，他们如何才能在现代社会的竞争中坚定自信，克服困难，迎接挑战？他们又如何能在未来的事业中独立思考，开拓进取，做出新的发明和创造？

2. 改革传统的教育体制

由于受到传统思想的束缚，我国大学生的集体主义、依从性等性格特征比欧美人更显著，而在独立性方面则明显不如欧美人。

教育部等单位所做的一项调查表明，有65.5%的学生经常会对老师和课本的说法表示怀疑，但公开质疑的人却很少；即使有人提出质疑，公开表示赞同的人也会很少，甚至有16.5%的同学认为，如果质疑，"大多数同学会予以非议"。随着年龄的增长，这种思维定式和对权威的服从会日益增强，这种状况显然不利于大学生自我意识的健康发展。只有当学习变成主动探索和发现的过程，大学生才能在学习过程中不断自我发现、自我完善和自我实现。

3. 在家庭和学校中营造良好的人际关系氛围

有什么样的人际关系氛围，就会培养出什么样的自我意识。根据一项对全国50所大学1580名学生的家庭教养方式所做的调查，我国大学生家长的教养方式具有高拒绝否认和高惩罚的严厉特征，容易引发子女的高焦虑、自卑、敌对、不能正确认识自己等心理障碍，不利于大学生心理健康发展。因此，在处理亲子关系和师生关系时，都要讲民主，反对家长制的教育方式，要建立相互关心、相互尊重、相互信任、相互帮助的人际关系，使大学生能从日常的人际关系中感受到人性的温暖，获得爱的体验，使大学生热爱生活、关心他人，形成健康的自我意识。

(二)加强自我意识的培养

为了帮助大学生更好地完善自我，超越自我，健康成长，应让他们学会积极主动地了解自己，调整自我拒绝、自我否定、自以为是、自我中心等自我意识发展缺陷，形成正确的自我概念，培养健康的自我意识，使自我评价更加客观，自我体验更加积极，自我控制更加有力。

1. 正确地认识自我

中国有句古话，叫"知人者智，自知者明"。对于自我的认识之所以是件困难的事情，是因为，其一，人对自己的心理不能像测量血压、身高一样有一个客观尺度，即使是心理测量，一般人也较难掌握。其二，人对自身的认识往往缺乏一定的积极性和坚持性，容易产生"当事者迷"的情况。

正确认识自我，就是要全面地了解自我，其中特别重要的是要了解自己的长处和短处，把握自己与群体的关系，自己在社会生活中所处的位置，对自我做出恰如其分的评价。正确认识自我是建立健全自我意识的基础，有利于调适现在的我和构建未来的我。德国著名作家约翰·保罗曾说："一个人真正伟大之处，就在于他能够认识自己。"

如果一个人能对自己有一个全面、正确的认识和评价，就能够扬长避短，根据自己的实际情况，选择相应的目标为之努力奋斗。要做到正确认识自我，有以下几种方法。

(1) 在经常的自省中认识自我。孔子曰："吾日三省吾身。"要引导大学生学会自省，经常检查自己行为和动机正确与否，行为过程中有什么不足，结果如何，有哪些收获和缺憾，从中发现长短得失，以便他们有的放矢地进行自我调整。

(2) 通过他人的认识来认识自我。个体与社会、与他人有着密切的联系，个体要超出自身来认识自我，必须通过认识他人、认识外界来进行。所以，大学生应该积极地投身于认识世界、改造世界的社会实践，在其中不断丰富自己对自然、社会、他人的认识，并在此基础上进一步认识自我。深刻的自我认识是以深刻地认识和理解他人、社会为前提的。

(3) 在他人的评价中认识自我。心理学家认为，当一个人的自我评价与别人对他的客观评价有较大程度的一致性时，表明他的自我意识较为成熟。了解他人对自己的看法，常有助于发现自己忽视的问题。唐太宗有句名言："以镜为鉴，可以整衣冠；以人为鉴，可以知得失。"个体可以通过他人对自己的态度、期望、评价来进一步认识自己。当然，大学生不能简单地接受他人的评价，评价者的特点(是否学有专长，是否值得信任，是集体评价还是个人评价)、评价的特点(例行公事还是私人性质、与自我评价的差距大小、他人评价的一致性、评价是肯定还是否定)都会影响到大学生对他人评价的接受。因此，值得注意的是，对别人的评价应有一个正确的态度，不因过高的评价而飘飘然，也不为过低的评价而失去信心。

(4) 在与人的比较中认识自我。有比较才有鉴别。人们在缺乏客观评价标准的情况下，可以通过与他人的比较来评价自己。与周围的普通人比较，能认识自己的实际水平及在群体中的地位；而与杰出人物比较，则能找出自己的差距和努力方向。与他人比较，最重要的是要选定恰当的而不是盲目的参照系。同时还要学会用发展的眼光、辩证的方法去看待自己和他人，比较的视野越广阔，方法越科学，自我的位置就定得越恰当。恰当地与他人比较而正确地评估自己的人，就能做到既不妄自尊大，也不妄自菲薄，从而能合乎实际地确定自己的奋斗目标和行动计划。

(5) 通过自我比较来认识自我。人们不仅可以通过与他人比较来认识自我，还可以通过把目前的"自我"与过去或将来的"自我"相比较来进一步认识自我。心理学家曾提出"自尊=成就/抱负"，这说明个体的自我评价不仅取决于他的成就，而且取决于他的抱负水平，取决于两者之间的比较。过去的成就水平越高，个体越容易积极地评价自己；而指向未来的抱负水平越高，个体越不容易满足，越难以对自己做出肯定的评价。所以，教育者在培养大学生正确的自我意识的过程中，一方面要鼓励学生超越自我，不满足现有的成绩；另一方面也应该引导大学生确立能达到的目标，不一味跟自己过不去。

2. 积极地悦纳自我

要学生积极地悦纳自我，教育者首先要引导他们积极地评价自己。这是促使他们产生自尊感、克服自卑感的关键。其次是在教育的过程中要处处保护学生的自尊心，即使在批评学生时，也要尊重学生的人格。

此外，就学生自身而言，需要强化四个理念：一是坚信"只要真正付出努力，同等条件下，别人行，我也一定能行"，以此来增强自信。而强烈的自信和理智的努力则能激发个体的潜能，促进成功。成功后的愉悦又可以使个体进一步增添自信，形成良性循环。二是不忘"尺有所短，寸有所长"，恰当地认识自己，而不是苛求自己。三是懂得"失之东隅，收之桑榆"，正视自己的短处，既努力扬长也注意补短。一个人在某些方面自觉不足，如果通过积极的努力来补偿，以最大的决心和最顽强的毅力去克服这些缺陷，往往最终能取得成功。华罗庚以"勤能补拙"为良训成为数学家就是例证。四是记住"失败是成功之母"，正确地对待成功和失败，成功和失败是相辅相成的。成功的果实，只能在艰辛的努力中逐渐成熟。

3. 科学地塑造自我

大学生情感丰富，社会磨炼不足，加上人生观和价值观没有完全确立，很容易受到各种社会思潮与其他外部环境的影响，对待问题容易偏激和情绪化，对自己的长处和短处往往估计不足。顺境时，容易自视过高，遇到挫折时，又容易走到另一个极端，自卑自弃。有时充满希望，有时又极度烦恼。尤其是毕业生，要做出一生中重大的社会选择：进什么单位？从事什么工作？常面临"理想的我"和"现实的我"，"自我肯定"与"自我否定"等矛盾，常常表现出心理的不平衡，情绪体验较强烈，易振奋，也易波动。大学阶段不仅是人才的准备阶段，也是人生的转折时期。这个时期的大学生尤其需要注意塑造自我，为在日后的社会竞争中取得成功打下良好的基础。大学生应有很高的抱负和远大的理想，但"齐家、治国、平天下"须从"修身、养性"开始，即从点滴小事开始，从行动开始。科学地塑造自我，需要做到以下几点。

一是要确立明确的行动目标。人的行为特点是有目的的，个体的行为是否有目的性，结果是不一样的。一般地说，有目标指向的行为较无目标指向的行为成就大得多。因为正确的目标能够诱发人的动机，强化人的行为，并促使其指向预定的方向。例如，有的同学能够抵御种种诱惑，刻苦攻读，学业优秀，是因为他把学习成绩与自己未来的发展联系起来了。确立正确的自我目标，关键是要按照社会的需要和个人的特点来进行设计，做一个"自如的我，独特的我，最好的我，社会欢迎的我"。所谓"做一个自如的我"，是指不要给自己提出力所不能及的过高要求，使自己总是陷入自责、自怨、自恨的境地，而是给自己设计只要付出相当的努力就能达到的目标，从而能够在坦然面对自己的客观存在的前提下，不忘积极地生活；所谓"做一个独特的我"，指不要一味地追求时尚，在刻意模仿中失去自我，而是在接受自我的过程中，扬长避短，得以自在地生活；所谓"做一个最好的我"，指立足于现实，选择适合自己的人生道路，尽最大努力，达到最佳水平，充分实现自己的人生价值，能够满意地生活；所谓"做一个社会欢迎的我"，是指要有正确的价值取向，把自我实现的蓝图与祖国的富强、人类的文明结合起来，努力为社会做出自己最大的贡献，真正充实地生活。

二是要培养坚强的自控能力。在实现人生目标的旅途上，既有各种本能欲望的干扰，又有各种外界诱惑的侵袭。本能的欲望常令人失去理智，如贪图安逸、追求物欲等。名利和物质的诱惑，容易使人偏离正确的前进轨道，丧失奋进的斗志，放弃对远大目标的追求，甚至把青年学生引向堕落。一个人要想成就一番事业，就必须能够抵制诱惑，主宰自己的行动，这就需要有较强的自我控制能力，以保证理智地约束自己的情感，把握自己的行为。自我控制的动力来源，在于从根本利益和长远利益上去看问题。有些诱惑之所以对个体很有吸引力，就是因为它充分地显示了表面的、暂时的利益。比如，在学习紧张的时候，看一场精彩的球赛可能比枯燥的学习更有吸引力，因为它能使人度过一个更愉快的夜晚。类似的种种诱惑，每天都可能存在，如果不能抵御，作为学生，最终可能在考场上难以过关，在就业竞争中处于不利地位。如果能想到自己的根本利益和长远目标，就会有控制自己的动力，得以抵御表面的、暂时的利益诱惑。

个体在决定做某一件事的时候，常会产生各种对立动机的内部斗争，主要是高尚的动机(义务感、责任感、道德感等)跟低级的动机(满足个人的某种欲望)之间的斗争。这种斗争的结局，可以看出他自制力的高低。要检验一个人自制能力的强弱，可以看他的行为主要是臣服于本能的欲望或偶然的冲动、情感的驱使，选择"只要做"的事情，还是受理智的制约，大多选择"应该做"的事情。在自我意识未能达到高度统一时，个体觉得"应该做"的事情与感到"我要做"的事情往往是不一致或者是有差别的。如果要有较强的自制力，那么就要注意"应当做"的事情，善于强迫自己去做应当做的事情，克服妨碍"我要做"的愿望和动机(如恐惧、懒惰、过分的自爱、不良的习癖等)，从而自主地塑造自己。

三是要塑造健全的人格。人格，也称个性，"是一个人在与其环境相互作用过程中所表现出来的独特的思维模式、行为方式和情感反应的特征"，"它组织着人的经验并形成人的行为和对环境的反应"。因而，人格不仅是人的心理面貌的集中反映，而且是人心理行为的基础。它在很大程度上决定了人对外界的刺激做出怎样的反应，包括反应的方向、形式和程度等，因而会直接影响人的身心健康、活动效果、潜能开发以及社会适应情况，进而也将影响一个人包括生理、心理和社会文化素质在内的综合素质的发展。医学研究认为，许多心理和生理疾病都有相应的人格特征模式，这种人格特征在疾病的发生、发展中起到了生成、促进、催化的作用。健康的自我意识的形成，除了要有对自我的正确认知外，还要有健全人格的支撑。帮助大学生培养积极、和谐、健全的人格，对健康的自我意识的发展，将起到良好的生成和促进作用。

大学生要认识自己，树立自信；悦纳自己，建立自尊；完善自己，走向自强。

地球只有一个你，你要珍爱自己，人间的最大不幸莫过于生而厌者。每个人都有一生，如果不是快乐地、充满希望地接纳自己的话，生命就失去了意义。

项目思考

1. 多向度描述你自己。可以从学业自我、人际自我角度；也可以从理想我与现实我角度描述。

2. 用20个形容词描述你自己。

3. 麦克阿瑟的故事：在西点军校考试的前夜，麦克阿瑟感到非常焦虑，这时他母亲走过来对他说："我的儿子，你必须相信你自己；否则没有人相信你；只要你抛弃了内心的怯懦，你一定能赢；尽管你没有把握成为第一，你必须做最好的自己。"当西点军校的考试成绩公布时，麦克阿瑟名列第一，后来，凭着自信，他成为美国著名的将军。

想想你自己，再想想如何提高自我意识。

项目三
情绪情感管理

导学案例

里琦是一位即将毕业的大学生。但年轻的她并没有同龄人那般灿烂的阳光，悲观的情绪总是在她的周围萦绕，使她常常感到生活没有目标。而且，最近这种情绪越来越浓，似乎做什么事情都提不起精神，非常孤独，而周围的环境又让她感到很没意思。她试图改变自己，但是又感到自己的能力不足，特别消极，越来越自卑，不喜欢讲话，因此也就显得有些孤僻。里琦爱思考，她曾经想过好长时间关于活着的意义，但她发现找不到答案，她感到很迷惘，不知道大学毕业以后的路该如何走。

案例提示： 情绪好像一块编织的彩毯，全看你自己喜欢多用哪种颜色。如果你偏爱用灰黑色的毛绒，织出的毯子就会暗淡无光；如果你只用白色，织出的毯子就会单调空白；如果你善于使用各种颜色自然交织，织出的毯子就是色彩缤纷的。同样的道理，你若允许自己自然流露各种情绪，既不压制和埋藏情绪，也不把自己淹没在情绪的低潮中，你的人生必将是一块彩毯，生动缤纷，活得很有色彩。

➡ 项目说明

本项目通过分析情绪与情感的区别与联系，重点阐述大学生常见的情绪困扰以及调适方法，从而有助于大学生识别困扰自己的不良情绪，学会控制和调节情绪，保持良好的情绪，以促进身心健康成长，为大学生成才发展奠定良好基础。

➡ 项目目标

通过学习本项目，大学生应在知识、技能和方法层面达到以下目标。
- 掌握情绪情感的概念及其区别与联系
- 识别常见的不良情绪困扰及其产生原因
- 学会调节和控制不良情绪

心理训练游戏

心理训练游戏一：控制自己的情绪

活动目的：
- 能辨认各种情绪并了解它发生的原因；
- 知道各种情绪反应对身心行为的影响；
- 学习控制情绪、发泄情绪的正确方法。

活动时间： 20分钟

活动准备：
- 准备好训练用的题目、个案和誓词；
- 桌椅安排成小组讨论式。

活动步骤：

(1) 设情景：

a. 有人弄坏了你的自行车；

b. 有个同学告诉你，放学后他要找几个人一起来揍你一顿；

c. 当你正在看喜欢的电视节目时，有人把它调到了别的节目；

d. 你把妈妈省吃俭用给你买书的100元钱弄丢了；

e. 你在公共汽车上被人踩了一脚；

f. 同学们喊你的绰号；

g. 在某次竞赛或考试中你获得了第一名。

(2) 讨论：在碰到以上各情景时，你会有何种情绪产生？你如果有不适当的情绪反应，会有什么结果？(每组讨论一个情绪)

(3) 你能就自己在日常生活中，因不适当的情绪反应造成不良后果的情形举例吗？

(4) 训练控制自己情绪的方法：

个案： 班主任王老师告诉大家，过几天就要去郊游了，其间还要搞一些娱乐活动比赛。听到这个消息后，同学们各有不同的反应和情绪。

a. 积极参加集体活动，并做好准备；

b. 无所谓，搞不搞这次活动都行，去郊游肯定会遇到许多麻烦，没准还会出点儿事呢；

c. 手舞足蹈，兴奋不已，恨不得马上就去郊游。

请同学用个案的素材进行小品表演。

(5) 结束语：

同学们，当你碰到困难时，可能会一时情绪低落，但我相信大家一定能尽快适应并调整好。请大家和我一起满怀激情地朗读一段誓词：

我有明确的奋斗目标，绝不放弃！

我将百折不挠，主动迎战困难！

我必须勤奋学习，提高效率，珍惜时间！

我要积极行动，勇敢实践！

我乐观、自信、自强！

我将不断超越自我，走向辉煌！

(教师领读一遍，学生读两遍，起到激励作用。)

心理训练游戏二： 情绪病毒

活动目的： 本游戏让学生明白情绪传递的重要性，以及在生活中如何面对紧张等不良情绪，以此达到舒缓紧张情绪的目的。

活动时间： 10分钟

活动场地： 室内

活动人数： 不限

游戏步骤：

第一轮：

(1) 参与游戏的学生围成一圈并闭上眼睛，教师在圈外拍一下某位学生的后背，确定"情绪源"。

(2) 让学生们睁开眼睛并散开，在室内与尽可能多的人任意交谈交流。

(3) "情绪源"通过"眨眼睛"将不安情绪传递给其他三个同学，而任何一个获得眨眼睛信息的人都要向另外三个人眨眼睛，将不安情绪再传染给他们。

(4) 5分钟后，让学生都坐下来。教师先让"情绪源"站起来，接着是那三个被他传染的学生，再然后是被那三个人传染的，直到所有被传染的人都站了起来，你会惊奇于情绪传染的可怕性。

第二轮：

(1) 告诉学生你已经找到了调节不安情绪的有效措施，那就是制造"快乐源"，即用真挚、柔和的微笑来冲淡大家不安的阴影。

(2) 让学生围成一圈，并闭上眼睛，告诉大家你将会从中选择一位同学作为"快乐源"，并通过微笑传递快乐，任何得到微笑的人也要将微笑传递给其他三个人。

(3) 在学生的身后转圈，假装指定"快乐源"，实际上你并没有拍任何人的后背。然后让学生睁开眼睛，声称游戏开始。

(4) 自由活动3分钟。3分钟后，让参与游戏的学生坐下来，并让收到快乐信息的同学举起手来，然后让大家指出他们认为的"快乐情绪源"，你会发现大家的手指会指向很多不同的人。

(5) 教师微笑地告诉学生，实际上根本就没有指定的快乐情绪源，是他们的快乐感染了他们自己。

讨论：

(1) 不安和快乐哪一个更容易被传染？在第一轮中，当你被传染了不安的情绪，你会真的感觉到不安吗？你的举止会不会反映出这一点？第二轮呢？

(2) 在游戏过程中，你对别人要传染给你不安的预期，导致你真的不安；你想让别人对你微笑，促使你给予微笑。同样，在日常的学习和生活中，你是否会遇到这种情况？

(3) 在一个班级里，某个人的情绪是否会影响到其他人，是否会影响到班级的学习效率？为防止被别人的负面情绪所影响，你需要做什么？这个游戏给了你什么样的启示？

游戏启示：

(1) 在一个班集体中情绪的作用是显而易见的。当考试来临之际，学生的紧张情绪往往相互传递并相互影响，很容易使整个班级形成一种郁闷、压抑的气氛，从而不利于学生的正常发挥，以至于影响考试成绩。所以，保持健康的心态，时常以微笑的面孔对待他人，以一个轻松快乐的情绪感染他人是很有必要的。因为，情绪不仅影响着自己，也影响着身边的每一个人。

(2) 经常去一些快乐的地方，舒缓紧张情绪，你会发现微笑其实很简单。

心理测试

表3-1有20道测试题，请仔细阅读，每一题有4个选项，分别为：没有或很少有时间；小部分时间；相当多时间；绝大部分或全部时间。请根据你最近一个星期的实际感受，在适当的地方划"√"。

表3-1 焦虑自测评量表

序 号	题 目	没有或很少有时间	小部分时间	相当多时间	绝大部分或全部时间
1	觉得比平常容易紧张和着急	1	2	3	4
2	无缘无故地感到害怕	1	2	3	4
3	容易心烦意乱或感到惊恐	1	2	3	4
4	觉得可能将要发疯	1	2	3	4
5	觉得一切都很好，也不会发生什么不幸	4	3	2	1
6	手脚发抖打颤	1	2	3	4
7	为头痛、颈痛和背痛而苦恼	1	2	3	4
8	感觉容易乏力和疲惫	1	2	3	4
9	觉得心平气和，并且容易安静地坐着	4	3	2	1
10	觉得心跳得很快	1	2	3	4
11	为一阵阵头晕而苦恼	1	2	3	4
12	有晕倒发作，或觉得要晕倒	1	2	3	4
13	吸气呼气都感到很轻松	4	3	2	1
14	手脚麻木和刺痛	1	2	3	4
15	为胃痛和消化不良而苦恼	1	2	3	4
16	尿频	1	2	3	4
17	手常常是干燥温暖的	4	3	2	1

续表

序号	题目	没有或 很少有时间	小部分 时间	相当多 时间	绝大部分 或全部时间
18	脸红发热	1	2	3	4
19	容易入睡并且一夜睡得好	4	3	2	1
20	做噩梦	1	2	3	4

说明：评定采用 1~4 分制记分，评定时限为过去一周内。主要统计指标为总分。把 20 题得分相加为初步得分，把初步得分乘以 1.25，四舍五入取整数，即得到标准分。焦虑评定的分界值是 50 分。分值越高，焦虑倾向越明显。

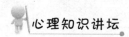

第一节　情绪与情感

一、情绪情感的概述

1. 情绪的含义

情绪一直都在陪伴着我们，它像空气一样包围着我们，让人欢喜让人忧。比如说，观看一场扣人心弦的体育比赛会令人感到兴奋和紧张，失去亲人会带来痛苦和悲伤；完成一项任务或工作后会感到喜悦和轻松；受到挫折时会感到悲观和沮丧；遭遇危险时会出现恐惧感；面对敌人挑衅时会感到按捺不住的愤怒；在工作不称心时会产生不满；在美好的期望未变成现实时会出现失落感；而在面临紧迫的任务时会感到焦虑。这些感受上的各种变化就是我们通常所说的情绪。

总的来说，情绪是指人们对环境中某种客观事物和对象所持态度的身心体验，它是最基本的感情现象。情绪是一种对人生成功具有显著影响的非智力因素。它有正面情绪和负面情绪之分。积极肯定的情绪是爱与温情、感恩、好奇心、振奋、热情、毅力、信心、快乐、活力、奉献、服务等；消极否定的情绪是嫉妒、愤怒、抑郁、紧张、狂躁、怀疑、自卑、内疚等。正面情绪对人生的成功发挥着积极作用，负面情绪对人生的成功起消极作用。

> **名人名言**
>
> 生活的快乐与否，完全取决于你对人、事、物的看法如何。因为生活是由思想造成的。有了快乐的思想和行为，你就能感到快乐。
>
> ——戴尔·卡耐基

2. 情感的含义

情感是较高级的感情现象，着重体现感情的内容方面，具有较稳定持久、内隐含蓄的特点，与人的基本社会性需要相联系，如个体在后天环境中形成和发展起来的，较少受教育影响的依恋、交往等需要，还有与之相关的爱、恨、依恋感、孤独感等。

3. 情绪与情感的区别与联系

情绪和情感是十分复杂的心理现象，它既是在有机体的生理基础上产生的，又是人类社会历史发展的产物。西方心理学著作常常把无限纷繁的情绪和情感统称为感情。这样，感情的概念就包括了心理学中使用的情感和情绪两个方面。

情绪和情感是从不同的角度来表达感情这种复杂的心理现象的。它们的区别，可以从不同的侧面加以说明。

情绪通常是在有机体的天然生物需要是否获得满足的情况下产生的，例如，由于饮食的需求而引起满意或不满意的情绪，由于危险情景引起的恐惧，和搏斗相联系的愤怒等。因此，情绪是人和动物所共有的。但是，人的情绪在本质上与动物的情绪有所不同。即使是人类最简单的情绪，在产生和起作用的时候，都受人的社会生活方式、社会习俗和文化教养的影响和制约。由于这个原因，人在满足基本需要的生活活动中，那些直接或间接与人的这些需要相联系的事物，在人的反映中都带有各种各样的情绪色彩。例如，难闻的气味能引起厌恶的情绪，素雅整洁的房间使人产生恬静舒适的心情。

情感是人类所特有的。人类在社会历史发展进程中所形成的稳定的社会关系，决定着人们对于客观世界的态度，对于这些受社会关系所制约的态度的反映就是情感。例如，集体感、荣誉感、责任感、羞耻心、求知欲等都是人们在社会生活条件下所形成的高级情感，它们具有社会历史性，有时还可能带有阶级的烙印。

由于情感大都与人的社会需要相联系，情感的性质常常与稳定的社会事件的内容密切相关。因此。情感这一概念较多地用于表达情感的内容，它一般具有较大的稳定性和较强的深刻性。而情绪，则常用于感情的表现形式方面，它具有较大的情景性、激动性和短暂性。因此，当谈到狂热的欣喜、强烈的愤怒或持续的忧郁等情绪的时候，常常用情绪这一术语来表达；而对诸如高尚的道德情操，精湛的艺术感受之类的体验，则用情感这一术语来表达。

然而，情感和情绪都有内容和形式两个方面，因此，这种区分不是绝对的，它们彼此又有联系。一方面，人的具有稳定的社会内容的高级情感，也可能以鲜明的、爆发的形式表现出来，表现为一种情绪。例如，保卫边疆的战士，在敌人进攻时，爱国主义的感情会爆发为强烈的怒火。又如 1976 年 1 月 11 日傍晚，在长安大道上，等待周总理灵车经过的千百万人，冒着寒风，流着热泪，悼念周总理的无限悲恸侵蚀着人们的肺腑。这些切身的体验，既是中国人民对祖国、对领袖的高尚的深沉的情感，同时又具有鲜明的表现形式，表现为激烈的情绪。另一方面，那些与人的生理需要相联系的情绪，都能由赋予的社会内容而改变它的原始表现形式。上甘岭战役中，在极度缺水的条件下，一杯水在战士手中辗转传递，没有人沾一下自己的嘴唇。这个典型的事例之所以感人，就是由于人们高尚的道德和觉悟，压倒了那些基本的天然需要，表现了纯正的高尚情操。以上的几个例子表明，情绪和情感是可以区分的，它们各自有特定的含义，但是这种区分是相对的，在人类中体现的情绪和情感是统一在人的社会性本质之中的。

二、情绪的基本状态

情绪状态是情感在实践活动中的表现，它对人的生活有着重大的意义。它可能提高也可能影响人们的工作、学习效率；它可能有益于增进也可能损害人们的身心健康。人的一切心理活动都带有情绪色彩，根据发生的强度、速度、紧张度和持续性，情绪可分为心境、激情、应激三种情绪状态。

1. 心境

这是一种比较微弱、持久且具有渲染性的情绪状态。人逢喜事精神爽、遇到烦心事忧心忡忡等，均为心境的不同表现。大学生活中人际关系的远近、气温的高低、学习中遇到的困难均可能导致某种心境的产生。心境具有渲染性，当个体处于某种心境之中时，他的言行举止、心理活动都会蒙上一层相应的情绪色彩；同时也具有弥散性，此时心境不具有特定的对象，蔓延的范围较广，常常会影响大学生整个人的言行。正如古语所说"忧者见之则忧，喜者见之则喜"，由于各自的心境不同，会带着自己的渲染性、弥散性的心境去看待其他事，体验是不同的。具体说来，假如某大学生学习好，又获奖学金，表现好，又得到教师夸奖，心里当然乐滋滋的，在这一心境下，上课会很有精神，思维敏捷，反应快，课后做事也轻松麻利，与同学交谈兴致勃勃，进出宿舍、课堂、食堂都哼着小调，脸上带着笑容，生活中的一切对他来说是那么的美好。这种愉快喜悦的体验使他在较长时间都会感染上一种满意的愉快的情绪色彩。反之，如果因为人际关系处理不好，或受到老师的批评，那么他在某段时间内都会感到心情压抑，愁眉苦脸，做什么事都打不起精神来。

心境持续的时间可长可短，短则几小时甚至更短，长到几个月甚至更长。心境持续时间的长短取决于产生该心境的客观环境和个体的个性特点。重大的生活事件，导致的心境持久，性格内向、沉闷的人心境持续时间可能更长。

心境都是由一定原因引起的，但有些原因通常是意识不到的。一般来说，个人生活中的重大事件，事业是否成功，工作是否顺利以及人际关系、健康状况、疲劳程度、环境事物、季节气候都可以引起心境的变化。

心境对人的生活、工作、学习和身体健康有很大影响。积极的心境使我们的生活、学习、工作等活动效率提高，有助于身心健康；而消极的心境，使人悲观消沉，活动效率降低，无益于身心健康。无论是在大学生活，还是今后的生活中，我们最常经历的情绪状态是心境状态，因此，要善于调节和控制自己的心境，保持积极、良好的心境。

2. 激情

这是一种强烈而短暂的、爆发式的情绪状态。如欣喜若狂、悲痛欲绝、气急败坏、惊恐万分等均为激情的不同表现。

由于激情多是由重大事件(巨大成功、严重挫折等)的强烈刺激所致，人们总伴以强烈的生理反应和表情行为，有强烈的体内活动和明显的外部表现，因而激情具有爆发性和冲动性的特点。例如，狂喜时会手舞足蹈，发怒时会暴跳如雷，恐惧时则面如土色，有时则以一言不发、呆若木鸡、萎靡不振等极端形式表现出来。

激情也有积极和消极之分，积极性的激情使人的感情完全投入到当前活动中，激发个人的潜力，完成眼前的活动，如生活中的见义勇为，解放战争时保家卫国的激情。消极性的激情也会产生很大的破坏性和危害性，例如，有的大学生一时"性"起，激情中失去理智，而导致"一失足成千古恨"的后果。

需要指出的是，激情的爆发性、冲动性程度，应视当时的情景和个体、群体的行为特征不同而有所差异，所产生的积极或消极作用也不同。

3. 应激

应激是出乎意外的紧迫情况所引起的高度紧张的情绪状态。往往伴发于出乎意料的危险情境或紧要关头，如火灾、地震、高考等都属于应激源。

知识链接　　　　　　　　　应激源

应激源是指能引起全身性适应综合症或局限性适应综合症的各种因素的总称。根据来源不同，将其分为以下三类。

(1) 外部物质环境：包括自然的和人为的两类因素。属于自然环境变化的有寒冷、酷热、潮湿、强光、雷电、气压等，可以引起冻伤、中暑等反应。属于人为因素的有大气、水、食物及射线、噪声等方面的污染等，严重时可引起疾病甚至残废。

(2) 个体的内环境：内、外环境的区分是人为的。内环境的许多问题常来自于外环境，如营养缺乏、感觉剥夺、刺激过量等。机体内部各种必要物质的产生和平衡失调，如内分泌激素增加，酶和血液成分的改变，既可以是应激源，也可以是应激反应的一部分。

(3) 心理社会环境：大量证据表明，心理社会因素可以引起全身性适应综合症，具有应激性。尤其，亲人的病故或意外事故常常是重大的应激源，因为在悲伤过程中往往会伴有明显的躯体症状。研究表明，在配偶死亡的这一年中，丧偶者的死亡率比同年龄其他人要高出很多。

根据影响程度又可分为良性应激(生理性应激)和劣性应激(病理性应激)。

在应激状态下，人可能有两种表现：一种是目瞪口呆，手忙脚乱，陷入窘境；一种是急中生智，及时行动，摆脱困境。应激时会产生一系列的生理反应。1974年，加拿大生理学家塞利(Selye)指出，在危急状态下的应激反应会导致适应性疾病。有关研究表明，应激会引起"一般适应综合症"的发生，出现警觉阶段→反抗阶段→衰竭阶段等一系列症状，最终使有机体精疲力竭，抵抗力下降，出现适应性疾病。

应激状态下有积极的反应与消极的反应。积极反应表现为急中生智，力量倍增，使体力和智力充分调动起来，获得"超常发挥"；而消极反应表现为惊慌失措，四肢无力，眼界狭窄，思维阻塞，动作刻板或反复出错，正常处理事件的能力大大削弱。因而在大学学习生活中，应发挥积极作用，避免出现消极反应，并适度控制应激反应，促进身心健康。

三、情感的种类

情感通常分为理智感、道德感和美感。

1. 理智感

理智感是人在认识客观事物、探求真理的过程中，求知欲、兴趣和创造意识等是否获得满足时所产生的情感体验。理智感在智能活动中产生，反过来又推动着人的认识水平的提高，成为人们认识世界和改造世界的动力。所以，理智感实际就是人们追求真理的情感。理智感在人的智能活动中的作用是巨大的，它是大学生重要的精神力量和必备的心理素质。

凡涉及大学生智力活动的场合，大学生的理智感都有明显的表现，如对获得新知识、新思想时愉快、满意的情感体验，对所学专业的热爱等。大学生理智感的状况与志趣的取向有密切的联系。这主要表现为同一学生对不同学科的兴趣差异影响到理智感的状态。反过来讲，对学科缺乏兴趣，是影响大学生理智感发展的重要原因。

2. 道德感

道德感是反映一定社会道德规范所形成的道德需要是否得到满足的情感体验。这是在一定社会文化背景下，根据道德准则和规范来认识和评价他人或自己的言行所产生的主观体验。对大学生来说，道德感主要包括：对祖国和民族的自豪感和尊严感；对敌人的仇恨感；对不良行为的正义感、鄙视感；对集体的责任感、荣誉感；对同学的友谊感；对学习、劳动及社会活动的义务感、责任感；对事业的使命感等。

经过十几年的校内外教育，绝大多数大学生已初步形成了鲜明、正确和健康的道德感，具体表现在对祖国对人民的热爱，对歪风邪气的憎恶，强烈的集体荣誉感和责任感等。这是大学生道德感逐渐成熟的一面。与大学生其他心理发育一样，许多大学生道德感也有不成熟的一面，如道德观念与道德行为不一致，出现一些违反道德准则和规范的行为，有些人甚至堕落犯罪。

3. 美感

美感是客观事物是否符合个人审美需要而产生的情感体验。美感的水平同文化修养、能力和个性特征密切相关，也与时代性、民族性有着不可分割的联系。按照审美对象来划分，美感可分为自然美感、社会美感、艺术美感和科学美感等。美感是从具体的形象得来的，因此，具有形象直观性和可感性。如对自然事物的赞美，对社会生活的向往和对人与人之间和谐关系的称羡，对音乐、美术、舞蹈的欣赏，通过人类对大自然的意志力量和创造力量来体验科学美感等，无一不体现这种特性。由于美感包含内容的丰富性和复杂性，以及大学生校园活动的特殊性，决定了大学生的各类美感都有一定程度的发展。但是由于文化水平、能力和个性特征的差异，大学生的美感又比其他情感有更明显的差异性。

四、情商

情商，即情感智商(EQ)，是指个人对自己情绪的把握和控制，对他人情绪的揣摩和驾驭，以及对人生的乐观程度和面临挫折的承受能力。它是人的一种涵养和社会智力，是人的另一种智慧。正如智商(IQ)被用来反映传统意义上的智力一样，情商亦被用来衡量一个人的情感智商的高低。如果说智商分数更多的是用来预测一个人的学业成就，那么，情商分数则被认为是用于预测一个人能否取得职业成功或生活成功的更有效的标准，它更好地反映了个体的社会适应性。

美国心理学家戈尔曼说过，成功=20%的智商+80%的情商，也就是智力对事业成功只起到20%的作用，而情商则可以起到80%的作用。

根据现有的理论，情商可以概括为以下五个方面。

1. 自我认识能力

这种自我认识的能力包括：了解自我优缺点的能力，了解自身真实感受的能力，能对人生大事做出正确选择的能力。当个人某种情绪刚一出现就能即时察觉，做到自我觉知，这是情商的核心与基础。心理学家的研究成果表明："不了解自身真实感受的人必然沦为感觉的奴隶""没有能力了解自己感情的人，也不能了解别人的感情"。

2. 自我情绪控制能力

自我情绪控制的能力包括：自我安慰、摆脱焦虑的能力；对冲动和愤怒的控制力；临危不惧、处变不惊的能力；能在挫折和困难面前保持冷静，有效地摆脱消极情绪侵袭的能力等等。这种能力是建立在自我觉知的基础上的，是情商的重要内容。我们在生活、学习和工作中，总是要经受许多困难和挫折。自我情绪控制能力高者可从人生的挫折和失败中崛起，重整旗鼓，迎头赶上，取得更大的成功；能力低下者将在挫折和困难面前总是陷于痛苦情绪的旋涡中，从此消沉，一蹶不振。

3. 自我激励能力

所谓自我激励能力是为服从某一目标而自我调动、指挥个人情绪的能力，是情商的重要内容。它包括："始终保持高度热情"，这是一切成就的动力；"不断明确目标"，即能根据主客观变化的情况，不断给自己制定目标，促使自己不断前进；"情绪专注于目标"，这是集中注意力，发挥创造性所必要的。人类的一切行为都有一定的目的和目标，人的有目的行为都是出于对某种需要的追求。人的一切行为都是受到激励而产生的，通过不断的自我激励，就会使人有一股内在的动力，朝着所期望的目标前进并最终达到目标。因此，自我激励在个人走向成功中起着引擎作用。

4. 识别他人情绪的能力

所谓识别他人情绪是在情感的自我觉知的基础上发展起来的一种了解、疏导与驾驭别人情绪的能力。具有这种能力的人能通过细微的社会信号，敏锐地感受到他人的情绪变化状态、需求与愿望。识别他人情绪的能力包括：具有能"感受别人的感受"的"同理心"；能通过细微的社会信号敏锐地觉察他人的需求与愿望；能设身处地为他人着想；能通过控制自己的情绪，从而改变别人的情绪等等。正确地识别他人情绪，是与他人共处、搞好人际关系的基础。心理学家发现，无论在人际交往中发现什么问题，只要你坚持设身处地、将心比心，尽量了解并重视他人的想法，就比较容易找到解决问题的方法。尤其在发生冲突和误解时，当事人如果能够把自己放在对方的处境中想一想，也许就可以了解到对方的立场和初衷，进而求同存异、消除误会。

5. 人际交往能力

人际交往能力是人们在社会中生存和发展的一种最基本的能力，是情商的主要内容。美国心理学家罗伯特·凯利和珍妮特·卡普兰对贝尔实验室工作人员进行追踪研究很能说明人际交往的重要性。贝尔实验室是世界上知名的科学实验室，实验室的工程师和科学家都是智商相当高的科技人才，但在这些优秀的人才中，经过一段时间的工作后，有些人成为科学界的泰斗，而有些人却表现平平，为什么会出现这种不同呢？答案是前一种人有较高的情商和广泛的交际网，而后一种人没有。那些被认为工作成效最好的人并不是具有最高智商的人，而是那些情绪传递得到回应的人。那些表现很好的人，都善于运用自己的资源网络。这个事实证明，一个人能否干一番事业，人际交往的水平以及情商的高低会直接影响个人智商的发挥。人际交往能力可强化一个人受社会欢迎程度、领导权威、人际互动的效能等。擅长处理人际关系者，凭借与他人的和谐关系即可事事顺利，做到事业成功。

智商和情商并不是相互抵触的。高情商者也可能具有高智商，低智商者也可能具有低情商。事实上智商和情商之间还存在着某种程度的相关性，像智商高而情商低，或情商高而智商低的人在生活中都较少见。所以说，虽然智商和情商反映内容不同，但两者之间绝非是截然对立，非此即彼的关系。对个人来说，无论哪一方面存在缺陷都是不利的。

小故事　　　　　内心世界控制外在世界

在美国，有一对孪生兄弟出生在一个贫穷的家庭。她的母亲是一个酒鬼，父亲是一个赌徒，而且脾气非常暴躁，母亲也是喝醉酒之后控制不了情绪。他们的家庭环境非常糟糕。后来，这两个兄弟走了不一样的道路。弟弟无恶不作，锒铛入狱。在监狱里，有记者去采访弟弟，你今天为什么会有这样的结果呢？弟弟说："因为我的家庭，因为我的父母。"记者又去采访孪生兄弟的哥哥。这个时候，哥哥已经是一位很成功的企业家，而且还竞选上了议员。记者问："你今天为什么会有那么大的成就呢？"哥哥说："因为我的家庭，因为我的父母。"

哥哥在如此的家庭中，找到了发奋图强的勇气和动力。弟弟却在同样的家庭中，自暴自弃，沦为囚徒。为什么同样的外在环境，却可以导致完全不同的人生？这是因为决定命运的，不在于外在世界，而在于你的内心世界。

当你用不同心态来看待外在环境的时候，就会产生截然不同的结果。所以，决定一个人成就的，不是外在的环境，而是你内在的信念——心态！积极的心态可以帮助我们获得人生的成功。

第二节 大学生常见的情绪困扰

一、大学生情绪情感发展的特点

大学生处于青春期向青年期过渡的时期,与中学时代相比,仍然具有兴奋性高、自尊心强、敏感性高等特点,情绪波动仍较大。但随着生活的变化,自我的发展,更具有自己的特点,这时大学生的情绪内容丰富多彩、情绪表达趋于隐蔽,同时,情绪的变化趋于稳定和成熟。

1. 情绪内容丰富多彩

大学生活内容的丰富多彩,使得大学生的情绪活动对象扩大,出现许多前所未有的情绪体验。他们参加各种各样的社团活动,培养自己对琴棋书画的兴趣,广泛交友;随着身心的发展和学校的情感教育培养,表现出很高的爱国热情,关心时事政治,关心国家的科技经济发展,对社会不公正现象、贪污腐败现象深恶痛绝;学习专业知识,潜心钻研自己感兴趣的科学知识;对中西文化艺术的鉴赏能力提高,并通过自己的旅游参观学习亲身实践,欣赏和赞颂祖国山河风光的美好。

2. 情绪容易起伏波动

大学生具有较高的文化修养,对情绪已有一定的控制力,情绪比较稳定。但是,大学生年龄一般在17~23岁之间,身心发展处在走向成熟而又未完全成熟的阶段,情绪反应不稳定,有时易走极端。导致大学生情绪起伏波动的主要原因,是大学生在生理、社会和心理上发展的不平衡性所产生的矛盾冲突,常在情绪体验中得以表现;另外,大学生辩证思维的发展水平还不是很高,对待矛盾容易产生偏激,从而引起情绪上的两极反应。遇到挫折灰心丧气,受到表扬极其振奋。如考试的失败、受到了批评、要求没被满足等,都可能懊悔、惆怅;当受到表扬、学习取得优异成绩、某项工作得到肯定时,则会手舞足蹈,甚至"大摆宴席"。随着时间的推移,其外部动作的表现会减少,如愤怒时有的会采取沉默以示对抗等。同时,由于大学生的自尊心强,对一些事过于敏感,也增加了情绪的波动性。比如,学习成绩的优劣、同学关系的好坏、恋爱的成败,甚至同学间衣着、饮食的不同,都会引起大学生情绪的较大波动。

3. 情绪外显性与内隐性共存

大学生思维敏捷,反应灵活,对外界刺激敏感,常喜怒哀乐形于色,呈现情绪外显性特点。但由于大学生的社会意识和自我意识的进一步发展,始发于青少年早期的心境化情绪得到继续的发展,出现比较微弱而持续时间较长的情绪状态——心境,避免了猛烈而短暂的激情现象的过多出现。同时,大学生在特定场合和特定问题上,情绪并不总是直接外露,而是通过文饰方式,隐藏自己内心真实的体验,用自己认为适当的形式表达自己的情绪,表现出隐蔽性。比如，在对待异性的态度上，明明对某位异性很爱慕，却偏偏表现出无所谓、回避的态度；明明讨厌某人，却可以强装笑脸等。这样，既可保持自己在他人心目中的良好的形象，又逐渐具有了情绪的自我控制能力，使强烈的情绪反应得到一定的调节。大学生的情绪也就表现为外显性与内隐性共存。

4. 激情中走向成熟

大学生活是丰富多彩的，大学生的情绪充满了激情。如听感人的英模事迹报告会后激情澎湃、热血沸腾；看世界杯足球赛而废寝忘食、激动不已；当自己钟爱的足球队最终败北时，会扼腕叹息，气愤不已。大学生情绪的激情化，使得他们常表现出"书生意气"，感情用事，出现遇事武断、头脑发热、行为固执，甚至参与打架斗殴、偷盗钱物的冲动违法行为，事后又追悔莫及。

大学生活中伴随许多因情感需求而出现的社会性需要的满足，如毕业生离校时来自学校、教师和同学的情感关怀、理解和尊重，特困生生活困难的解决和同学间的理解、关心和帮助，使得毕业生同学通过捐资助学、树碑留念、赠锦旗给母校、举行毕业升国旗仪式等文明离校方式表达了对母校的留恋和敬重之情；一些特困生同学由过去的易生敌意，不被人理解时好激动、易生怒，转变为表达对学校和同学的感激和谢意，并以满腔的热情投身学习，自强不息，取得了不错的成绩。

二、情绪情感对大学生身心健康的影响

早在中国古代，人们就已经意识到情绪对健康的重要性，如儒家提出"中庸之道"，道家主张"虚静""去欲""无为"，佛教则宣扬"四大皆空""六根清净"。两千多年前的我国古代医学家们就发现"喜、怒、忧、思、悲、恐、惊"等"情志"是疾病发生的致病因素，并总结出"情志过度百病生"的说法，即认为情志如果发生过度的变化，就会引起阴阳失调、气血不和、经脉阻塞、气机紊乱。

现代科学研究表明，情绪和健康的关系是非常密切的。喜形于色、惊恐万状、焦躁不安、怒发冲冠等强烈的情绪波动会扰乱人的大脑功能，引起机体内环境的失调，从而损害人体健康。18世纪，英国医生曾对250名癌症患者进行调查，发现有62%的患者在发病前曾有过长期负性情绪刺激或遭受过巨大情绪打击，从而得出"不良情绪是癌症细胞的催化剂"这一结论。中国心理学工作者对高血压病例人进行调查，结果表明患者病前的不良情绪在高血压的病因中所占比例亦高达74%。如果使一个健康的人处于舒适状态，并用语言暗示使之精神愉快，那么此人的动脉血压就可下降20毫米汞柱左右，脉搏每分钟也可减少8次；而精神焦虑则会导致血压上升、脉搏加快、胆固醇升高，即使咀嚼食物，也分泌不出唾液。以上均说明，情绪因素对人体的健康起着至关重要的作用。

凡是乐观、开朗、心情舒畅的人，各种内脏功能正常地运转，对外来不良因素的抵抗力增强。只有在这种平静的情绪状态下，人才能持续从事智力活动。忧郁、焦急不安和烦恼的人，内脏器官功能活动会受到阻碍，这种情况反复出现，就可能引起身心疾病。临床发现，急躁易怒、孤僻、爱生闷气的人易患高血压病；沉默忧郁，多愁善感的人，容易生

肺病。情绪的激烈变化，常常是许多疾病加剧和恶化的先兆。这是因为神经系统的正常机能是有机体健康的重要保证。一旦情绪剧烈变化，神经系统的功能失调，特别是大脑皮层细胞遭到破坏，必然会使机体的正常功能发生紊乱，从而导致疾病。为了健康长寿，保证工作、学习的顺利进行，我们必须始终保持乐观的情绪。

良好的、积极的情绪情感有利于人的身心健康，它不仅是维护心理健康的保证，还是促进生理健康的有效途径。良好的情绪情感取代引起神经和精神紧张的不良情绪情感，可以减少和消除对肌体的不良刺激。良好的情绪情感可以直接作用于脑垂体，保持内分泌功能的适度平衡，从而使全身各系统、器官的功能更加协调、健全。

培养大学生良好的情绪情感有利于大学生的身心健康和心理发展，促进潜能开发，提高工作效率和生活质量。良好的情绪情感往往使大学生乐于行动，有兴趣学习、工作和活动，有积极与人交往的愿望；良好的情绪情感有助于开阔思路；良好的情绪情感能使大学生注意力集中，富有创造性。特别是当大学生处于愉快、乐观的情绪情感状态时，容易感受到天地万物是那么美好，对生活充满信心。

不良情绪对大学生身心健康有很大危害。主要有两种，即过度的情绪反应和持久的消极情绪。过度的情绪反应包括：因为一些重大的生活事件而情绪反应过于强烈，如狂喜、暴怒、悲痛欲绝等；也包括为一点小事而有过分的情绪反应，怒不可遏或激动不已；还包括情绪反应过于迟钝、无动于衷、冷漠无情等。持久性的消极情绪是指在引起忧、悲、恐、怒等消极情绪的因素消失以后，很长时间沉溺在消极状态中不能自拔。

三、大学生常见的情绪困扰

情绪困扰，是指人的某一情绪发生的频度和强度过度时，引起情绪之间、情绪与认知及人格适应性的冲突，并加重负性情绪的反应。情绪困扰是现代大学生常见的心理问题，大学生情绪困扰的主要类型有：自卑、焦虑、抑郁、恐惧、发怒和嫉妒等。

(一)自卑

自卑是自我情绪体验的一种形式，是个体由于某种生理或心理上的缺陷或其他原因所产生的对自我认识的态度体验，表现为对自己的能力或品质评价过低，轻视自己或看不起自己，担心失去他人尊重的心理状态。

大学生的自卑主要表现在：敏感和掩饰、自暴自弃、逃避现实、自傲、封闭以及逆反心理。产生自卑感的原因是多方面的，既有主观因素，又有客观因素。就主观因素来说，主要包括以下几个方面。

(1) 不能正确地面对现实。大学生中多数人中学时期是学习尖子，受到老师和家长宠爱，同学羡慕，自我感觉良好。进入大学后，人才济济，大家各方面一律平等，一切从零开始。从鹤立鸡群变成"平庸之辈"，部分学生对这种地位的变化和心理落差产生了自我评价失调，造成自卑心理。

(2) 缺乏某些个人专长。大学生活丰富多彩，那些在各方面表现突出，如文娱、体育、写作、演讲等方面有专长的同学，往往受到别人的羡慕，而在这些方面没有特长而学习成绩平平的，就会产生一种不如别人多才多艺的自卑感，觉得自己平平庸庸和默默无闻。

(3) 失恋或单相思。近几年来，大学生的恋爱现象并不少见。目前很多高校对此问题所持的态度是"不提倡、不反对"。就爱情而言，它需要消耗大量的物质能量和精神能量。如果大学生把学习、打工和恋爱交织在一起，很可能造成心理危机。尤其是失恋或单相思，往往在精神上蒙受痛苦。很多学生在失恋后，将恋爱失败的原因归于自身条件，如身高、相貌或其他方面的能力"配不上人家"，因而产生较为严重的自卑心理。

(4) 性格、智力等方面的缺陷。大部分大学生的性格是外向、活泼、开朗、朝气蓬勃的。少部分学生性格内向、不善于言语、不善于表达自己、腼腆，在公共场所的语言表达能力、交际能力较差，难以适应新的环境，进而羡慕那些性格外向的同学，产生厌恶自己的自卑感。如一位学生曾说："我在和同学们聊天时，他们的知识很丰富，天南地北，无所不知，我什么都不懂，我很笨，我为自己不如他们而感到自卑。"另外，在校大学生的智力并非一样，有些智力水平高者，花在学习方面时间少而成绩优秀，但有些则花比别人多几倍的时间而成绩却平平甚至不及格。这类同学因羡慕他人聪明而厌恶自己，极易产生自卑心理。还有一类同学因自己有补考科目而感到自卑。

(5) 不恰当的自我评价。大学生有很强的自我意识，由于自我意识的发展，大学生更注重自己的外貌、气质、能力及别人对自己的评价。自我意识的发展也促使大学生的自我概念分化成理想自我和现实自我。然而，理想与现实存在着较大的差异，当对现实中的自我评价达不到所期望的理想自我标准时，两者发生矛盾，就容易产生消极的自我意识，失去达到理想的自信，产生自卑的情绪体验。

自卑也可以是不合理的自我评价造成的。美国心理学家埃里斯的 ABC 理论认为，一些负性的情绪体验如自卑、抑郁、焦虑等都是个体对事物的某些不合理的观念造成的，现实很难满足一些不合理的期望和要求。当现实与它们发生矛盾时，个体便会产生以点概面的、消极的、不合理的自我评价，或把问题看得过于严重。有的人常因做某一件事的不成功或不如意而过低地评价自己甚至是否定自己，认为"我没用了，我什么事都做不好"等。

就客观因素来说，主要包括以下几个方面。

(1) 学校、专业不如意。高校有普通和重点之分，专业也有"冷门"和"热门"之分，这样，普通高校的大学生面对重点大学的学生，"冷门"专业的学生面对"热门"专业的学生，有一种自叹不如的自卑感。另外，高考时许多考生并未按自己的意愿填报志愿或招生时有些做了调整，这部分学生进到学校后会产生一种失落感，由此也很可能产生自卑感。

(2) 个人先天条件。这种自卑是由于个人先天条件的缺陷或"不如意"所造成的。如残疾、身高、长相、体型、肤色等都可能造成自卑的心理因素。这种自卑给大学生带来的精神压力在高校中比较常见。

(3) 新的学习生活环境。有些大学生在一种环境中有严重的自卑感，而在另一种环境中却没有。例如，有一位学生说："当我跟中学的老师、同学在一起时，我感到非常开心、得意，而当我回到海市蜃楼般的大学校园，面对风格迥异的老师和同学，会感到浑身不自在，有一种与周围环境不相称的自卑感。"这是由新的学习和生活环境所导致的不适应引起的。

(4) 家庭方面。大学生来自不同的家庭，有的家庭有权有势，有的家庭经济拮据，一些虚荣心极强的大学生由于自己的家庭满足不了自己的虚荣心而感到自卑。有些大学生因父母离异或父母感情不好，面对其他家庭幸福的同学会感到自卑。

要克服自卑感，首先要建立起正确对待自卑的态度，分析产生自卑的原因和内在心理过程，从而能够对这些原因有正确的认识，继而通过建立合理、积极的自我评价来消除和克服自卑。

案例：一位来自农村的大一的学生小蔡说："我从农村来，没见过计算机，可是现在竟学了计算机专业。入校后，看着别人操作的熟练样儿，而自己又对操作一窍不通，我真着急，闹着让爸爸买了一台，可我又操作不来。快一年了，我的进步太慢了，我太笨手笨脚，真不该学计算机。为了学操作，上学期有两门功课不及格，我打算先休学一年。"一位文科生学高等数学，他说："无论我下多大的功夫，就是搞不明白，现在我越来越讨厌这门课了，索性不去管它……"

上面的情况属于学习自卑，自甘退缩，是一种持久性的消极情绪。这种学习自卑者在学习中时时常表现出自己的智力或能力不如别人，不敢主动学习和探索，不敢提问和坚持自己的见解，更不敢与老师谈论或与人争论，遇到挫折困难，往往退缩，且学习成绩不好，尤其是创造能力较差。大学生要在学习上获得大的成就，必须克服这种自卑和退缩心理，摆脱持久性的消极情绪，正确面对学习中的困难和挫折。像上面提到的小蔡，实际上是一种暂时的现象，自己如果能刻苦地练习，就会很快熟悉操作，而他急于求成，反而影响到其学习的效果，最后导致失眠、健忘，选择了退缩。长此以往，就会对学习产生消极影响。

(二)焦虑

焦虑是一种伴随着某种不祥预感而产生的令人不愉快的情绪，是一种复杂的情绪状态。它包含有紧张、不安、惧怕、愤怒、烦躁、压抑等情绪体验。许多人说不出自己焦虑的原因，但研究已经表明，事情的不确定性是产生焦虑的根源。

大学生常见的焦虑有自我形象焦虑、学习焦虑与情感焦虑。自我形象焦虑是担心自己不够漂亮、没有吸引力，体貌过胖或矮小等，也有的因为粉刺、雀斑等影响自我形象而引起的焦虑。这类焦虑主要与自我认知有关，需要通过调整自我认知重新接纳自我，建立新的自我形象。与学习有关的焦虑有学习焦虑、考试焦虑，在学生情绪反映中最为强烈，需要引起重视。情感焦虑多数由于恋爱受挫而引发的自我否定，认为自己不具备爱人与被爱的能力，因而过度担心引起焦虑。

1. 产生焦虑的原因

常见的引起大学生焦虑的原因有以下几方面。

1) 因适应困难而产生焦虑

这是大学生中比较常见的情况。由于生活环境和学习方式的转变，造成对新环境难以很快适应，因而引起各种焦虑反映。例如，一位到心理咨询中心咨询的大学生谈到，入大学以前生活上的事都由父母包办，衣食住行都有人给自己安排。现在这一切都要自己来做，却不知如何去做。学习紧张，还要想着怎么去处理这些事，因此感到焦虑不安。从这个例子可以看出，这位同学由于从小生活在一个过分依赖的家庭环境中，独立生活的能力较差，因此当置身于一个新的、不得不依靠自己独立安排生活的环境中时，常常因不知该如何做而产生焦虑情绪。

2) 学习上的不适应也是促使焦虑产生的原因

不少大学生习惯了高中时被动的学习方式，上大学后对大学的学习方式不能很快适应。教师课上讲的内容不多，自己自学的时间较多。到了图书馆，又不知如何学起，显得无所适从。由于学习方法不得要领，学习成绩下降，因此，一些学生对以后的学习生活和前途感到忧虑不安，极个别的还会担心自己会完不成学业，陷入焦虑状态之中。

3) 考试焦虑是大学生中较常见、较特殊的焦虑情绪表现

考试焦虑是由于担心考试失败或渴望获得更好的分数而产生的一种忧虑、紧张的心理状态。考试焦虑一般在考试前数天就表现出来，随着考试日期的临近而日益严重。研究表明，一些能力不如他人或对自己能力的主观评价不如别人的大学生，以及一些对获得好成绩有强烈愿望的大学生，容易产生较高的考试焦虑。容易产生考试焦虑的大学生，通过提高自己专业学习的能力或提高对自己能力的评价，或者把对好成绩的期望降低到适当的水平，都可以减轻考试焦虑。

4) 大学生中另一种常见的焦虑情形是因对身体健康状况过分关注而产生的焦虑

大学生因学习比较紧张，脑力劳动任务比较繁重，存在一些可能使健康水平下降的因素，如失眠、疲倦等。当这些因素作用于那些过分关注自己健康状况的大学生时，便有可能导致焦虑的产生。咨询中心常接待一些大学生，自感身体不适、睡不好觉，几次到医院检查，任何指标都正常，但就是自感身体不舒服、终日无精打采，由此影响了学习。对于这种情况，要克服焦虑首先就要正确认识人的脑力活动对健康的影响，合理安排时间，注意劳逸结合、增强体育锻炼，而不应该沉湎于对自身身体状况的过分关注，因为这有可能通过暗示作用使自身的各种不适感加重，从而加重焦虑情绪。

应当指出，大学生的焦虑大多是正常的焦虑，即客观的、现实的焦虑。这种焦虑是一种比较普遍的情绪表现，并非所有的焦虑都是病理性的，有些比较轻微的焦虑往往会时过境迁，随时间延长而自动消失。适度的焦虑具有积极的作用，它能使大学生在各种活动和学业上表现出色，维持良好的人际关系；不适当或过分的焦虑，可使人心情过度紧张，情绪不稳定，不能正确地推理判断，记忆力减退，以致影响考试成绩和人际关系。对于那些自己感到无法控制的、比较严重和持久的焦虑表现，或有焦虑性神经症表现的大学生则应及时寻求心理咨询者的帮助和治疗。

2. 克服焦虑的方法

克服焦虑情绪的方法主要有以下几种。

1) 科学地认知

认知评价能力，对个体的焦虑水平影响很大。拿考试焦虑来说，一个人如果对某次考

试非常重视，那么他就会十分在意，焦虑水平就会提高。每位大学生都曾经受过或轻或重的考试焦虑。适度的焦虑有利于考试，但若过度则适得其反。

2) 学会放松

焦虑往往伴随着紧张，紧张又增加焦虑。因此学会放松对减轻焦虑很有帮助。情绪放松有以下标准：心率平缓而有节奏；呼吸慢而均匀；肌肉松而不散；四肢舒软且有暖融融的感觉；心境平和而舒畅；感觉精力充沛，思维敏捷；动作灵活、自然、无拘无束；身体能从疲劳中得到恢复，工作和学习效率高。常用的情绪放松的方法有：深度呼吸法、静坐冥想法、自我暗示法、意象训练法和身体放松法。

知识链接　　　　　　静坐冥想的好处

静坐冥想是我国静功的一种。这种冥想将意识训练和行为训练结合在一起。意识训练一般要求静立、静坐和静卧，集中精神，并调整呼吸；而行为训练则是用轻柔的动作来放松肢体。这两种训练能缓解压力，因为呼吸的调节、身体的放松确实能够起到缓解压力的作用。如果放慢呼吸，心脏适应其速度后，就会随之放慢跳动节奏。而心脏的每次跳动都会使血液流通全身，跳动的频率放慢，对脑部的供血也会改变，从而实现对情绪的某些影响。冥想通过获得深度的宁静状态而增强良好状态。一般人只要每天有意识地放松自己，在静的状态下调整自己的呼吸速度，都能达到缓解压力、改善情绪的效果。

静坐冥想的好处是很多的，第一条就是可以放松心情，当我们放松心情的时候，心理和身体也会变得更健康。所以当你被外部的压力所困扰的时候，不妨静坐冥想一下，给自己的心情放个假。当你学会有意识地放松自己的时候，你才学会了如何生活。

---

3) 增强自信心

大学生的考试焦虑、人际关系引起的焦虑通常是由自信心不足引起的。所以，要消除焦虑就必须增强自信心，相信自己的能力和水平。当然，这种自信必须建立在一定的学识、能力基础上。如果大学生平时能认真掌握所学的知识，就不会害怕考试，就不会产生考试焦虑情绪。

(三) 抑郁

抑郁是大学生中常见的情绪困扰，是一种感到无力应付外界压力而产生的消极情绪，常常伴有厌恶、羞愧、自卑等情绪体验。抑郁就像其他情绪反应一样，人人都曾体验过。对大多数人来说，抑郁只是偶尔出现，时过境迁很快会消失。但也有少数人长期处于抑郁状态，导致抑郁症。性格内向孤僻、多疑多虑、不爱交际、生活中遭遇意外挫折的人更容易陷入抑郁状态。

情绪抑郁的大学生的主要表现是：情绪低落、思维迟缓、郁郁寡欢、闷闷不乐、兴趣丧失、缺乏活力，干什么都打不起精神；不愿参加社交，故意回避熟人，对生活缺乏信心，体验不到生活的快乐；并伴有食欲减退、失眠等。长期的抑郁会使人的身心受到严重伤害，使大学生无法有效地学习和生活。

抑郁情绪是大学生群体中一种比较普遍的不良情绪表现。在大多数情况下，大学生的抑郁情绪都可找到较为明显的精神因素的影响,主要表现为因学习成绩落后、失恋、人际关系不和谐以及其他有关的负面生活事件的影响。然而,失恋或学习上的失败是大多数学生都可能遇到的情况,并不是每个人都会产生如此强烈的抑郁情绪反应。一些大学生产生抑郁是由于对一些负面事件的不正确认识,以及因此而对自我价值的不合理评价。他们过分概括化的评价,追求完美,希望自己在大学期间能在各方面都十分出色,这是很难做到的。因此,改变不合理观念,对出现的负面生活事件和自我价值建立正确认识、评价和态度是克服和消除抑郁的关键,这与克服自卑的方法是一样的。要克服抑郁心理,首先应培养乐观的人生态度。抑郁是一种消极的情绪,它可能是暂时的,产生这种消极情绪,是抑郁者消极认知的结果。如有的同学由于没考好就一蹶不振,片面地认为没考好,就是不聪明,就不是一个好学生。其实这可能是由于没复习好、身体不适等客观原因造成的。只要通过努力,把这门功课考好,问题就解决了。要学会全面、辩证地看问题,没有失败就不会有成功。

其次,注意锻炼自己的意志。"生活就像海洋,只有意志坚强的人,才能到达彼岸。"一个人一旦拥有坚强的意志,他就会创造生命的奇迹。人生不会一帆风顺,会有这样或那样的曲折和困难,因此,烦恼、痛苦不可避免,关键是一定要尽快重新振作起来。同学们平时应多参加集体劳动,多做点家务,这些都对锻炼意志大有好处。同时,还要树立必胜的信念。"人,只要有一种信念,有所追求,什么苦都能忍受,什么环境也都能适应。"积极的信念会使人乐观向上、朝气蓬勃,并产生坚定的意志。必胜的信念,会使人始终充满斗志,充满乐观主义的豪情。因此,信念始终成为引导和鼓舞人们朝着既定目标前进的指路明灯和推进器。

此外,还应学会合理表达自己的感情。抑郁的人多是极力压抑自己的某种不满、愤怒的情绪,这种情绪或是得不到表达,或是不会表达。要知道,每个人都有表达自己所有情感的权利和必要。压抑只能造成郁闷。喜怒哀乐是人之常情,只要表达得恰到好处,就会增进身心健康。

(四)恐惧

这里讲的恐惧是指有病理性特点的恐惧,即对常人一般不害怕的事物感到恐惧,或者恐惧体验的强度和持续时间远远超出常人的反应范围。它是对某一类特定的物体、活动或情境产生持续紧张的、难以克服的恐惧情绪,并伴随着各种焦虑反应如担忧、紧张和不安,以及逃避行为。恐惧症常常有明显的强迫性,即自知这种恐惧是过分的、不必要的,但却难以抑制和克服。它表现为个体对某一特定事物或情境产生异乎寻常的强烈恐惧或紧张不安的内心体验并出现回避反应。恐惧症是一种常见的情绪性病症,它包括社交恐惧、动物恐惧、旷野恐惧、高空恐惧等多种类型。

恐惧症的原因比较复杂,一般都认为与以前生活中的不良经历有关,或者是通过条件反射作用而建立的一种不适应的行为。此外,患有恐惧症的大学生也常常表现出一定的性格特点,如胆小、孤僻、敏感、退缩和依赖性等。不过,恐惧症虽然具有强大的破坏性,但它也并非如癌症般可怕。只要能有效地发掘出引起恐惧症的主客观原因,结合正确的心理治疗方法,恐惧症是不难治愈的。

(五)发怒

发怒是遇到与愿望相违背的事情,或愿望不能实现并一再受到挫折,致使紧张状态逐渐积累而产生的敌意情绪。

大学生正处在热情高涨、激情澎湃的青年时期,有时候情绪情感难以控制。容易发怒是大学生中常见的消极情绪。有的大学生因一句不顺耳的话、一件不顺心的事,就激动得暴跳如雷,或出口伤人,或拳脚相加。盛怒过后,却后悔不迭。正如古希腊学者毕达哥拉斯所言:"愤怒以愚蠢开始,以后悔告终。"

发怒对一个人的身心健康有明显的不良影响。通常当人发怒时,出现心跳加速、心律不齐,严重时可导致心脏停搏甚至猝死。由于发怒而导致心悸、失眠、高血压、胃溃疡以至心脏病的也不在少数。此外,发怒会使人丧失理智、阻塞思维、导致损物、伤人,甚至犯罪等许多失去理智的行为。大学生中一些违法乱纪的事件,大多是在发怒的情绪下发生的。

易怒的大学生一是由于性格因素所致,二是由于许多错误认识所致。如:发怒可以威慑他人,发怒可以推卸责任,发怒可以换回面子,发怒可以满足愿望等。然而事实上,易怒者总是事与愿违,所得到的不是尊严、威信,而是他人的厌恶,更严重的后果是自己心绪更加不宁。

制怒的方法有多种,对于处于发怒状态的大学生,可以尝试以下五种方法。

1. 转移

当您遇到生气的事情时,最好是尽快离开此人此地,到彼处换换情景,以转移发怒的情绪。如散散步、逛逛公园、看看电影、听听音乐,用各种办法使自己的注意力从发怒的人或事上,转到另一个方面去,以获得情绪上的稳定。

2. 吐露

在您生气后,为了不使怒气更加上升,或者强忍怒火而憋出"心病"来,可以找您的同学、老师、妻子、朋友等知心人尽情地倾诉一番,吐露自己的委屈,以减轻不快情绪,并获得他们的劝解和宽慰,使心情舒畅起来。

3. 忘却

一旦发生了不愉快的事,如果能够暂时忘却它,就不会使自己烦恼或发怒。忘却的方法有两种:一是致力于事业或工作;二是尽量多做些家务杂事。其目的都是通过手脚不停、脑子不闲而忘却烦恼,摆脱使人发怒的思想负担。

4. 想象

任何令人生气的事,都是经感官反映到大脑,再通过脑子的想象而使人勃然大怒的。

因此，人们也就能够用同样的想象的方法来制服怒气。遇到不称心的事，要姿态高些，心胸宽些，能从宽处着想，进行自我安慰，头脑自然就会冷静下来，怒气也随之烟消云散了。

5. 让步

有一些令人烦恼的事，暂时无法解决，在这种情况下，不如做些让步为妥。理智的让步不仅对自己有好处，也会引起人家对您的同情和谅解。

(六) 嫉妒

嫉妒是一种因他人在某些方面优于自己而产生的带有忧虑、愤怒和怨恨体验的复合情绪。其表现是不能容忍别人的进步与优点，通过诋毁对方达到心理上的暂时平衡。

嫉妒的实质是自信心或能力缺乏的表现。黑格尔说："嫉妒乃平庸的情调对卓越才能的反感。"嫉妒发生的原因是人们往往通过与他人比较来确定自身的价值。如果别人的价值增加，便会觉得自己的价值在下降，从而产生痛苦的体验，尤其是当比较对象原来与自己不分上下甚至不如自己时，更觉得难以忍受。这种情绪很容易转化成为对所比较对象的不满和怨恨，进而产生种种嫉妒行为，或寻找对方不足将其贬低；或散布谣言诋毁对方名誉；甚至采取极端手段毁物伤人。有的人即使控制自己不表现出过激行为，但出于防御心理的需要，往往在对方面前表现出一种傲慢的、难以接近的面孔，用以维护自己的"自尊"，其实自己内心非常自卑。

轻微的嫉妒会使人意识到压力的存在，促使人去拼搏奋进，成为赶上被嫉妒者的动力。但严重的嫉妒所导致的更多的是焦虑和敌意，不是努力进取、奋起直追，而是不相信自己的能力；不是反省自己，而是觉得别人会使自己难堪。

在日常生活中，因嫉妒引起人际关系紧张和冲突的事件，不胜枚举。一些伟人及科学家在晚年为了保住自己的权威地位，表现出的嫉妒心理给人类造成的遗憾和损失更是令人痛心。牛顿嫉妒晚辈，压制格雷的电学论文发表；卓别林嫉妒有才华的导演，焚毁了唯一的一部《海的女儿》的电影拷贝；英国科学家戴维发现并培养了法拉第，但当法拉第在学术上有所建树的时候，戴维产生了嫉妒心理，一反常态地阻挠法拉第加入英国皇家学会……

大学生由于失去了以往的优越地位，也往往会对同学产生嫉妒之心，伤害同学之间的情谊。有人曾在大学中做过调查，发现大学生中的嫉妒有七类：一是嫉妒别人政治上的进步，二是嫉妒别人学习上的冒尖，三是嫉妒别人某一方面的专长，四是嫉妒别人生活上的优裕，五是嫉妒别人社交上的活跃，六是嫉妒别人仪表上出众，七是嫉妒别人恋爱上的成功。嫉妒心重的人，从不去赞美别人，有的只是怨恨与傲慢，很难让人接近，人际关系往往紧张，自己也非常痛苦，既不利己又伤害别人。

第三节　情绪调节与控制

一、健康情绪的标志

情绪是心理健康的窗口，它在很大程度上反映了心理健康的状况。情绪是否健康有如下三个基本标志。

1. 情绪的目的性明确、表达方式恰当

情绪健康的人能通过语言、仪表和行为准确表达情绪，能够采用被自己和社会所接受的方式去表达或宣泄。

2. 情绪反应适时、适度

情绪健康人的情绪反应，无论是积极的还是消极的，都是由一定的原因引起的。情绪反应的适度与引起该情绪的情境相符合，情绪反应的时间与反应的强度相适应。

3. 积极情绪多于消极情绪

情绪健康并不否认消极情绪存在的合理性和它的意义，没有消极情绪就谈不上如何促进情绪健康了。但情绪健康者必须是积极情绪多于消极情绪，而且所出现的消极情绪时间较短、程度较轻，不涉及与产生消极情绪无关的人和事，即对象明确。否则，情绪反应就是不健康的。

那么，具体地说，一个情绪健康的大学生具有什么特点呢？
(1) 开朗、豁达，遇事不斤斤计较；
(2) 及时、准确、适当地表达自己的主观感受；
(3) 情绪正常、稳定，能承受欢乐与痛苦的考验；
(4) 充满爱心和同情心，乐于助人；
(5) 正确地认识自己和他人，人际关系良好；
(6) 对前途充满信心，富有朝气，勇于进取，坚忍不拔；
(7) 善于寻找快乐，创造快乐；
(8) 能面对现实、承认现实和接受现实，善于把个人需要与社会的需求协调起来。

情绪的状况，除可以通过上面的标志和特点进行自我定性、评定外，还能通过情绪量表以及一些人格量表(如 EPQ、16PF、MMPI)等进行定量的测量。近些年出现的一些仪器，如生物反馈仪、皮肤电反射仪等，亦是测定和调整情绪的重要手段。

二、学会调节和控制情绪

1. 正确地表达自己的情绪体验

在有些人看来，调节和控制情绪就是克制和约束某些情绪的表达，这造成了一些大学

生不假思索地、一味地压抑自己。实际上，比学会克制、约束某些情绪更重要的，是以恰当的方式和方法正确地表达自己的情绪，这也是情绪健康最根本的要求。那么怎样才算正确地表达自己的情绪呢？

(1) 适当的原因和对象，引发与之相适应的情绪反应。也就是说，当事人能明确知道产生喜、怒、哀、惧等情绪的原因和产生相应的情绪类型。例如，在一般情况下，考试成绩优秀、获得奖励、作品发表等会产生喜悦的情绪。当事人应该知道是什么导致了喜悦情绪的产生和为什么喜悦而不是愤怒，不是出现莫名其妙、不明原因的情绪反应。

(2) 情绪反应与情境刺激相一致。这里的一致性主要是指刺激强度和反应强度的一致性。过强或过弱的反应都是一个沉重的打击。但如果有人因此而反应剧烈，达到日不思食、夜不能寐，甚至轻生等，就是反应过分强烈了。但如果有人因落榜而欣喜若狂，也是不正常的情绪反应。通常，人们把能够抑制情绪反应看成是理性的胜利，但从心理健康的角度看，情绪反应过弱也是不正常的。一旦出现笑不敢张口、哭不能流泪、怒不敢言的情绪反应，对人的健康肯定也是有危害的。

(3) 情绪反应有一定的作用时间限度。情绪的产生是一定的客观环境和个体认知状况共同作用的结果。情绪反应随着环境和认知水平的变化而变化。如果环境变化没有引起相应的情绪变化，则情绪可能会有非正常反应。例如，与某人的一点摩擦导致人际关系紧张，感到很懊恼，但如果过了许多年后仍然为此而耿耿于怀就是不正常的。再如，亲人亡故，恋人失和，情绪反应可能既强烈，持续时间又较长，但如果因此而毫无止境地陷于某种情绪之中不能自拔，就不利于身心的健康了。

> **知识链接** 情绪管理的费斯汀格法则
>
> 美国社会心理学家费斯汀格(Festinger)有一个很出名的判断，被人们称为"费斯汀格法则"：生活中的10%是由发生在你身上的事情组成，而另外的90%则是由你对所发生的事情如何反应所决定。换言之，生活中有10%的事情是我们无法掌控的，而另外的90%却是我们能掌控的。

2. 克服不良情绪

消极的、不良的情绪对身心健康的危害是显而易见的。但怎样才能克服不良的情绪呢？

(1) 宣泄。宣泄是指采用一定的方法和方式，把人体的情绪体验充分表达出来。情绪的宣泄是平衡身心的重要方法。如果情绪得不到适当的宣泄，则会积压于身心，使身心健康受到影响。从心理健康的角度看，不仅不良情绪需要宣泄，愉快的情绪也需要宣泄。

情绪宣泄可分为身体和心理两方面。身体方面的宣泄，如哭、笑、参加体育运动、文艺活动等。例如，当生气和愤怒时，可以到空旷的地方去大喊几声，或者去参加一些重体力劳动，也可以进行比较剧烈的体育活动，跑两圈，扔几个铅球，把心理的能量变为体力上的能力释放出去，气也就顺些了。俄国大文豪屠格涅夫曾告诫人们：当你暴怒的时候，在开口前把舌头在嘴里转上十圈，怒气也就减了一半。上海有位百岁老人苏局仙的经验：一是把烦恼的事坚决丢开，不去想它；二是最好和孩子们一块玩一玩，他们的童真会给人带来快乐，消除烦恼；三是照一照镜子，看看自己暴怒的脸有多丑，不如笑笑，我笑，镜中的我也笑，苦中作它几次乐，怨恨、愁苦、恼怒也就没有了。身体方面的宣泄，应以不损害自己、他人和社会的利益为原则。心理方面的宣泄，指借助于与他人谈话和讨论来调整认知与改变一些不合理信念的过程。

(2) 转移。转移是从主观上努力把注意力从消极或不良的情绪状态转移到其他事物上的一种自我调节方法。通过转移能够对不良情绪起到控制和克制作用，这有其生理和心理的内在机理。一些研究表明，在发生情绪反应时，大脑中心有一个较强的兴奋灶，此时如果另外建立一个或几个新的兴奋灶，便可抵消或冲淡原来的中心优势。例如，当感到苦恼、压抑时去参加一些娱乐活动，便可使不良情绪有所缓解。当心情不佳时，可以到户外去欣赏大自然的美丽风景，转移被压抑的心情。大自然的景色，能扩大胸怀，愉悦身心，陶冶情操。到大自然中去走一走，对于调节人的心理活动有很好的效果。心绪不好或感到心理压力大，郁闷不乐时，千万不要一个人关在屋子里生闷气。而应该走出去，到环境优美、空气宜人的花园、郊外，甚至是农村的田园小路上走一走，舒缓一下身心，去除一些烦恼。而且长期处于紧张工作状态的人，定期到大自然中放松一下，对于保持身体健康，调节紧张情绪大有益处。当然，转移的方式是看电影、下棋、打球，还是去跳舞、散步，应根据个人的具体情况而定。

(3) 自我安慰。对于每个人来说，不可能所有的需要都能得到满足。为了消除挫败感和由此带来的不良情绪反应，要学会找出合乎情理的原因来为自己辩解和解脱。如考试不理想，可用"胜败乃兵家常事"来进行自我安慰。有时自我安慰是种自欺欺人的行为，偶尔用一下对于缓解紧张情绪有积极的作用。但经常使用，可能导致当事人不能正确认清现实、评价自我，是不足取的。

(4) 积极的自我暗示。自我暗示是运用内部语言或书面语言以隐含的方式来调节和控制情绪的方法。语言暗示对人的心理乃至行为都有着奇妙的作用。当不良情绪要爆发或感到心中十分压抑的时候，可以通过语言的暗示作用，来调整和放松心理上的紧张，使不良情绪得到缓解。当你将要发怒的时候，可以用语言来暗示自己："别做蠢事，发怒是无能的表现。发怒既伤自己，又伤别人，还于事无补。"这样的自我提醒，就会使心情平静一些。达尔文说过："人要是发脾气就等于在人类进步的阶梯上倒退了一步。愤怒是以愚蠢开始，以后悔告终。"我国历史上的禁烟功臣林则徐脾气很大，他为了控制自己的怒气，在中堂挂了"制怒"两字的大条幅，以便随时提醒自己。另外，"不能恼火""不要紧张"，默读"1、2、3、4、5、6、7……"等，都是缓解某些不良情绪相对应的内部语言。日记中的自我激励、自我安慰等对情绪都能起到控制和调节作用。

(5) 调整认知结构。认知是人对刺激做出反应的中介，对情绪、行为有决定作用。在这个意义上，若认知过程发生错误，就可能导致错误观念，继而产生不适当的行为和情绪。若变换认知角度，就可以发现积极的一面，从而使消极情绪转化为积极情绪。

小故事	调整认知结构

> 有一位老婆婆,家中有两个儿子。大儿子卖伞,小儿子晒盐。老婆婆晴天的时候,担心大儿子的伞卖不出去,到了雨天,又担心小儿子不能晒盐。所以,老婆婆成天愁眉苦脸。后来,一位智者告诉她,天晴时你的小儿子可以晒盐,下雨时你的大儿子可以卖伞,应该每天都高兴才对呀。这位老太太受到启发,此后每天都很快乐地面对生活。
> 这个寓言启示我们:同样的问题,如果转变看问题的角度,就会产生不同的情绪体验。

由于心理发展还没有完全成熟,许多大学生对于周围事物的想法或观点容易出现偏差,继而带来情绪困扰。因此,对于心智发展水平较高的大学生来讲,通过调整认知结构,客观、合理地分析和评价引起情绪变化的主客观原因,不失为调节和控制情绪的好方法。

3. 保持和创造快乐情绪

人不仅具有改变不良情绪的能力,更具备创造快乐情绪的能力。如下方法可以帮助人们保持和创造快乐情绪。

(1) 知足常乐。知足常乐的秘诀在于把理想和需要定得切合实际,增加获得成功体验的机会。

(2) 增强自信心。只有自信的人,才是快乐的。增强自信心是获得愉快情绪的基本条件。

(3) 创造快乐。快乐离每个人都不远,但有人善于发掘它,有人却任其从身边悄悄溜走。善于创造快乐的人,一是善于用微笑迎接困难,从战胜困难的努力中寻找自己的乐趣;二是善于从身边平凡的琐事中发掘乐趣,积极参与生活,体验生活乐趣。

(4) 多点宽容,少些责备。这里的宽容既包括对自己也包括对他人。对处于成长关键时期的大学生来说,对自己严格要求,为自己设立一定的目标并为之努力,是力求上进的表现。但当目标过高,对自己要求过严甚至苛刻时,就会给自己的身心带来不良影响。对他人也是如此。如果多点宽容,少些责备则有助于保持乐观情绪。

(5) 多交朋友。培根说:如果你把快乐告诉一个朋友,你将得到两个快乐;如果把忧愁向一个朋友倾吐,你将被分掉一半忧愁。多交朋友具有减缓痛苦,增加快乐的功能。

(6) 自我激励。自我激励是人们精神活动的动力之一,也是保持心理健康的一种方法。在遇到困难、挫折、打击、逆境、不幸而痛苦时,善于用坚定的信念、伟人的言行、生活的榜样、生活的哲理来安慰自己,使自己产生同痛苦做斗争的勇气和力量。张海迪在她人生奋斗的历程中,所承受的痛苦与压力是常人难以忍受的,而当困难压顶的时候,她总是用保尔、吴运铎等英雄事迹激励自己,与病魔抗争,勇敢地面对生活的挑战。

(7) 幽默风趣。幽默风趣是一种引发喜悦、愉快的娱人方式和生活态度。幽默风趣的人,总是乐天愉快的,他们更容易赢得朋友,更容易享受生活的欢乐。幽默风趣的人,往往注意从困境中寻求转机,从别人看来没有希望的地方捕捉希望。一个急于寻找工作的大学生,来到一家报社,对经理说:"你们需要一个好编辑吗?""不需要。""那么记者呢?""不需要。""那么排字工人呢?""不,我们现在什么空缺也没有。""那你们一定需要这个东西。"这个大学生从包里拿出一块精致的牌子，上面写着"额满，暂不雇用"。经理笑了，并立刻给老板打了电话。随后，这个大学生成了报社广告发行部的雇员。

三、学会应激的调适

1. 应激状态下的身心反应

应激是一系列生理反应和心理反应的综合表现。从表面上看，生理反应和心理反应似乎是相互独立的个体，其实二者是相互联系的。

（1）生理反应。处于应激状态的人，其紧张反应不是局部的，而是整个机体的综合反应。表现如下：经常体验到神经抽搐或肌肉痉挛，例如，机体某一部位不由自主地跳动，眼睛和脸部发紧，并伴有骨肉有节奏地跳动等；经常清嗓子、擤鼻涕、感到气闷，多余动作多；经常感到背部、肩部、关节以及身体其他部位发紧、酸痛、缺乏灵活性与柔韧性，没有食欲；行为举止拘束、紧张、动作僵硬，人多时无所适从、不自然，经常摆弄手指或身体其他部位；皮肤经常无缘无故地发痒，而且吃药也不起作用；全身无力，生理机能紊乱。持续的应激会大大消耗机体的高能物质，使正常的生理活动不能得到充足的能量支持，体内生理平衡受到破坏，机体免疫力也会下降。

（2）心理反应。应激不仅表现在生理上的变化，而且也表现为心理上的不适。有时二者是同时表现出来的，并且相互作用，相互影响。一般情况下，心理反应主要有：心烦意乱、疑神疑鬼；注意力不集中；思维混乱，毫无头绪；情绪不稳定，常感到压抑、焦虑、慌张并且易怒、易哭泣；心里空虚、缺乏自信、丧失兴趣、防卫心理较强。心理反应通常是通过行为变化表现出来的。如心烦意乱表现为急躁、爱发脾气；情绪压抑表现为沉默、行为退缩、行为减少等。

应激引起的生理、心理反应，如果长期得不到调节，很容易引起生理和心理上的病理反应，例如失眠、脱发等。

2. 应激的调适

应激是机体面临紧张情境时产生的一种自主性反应，这种自主性反应的实质是自我防御，其目的是为了适应环境。但如果长期处于应激状态下，就会引起机体内营养物质和能量的过度损耗，影响身心健康。因此，有必要掌握一些调适方法，以应对应激。

（1）正确认识应激。应激是不可避免的。在人们的生活中，不可能不经历应激。据报道，美国有40%的人服用安定剂。日常医疗工作中有50%~75%都是处理与应激有关的疾病，如头痛、高血压、意外事故、酒精中毒、溃疡病、心脏病发作及精神病等。

（2）应激可能造成恶性循环。人处于应激状态时，没有食欲，没有兴致，不愿向别人诉说自己的事情。由于营养不良造成抵抗力下降，不与他人交往又会引起抑郁，令人身心疲惫。

但对于应激也要消除以下几种误解。

第一种误解：应激总是坏事。这是对应激最普遍的误解。事实上，应激常常增强人们的活力。不论你是否喜欢，生活中不能缺少应激。没有它，人们就没有压力和动力，很多人宁愿选择休息而不去工作、学习。试想不工作、不学习，人类社会的很多伟大成就怎么会产生呢？应激本身并非坏事，是否有害取决于对它的把握。如果我们能控制应激，那么，任何应激都可视为一种动力。

第二种误解：应激都是灾难事件。有些人认为，应激来自于死亡、疾病、纳税负担、离婚、失业、地震、洪水等消极事件或灾难事件。其实不然，很多积极事件也会产生应激，如结婚、迁居、生育、升职、子女上大学等。这些事件虽然是生活中的喜事，但它可能会增添你经济上、精力上的负担，令你不堪重负。

第三种误解：应激会妨碍人们取得好成绩。很多人试图减少应激，以图事业成功，家庭和顺。事实上，应激也有积极作用。在竞争激烈的活动，如体育比赛中，适度的应激状态有助于增强活力，取得好成绩。

第四种误解：只有领导者才能遇到应激。有些人认为领导的责任重大，每天面临的应激事件也就多，一般人可免受应激之苦。事实上从事某些职业的人员，如教师、医护人员、警察、消防人员、电话接线员，他们所面临的应激更大。在竞争日益激烈的社会，每个普通人都在不断面临应激事件，如下岗、生病、子女上大学等。

总之，应激本身并无好坏，关键在于你如何调控它，调控得好可能成为好事，调控得不好也可能成为坏事。

(3) 在生活和学习中进行调节。在生活和学习中进行调节是消除紧张的最好、最有效的途径。这里主要是指在营养、睡眠、运动和生活规律等方面进行自我调节。在营养方面，要根据自身身体状况，合理安排自己的饮食，保证充足的睡眠，养成良好的作息习惯；在运动方面，要养成锻炼身体的好习惯，这有助于消除生活、工作和学习中的疲劳。在学习方面，要根据自身的身体状况、精神状态，合理安排学习时间。如果身体不好，不要长时间学习，应先把身体锻炼好，否则既不能高效学习，又不利于身体健康。

四、培养高级情感

高级情感是在一定社会条件下，个体需求与社会需求相整合的结果。只有被个体和社会都接受的需要，才有助于个人发展和社会进步。

(1) 认识自己、认识社会。认识自己、认识社会是培养高级情感的第一步。只有对自己有较全面而深刻的认识，才能发现自己需要什么。只有认识社会，才能在个体需求和社会规范、社会需求中建立和谐的联系。

(2) 丰富知识和经验。对客观事物所持的态度和体验往往是与个体对客观事物所知多少及已有的经验分不开的。只有在丰富的现实生活中，积累大量的知识和经验，才能不断提高认知水平，建立合理的认知结构，用科学和合理的思维方式去处理智能活动中、社会生活中和科学实践中的问题。而积累大量的生活经验，是以丰富的生活内容为基础的。如果一个大学生不乐于参加各种活动，整天过着宿舍、食堂、教室三点一线的单调日子，就会感到生活单调、无聊，甚至精神空虚，理智感、道德感、美感必然得不到良好、健康的发展。

(3) 优化个性品质。发展和培养情感离不开个体所具有的个性特征状况。一个具有热情、开朗、心胸开阔、乐于助人个性品质的人，与一个个性孤僻、心胸狭窄、忧郁的人对社会、对自然的感受肯定是不同的。这也决定了对社会需求的差异性。这种差异性则深刻地影响个体需求与社会需求的协调关系。在个性品质中，意志品质将对培养高级情感产生深刻的影响。因为意志薄弱者永远只配做自己不良情绪的俘虏，只有意志坚强的人，才能做自己情感的主人。从这个意义上讲，优化个性品质，特别是意志品质是培养高级情感的重要途径。

项目思考

1. 简述情绪和情感的含义、分类以及二者的区别与联系。
2. 情绪情感对大学生的身心健康有哪些影响？
3. 大学生常见的情绪困扰有哪些？如何克服不良情绪的困扰？
4. 联系自己的实际，谈谈如何保持良好的情绪。

项目四
学习心理探索

导学案例

小雪是个性格内向，甘于平淡的人。当她拿到某高职院校国贸专业的录取通知书时，就开始有了心结。因为学这个专业并不是她的本意，她不喜欢英语，甚至觉得自己没有学习语言的天分。而没有良好的英语基础，将来怎么能胜任外贸工作呢？另外，小雪听说从事外贸工作的人要会与各类人打交道，要善于应酬等。而这些又恰恰是她感到最头痛的事情。

小雪就带着这样的心结开始了她的大学生活。开始时小雪如往常一样，尽可能地认真学习，想着努力能换来一切。每天都按时上课，从不缺课、逃课，她把她所有的业余时间都用在了学习上。可成绩总是不尽如人意，尤其是英语，四级考了三次都没过。可同宿舍的小琳每天花在学习上的时间比自己少多了，经常去打球，跳健美操。平时还经常和同学出去玩，参加社团活动，可是成绩却很好，英语六级都过了。小雪心里很不平衡，她不明白，为什么自己比小琳多花那么多时间，可成绩却不如她？渐渐地，小雪对学习失去了信心，对学习的兴趣也在一分一分地减少，心情变得烦躁，到最后甚至对学习产生了恐惧。她开始在上课时做别的事情，开始不完成作业，甚至开始逃课……而这些，在以前对她来说都是绝对不可能的。她不想让自己的大学生活像流星一样在她的生命中黯然逝去，也不想在回忆往事时为大学时代的碌碌无为而懊悔。她该怎么办呢？小雪陷入深深的痛苦之中。

案例提示：小雪的痛苦是很多初入大学的学生都或多或少感受过的。首先是对专业的不了解；其次是对大学学习生活不适应，没有找到合适的学习方法；最后是面对困难没有想办法解决，而是采取了逃避的方法。但很多困难不是逃避能解决的，只有勇敢地面对它，想办法解决它，才能战胜困难，品尝胜利的甜果。

学习是个人成长与发展的重要条件，是个人适应并改造环境的有力手段。当我们踏进高职院校，就进入了人一生中学习效率最佳的"黄金时节"，学习仍然是我们的主要任务。

但是，高职阶段的学习与中学阶段的学习并不完全相同，它有着很强的目的性、自主性与选择性，它不单纯是为了学习而学习，而是为了兴趣而学习，为了就业而学习。高职阶段的学习，不仅是我们成长历程的关键，更是我们未来事业的基础。这就要求大学生学会学习，做学习的主人！

项目说明

活到老，学到老。学习，是人生永远不变的主题。步入大学，学习方法、学习任务、学习内容与中学时代相比有了很大的变化。唯有尽早地认识到这些变化，并及早在心理上做好准备，在思想上有所重视，才能更好地适应大学生活，为自己的将来奠定基础。本项目旨在对大学生的学习特点进行剖析，对大学生可能产生的心理困惑深入解惑，对大学生的学习方法细致指导，进而为初入大学的新生的学习生活铺平道路。

项目目标

通过学习本项目，大学生在知识、技能和方法层面达到以下目标。
- 掌握学习的内涵，掌握大学生学习的任务与特点，掌握学习与心理健康的关系
- 了解大学生在学习过程中可能存在的心理问题，并能根据具体现象分析问题，具备调适心理问题的能力
- 掌握适合自己的学习方法，掌握培养自身创新能力的方法

心理训练游戏

心理训练游戏一：学霸沙龙

活动目的： 通过与学习成功的教师或同学的交流，获取学习动力，明确学习的目标，获得学习方法的启发，从而学会学习。

活动时间： 一节课

活动准备：
(1) 邀请嘉宾。对邀请者进行必要的选择，最好来自不同专业、表达能力强、男女生人数均等、并曾有成功经历。
(2) 布置教室，包括擦黑板，摆放桌椅等，尽量营造出向成功者祝贺及取经的意境。

活动步骤：
(1) 主持人先根据平时收集的大学生存在的学习心理问题，向每位嘉宾提出一个问题；
(2) 由学生自由向嘉宾提问；
(3) 主持人小结，并布置学生写心得体会。

心理训练游戏二：圆球游戏

活动目的： 通过这个游戏，让学生感受到：当一件看似不可能的事情放到你面前时，"不可能"的心理定式使每个人都会想到放弃，但是如果你做了并最终成功了，而这取决于你怎样去做，你在这一过程中充分发挥了想象力，掌握有效策略，这样就会超越自己。

这个游戏使学生体会到学习方法的重要性。

活动时间：一节课

活动准备：全体人员分成若干组，每个小组约 15～20 人，每组分别配 1 号、2 号、3 号三个球。

场地要求：可移动桌椅的大教室或室外。

活动步骤：

(1) 游戏开始要求将球按 1、2、3 号的顺序从发起者手里发出，依次传递。最后按 1、2、3 的顺序传回到发起者手里。在传递过程中，小组内每一个人都必须触及球，所需时间最少的获胜。球掉在地上一次额外加 10 秒；

(2) 测算初次传递时间后，指导老师可以提出更高的时间要求，激发学生去思考更佳的传递方法。每一次传递结束后，指导老师都不断提出新的要求，不断启发学生去思考新方法，将传递时间逐渐缩短到极限；

(3) 分析总结：将每次所花费的时间列表，让同学们与自己最初的心理预期时间相比较，思考为什么原本觉得不可能的事，现在变成了可能，并谈谈自己的感想。

心理测试

心理测试一：大学生学习动力自我诊断量表

这是一份大学生学习动力的自我诊断量表，一共有 20 个问题，请你根据自己的实际情况，逐一在每个问题的"是"或"否"后面的括号内打"√"。为了保证测验的准确性，请你认真作答。

1. 如果别人不督促你，你极少主动地学习。　　　　　　　　　　　是( ) 否( )
2. 你一读书就觉得疲劳与厌烦，就想睡觉。　　　　　　　　　　　是( ) 否( )
3. 当你读书时，需要很长的时间才能提起精神。　　　　　　　　　是( ) 否( )
4. 除了老师指定的阅读任务外，你不想再多看书。　　　　　　　　是( ) 否( )
5. 在学习中遇到不懂的知识，你根本不想设法弄懂它。　　　　　　是( ) 否( )
6. 你常想：自己不用花太多的时间，成绩也会超过别人。　　　　　是( ) 否( )
7. 你迫切希望自己在短时间内就能大幅度提高自己的学习成绩。　　是( ) 否( )
8. 你常为短时间内成绩没能提高而烦恼不已。　　　　　　　　　　是( ) 否( )
9. 为了及时完成某项作业，你宁愿废寝忘食、通宵达旦。　　　　　是( ) 否( )
10. 为了把功课学好，你放弃了许多感兴趣的活动，如体育锻炼、看电影等。

　　　　　　　　　　　　　　　　　　　　　　　　　　　　　　是( ) 否( )

11. 你觉得读书没意思，想去找个工作做。　　　　　　　　　　　　是( ) 否( )
12. 你常认为课本上的基础知识没啥好学的，只有看高深的理论、读大部头的作品才带劲。　　　　　　　　　　　　　　　　　　　　　　　　　　是( ) 否( )
13. 你平时只在喜欢的科目上狠下功夫，对不喜欢的科目则放任自流。

　　　　　　　　　　　　　　　　　　　　　　　　　　　　　是( ) 否( )

14. 你花在课外读物上的时间比花在教科书上的时间要多得多。
　　　　　　　　　　　　　　　　　　　　　　　　　　　　是（　）否（　）
15. 你把自己的时间平均分配在各门功课上。　　　　　　　是（　）否（　）
16. 你给自己定下的学习目标，多数因做不到而不得不放弃。是（　）否（　）
17. 你几乎毫不费力就实现了你的学习目标。　　　　　　　是（　）否（　）
18. 你总是为同时实现好几个学习目标而忙得焦头烂额。　　是（　）否（　）
19. 为了应付每天的学习任务，你已经感到力不从心。　　　是（　）否（　）
20. 为了实现一个大目标，你不再给自己制订循序渐进的小目标。是（　）否（　）

记分与评价：

上述 20 道题目由 4 个分组测验构成，它们分别测试你在以下四个方面的学习动力状况。

(1) 1～5 题测试你的学习动机是不是太弱。
(2) 6～10 题测试你的学习动机是不是太强。
(3) 11～15 题测试你的学习兴趣是否存在问题。
(4) 16～20 题测试你在学习目标上是否存在困扰。

如果你对某组(每组 5 题)中大多数题目的陈述持认同的态度，则说明你在相应的学习动力指标上存在一些不够理智的认识，存在一定程度的心理困扰。

计分方法：

选择"是"记 1 分；选择"否"记 0 分。将各题得分相加，算出你的学习动力状况总分。

(1) 总分在 0～5 分之间，说明你的学习动机基本正常，有少许问题，必要时可自行调整。
(2) 总分在 6～10 分之间，说明你的学习动机有一定的问题和困扰，需要进行主动认真的调整，必要时寻求他人的协助。
(3) 总分在 11～15 分之间，说明你的学习动机存在严重问题和困扰，需要进行学习目标、方法、策略的全面调整，一定要在心理咨询专业人士的指导下完成。
(4) 总分在 16～20 分之间，说明你从内心深处反感和排斥当前的学业，你可能应该在征询与你存在密切关系的人和心理咨询专家的基础上，理智放弃当前的学业发展道路，追寻真正属于你的个人前程，毕竟在错误的人生路口徘徊，输不起的是匆匆青春，赢不来的是幸福前程。

心理测试二：大学生学习技能测验

一般人在评价别人学习的好坏时，都只是根据学习者的学习成绩来下结论，而不是根据学习者具有的学习技能。这是因为人们直接看到和注重的是学习的结果，对形成这些结果的原因则分析、考虑较少。其实，学习者之间学习成绩的差异，除了智力、学习态度等因素外，学习技能是一个非常重要的因素。有人调查过成绩好和成绩差的两部分学生，发现成绩好的学生多采用了有效的学习方法，通俗地讲就是"学习得法"。成绩差的学生则缺乏一套正确的学习方法，被称之为"学习不得法"。得法与不得法也就是有没有具备一定的学习技能。一个人的学习技能贯穿和表现于整个学习过程中。

下面有 25 道题，每道题有 5 个备择答案，请你根据自己的实际情况，在题目后面圈出相应字母，每题只能选择一个答案。

A——很符合自己的情况
B——比较符合自己的情况
C——很难回答
D——较不符合自己的情况
E——很不符合自己的情况

（下面开始测验，请准备纸笔，记录自己的答案。）

1. 记下阅读中的不懂之处。　　　　　　　　　　　　　　A B C D
2. 经常阅读与自己专业无直接关系的书籍。　　　　　　　A B C D
3. 在观察或思考时，重视自己的看法。　　　　　　　　　A B C D
4. 重视做好预习和复习。　　　　　　　　　　　　　　　A B C D
5. 按照一定的方法进行讨论。　　　　　　　　　　　　　A B C D
6. 做笔记时，把材料归纳成条文或图表，以便理解。　　　A B C D
7. 听人讲解问题时，眼睛注视着讲解者。　　　　　　　　A B C D
8. 利用参考书和习题集。　　　　　　　　　　　　　　　A B C D
9. 注意归纳并写出学习中的要点。　　　　　　　　　　　A B C D
10. 经常查阅字典、手册等工具书。　　　　　　　　　　 A B C D
11. 面临考试，能克服紧张情绪。　　　　　　　　　　　 A B C D
12. 认为重要的内容，就格外注意听讲和理解。　　　　　 A B C D
13. 阅读中若有不懂的地方，非弄懂不可。　　　　　　　 A B C D
14. 联系其他学科内容进行学习。　　　　　　　　　　　 A B C D
15. 动笔解题前，先有个设想，然后抓住要点解题。　　　 A B C D
16. 阅读中认为重要的或需要记住的地方，就画上线或做上记号。　A B C D
17. 经常向老师或其他人请教不懂的问题。　　　　　　　 A B C D
18. 喜欢讨论学习中遇到的问题。　　　　　　　　　　　 A B C D
19. 善于汲取别人好的学习方法。　　　　　　　　　　　 A B C D
20. 对需要记牢的公式、定理等反复进行记忆。　　　　　 A B C D
21. 观察实物或参考有关资料进行学习。　　　　　　　　 A B C D
22. 听课时做好笔记。　　　　　　　　　　　　　　　　 A B C D
23. 重视学习的效果，不浪费时间。　　　　　　　　　　 A B C D
24. 如果实在不能独立解出习题，就看了答案再做。　　　 A B C D
25. 能制订出切实可行的学习计划。　　　　　　　　　　 A B C D

记分与评价：

统计你所圈各个字母的次数，每圈一个 A 得 5 分，B 得 4 分，C 得 3 分，D 得 2 分，E 得 1 分，把你所得的分数全部相加，算出总分，对照评价表，就能了解到自己的学习技能水平。

评 价 表

总 分	评 价
101 分以上	优秀
86~100 分	较好
66~85 分	一般
51~65 分	较差
50 分以下	很差

 心理知识讲坛

第一节　学习与心理健康

名人名言

学而不思则罔，思而不学则殆。
　　　　　　　　　　　　　　　　　　　　　　　　　——孔子
学习这件事不在于有没有人教你，最重要的是在于你自己有没有觉悟和恒心。
　　　　　　　　　　　　　　　　　　　　　　　　　——法布尔
我喜欢读书，喜欢认识人，了解人。多读书，多认识人，多了解人，会扩大你的眼界，会使你变得善良些，纯洁些，或者对别人有用些。
　　　　　　　　　　　　　　　　　　　　　　　　　——巴金
我没有什么特别的才能，不过喜欢寻根刨底地追究问题罢了。
　　　　　　　　　　　　　　　　　　　　　　　　　——爱因斯坦

一、学习概述

"学习"一词在我国古代就已经出现。早在 2000 多年前，孔子就说过："学而时习之，不亦乐乎？"那么，这句人人皆知的古语，其意义究竟是什么呢？

(一)学习的概念

心理学界认为学习是人和动物共有的活动。从这个意义上来说，最广义的学习应该指人和动物在生活过程中，凭借经验而产生的行为或行为潜能相对持久的变化。对于这个概念的理解应该从以下三方面来把握。

第一，学习是一个普遍现象，无论是低级动物，还是高级动物，乃至人类，在其整个生命过程中都贯穿着学习。

第二，学习是有机体通过练习获得行为经验的过程。个体在生活过程中，由于成熟或者衰老也会造成行为的持久变化，但这些变化与练习和经验无关，不属于学习的范畴。

第三，学习所引起的行为或行为潜能的变化是相对持久和稳定的，这一特征将学习的结果与其他非学习过程的结果区别开来。疲劳、适应、药物的作用也能引起行为的变化，但是这些变化是暂时的，一旦恢复精力或者药效消失，行为表现又会回到原来的状况，因此，这类行为的变化不能称之为学习。

(二)人类的学习

人类的学习是在社会生活实践中，以语言为中介，自觉地、积极主动地掌握社会的和个体经验的过程。人类的学习除了具有有机体学习的一般特征外，还有其特定的特征，与动物的学习有着本质的区别。

第一，从内容上看，人类的学习主要是掌握人类社会积累起来的社会历史经验。人类社会通过几千年的发展，已经积累了大量的知识和经验，个体出生以后，通过与成人的交往，通过学校教育，学习到了前人所积累的经验和科学文化知识。个体只有掌握以物化形式或以符号形式储存的社会历史经验，才能体现出作为人类社会历史发展产物的人的本性与能力。因此，人的学习从内容上看比动物丰富得多。

第二，从方式上看，人类的学习是以语言为中介而实现的。语言扩大了个体掌握社会历史经验的可能性。借助语言，人类不仅能掌握具体的经验，而且可以掌握概括的经验。

第三，从性质上看，人类的学习具有积极主动性。动物的学习是被动地适应环境，人类的学习是在积极主动地认识世界、改造世界的过程中，在积极地与周围人们的交往过程中，有目的地、自觉地、积极主动地获取知识经验。

第四，从学习对于个体的重要性来看，学习是个体与环境保持动态平衡的条件，个体等级越高，学习在个体生活中的重要性就必然越大。原生动物一出生就是一个成熟的机体，它们一生所能实行的动作就大都出现了。因此，学习活动只构成它们全部活动的较小部分，甚至不起作用。而人是最高等的动物，人与环境的关系是非常复杂的，依靠本能已无法适应，因此，学习在人类个体生活中的作用是一切动物所无法比拟的。

(三)学生的学习

在心理学中，狭义的学习概念是指学生在学校里的学习。学生的学习是人类学习的一种特殊形式，它是在教师的指导下，有目的、有计划、有组织进行的过程，其目的是在比较短的时间内系统掌握科学知识和技能，开发智能，培养个性，形成一定的世界观与道德品质。与人类的学习相比，学生的学习具有其自身的特点。

第一，学生的学习过程是掌握间接经验的过程。学生的学习不需要像人类认识那样，事事都从直接经验开始，他们主要还是学习前人已经积累起来的知识经验，同时补充感性的经验。当然在学生的学习中，有时也可能有新的发现，但这不是他们的主要任务。

第二，学生的学习是在教师有目的、有计划、组织的指导下进行的。教学活动有严密的组织系统，教师接受过专门的教育训练，采用的是特殊的、行之有效的方法，能在有限的时间内高效率地达到一定的目标。因此，学生在学校中的学习比他们在日常生活中的学习有效得多。

第三，学生的学习是一个主动建构的过程，教师要注意了解学生在认知、情感、个性和社会活动等方面所表现出来的特有的心理活动规律，采用一定的方法，培养和激发学生的学习动机，提高其学习的积极性和主动性。

第四，学生的学习内容是多方面的，大致上有三个主要方面：一是知识和技能的获得与形成；二是智力和非智力因素的发展与培养；三是道德品质的提高和行为习惯的培养等。

二、大学生学习的基本特点

大学教育与中小学教育的目标存在根本的差别。中小学教育是一种普通的基础教育，是为学生以后继续深造或就业做基础性的文化知识准备。而大学教育是一种专业基础教育，教育目标紧紧盯住未来社会的需要，为学生将来的工作做知识与技能性的准备。因此，大学生的学习从学习内容与学习方式上来说有其自身的一些特点。

(一)大学生学习内容特点

1. 学习内容专业化程度高，职业定向性强

大学生的学习是为了将来走入社会做准备的，因此，学习内容具有较高的专业性和职业定向性。大学生在高等学校里，不仅要学习政治理论课程、品德与修养课程、外语、计算机应用等各类公共基础课程，还要学习相应专业的专业基础课程和专业课程。另外，为了更好地适应社会，完善大学生的知识体系，大学生还要在自己职业规划范围内选修一定学分的选修课程。这样才能在对本专业知识有较深入了解与掌握的基础上，广泛涉猎各学科领域的知识，扩大自己的知识面，更好地适应社会对人才的需求。大学生在高校里学到的知识与他们将来的职业生涯有着密切的联系，是为自己未来的职业做准备的。

2. 学习内容具有高层次性和争议性

大学生学习内容起点高、视野宽，很多内容已经处于学科领域的前沿。有些内容在学术界还是众说纷纭，没有标准答案，将这些有争议的内容和各家之说介绍给大学生，有利于启发他们的思维，激发他们学习的积极性和创造性。这与中小学时代向学生传输的、已成定论的知识不同，要求大学生的学习方式和思维方式逐渐从中学时代的死记硬背、正确再现教学内容，向集众家之长、确立个人见解的方向转变。

3. 学习内容中溶入较大比例的能力素养知识

大学教育不仅强调知识技能的学习，更强调实践技能的培养，以及作为一个社会人所必需的最基本的为人素养的培养。因此，大学阶段的学习内容不仅要求大学生学习专业知识，还要求大学生在专业知识学习的基础上对一些问题能产生独到的见解，并能将理论应用于实践当中。同时，从教育育人的角度来说，大学生作为即将步入社会的个体，更要学习待人处事之道以及如何更好地生活。这就需要大学生在大学学习生活中努力培养自己的

组织、协调、沟通、表达能力，积极参加各类集体活动。

总之，大学的学习内容较中小学学习内容更加丰富多彩，具有更高的层次，也更具有一定的广度和深度，因此，大学学习对初入大学的大学生提出了更大的挑战。

(二)大学生学习方式特点

1. 大学生学习独立性提高

大学生的很多学习活动是由学生凭借自己的力量独立完成的，体现出独立式的学习方式。大学生的课程安排较中学阶段松，业余时间较中学阶段多。与之相适应的，是在课堂上高校教师往往因讲课时间的限制，常提供大量的参考书，要求学生课外阅读。学年论文、毕业论文或者毕业设计等，需要学生自己查阅有关书籍，自己设计研究方案，独立撰写研究报告。这就需要大学生具有高度的学习自觉性，否则大量的时间就会白白浪费。

2. 大学生学习自主性增强

大学给予大学生更大的学习自由度，要求大学生能自主地进行学习，即进行自主式的学习。首先，大学生对学习内容有较大的自主选择性。除必修科目外，大学生可以根据自己的需要及兴趣爱好，选择选修科目去学习。这样，可以扩大自己的知识面，适应社会对人才的需要，把自己打造成"一专多能"的人才。其次，大学生在学习时间上有较大的自主控制空间。大学生的课时安排相对于中学生而言要少一些，老师布置的课后作业数量上相对减少，内容上相对灵活多样。大学生可自由支配的课余时间较多。这要求大学生能自主安排好课余时间，在完成课业的基础上，充实自己，拓展自己。

3. 大学生学习途径多样化

大学生的学习途径不再像中学生那样仅限于课堂的教学，而是多种多样的，即进行多途径的学习。课堂教学虽然仍是大学生的主要学习途径，但已不像中学时那样几乎是唯一的途径。大学生的学习活动更多地在课堂之外和学校围墙之外进行。例如，去听学校举办的各种学术报告会，参加教师的各种科研课题，参加学生科技社团和科技小组，尝试自己创业，都是很好的课外学习途径。大学生还可以参观工厂企业，深入街道社区，进行社会调查和开展咨询服务，这些都是很好的校外学习途径。大学生可以从各种途径学到很多在课堂上学不到的知识，也可以通过各种途径将课堂知识运用于实践当中。

4. 在探索与创新中学习

大学生学习内容的不确定性较中学生增强，老师的课堂教学已经从阐释既定结论逐步转变为介绍各学派理论的争论以及学科前沿的变化。这就要求大学生的学习方式不能局限于死记硬背，而要在探索与创新中学习，向博采众长、确立个人见解的方向转变。因此，大学教育中更提倡大学生进行探索式学习，鼓励大学生进行创新与创业。

| 知识链接 | 学习新趋势 |

信息技术不断发展，知识与信息迅速更新换代，网络学习成为大学生学习的一种新的自学方式。网络能够提供协商讨论、相互交流和信息共享的环境，网络学习不再是完全由教师单方支配的"单向"学习，而是形成了"双向或多向"的协作学习。

三、大学生学习的任务

大学生，一个优秀青年的群体，一个充满生机和活力的群体。他们是民族的希望，国家未来的栋梁。大学生要真正成为中国未来的建设者和接班人，就需要珍惜大学学习的时光，不断充实自己，培养自己各方面的能力，以适应未来社会的需要。因此，大学生在校期间的学习任务应该是全方位的，它应包括学会学习、学会做人、学会做事、学会生活。

(一)学会学习

大学生将来所面临的社会是一个学习型的社会，学会学习是在这个社会生存下去，并为之做出贡献的最基本要求，学会学习也就自然成为大学生学习的首要任务。学会学习就是要培养独立自主的学习能力，摸索出一套科学的、适合自己的高效学习方法；形成良好的学习习惯，学会合理安排自己的时间；学会并熟练地掌握查阅文献、综合分析信息的方法和能力。学会学习是一个过程，它不是一蹴而就的，需要大学生具有培养自己学会学习的意识，在学习基础知识和专业知识的过程中不断探索，要在学习中处处留心，不断总结，逐步达到真正会学习的境界。

| 知识链接 | 学会学习 |

据资料显示，人类知识在19世纪每10年增加1倍，20世纪70年代每5年增加1倍，而目前已经达到每3年增加1倍的速度。

法国著名成人教育专家保罗·郎格朗首先提出终身教育的主张。他认为："教育应当是每个人一生的过程，在每个需要的时候，随时以最好的方式提供必要的知识。"

一个大学生在校学习的知识只占工作所需的10%，而90%的知识需要在工作期间重新学习。

联合国教科文组织的埃德加·富尔说："未来的文盲不再是不识字的人，而是没有学会怎样学习的人。"为了将来的生存和发展，我们必须学会学习。

(二)学会做人

当前大学生大多数是独生子女，多数从小生活在父母身边，没有过过集体生活。在父母的呵护下，从小就不过多地考虑如何与别人相处，更不用说谦让别人。而大学是一个小社会，它是大学生独立人生的开始，每位大学生要适应未来的社会和工作，在考虑问题时，必须跳出自我中心的圈子，多角度地观察和思考问题，培养自己完善的人格，使自己成为一个全面发展的人。从心理健康方面来说，学会做一个全面发展的人，就是做一个智力正常、情绪稳定、意志健康、人格完整、自我评价正确、人际关系和谐、适应能力强的人。学会做人是做事和学习的基础，不会做人就不会做事，也将影响学习的心情和效果。因此，大学生从入学的第一天起，就要给自己制定一个做人的标准，从小事做起，严格要求自己，努力实现自己做人的目标。

(三)学会做事

大学生学习的目的在于应用，在于将所学知识奉献于社会，即在于做事。同样，大学生学会做人的目的也在于更好地去做事，因此，学会做事是大学生学习的又一重要任务。

学会做事并不是一件容易的事情，它需要具备一定的素质和能力。大学生应抓紧在校的学习时间，不断培养和提高自己各方面的素质和能力，为将来走上社会、做好事情打下基础。

具体来说，大学期间应具备的基本素质有：思想政治素质，即包括科学的世界观，正确的政治方向、政治立场和政治态度，政治敏感性和鉴别力，坚定的共产主义理想和信念等；道德素质，即包括诚挚的爱国主义情感，热爱劳动、艰苦奋斗的精神，合作精神，创业精神，奉献精神；科学素质，即包括合理的知识结构，精深和广博的专业知识，强烈的科学意识和科学观念，科学的思维方式和工作方法，求实的科学精神和科学态度；身心素质，即大学生必须身体健康，心理健康。

要学会做事，在将来社会中开创自己的事业，不仅需要具备一定的素质，更需要具备相应的能力。能力作为胜任工作的主观条件，不是与生俱来的，必须经过学习和培训才能获得。大学生要做好事应具备的能力包括熟练运用专业知识的能力；辨别是非的能力；组织管理能力；敏锐的信息收集、综合、分析能力；建立良好的人际关系能力；勇往直前的开拓创新能力；语言表达和写作能力。

(四)学会生活

学会生活是做好其他一切工作的基础，一个不会生活的人，在学习和工作中必将遇到一系列的困难，很难将学习和工作搞好，在与周围人相处中也易遇到障碍。因此，学会生活是大学学习的重要任务之一。

大学生学会生活，就是要形成文明的生活习惯和健康的生活方式，主要包括以下内容。

1. 树立科学的健康观

这里的健康不仅指身体的健康，更强调一种在现实的环境中有效运作的能力，指在经常变化的环境中能对抗紧张，经得住压力挫折，能积极安排自己的各种生活；使自己的智慧、情感融为一体，生活和精神充满生机，真正达到生理和心理的健康。

2. 积极参加各种有益的社会活动和集体活动

大学通常给予大学生很大范围的自主安排时间的权力，大学生要学会合理安排好时间，使得在学习之余，能够开展健康有益的文艺、体育等娱乐活动，社会实践活动。通过活动，积累生活阅历和经验，同时可以放松身心，调节情绪，提高素质，陶冶情操。

3. 养成文明、良好的集体生活习惯

在宿舍、教室里和与同学相处中，要维护集体的利益。做到心胸豁达、情绪乐观；生活规律，坚持锻炼；劳逸结合，善用闲暇；营养适当，不吸烟、不酗酒；适应环境，与人为善；自立、自尊、自爱、自强。

四、学习与心理健康的关系

学习是人得以生存和发展的必然条件，大学生的学习促进了大学生身心的全面发展，是大学生心理健康的保证。而学习又是一个非常复杂的心理现象，大学生的心理健康状况、心理发展水平也会对大学生的学习产生直接的影响。可见，大学生的学习与其心理健康的关系是相互影响、相互制约的。

(一)大学生学习对心理健康的影响

1. 大学生学习对心理健康的积极影响

(1) 学习能够开发大学生的智力和潜能。人们常说"刀越磨越快，脑子越用越活"，这话有一定的道理。每个人都有与生俱来的智力和潜能，这些智能只有通过学习，才能得到开发和利用。同样，大学生的观察力、注意力、记忆力、思维力以及想象力只有在实际学习过程中，才能得到开发、利用和提高。如果不学习，先天素质再好的大学生，其智能也得不到开发和利用。

(2) 学习能够提高大学生的各种能力。能力是人顺利地完成某种活动所必须具备的心理特征，它总是在一定的活动中表现出来，并且在活动中获得和加强。随着社会的发展，社会对大学生的能力要求将越来越高，总体来说这些能力包括自学能力、操作能力、创造能力、表达能力、管理能力等，而这些能力都是通过学习活动习得而提高的。因此，大学生要具备社会需要的各种能力，就必须加强学习。只有通过学习，能力才能不断提高。

(3) 学习能够促进正向情绪情感的产生。一个善于学习、乐于工作的人，常把学习和工作当作自己的所爱，能从中找到幸福和愉快。大学生通过努力学习，完成一项学习任务或取得一定的成绩后，就会感到成功的喜悦和快乐。同时自己会发现，一分耕耘，会有一分收获，真正体会到自己的价值和自尊。当遇到不如意的事情时，大学生若能专注于学习，也会冲淡或忘掉烦恼。以学习为乐，可以调节大学生的情绪情感，促进正向积极情绪情感的产生，提高大学生的心理健康状态。

(4) 学习能够促进自我意识的发展。古人说"学然后知不足，知不足然后能反也"。只有多学习，才能提高自身的理论水平，从而提高认识问题、分析问题的能力，掌握科学的认知方法，这样才能更好地发现自身的不足，才能正确认识和评价自己和他人，才能不断根据社会需要进行自我调节，以便更好地适应社会。

(5) 学习能使心理健康水平不断提高。心理健康是一个循序渐进的过程，它需要不断

地学习和实践。而在这一过程中，掌握必要的心理学知识和理论，无疑对提高大学生的身心发展水平有一定的帮助。只有通过不断加强学习，大学生才能获得必要的知识，才能提高自己的心理健康状态。

2. 大学生学习对心理健康的消极影响

任何事物都有正反两面，学习同样也不例外。大学生的学习是一项艰苦的脑力劳动，需要消耗大量的心理、生理能量，必然会带来一些消极、不良的影响。

首先，从学习的强度来说，学习负担如果过重，会给学生带来一定的心理压力，造成精神高度紧张，出现学习焦虑现象。此时，学生如不能很好地调节，采取适当的劳逸结合的方法，过度地疲劳，容易对身体健康造成危害，进而影响心理健康。

其次，从学习的内容来说，由于大学生在学习内容和学习时间的支配上具有高度的自主性，因此，在完成学校的指定课程外，他们有足够的时间去学习其他的知识。而如果大学生选择的学习内容不健康，就易造成心理污染，使一些辨别能力差、抵抗力弱的大学生受到伤害。另外，如果学习内容难度过大，也容易使大学生产生畏难情绪，甚至失去学习的信心。

最后，从学习方式方法来说，大学生如果采用的学习方法不当，就易造成所下功夫与所得成绩不成正比的现象，即出现很努力地学习却总也不见成效的现象，学习成绩长期得不到提高。长此以往，会使学生出现自卑心理，甚至自暴自弃，导致恶性循环，影响其心理健康。

(二)心理健康对大学生学习的影响

学习是一种非常复杂的心理现象，它不仅受个体的智力因素影响，更受到众多的非智力因素的影响。智力因素，指个体依赖先天遗传，并在后天学习与生活中逐渐培养而形成的观察力、注意力、记忆力、想象力和思维力等。这些能力在一定程度上影响到个体分析问题与解决问题的速度与质量，但这种影响不是绝对的。非智力因素，指除智力因素以外的一切个体心理特征，如动机、兴趣、态度、意志、情绪情感、个性等。这些因素对个体分析问题与解决问题有着较大的影响，甚至起到关键作用。

有研究表明，智力因素与学业成就之间只有中等程度的相关性，而非智力因素与学业成就之间具有更高的相关性。我们不难想象，一个高智商的人，但对学习没有任何兴趣甚至厌恶学习，这样的人是很难在学业上取得成就的。而非智力因素的良好发挥，依赖于健康的心理。心理健康的人才会有积极向上的心态，才会对事物产生各种兴趣，激发学习的动机；心理健康的人才会有正向的情绪与情感体验，才会对学习维持正向积极的态度，才会有坚强的意志克服在学习中遇到的各种困难；心理健康的人才会有完善的人格，才能平静、乐观而理智地对待周围的人与事，才能为学习创造更好的人际环境……

总之，健康的心理状态能促进非智力因素形成并发展，对学习起到较大的促进作用；而心理健康状态不佳，会影响非智力因素的形成与发展，对学习产生消极影响，严重的甚至无法学习。

第二节　大学生学习心理问题及其调适

美国人才资源研究学者、心理学家赫伯特·乔耶指出："未来的文盲将不是那些不会阅读的人，而是没有学会怎样学习的人。"而学习的实质就是要形成良好的学习心理。当代大学生生活在由计划经济向市场经济转型的年代，受到来自社会、家庭和自身等方方面面的影响较多，在学习中经常出现这样或那样的心理问题，致使学生的学习质量下降，学习效率降低，学习任务不能圆满完成。因此，心理辅导在学习方面的作用就显得异常重要。

一、学习动机问题

动机是直接推动一个人进行行为活动的内部动力。学习动机就是激发个体进行学习活动，维持已引起的学习活动，并使行为朝向一定学习目标的一种内在的心理过程或内部心理状态。它具有三种功能：一是激活功能，即学习动机会促使人产生某种学习活动，激发个体产生某种学习行为，如大学生在学习动机的激发下到学校来求学；二是指向功能，即在学习动机的作用下，使个体的学习行为指向某一目标，如在学习动机的支配下，大学生上课会认真听讲，下课会到图书馆看书等；三是强化功能，即当学习活动产生以后，动机可以维持和调整学习活动，使学习行为维持一定的时间，并调节其强度、时间和方向。当个体活动指向既定目标时，个体相应的学习动机便得到强化，因而学习活动就会持续下去；相反，当活动背离既定目标时，个体相应的学习动机得不到强化，个体继续活动的积极性就会降低，甚至会导致活动的完全停止。

综上所述，学习动机在大学生学习过程中具有重要的作用，它一方面唤起了大学生对学习的准备状态，促进一些非智力因素如集中注意、坚持不懈以及挫折的忍受性等意志和情感方面的品质形成和提高，间接地促进了学习；另一方面，学习动机又可以作为一种学习结果，强化学习行为本身，促进"学习—动机—学习"的良性循环。需要注意的是，学习动机与学习效果的关系并不是一个正比关系，心理学界有名的耶尔克斯—道德森定律告诉我们：动机强度与学习效果之间的关系可以用一条倒 U 型曲线来描述，即中等程度的动机激起水平最有利于学习效果的提高。同时，该定律还指出最佳的动机激起水平与任务难度密切相关，任务较容易，最佳激起水平较高；任务难度中等，最佳动机激起水平也适中；任务越困难，最佳激起水平越低。因此，动机缺乏和动机过强，都会影响学习效果，带来一系列的心理问题。动机强度与学习效果之间的关系如图 4-1 所示。

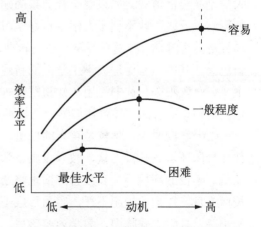

图 4-1　动机强度、课题类型与工作效率的关系

(一)学习动机缺乏

1. 学习动机缺乏的表现

(1) 无明确的学习目标。这类学生在学习上既无长期目标,也无近期目标。没有前进的动力,认为在大学里只要每门功课能拿到60分,最后能拿到文凭就行了。表现在平时不愿看书,不愿动脑筋、贪玩;学习上得过且过、拖拉、散漫、怕苦怕累,并常为自己学习上的懒惰行为找借口。

(2) 无成就感。这类学生在学习上缺乏自尊心、自信心,没有求知的需要和激情。总认为自己就是学不好,认为自己天生就不行,对学习提不起兴趣,因而,学习成绩搞不好也不觉得丢面子,成绩不及格也不在乎。在学习上不求进取,从不与别人比学习,也不羡慕学习好的同学。没有远大抱负和期望,认为人生苦短,要及时享受生活,何必苦苦学习。

(3) 学习上注意力分散。这类学生注意力差,表现在平时不能专心看书,不能集中精力思考,兴趣容易转移;上课时不专心,不能集中思考问题,思路不能跟着教师走,人在课堂心在外;学习肤浅,常满足于一知半解;行动忽冷忽热,情绪忽高忽低。

(4) 缺乏适宜的学习方法。这类学生由于学习方法不当,学习上一直处于被动、消极的状态。他们常把学习看成是奉命的、被迫的苦差事,不愿积极寻求适合自己的学习方法,只满足于死记硬背,应付考试。由于缺乏正确而灵活的学习方法,因而,往往不能适应紧张、繁忙的学习生活。

(5) 有厌学情绪。这类学生的学习态度不端正,对学习生活感到无聊,在学习中无精打采,很少能享受到学习成功带来的快乐。表现在平时不愿看书,不愿上课,上课时也提不起精神,不愿动脑筋,课后不做作业,不复习,对学习敷衍了事。

2. 学习动机缺乏的原因

(1) 社会原因。社会生活是影响学习动机的重要因素,其中对大学生学习动机影响最大的是社会价值观。如果整个社会崇尚知识和人才的价值,则对大学生的学习动机有积极的影响,反之,就不利于大学生良好学习动机的形成。我国当前社会处于由计划经济向市场经济转型时期,伴随着经济形态的转型,在社会价值观念领域中也出现了一系列新观念、新思想,其中虽有促进大学生学习的新观念,但也有很多不利于他们学习的观念,如拜金主义、分配不公、读书无用、知识贬值等。大学生如对这些观念缺乏正确的认识,将影响他们对知识的看法,导致他们学习动机不明确。

(2) 学校原因。学校是育人的场所,也是大学生生活的最直接环境。学校的软硬件条件如校园环境、师资力量、教学设施、学风、校风、校规、校纪等,都会影响学生的学习动机。学校的环境不良、设备陈旧也将通过影响大学生的情绪而影响其学习动机;学风、校风不良,校规、校纪不严,容易形成不好的学习氛围而影响大学生的学习动机;师资水平不高,教学方式陈旧,教学内容落后,将不能激起大学生的学习兴趣,最终影响大学生学习动机。

(3) 家庭原因。现在的大学生，大都是独生子女，他们虽然离开家庭生活，来到学校，但家庭环境对学生学习动机仍然有直接的影响。大学生家庭的经济条件、父母的文化程度和对待子女的期望程度及教养方式等情况对大学生的学习动机都会产生不同程度的影响。

(4) 个体原因。上大学是大学生独立人生的开始。学生本人的情绪、意志、态度、兴趣、经历、价值观及健康状态等都会对学习动机产生影响。一个对待学习有消极情绪，且学习意志薄弱的大学生，很难想象他会有强烈的学习动机。同样，一个对所学专业不感兴趣，抱有负面态度的大学生，也不会有强烈的学习动机。个人以往的学习经历中如果遭遇到太多次的失败与挫折，对待学习就会有痛苦和沮丧的情绪，挫伤学习自信心，导致学习动机减弱以至消退。个人的价值观和健康状态等因素对学习动机也有重要的影响，正确的价值观和健康的身心状态会促进大学生产生积极的学习动机，反之，则不利于学习动机的形成。

3. 学习动机缺乏的调适

学习动机是推动学生进行学习活动的内在力量，学习动机发生问题，要根据其原因进行有针对性的调适。为此，可考虑从以下几方面入手。

(1) 明确学习的目的和意义，确立合适的学习目标。

很多情况下，大学生缺乏学习的积极性和主动性，是因为他们不知道学什么，为什么学和怎样学，即没有明确的学习目标。有研究表明，一个不知道学习的具体目的和意义的学生，是很难充分发挥其学习的积极主动性的。而当他明确了学习的具体目的和意义之后，就会产生一种强烈的学习愿望，推动他去积极主动地进行学习。对于没有明确学习目的和意义、没有学习目标的大学生，可考虑先确立一个切实可行的近景学习目标，目标的难度不应过高也不宜过低，以经过适当努力即可达到为宜，以后再逐步地提高目标的难度。这样做可以避免因目标难度过大、不能实现而产生挫败情绪，有利于学习动机的激发。

(2) 激发求知欲。

孔子早在两千多年前就说过："知之者不如好知者。"爱因斯坦也说："热爱是最好的老师。"如果大学生喜欢自己的专业，就会产生一种内在的学习驱动力，因此培养对本专业稳定的学习兴趣，对学习动机的激发和心理健康都将十分有利。大学生对专业兴趣的培养可以通过听讲座、看相关专业书籍、参加本专业的讨论去了解自己的专业在科技发展中的重要作用及其在当今世界上的发展水平等形式来实现。另外，大学生还可以通过参观专业对口的工厂、企业、研究所、学校等，真切体会专业学习的重要性，有助于大学生提高学习兴趣，热爱专业，产生学习动力，认真学习。

(3) 进行正确归因。

归因是对他人或自己的学习结果的原因做出解释或推测的过程。有相当一部分学习动机缺乏的大学生是由于学习上遭到失败和挫折后，进行了不正确的归因所造成的。因此，鼓励并帮助学生建立一种正确的成败归因模式，能促进学习动机的端正和学习成绩的提高。培养大学生良好的归因训练模式可采用如下两种方法：第一，团体发展法。大学生可以自己组织3~5人在一起分析讨论学习成败的原因，每个人填写归因量表，即从一些常见的原因(能力、努力程度、任务难易、同伴帮助等)中选出与自己的学习成绩关系最大的因素,并且评价这些因素所起的作用。同学间可相互指出自我评定中存在的归因误差,并且相互鼓励比较符合实际的积极归因。第二,观察学习法。教师可适时地组织大学生观看归因训练的录像,引导大学生把成功和失败的原因归之于自身努力。让学生树立"只有努力才有可能成功,不努力注定要失败"的信念。另外,要避免大学生产生"成功只取决于努力"这种不现实的认识,引导他们正确评价自身能力,同时,又要认识到努力对成功的巨大作用。

(4) 激发大学生学习的成功感。

在大学生动机形成过程中,重要的是对自己能力的信念,认为自己有能力获得成功,这种能力的信念将直接影响他们的学习行为。因此,培养大学生的学习成功感,对于学习动机的激发有重要的意义。要培养学习成功感,从学生角度来说,可以在学习过程中创设成功的机会,在自身的进步中体验成功的喜悦,并从自身的变化中认识自己的能力。另外,还可以通过观察与自己能力相近者获得成功的行为,来激发自信心,增强成功感。从教师角度来说,虽然众所周知学习效果是客观的,对它的评定要遵循一定的客观标准,但是大学生对它的感觉却有一定的主观性。因此,教师应掌握评分的艺术,使学生保持学习上的成功感。具体来说要做到:第一,评价学生学业成绩时要依据个人的个体差异进行评分,使每个学生都体验到成功;第二,作业任务要难度适当,经过努力要可以完成,否则总不能完成,学生就会失去信心,产生失败感;第三,作业任务应由易到难出现,使学生不断获得成功感;第四,加强对学习的指导,使学生掌握扎实的基础知识和基本技能,使学生在解决问题中获得真正的成功感。

(5) 引导大学生关注学习过程。

长期以来,人们一直把关注学习的焦点放在分数上,分数作为学生学习结果的一种体现当然是很重要的。但关注学习结果带来的负面效应除了对当前学习有不良影响外,还直接影响学生对学习的态度,有的学生为了取得好的成绩不择手段地选择作弊、抄袭他人试卷、偷偷涂改成绩等错误行为。

假如引导大学生把着眼点转到关注学习过程上,必然会有全新的体验。在这个过程中,要把握两个原则,一是关注在学习过程中的努力;二是关注在学习过程中的成功体验。当把精力放在关注自身的努力时,大学生就不会在乎别人怎么评价自己,不会被一时的失败打倒。在学习过程中体验成功的喜悦,可以增强学习的信心和兴趣,能更好地激励学生为了实现目标,敢于尝试,敢于探索的精神,这时的学习动机将是持久的、内在的。

(6) 掌握良好的学习方法。学习方法不当会使学习效果不佳,长期学习效果不佳,会使学习动机减弱以至动机消退。要始终维持大学生的学习动机在较高的水平,就必须引导他们掌握一套良好的、适合于他们自己的学习方法。

(7) 积极创设有利于学习的氛围。良好的学习氛围和学习环境是激发学习动机、促进学习的外部条件。外部环境主要包括社会环境、学校环境和家庭环境。首先,要致力于创造一个良好的大环境,发挥知识和人才在现代化建设中的重要作用,提高知识分子和科技工作者的社会地位和生活待遇,使整个社会尊重知识、尊重人才,这当然需要社会的努力才能实现。其次,要有一个好的学校环境,包括学校的硬环境和软环境。学校的教学设备条件、教师的水平、教改的成效以及校风、学风和优良的校园文化环境，对大学生的学习都有很大影响。一个具有良好校风的学校环境和一个好学上进、温暖融洽的班集体，都能对发展学生学习动机起到直接或间接的影响作用。再次，家庭环境是大学生成长的首要环境，因此在家庭中建立良好的人际关系，家长对子女抱有适当的期望，并与子女建立通畅的交往沟通方式，都对大学生学习动机的产生与加强有一定影响。

(二)学习动机过强

1. 学习动机过强的表现

(1) 自我期望值过高。这类学生由于缺乏对自身各方面素质的全面认识和外界客观条件的认识，为自己所确立的抱负与期望远远超过了自己的实际水平，目标过高，成就欲望过于强烈，形成了只能胜利，不能失败的单项定式心理。可是自己的水平和能力又达不到目标的要求，从而造成失败。失败的体验又挫伤了自尊心、自信心，严重的会产生自卑、压抑等心理问题，影响了学习效果。

(2) 学习过于勤奋。学习动机过强的学生往往把学习看成是至高无上的，把时间全部用在学习上，从不或很少将时间花在娱乐或文体活动中，认为时间不用在学习上就是一种浪费。他们在学习上不怕苦、不怕累，对待学习到了废寝忘食的地步，把全部的心思都用在了学习上。如此长久下去，将会影响一个人正常人格的发展，影响身心健康，不利于个人发展。

(3) 有强烈的争强好胜心理。学习动机过强的学生常把分数和名次放在很重要的位置上，他们争强好胜，在每次考试或竞赛中总想取得第一名，害怕失败。他们很想得到老师、长辈或亲朋好友的肯定与表扬，唯恐失败而被人看不起。看到别人超过自己就不高兴，嫉妒心强。

(4) 精神紧张。学习动机过强的学生由于长时间超负荷学习，压力巨大而导致心理脆弱，情绪上难以松弛，常伴随着学习焦虑和考试焦虑现象。精神紧张易引起学习过程中注意力不能集中、记忆力下降、思维迟钝等问题，从而造成学习效率低下。久而久之还容易产生头痛、头昏、耳鸣、心悸、胃肠不好、失眠多梦等许多身心疾病。可见，对于学习动机过强的学生来说，学习同样是一件苦差事，而不是一种乐趣。学习动机过强并不一定就能学好。

(5) 对自己要求过严，容易产生自责。学习动机过强的学生追求的是学习上的高目标，对自己的要求是只能胜利，不能失败，这样就容易产生挫折感。他们往往容不下自己的失败与挫折，一旦没有达到自己设置的目标，就会责备自己，并给自己施加更大的压力，期望下次获得成功。他们通常不满意自己的现状，总觉得自己应该做得更好，即使成功也并不能给他们带来多少喜悦。

2. 学习动机过强的原因

(1) 学习目标设置过高。学习目标是激发学习动机不可缺少的因素之一，不可否认，一个没有学习目标的学生，很难有高涨的学习热情。然而，如果学习目标定得太高，超越了自身的条件和现实状况，使得目标实现的概率在可能的范围之外，就可能造成学习动机过强，导致对自己过于严格、过于苛刻。

(2) 不恰当的认知模式。努力学习是取得成功的必要条件之一，这是毋庸置疑的。但是，有的大学生把努力学习看成是取得成功的唯一条件，错误地认为"只要我努力，我就能获得成功"。这种认知模式就是大学生产生动机过强的基础，容易使他们在现实学习生活中，不顾自身及现实的客观条件，为了一个不太可能实现的目标盲目努力，却始终尝不到成功的喜悦，对身心造成一定的伤害。任何成功都与自身能力和环境因素有关，努力是成功的必要条件，但不是唯一条件。正确的认知模式应该是："只有努力才有可能成功"，或者"努力+能力+环境=成功"。

(3) 他人不适当的强化。我国的社会文化倾向于赞扬那些发奋者，几千年来的封建意识都强调苦读终能成大器，大多数人会更支持那些动机过强者，称赞他们学习劲头足、刻苦、有志向，并期望他们做得更好。这样就让学习动机过强的大学生很容易受到来自家庭、学校、社会的肯定和支持，对他们进行了不适当的强化，使他们看不到动机过强的危害，反而使他们对自己要求更严，过于苛刻，等到造成身心障碍时，已陷得过深，难以自拔。

(4) 个体原因。学习动机过强，还与一个人的性格特征有密切的关系，例如，具有做事过于认真、追求完美、好强固执等性格特征的大学生就极易形成过强的学习动机。个人性格的形成一方面与个体的遗传因素有关，另一方面也与个体的成长经历、成长环境有关。在儿童性格形成的初期，如果家庭教养过于严厉，父母对孩子的期望值过高，往往易使子女形成争强好胜的性格特征，导致日后学习动机过强。

3. 学习动机过强的调适

(1) 加强自我认识。学习动机过强，往往来自于对自己的过高估计，并由此造成在学习行动中对自己过分苛求，带来身心的伤害。因此，要解决动机过强的问题，首先对自己的能力和水平要有一个客观的评价，正确认识自我，制定理想、抱负时要在自己能力所及的范围内，既不要好高骛远，又不要盲目攀比、操之过急。

(2) 科学地制定目标。制定目标时要与自己所具备的条件及实际环境结合起来，目标要分阶段、分步骤、循序渐进，不能只有远景的大目标，而没有近景的阶段目标。做任何事情都应脚踏实地，一步一个脚印，学习也不例外。还需注意的是目标的制定一定要在自己能力所及范围之内，目标要清晰、具体，具有可操作性，是经过努力能够实现的，切勿把目标定得过高、过于模糊，难以操作，否则易造成学习动机过强，影响学习效果和身心健康。

(3) 将关注点聚焦在学习活动之中。学习动机过强的学生往往过分注重长辈、老师及周围的同学对自己的看法，使得在学习中压力过大，患得患失。因此，对于这样的学生要注意教育他们把关注点聚焦在如何学会学习，学会了多少知识，而决不能以成绩来评定胜负，要淡化名利得失，不要总在设想成败的后果，增强他们的抗挫折能力。

(4) 营造一个宽松的学习氛围。学习动机过强，不是一朝一夕形成的，它伴随着学生的成长有一个形成过程。在这个过程中，环境的影响起着很大的作用。因此，父母、教师、社会应尽量为学生营造一个宽松的学习氛围，细心观察学生的言行，以窥测学生的心理，及时依据各人的不同情况给予正确的引导，让他们从小以正确的态度对待学习，对待学习评价。

二、大学生学习焦虑问题

学习焦虑是人的一种情绪状态，是个体由于不能达到预期的学习目标或不能克服学习上的困难而使自信心受到挫伤，或者使失败感和内疚感增加而形成的一种紧张不安、带有恐惧的情绪状态。人的焦虑情绪有高中低程度的不同，焦虑程度过高或过低都对学习有不利的影响，只有适中的焦虑程度，才有利于提高学习效率。可见，焦虑程度对学习效率的影响与动机程度对学习效率的影响是相似的，即呈现为倒 U 字曲线，表明焦虑程度过强和过弱都会使学习效率下降，中等焦虑程度则有利于取得最佳学习效果。最佳焦虑水平取决于学习任务的难易，对于容易的学习任务，最佳焦虑水平偏高；随着学习任务难度的增加，最佳焦虑水平有逐渐下降的趋势。

在当前大学生中，由于从中学到大学的转变，无论是学习环境，还是学习内容、学习方法、学习目标等方面都发生了较大的变化。部分大学生难以适应这一变化，因此，学习焦虑的问题是比较常见的，尤其是个性较敏感，性情急躁的大学生更容易陷入这种焦虑状态。而大学生长期处于较高的焦虑水平，对于学习效率和效果将有很大的负面影响，严重的还将影响他们的身心健康。

1. 学习焦虑的表现

处于严重学习焦虑状态下的大学生，由于精神过于紧张，顾虑的问题较多，常表现为在学习上注意力涣散、记忆力减退、思维混乱、烦躁、易怒等。严重的还常伴有头晕、头痛、忧虑等现象，影响了身心健康。

处于严重焦虑状态下的大学生在多次努力学习无果的情况下，往往采用回避和退缩的方式消极对待学习，过早地放弃努力。但这样做反而使他们不能取得应有的成绩，学习每况愈下，自责感不断增加，心理压力更大，进一步增加焦虑，形成恶性循环，引起行为上的进一步混乱、盲动，以至发生心理疾病。

学习焦虑的突出表现是考试焦虑，即在临考前或临考时产生紧张与恐惧的情绪状态。考试焦虑表现在临考前神情紧张、忧虑，在临考时肌肉紧张、心跳加快、血压上升、手足发凉、注意力不集中、思维僵化、记忆力下降，原本熟悉的材料这时也因过度紧张而回忆不起来，严重时还会出现"晕场"的现象。有研究表明，我国大学生中，考试焦虑水平较高的人数达 20% 之多。

2. 学习焦虑的原因

形成学习焦虑的原因可以从个体外部因素和内部因素进行分析。来自外部的各种压力，要求大学生努力学习，取得好成绩。而来自内部的因素，即大学生已具备的各方面素质与能力，可能还不足以使大学生实现外界对他在学习上的要求。内外因素的矛盾，加之部分大学生性格内向等方面的因素，就极易形成学习焦虑。具体来说，影响大学生学习焦虑的因素分为外部因素和内部因素。

外部因素：

(1) 学业压力。大学的学习科目较中学有了很大的增加，学习的难度加大，速度加快，学习方式方法也有所改变。这要求大学生及时跟上变化，调整自己的学习方法，合理科学安排学习时间，紧跟教师的教学步伐。否则由于没掌握的知识不断累积，学习压力会很大。

(2) 考试压力。考试压力主要来自部分大学生对考试的意义估价过高，认为考试成绩不好，影响个人在班级的威信，脸上无光；甚至有的认为考试成绩不好会影响教师对自己的看法与信任，影响毕业时择业的条件等。另外，对考试结果期望值过高，提心吊胆，害怕失败，也是造成考试压力的一个重要因素。

(3) 来自周围环境的压力。大学生生活在人类社会中，就必然要受到来自社会大环境与小环境的学习压力。这些压力包括来自同学间的竞争压力；来自家长的"望子成龙，望女成凤"的压力；来自教师的压力，例如，教师对学生提出过高要求，对没达到要求的学生严厉批评，使学生产生一种对任课教师的恐惧感；来自学校的压力，例如，学校对学生提出一些要求，要求其在毕业前拿到某些等级证书，对拿不到证书的同学采取不发毕业证书等相应的处罚，使学生对相应考试产生恐惧；来自社会的压力，如就业压力，迫使大学生要取得好成绩，以增强日后的择业竞争实力。

内部因素：

(1) 自信心不足，总认为自己的智力、能力、基础不如别人。
(2) 成就动机过强，迫切希望取得好成绩并且超过他人。
(3) 对以前考试失败和挫折的体验太深刻，以至于遇到考试就产生害怕、恐惧心理。
(4) 兴趣爱好过于单一。
(5) 性格内向，不擅长交往，自我封闭。

3. 学习焦虑的调适

(1) 任何事物的产生都有其起因，大学生应学会冷静分析造成焦虑的主观和客观原因，针对原因找出缓解焦虑的方法，决不能采取回避现实的态度，放任焦虑的发展。对于自己无法找出原因的同学可到心理咨询机构去寻求专业的帮助。

(2) 正确认识和评价自己的能力，确立切合自身实际的学习目标，不能把学习名次看得过重。要知道，能不断超越自我，不断进步，也是一种成功。

(3) 调整适应大学学习的学习方式，尽快摸索总结一套适合自己的学习方法，注意劳逸结合，提高学习效率，掌握学习的主动权，尽快适应大学的学习生活。

(4) 培养广泛的兴趣，正确处理学习活动与其他活动的关系，适当转移注意力，降低焦虑水平。

(5) 保持适度的自尊心，降低对胜败的敏感度。同时，也要增强自信和毅力，不怕困难和失败，保持情绪的稳定。

(6) 系统脱敏法。系统脱敏法是利用对抗性条件反射原理，在放松的基础上，循序渐进地使神经过敏反映逐步减弱直到消除的一种行为治疗方法。它用于特别害怕某种客体式情境的恐怖和焦虑状况。具体步骤如下。

第一步：写出引起自己焦虑的刺激情境。例如，题目太难了，书看不懂，学习任务没完成，要考试了等。

第二步：将列出的刺激情境按照从弱到强的顺序排列焦虑等级。

第三步：使自己进入放松状态，当全身处于松弛状态时，开始从紧张程度最低的情境进行描述。当能够身临其境地感受到最低情境的状态，同时身体依然处于放松状态，不觉紧张，此时可进入下一个情境地描述。如此依次进行，直到进入最让人高度紧张的情境时仍然能够保持一种完全放松的状态为止。

针对较为突出的考试焦虑问题，可考虑从以下几方面进行调适。

(1) 正确认识考试的意义，端正考试的动机。要认识到考试的目的只是检查教与学的成效。通过考试，可以检验自己近段时期的学习态度、学习能力和知识水平，调整对自我的认识并不断进行自我完善。总之，考试是一种检验和激励的手段，它不能决定一个人的前途和命运，因此，应将考试看成检验自己的大好机会，而不要把考试成绩看得太重。考试过度焦虑的根源不在于考试而在于学生自身因素，只要自己用理智和意志来进行控制和调节，就可以克服这种焦虑情绪。

(2) 对考试成绩的期望值要符合个人实际。考试前应对自己已掌握的知识和已具备的能力有个正确的评价，在正确评价的基础上制定出考试成绩的目标，这样的目标才会符合个人实际，避免考试焦虑的出现。否则，如果目标太高，超过了自己的真正水平和能力，在考试之前会因实现目标没有把握而失去信心，影响复习的质量和效果，最后导致考试过度焦虑。

(3) 平日努力学习，加强准备，以平常心应试。考试成绩的高低决定于平日学习的努力，而不是决定于考试本身。平日努力不够，复习不够，而企图在考试时侥幸地获得高分数，这是不切实际的想法。克服这种侥幸心理，可降低考试焦虑。在平时就加倍努力，注意知识的积累和巩固，彻底吃透教材，克服学习中的难点，这样才能以平常心应试，稳操胜券，克服考试焦虑。

(4) 有意识地克服"怯场"现象。考试时产生的"怯场"现象，可能是由于对考试信心不足而临场慌乱；可能是缺乏应试的经验与技能，临时碰到问题无力应付；也可能是由于学生个人的气质与性格特点不能适应紧张的场面。因此，应根据学生的心理实际，在日常就给予相应的调适，以预防考试怯场的发生。考试怯场现象出现时，考生往往由于焦虑强烈而大脑一片空白，思维停顿。考场上学生突然手脚发颤，大汗淋漓，此时应立即停止考试。要引导考生闭上双眼进行深呼吸，放松，有目的地进行自我暗示。有条件的话，考生可适当舒展身体，待情绪趋于镇定后，再进行答题。考生也可自备一些清凉油、风油精放在鼻前闻一闻，然后伏在桌子上休息片刻，这样可以避免晕倒或虚脱的发生。

三、大学生学习畏难问题

畏，是害怕、恐惧的意思，它是个体企图摆脱、逃避某种情境时产生的情绪体验；难，是困难，挫折的意思，它是个体从事有目的的活动受到阻碍或干扰，以致其动机不能得到满足时产生的情绪波动和心理防御的过程。大学生学习畏难是在学习活动中遇到了某些阻碍和干扰，使得学习的需要难以满足，于是产生了害怕学习的现象，进而产生某些逃避学习的行为。

1. 大学生学习畏难的表现

(1) 逃避学习环境。有些大学生在学习上遇到困难或挫折后，往往不从主观上分析原因，片面地认为自己再怎么努力也是没有用的。于是变得对学习漫不经心，得过且过，转而把大量的精力用在了与学习无关的活动中，如娱乐活动、谈朋友等方面。大学生这种逃离学习环境的行为，在一段时期内，对畏难情绪的缓解可能会起到一定的效果，但是学习毕竟是大学生的主要任务，学习的重要性在大学生生活的现实及在大学生的潜意识中会不断地以各种形式显现出来，提醒大学生要好好学习。这样大学生很容易陷入逃避学习与需要学习的矛盾之中，造成学习畏难情绪的进一步加深。

(2) 好幻想。有些大学生学习不好或遇到考试失败等挫折后，常以幻想的方式来排解当前消极的情绪。他们往往跳过努力学习的过程，幻想有一天学习成功了，他们将得到家长和教师等长辈的赞许，周围同学的认同，将来有可能走上好的工作岗位的愉快景象。这种幻想可能会使他们鼓起勇气，努力学习，但是如果总是沉浸于幻想之中，不去面对现实，会使他们难以接受学习过程的艰辛，以至最终不能适应学习生活。

(3) 找借口。有些大学生每到考试时就会生病，他们中的一部分人是由于对学习有畏难情绪，害怕失败，精神紧张过度，不自觉地将心理上的困难转换成为身体方面的症状，为自己日后考试的失败找借口。另一部分人可能并没有生病，但同样由于害怕考试的失败，推说自己生了病，借以逃脱他人对自己学习不好的责备，而维护自我的尊严。

(4) 封闭学习。一些对学习有畏难心理的同学还经常表现出对一切有关学习的事情自我封闭。他们往往不愿意与人谈起自己的学习情况，降低自己的学习要求，逃课，见到教师就头痛。

2. 大学生学习畏难的原因

(1) 学习任务较重。大学的学习任务与中学的学习任务相比，加重了许多。表现在：学习的课程增多，不仅有基础课，还有专业课，另外还有相当一部分的选修课；难度加大，大学的学习不再像中学的学习那样，学习的都是一些已公认的基础知识。大学的学习内容有很大一部分是专业的前沿知识，有很强的不确定性，要学生自己去辨别、去分析，有一定的难度；要求高，大学是面向社会培养有用的人才，因此，对大学生的要求要明显高于中学生。要求他们不仅要掌握知识，还要很好地运用知识，更要求他们有一定的创新能力。这样的学习任务不是轻松就能完成的，学习任务的加重、难度的加大，是大学生产生学习畏难心理的原因之一。

(2) 对自己的认识不足。一些大学生对自己的能力与各方面素质进行了过高的估价，于是盲目地给自己订立了过高的目标，其结果当然是实现不了。而一次次的挫折、失败，自然给他们带来了不小的打击，使他们在学习上产生了畏难心理。

(3) 学习方法不当。一些大学生在进入大学后，没能很好地调整自己的学习方法，仍沿用中学时的学习方法，这与大学的学习要求是不相匹配的。正是由于学习方法不当，使得这些大学生虽然平时很努力，但最终仍会遭遇失败。

3. 学习畏难的调适

(1) 正确对待学习上存在的困难。学习上存在困难并不可怕，可怕的是对困难不能正确地认识，进而不能很好地对待，使困难得不到解决。正确认识学习上存在的困难是解决学习问题的关键所在，而正确地对待困难，及时有效地解决问题可以防止学习畏难心理的产生。大学生学习上的困难大多是由于不适应大学的学习节奏，未能找到合适的学习方法而造成的。因而了解大学学习的性质、特点，探索一套新的、适合自己的学习方法是克服畏难心理的有效途径。

(2) 改变不良认知方式。畏难心理的产生在很大程度上是由于大学生对学习困难的认知引起的，或者说是由大学生认知方面的偏差引起的。例如，有的学生一次考试失败，就认为自己能力不行，学不好；有的大学生在中学阶段学习一直很好，可是进入大学后，由于一时的不适应，造成学习上的滑坡，因而对自己的学习能力产生怀疑，开始害怕学习；还有的同学把学习中的一些小失败、小挫折想象得非常可怕，认为自己能力不行，学不下去，毕不了业，找不到工作，人生没前途，生命没价值等。可见，改变学生的不良认知方式，纠正错误的观念，引导学生实事求是地评价学习中出现的各种困难，使他们从困难中看到希望，有利于克服学习畏难心理。

(3) 勇于面对困难。最大的恐惧就是恐惧本身。当对某事物感到恐惧时反而去接近它，有利于克服恐惧心理。为了克服学习上的畏难心理，应鼓励学生主动地投入到学习活动中去，但是投入学习的过程要有一定的策略。应引导学生从简单的学习活动开始，有计划、有步骤地展开学习活动，由易到难，让学生在不断尝到成功喜悦的同时，消除学习畏难情绪，最终把握学习活动。

(4) 优化个体自身的人格品质。学习上出现畏难心理与人格特征有一定的关系。性情急躁、心胸狭窄、意志薄弱、缺乏自知之明的人更容易在学习上产生畏难心理。因此大学生应主动对自己的人格特征进行反思，有意识地培养自己良好的人格品质。学习的路途是坎坷的，只有乐观自信、自强不息、顽强拼搏的人，才能达到光辉的顶点。

四、大学生学习疲劳问题

学习疲劳是因学习强度过大，学习时间过长，让人在生理和心理上产生劳累感，使学习效率下降，并渴望终止学习活动的生理和心理现象。学习疲劳包括生理疲劳和心理疲劳，生理疲劳主要是肌体受力过久或肌肉重复伸缩而造成的一些机体上的疲劳症状；心理疲劳一般是由于长时间从事心智活动，大脑得不到休息，大脑皮质的兴奋区域代谢旺盛或兴奋持续时间过长，消耗过程超过恢复过程，脑细胞处于抑制状态所引起的心理反应。

学习疲劳是一种保护性抑制，一般来说，经过适当的休息即可得到恢复，对大学生的身心发展不会造成什么影响。但如果长期处于疲劳状态，勉强让大脑的有关部位保持兴奋，就会导致大脑兴奋和抑制过程的失调，严重的还会引起神经衰弱等疾病，并可能引发身体器官的病变，严重影响大学生的学习。

1. 大学生学习疲劳的表现

(1) 学习生理疲劳的表现。大学生在学习时间、强度等方面的过度造成的生理疲劳主要表现为肌肉痉挛，麻木，眼球发酸，头脑发胀，腰酸背疼，动作不准确、僵硬，打瞌睡等肌体反应。

(2) 学习心理疲劳的表现。大学生学习用脑过度，造成的学习心理疲劳主要表现为注意力分散，思维迟钝，情绪易躁动、忧郁、易怒，学习效率下降，学习错误增多，对学习易产生厌烦情绪。

2. 大学生学习疲劳的原因

(1) 生理疲劳的原因。大学生生理疲劳主要是在学习活动中，由于学习环境不良，学习压力过大，学习时间过长，不注意劳逸结合，睡眠时间不足，营养供应不足，不注意用脑卫生和用眼卫生等原因，造成生理疲劳现象。长时间的生理疲劳对大学生的学习易造成不良影响，最终有可能出现学习上的心理疲劳，影响其身心健康。

(2) 心理疲劳的原因。大学生心理疲劳的原因是多方面的，除了因长期学习生理疲劳而造成的心理疲劳外，还有因学习内容单调、难度过大，学习过于紧张而造成大脑神经持续处于高度紧张状态，对学习缺乏兴趣；或是受到其他因素的干扰，如家庭经济问题、思想问题等原因造成心理疲劳。

3. 大学生学习疲劳的调适

(1) 科学用脑。大脑是人体一切活动的中心，自然也是学习活动的中心。学习活动持续时间过长，就会影响大脑活动的正常运转，引起疲劳。因此科学用脑，保证大脑的清醒状态，是缓解学习疲劳的有效方法之一。科学用脑，首先从生理上要做到饮食合理，给大脑以充分的营养，保证其功能的正常发挥。其次，在学习时要根据不同的学习内容，合理安排用脑时间。大脑有左右两半球，左半球主要与抽象的思维活动有关，右半球主要与形象思维活动有关，而大脑的各个半球又可以分成若干区域，不同的区域分别司管着不同的人体功能。因此，我们应使大脑皮质兴奋与抵制区域不断轮换，轮流休息，动静结合，这样有利于大脑皮质保持较长时间的学习工作能力，防止用脑过度和疲劳过度。最后，要注意不能用脑过度，不要等到"脑袋麻木"了才停止学习和工作，否则极易引起大脑损伤，进而诱发各种身心疾病。

(2) 劳逸结合。不会休息的人就不会工作，同样，休息好是为了更好地学习，因此，大学生要学会劳逸结合，才能更有效地预防学习疲劳的发生。要做到劳逸结合，首先要做到，在经过一天的学习后，晚上按时睡觉，保证睡眠的充足。其次要养成良好的生活习惯，安排好学习和休息的时间。做到学习时专心致志，提高效率；休息时大脑放松，安心休养。学习与休息时间的安排应顺应人体生物钟的节律变化，而这一变化规律又会因地因人而有所不同，因此，大学生应研究自己身体机能工作的规律，合理安排学习与休息的时间。最后，在平时要注意加强体育锻炼，使脑力劳动和体力劳动交替进行，它可以改善血液循环，有利于消除大脑和肌体的疲劳。

(3) 创设良好的学习情境。学习情境对人的心境有很大的影响，有研究表明，良好的学习环境可使大学生在学习活动中身心舒畅，提高学习效率；而在嘈杂、脏乱的学习环境中，可能引起心烦意乱，焦躁不安。因此，大学生在学习时应尽可能地为自己创造一个良好的学习情境，避免身心疲劳的发生。

(4) 培养学习兴趣。对学习感兴趣，可以使大学生在学习时心情愉快，长时间学习而不知疲倦。反之，对学习不感兴趣，就会感到学习的内容枯燥、学不进去，很快就会进入疲劳状态。可见，大学生有意识地培养自己学习的兴趣，有利于避免学习疲劳的产生。

(5) 保持乐观的精神和积极的情绪。生理学、心理学研究表明，情绪不仅影响身体功能与健康，而且对脑本身的功能与健康都有重大影响。积极的情绪可以使人精力充沛、食欲良好、睡眠充足、身体健康，使大脑处于最佳工作状态。

(6) 掌握消除疲劳的方法。掌握一两种适合自己的消除疲劳的方法，在感到学习疲惫时及时地消费疲劳是很有必要的。这里介绍两种简单易行的方法。

其一，适当运动。当感觉大脑疲惫时，可暂时放下书本，到室外呼吸一下新鲜空气，伸伸腿，弯弯腰，做些简单的运动。也可以抓紧时间处理一下自己的内务，如打扫卫生、清理衣物等。适当的运动能起到转移大脑兴奋中心、缓解大脑疲劳程度的作用。

其二，放松训练。放松训练的方法很多，这里介绍一种，供参考。

第一步：身体直立，双腿分开，双手下垂，均匀地进行深呼吸；

第二步：双膝微屈，上身自然地向前弯曲，使身体下垂，直至双手触地，深呼吸，并意想将紧张烦躁情绪排出体外；

第三步：身体自然下垂，并左右摇动，尽量放松情绪；

第四步：上身缓慢抬起，同时默数 1～10，使身体恢复直立。意想从脊柱的底部开始，每次活动一节脊椎，同时吸一口气，力图使体内充满新鲜空气，以增进活动，消除紧张和疲劳。

五、注意力不集中问题

注意力是心理活动对一定对象的选择和集中。注意力是人的各种心理过程正常进行的保证，它在人的各种感受器所接受的种种信息中选出符合个体当前需要的信息进行加工；它能维持信息在意识中进行精加工；它能监督和调节个体的行为，使之指向一定的目标，促进目标的达成。可以说没有注意力，人的各种心理活动将很难进行。同样，大学生的学习活动也离不开注意力，注意力差的学生易出现学习效率低下，学习成绩不良的现象。

1. 注意力不集中的表现

(1) 容易走神。学习时注意力不集中的大学生，常在学习时不能有效控制自己的心理活动，想一些与学习毫无关系的事情，思维远离当前的学习活动，且不易收回。

(2) 易受干扰。注意力不集中的大学生，在学习时很容易被外界无关刺激所吸引，有时甚至是很微弱的刺激，也能引起他们注意力的分散，偏离当前的学习活动。

(3) 无关动作增多。注意力不集中的大学生，在学习时往往伴随着一些与学习无关的动作，如说话、东张西望、玩弄手指、摆弄笔杆、摸东翻西等，始终不能把注意力维持在学习上。

(4) 效率低下。注意力不集中的大学生学习效率是很低的，他们通常给人的印象是花在学习上的时间很多，却见不到成效。如有的同学一个晚上都在看书，可是可能一页书都没有看完。

2. 注意力不集中的原因

(1) 学习目的和任务不明确。人是有目的的动物，没有目的，劲就不知往何处使，更谈不上注意力的集中。同样，当大学生对学习目的不明确时，他们也很难长久地将注意力集中在学习内容上，从而出现分心现象。但是如果只有目的，而没有具体的学习任务，那么，学生在每一次具体学习时，可能会因缺乏必要的紧张度而容易走神。

(2) 对所学专业不感兴趣。兴趣是引起注意的重要原因。有的大学生对自己所学的专业并不感兴趣，学习总是处于一种被动状态，形成过得去就行的心态，自然学习的注意力难以集中。

(3) 不适应大学的学习方法。由于大学教育、教学方法的改变，大学生的学习方法与中学生的学习方法有了明显的不同。一些不适应大学教育方法的同学下课之后不知如何组织复习，并在没有督促、没有压力的情况下，管不住自己，光想玩，自然学习的注意力难以集中。

(4) 学习环境不良。不良的学习环境对注意力也有一定的影响，例如，学习时周围噪声过强，学习环境杂乱、污浊，环境过于空旷冷清等，都易使注意力分散，影响学习效率。

(5) 个体心理因素的影响。大学生由于过度的疲劳和焦虑，也容易导致注意力不集中。长时间的用脑，不注意劳逸结合，不讲究学习方法，都会引起大脑过度疲劳。大脑过度疲劳的结果：大脑过度疲劳，会使大脑产生抑制，造成注意力分散。另外，如果大学生过度地焦虑，总是担心学习成绩不好，别人如何评价自己等问题，势必将学习的注意力引向这些焦虑点，而不能很好地集中在学习内容和学习过程中，引起注意力的分散，影响学习效果。

3. 注意力不集中的调适

(1) 明确学习目标、规定任务。大学生在学习前应根据自己的条件，为自己确立一个适当的目标，并依据目标制定详细的学习计划。每次学习时都应有具体的学习任务，要带着任务和问题进行学习。这样学习才有动力，才不易分心。

(2) 激发学习兴趣。大学新生入学后，学校应对各专业前景、发展方向做一些介绍，培养大学生对本专业的兴趣，促进他们将注意力集中在学习上。

(3) 寻找科学学习方法。新大学生在入学之初，可能对大学的教育教学方法不适应，导致学习时注意力不集中。教师应及时地对他们进行教育，使他们明白大学教学与中学教学的区别，帮助他们尽快总结出一套适应大学教学并与个人自身条件相适应的科学学习方法，提高他们在学习时的注意力。

(4) 选择环境，排除干扰。由于每个人的心理特征不同，个人所喜好的学习环境也不同。如有的人必须在绝对安静的环境下，才能集中注意力，而有的人在轻柔的乐曲声中更能集中注意力。因此，大学生可以根据个人不同情况，选择适合自己的学习环境。大学生大多过着集体生活，有时在无法选择环境、干扰无法排除时，就需要有与干扰做斗争的自制力。

(5) 劳逸结合，张弛有度。要科学地安排作息时间，适当地休息或进行体育活动，防止过度疲劳。同时，要消除焦虑、紧张情绪，保持平和愉快的心境。

(6) 学会运用思维阻断法。注意力不集中的学生在学习时常会胡思乱想，及时阻止这种纷乱的思绪对于提高学习效率大有益处。当纷乱思想出现时，一种方法是听一些柔和的音乐，使大脑放松下来；另一种方法可采用把眼睛闭上，反复握拳、松开，使肌肉收缩，并同时对自己说"停"，如此反复数次，有助于集中注意力。

(7) 用期限效果集中注意力。对自己并不喜欢的工作设定一个完成期限，终了时间一到，就会强迫你去完成它，这样可以集中精神完成不感兴趣的工作。

(8) 应用报酬效果集中注意力。首先，可以给自己定个奖赏，作为学习的报酬，这个报酬可以依自己的需要和兴趣订立。其次，遇到困难的工作可用假想敌人和处罚来激励自己。

六、记忆力差的问题

记忆是过去的经验在人脑中的反映，它包括识记、保持和再现三个基本过程。记忆作为一种基本的心理过程对保证人的正常生活起着重要的作用。人对客观事物的认识，虽然是从感知开始的，但是如果没有记忆的参与，就不能把其感知的一切保留下来，不能积累知识和经验，不能形成概念进行判断和推理，也就不能适应不断变化着的环境。因此，人们的一切活动，从简单的感知、行动到复杂的思维、学习，都必须在记忆的基础上进行，所以说记忆是人全部心理活动得以连续进行的基础。大学生的学习同样要在记忆的基础上进行，记忆品质的优劣将影响到大学生学习效果的好坏。良好的记忆力应具有四个品质，即识记的敏捷性、保持的持久性、记忆的精确性和信息提取的及时性。记忆力差就是因为这四个品质中的一个或几个表现差，带来了记忆的问题，影响到学习。

1. 记忆力差的表现

(1) 识记速度慢。识记是识别和记住事物，从而积累知识经验的过程，它是记忆过程的第一个基本环节。识记速度慢是大学生记忆力差的表现之一，在现实中表现为学习时经过多次重复仍感到难以记住学习内容。

(2) 保持时间短。保持是巩固已经获得的知识经验的过程，它的对立面是遗忘。实际上保持的问题就是防止遗忘的问题，它是记忆过程的第二个基本环节。大学生记忆保持时间短，表现为"记性好，忘性大"，识记的东西保持不久，容易遗忘。

(3) 记忆不精确。记忆不精确是大学生记忆力差的又一表现，表现为凡事只记住一个大概，只有模糊的印象，经常似是而非，出现错漏。看到书时好像都记住了，等到考试或要用时，才发现很多记忆都不完全，或是记错了。

(4) 信息提取有障碍。记忆信息的提取，是指大学生根据当前任务的需要，把需要运用的知识信息从记忆中提取出来，它是使知识运用于实际的重要品质。大学生在需要运用知识的时候，如果不能顺利地从记忆系统中提取信息，不能使已保持的信息运用于实际，就会表现为记忆力差。

2. 记忆力差的原因

(1) 病理性原因。

第一，脑退化或损伤，如随着年龄增大，脑细胞活动减弱，使记忆力慢慢衰退。中枢神经系统受到感染或中毒、脑部受到重击等都会导致记忆障碍。由这类原因引起的记忆力差很难好转。

第二，神经衰弱，表现为精神容易兴奋和精神容易疲劳两者相结合的症状，例如，联想和回忆增多，难以自控，注意力分散，感觉过于敏感，怕吵闹，畏强光等。记忆力差也是神经衰弱的重要症状。

(2) 非病理性原因。

第一，记忆动机不强。大学生学习的目的不明确、学习动机不纯、学习兴趣不浓厚、对学习缺乏积极主动性，使大脑皮层不活跃，甚至处于抑制状态，从而导致记忆力差。

第二，记忆方法不当。满足于死记硬背、被动复习，没有一套适合于自己而又行之有效的记忆方法。

知识链接　　　　　　**注意力是记忆的唯一窗口**

19世纪俄国教育家乌申斯基说过："注意力是唯一的窗户，只有经过这个门户，外在世界的印象才能在心里引起感觉来。如果印象不把我们的注意力集中在它身上，那么，虽然它也可以影响我们的机体，但是我们是不会意识到这些影响的。"

人的大脑有个特点，刺激得越强烈，留下的记忆就越鲜明，保存的信号也越长久。有人说："注意越强烈，则感觉越明确和越清楚，因而，它的痕迹也就越牢固地保存在我们的记忆中。"这句话是很有道理的。人在注意某一事物时，大脑皮层就会在相应部位上产生一个优势兴奋中心，所有的神经细胞都要为它"服务"。这种"全力以赴"的结果，使留下的痕迹明显；相反的，如果大脑皮层同时有两个以上兴奋中心，就必然出现注意力分散的现象。这时对事物的理解和记忆就会受到干扰，破坏大脑的记忆规律，记忆效果肯定不好。

第三,过度疲劳,情绪紧张。长时间单调地学习使大脑相应功能区域处于疲劳状态和抑制失衡,产生保护性抑制,从而降低记忆效率。情绪过分紧张、焦虑导致大脑皮层机能失调,降低记忆能力。有的大学生临考回忆困难,甚至头脑中一片空白,越急越想不出来,而出了考场又都记起来了,这主要是情绪紧张所引起的记忆提取困难。

3. 记忆力差的调适

对于病理性原因造成的记忆力差,需要去医院诊断,在这里不作讨论。对于非病理原因造成的记忆力差,在对大学生进行调适时,首先,要使他们明确学习的目标,激发他们的学习动机,进而让他们明白记忆的意义,增强记忆动机。其次,要增强他们的记忆信心,让他们知晓只要努力了,就能记得住,让他们相信自己是有能力记住所学知识的。最后,在此基础上,对于记忆方法不当的同学要给予适当的引导,让他们掌握一套适合自己的记忆方法。具体的记忆方法有如下几个方面。

(1) 记忆材料要系统化。在识记过程中,要尽可能地将记忆材料系统化。要培养大学生发现材料之间相互关系的能力,对内容相似的材料采取比较记忆,对内容间有联系的材料采取整体记忆,而不要把这些材料分开记忆,因为支离破碎的材料在记忆中不易储存。

(2) 在理解的基础上记忆。有研究表明,基于对识记材料理解基础上的意义记忆要比基于简单重复而不理解材料意义基础上的机械记忆的效果要好得多。因此,在记忆时,对于有意义的材料,一定要在理解的基础上记忆,避免死记硬背。否则,即便记住了,运用时也很难从记忆中提取。而对于识记内容本身没有什么意义联系时,如出生年月、电话号码、人名地名等,则仍要机械识记。但这时可以人为地赋予这些无意义材料以一定的意义,使枯燥无味的材料变为生动有趣的材料。如3.1415926,可以趣化为(山顶一寺一壶酒和肉),这样的联系,自然比简单重复式的机械记忆要容易得多,而且印象深刻。

(3) 排除记忆内容间的相互干扰。心理学的研究表明,记忆内容间易产生相互干扰现象,即产生前摄抑制和倒摄抑制。前摄抑制指先前的学习与记忆对后继学习与记忆的干扰;倒摄抑制指后继的学习与记忆对先前学习材料记忆的干扰。而这种干扰作用的大小,又受其他一些因素的影响。首先,与两种学习材料的相似性有关,既相似又不相似的材料抑制性最大,相似或不相似的材料则抑制性小。其次,与学习的程度有关。学习的巩固程度高,可抵御干扰,巩固程度低,则容易被干扰。再次,与学习材料所处的位置有关。位于学习材料首或尾的内容容易记住,而位于学习材料中间的内容则较难记住。这说明头与尾的记忆效果要优于中间,如图4-2所示。这是因为位于首尾的内容所受的抑制作用较小,中间的材料所受的抑制作用较大。最后,与时间因素有关。先后学习之间如果有一定的时间间隔,则抑制作用小;如果连着学,则抑制作用大。

为了排除记忆内容间的相互干扰,在记忆时可以将不相似或极相似的内容放在一起学习,切勿将既相似又不相似的材料放在一起学习;可以把中间的内容多复习几遍,不要头尾平均,可以采用分散记忆、轮换记忆等方法,造出更多的头尾来;可以在学习完一种材料时安排一定时间的休息,避免产生材料间的干扰作用,还可考虑将较难记忆的内容放在清晨和晚上临睡前记忆,因为这样既不会产生前摄抑制,也不会产生倒摄抑制。

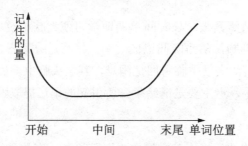

图4-2 单词位置与记住的量之间的关系

(4) 过度学习。所谓过度学习是指把学习进行到超过那种刚好能回忆起来的程度。研究表明，过度学习能增强记忆保持的效果，但这种过度学习也不是越多越好。假如把材料刚能背诵时所需的时间定为100%，一般过度学习花的时间以150%为宜。德国心理学家克鲁格曾让三组被试练习画手指迷宫，要求第一组被试练到恰能正确用手指画出迷宫，第二组被试增加50%的训练；第三组被试增加100%的训练。然后测三组的记忆保持量，结果发现第二组的记忆效果最佳，第三组的效果并不是随着训练时间的增加再有显著的增长。

(5) 及时复习。德国著名的心理学家艾宾浩斯，经过研究得出了著名的艾宾浩斯遗忘曲线，如图4-3所示。这条曲线告诉我们在学习中的遗忘是有规律的，这个规律就是遗忘的数量随时间的推进而递增，这个递增是先快后慢的，到了相当长的时间以后，几乎就不再遗忘了。从这个遗忘的规律，我们看出在学习后的第一时间复习是加强记忆的有效方法。

有人做过一个实验，两组学生学习一段课文，甲组在学习后不久进行一次复习，乙组不予复习，一天后甲组保持98%，乙组保持56%；一周后甲组保持83%，乙组保持33%。乙组的遗忘平均值比甲组高。

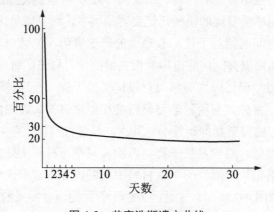

图4-3 艾宾浩斯遗忘曲线

(6) 掌握科学的回忆策略。只注意了学习识记过程，却忽视了回忆的过程，则识记的知识无法提取或提取困难，造成的记忆力差。可见，在学习记忆过程中，掌握科学的回忆策略很重要。促进知识的回忆，可采取以下策略。

第一，主动复述"过电影"。有些学生复习只满足于一遍遍地看书、看笔记、看做过的题目，认为这样就能达到记忆的目的，其实这种方法是被动的。因为采用这种方法复习，不能激活脑中已经储存的信息使其再现出来，易产生"打开书本什么都懂，合上书本什么也想不起来"的现象。正确的复习方法应是,采取主动复述策略,在某些线索的提示下,尽力再现所学知识。这样,不仅能激活大脑中已经储存的信息并加深印象,还能从总体上对知识的保持贮存状态做出检验,起到查漏补缺的作用。因此,要使所学的知识长久保持并能在需要时清晰再现,必须经常复述,反复"过电影"。

第二,将自己记住并理解的知识讲给别人听。经常将识记的知识讲给别人听的学生会发现知识在脑中的记忆较清晰,而只记不说则使知识在脑中的记忆模糊,在回忆时常会出现遗忘的现象。这是因为学习是较多地进行信息输入、较少地进行信息输出的过程,即学习者激活贮存在脑中的某部分信息并使之再现出来的过程。如果学习者能脱离书本将所识记、保持的东西用自己的话清晰地加以阐明,表明他的确理解、巩固了所学材料;如果不能阐明,或阐明有误,或遗漏要点,这表明学习者没有能够理解巩固,需要再花精力加以复习。因此,大学生在学习知识的时候,不仅要将知识全部地理解,还要善于把理解记住的知识讲给别人听,在此基础上再加以练习,这是理解和巩固知识的有效策略。

第三,通过自己出题和一题多解主动再现有关知识。大学生识记了新知识后常满足于做一些书本或教师布置的习题,这对他们再现回忆有关知识是有帮助的,在一定程度上能激活脑中的有关知识。但如果仅满足于应付各种外来题目,则学习仍有较大的被动性。要使脑中贮存的各知识点时常得到激活,并使知识网络的联系得到加强,一种有效的方法便是运用知识点间的网络关系,从多种角度主动地编制各种类型的试题并予以解答。这种方式不仅有利于各种知识的激活巩固,而且有利于对各种题型解法的总结归纳,以便掌握规律性的东西,促进知识的迁移。而通过一题多解的方法,可以加强各知识点之间的联系,激活与某一问题相关的各种知识,即以一个习题回忆一系列知识。这样大学生可以充分理解知识之间的各种联系,融会贯通。

第四,科学用脑。生物的生命活动都是有一定的节律的,这又称"生物钟"现象。人的大脑活动也不例外,也是具有一定节律的,它有一个强弱波动变化的周期。大学生要善于发现自己大脑的兴奋期,并在这段时间内安排较复杂的学习内容,因为这时的记忆效果较好。而在大脑活动的低谷期,可从事一些简单有趣的学习,或是干脆做一些日常事务,使大脑得到休息。通常认为人脑一天有四个记忆高潮时期,分别是:清晨起床后,上午8~10点,下午6~8点,临睡前1小时,在这些时间段里记忆效果较好。当然,记忆高潮的时间段也会因各人的不同而显示出一定的差异,大学生要学会科学安排时间,科学用脑,以提高自己的记忆水平。

第五,灵活运用各种记忆术。记忆术的灵活运用,可以很好地帮助记忆。记忆术发展到今天,其内容已相当的丰富,如最通用的记忆术有:联想法,即通过建立事物间的联系进行记忆;形象法,对抽象材料赋予一定形象而进行记忆;口诀法,将记忆的材料编成韵律的口诀来记;谐音法,利用谐音把毫无意义的材料变为意义生动的材料,从而帮助记忆。关于记忆术方面的书籍很多,大学生可以通过阅读,找到合适自己的记忆术,以加强记忆的品质。

> **知识链接**　　　　　　**哈佛图书馆自习室训言**
>
> 1. 此刻打盹，你将做梦；而此刻学习，你将梦圆。
> 2. 我荒废的今日，正是昨日殒身之人祈求的明日。
> 3. 觉得为时已晚的时候，恰恰是最早的时候。
> 4. 勿将今日之事拖到明日。
> 5. 学习时的苦痛是暂时的，未学到的痛苦是终生的。
> 6. 学习这件事，不是缺乏时间，而是缺乏努力。
> 7. 幸福或许不排名次，但成功必排名次。
> 8. 学习并不是人生的全部。但是，既然连人生的一部分——学习也无法征服，还能做什么呢？
> 9. 请享受无法回避的痛苦。
> 10. 只有比别人更早、更勤奋地努力，才能尝到成功的滋味。
> 11. 谁也不能随随便便成功，它来自彻底的自我管理和毅力。
> 12. 时间在流逝。
> 13. 现在淌的口水，将成为明天的眼泪。
> 14. 狗一样地学，绅士一样地玩。
> 15. 今天不主动走，明天要被迫跑。
> 16. 投资未来的人是忠于现实的人。
> 17. 教育程度代表收入。
> 18. 一天过完，不会再来。
> 19. 即使现在，对手也在不停地翻动书页。
> 20. 没有艰辛，便无所获。

第三节　大学生学习方法与学习能力的培养

一、学习方法的培养

方法总是服务于一定的目的，不同的历史时期，不同的学习目的，就会有不同的学习方法。作为当代的大学生，要圆满完成学业，就必须在大学期间探索出一套既适应大学学习要求，又适合自己各方面发展的科学学习方法，养成良好的学习习惯和学习品质。

(一)确立科学的学习目标

明确、合理的学习目标是大学生学习获得成功的基础。学习目标缺乏科学性极易造成大学生学习的心理问题，如学习动机缺乏或过强、学习焦虑、学习畏难等问题，影响学习的最终效果。有个美国研究人员做过一个调查。他对一所大学的毕业生是否有明确、特殊的个人发展目标进行调查，发现只有3%的人有这种目标。20年后，再对他们调查，发现这

3%有明确目标的人所获得的成就比其余97%的人所获得的成就之和还要多,这就是目标的力量。科学学习目标的制定可以从以下几方面考虑。

(1) 学习目标要符合自身条件和发展方向。在制定学习目标以前,个人应对自己各方面的能力有个正确的评估,了解自己的特点、特长、兴趣所在,决定自己将向哪方面发展,然后再制定具体的学习目标。

(2) 学习目标要难易适度。学习目标的制定要难易适度,过于简单的学习目标等于没有制定,达不到促进学习的效果;难以实现的学习目标,好似镜中花、水中月,可望而不可即,会挫伤学习的积极性。难易适度的学习目标应该是大学生在经过刻苦努力以后能够达到的,这样的学习目标才具有一定的激励和指引的作用。

(3) 学习目标的制定要集中。目标的制定要集中,不能过于分散。原则上一次只能制定一个目标,尽管有的大学生兴趣很多,爱好广泛,但由于一个人的精力是有限的,要成为一个专业人才,就只能选择一个主攻方向。只有目标集中,才能集中精力,确保目标得以实现,学习获得成功。

(4) 学习目标要长短结合。学习目标的制定要既有远期的目标,又有近期的目标。近期目标是在远期目标的基础上制定出来的,通过一个个近期目标的实现,可以让大学生体验到目标实现的喜悦,鼓足干劲去追求更高层次的学习目标,进而可以循序渐进地接近远期目标。

(5) 学习目标的确立应符合社会需要,具有长远性。学习的最终目的是为了服务于社会,使自己的学识得到社会的认可。因此,大学生学习的知识和技能应该是实在、实用、新颖的,要适应时代的发展,为社会所需要。基于这一点的考虑,大学生在制定学习目标时,要立足于当前,着眼于未来,精心计划和构建属于自己的知识大厦,而不应过分热衷于追求眼前的时髦、热门专业,否则最后吃亏的还是自己。

(二)制定完善的学习计划

有了学习目标,就有了努力的方向,但要实现目标还需要有完善的学习计划,包括年计划、月计划、周计划和日计划。有些大学一年级的新生,初入大学,还沿袭着中学的学习习惯,等着老师来安排学习,缺乏自主学习的计划性。由于学习计划的缺乏,使得他们对于该做什么、不该做什么没有事先规划,做事效率低下,浪费了大量时间,制定的学习目标也犹如水中花一般难以实现。长久下去,将影响大学生的学习兴趣以及学习信心。

1. 制定学习计划的好处

占用很少时间去制定学习计划,在将来学习活动中可以成倍地受益。这里所指的学习计划是指具体到每一天的计划,大学生最好能按每周 7 天列一个图表,按照其学习内容制定出计划。这样做对学习有以下三大好处。

(1) 提高学习效率。订立详细计划后,大学生每天都有明确的学习目标和任务,而不必每次都临时考虑应当干什么事,做到心中有数。为了完成计划,就会想办法改进学习方法,提高学习效率。这样良性循环下去,有利于养成一种主动的、高效率的学习习惯。

(2) 增强学习信心。订计划实际上是将复习任务分解成可以逐项完成的具体任务的过程。这些具体任务都是现实可靠的目标，使每个人的学习活动更富有目的性，从而克服畏难情绪，增强学习信心。

(3) 养成珍惜时间的习惯。学习计划就好比是一份自己与自己签订的有关学习时间和学习量的"合同书"。通过定期检查完成计划情况，就能及时地发现时间是怎样花掉的，杜绝浪费时间的现象。

2. 制定学习计划的注意事项

(1) 根据教学大纲和教学计划进度表，了解所学课程的特点，然后根据其内在的联系，由浅入深，有主有次地安排学习内容。

(2) 计划不要订得太紧，要留有余地作为"应急性计划"的时间，这样就能保证计划的完成。

(3) 订计划时要根据自己的生理特点、学习习惯、所处的环境及可以利用的条件等实际情况来订。例如，可以将一些重要的、难度大的课程安排在受干扰较少的晚间来看，而把一些需要记忆的课程安排在自己记忆效果最佳的时段来看，这样就可以大大提高学习效率。

(4) 每次学习时间要恰到好处。根据学习内容和分量以及个人的嗜好掌握好每次学习的时间。学习一段时间后应安排适当的休息，否则学习时间过长，学习效率反而降低，造成学习疲劳，学习效果下降，浪费学习时间。

(5) 学习计划的实施要落到实处。学习计划制定得再好，如不落到实处，就等于没有计划，起不到任何效用。因此，在执行计划的过程中，要有一定的毅力和耐心，不要轻易给自己找借口，一遇挫折就放弃。可以试着把计划列成表格，画成图形，贴在自己常能看到的地方，时时提醒和约束自己。在计划制订之后，不要随意变动，打乱已有的学习计划。要相信只要自己一步一个脚印去做了，预定目标就会实现。

(三) 合理运筹安排时间

> **小故事　　　　　法国思想家伏尔泰的一个历史谜语**
>
> "世界上哪样东西是最长的又是最短的，最快的又是最慢的，最能分割的又是最连绵不断的，最不受重视的又是最令人惋惜的？没有它什么事情都做不成，它既可以使一切渺小的东西瞬息毁灭，又可以使一切伟大的东西永远鲜活。"
>
> 答案：时间

学习效果是学习效率与学习时间的乘积，如果效率系数接近零，时间系数再大，乘积也趋于零。这就是为什么有些大学生花了很多时间在学习上，可是学习成绩总不见提高的原因。提高学习效率，实际上就是如何妥善安排时间的问题。对于大学生来说，每一个人在校学习时可自由支配的学习时间是有限的，如果能对时间进行合理安排，则能大大提高学习效率，促进学习进步。合理地安排时间就是通过有目的、有计划地安排使学习时间利用得尽量充分、合理。

（1）充分利用学习上的"黄金时间"。"黄金时间"指人的精力最充沛、注意力最集中、学习效率最高的那段时间。"黄金时间"因人不同，大致可分为三种类型：早上型——早晨的精力非常充沛；晚上型——晚上劲头十足，这种状态可持续到深夜；白天型——只要得到必要的休息和睡眠，整个白天都能保持旺盛的精力。大学生在安排时间时应考虑到自己的类别，在自己的"黄金时间"里安排最重要最困难的功课，或思考最难解决的问题，切勿将这段时间用于聊天、游玩、网游、做琐事或看小说，这将是很不明智的选择。

（2）提高效率。"时间就是金钱，效率就是生命"，提高单位时间的利用率，是时间运筹的效率原则。在每个人的时间表里，都可能会出现低效时间段，大学生要注意审视自己低效时间段出现的时间，并分析原因找出对策，减少低效时间段，扩大高效时间段。严格的时间计划是与低效时间段抗衡的方法之一。其次，凡事多问几个能不能是提高时间利用效率的第二种方法，例如，能不能取消它？能不能几件事合起来做？能不能避免重复劳动？能不能找到捷径？再次，要注意用脑卫生，采用"轮流作业"法。即不同科目、不同类型的学习内容交叉进行，使大脑各部分轮流得到休息，缓解疲劳，提高学习效率。

（3）珍惜时间，积零为整。时间是由分秒积成的，善于利用零星时间的人，才会作出更大的成绩来。作为大学生来说，要优化时间安排，就应养成不浪费零碎时间的习惯。如有人坚持每天晚上睡前花 10 分钟背 5 个英语单词，日积月累，理论上一年就能背 1800 多个英语单词。可见，只要能充分利用零星时间，积累起来是很了不起的。下面介绍几种时间的管理方法。

1. 杜拉克时间管理法

此法由现代管理之父杜拉克提出。他认为：有效的管理者的自我管理不是从他们的任务开始，而是从他们的时间开始。杜拉克认为时间管理可以遵循以下三个方法。

（1）记录时间：分析时间浪费在什么地方。

（2）管理时间：减少用于非生产性需求的时间。

（3）集中时间：在整段时间内工作效率大于在分散时间内的工作效率之和，尽量利用大段时间进行工作。

2. 艾维·利时间管理法

（1）写下你明天要做的 6 件最重要的事。

（2）用数字标明每件事的重要性次序。

（3）明天早上第一件事是做第一项，直至完成或达到要求。

（4）然后再开始完成第二项、第三项……

（5）每天都要这样做，养成习惯。

3. 20/80 时间管理法

20/80 定律是由意大利经济学家巴莱多发明的，因此，也叫巴莱多定律。

（1）用 80%的时间和精力照顾好能给你带来 80%的销售额的 20%的优质客户。

(2) 用80%的时间和精力学习能给你产生80%的效果的20%的最基本的理论和方法(成功者已证明的)。

(3) 用20/80定律从你要做的一大堆事中选出最重要的事优先做。

4. ABC时间管理法

ABC时间管理法，就是以事务的重要程度为依据，将待办的事项按照重要程度由高到低的顺序划分为A、B、C三个等级，然后按照事项的重要等级依次完成任务的做事方法。它建议为了提高时间的利用率，每个人都需要确定今后5年、今后半年及现阶段要达到的目标。人们应该将其各阶段目标分为A、B、C三个等级，A级为最重要且必须完成的目标，B级为较重要很想完成的目标，C级为不太重要可以暂时搁置的目标。ABC时间管理的步骤如下。

(1) 列出目标：每日工作前列出"日工作清单"。

(2) 目标分类：对"日工作清单"分类。

(3) 排列顺序：根据工作的重要性、紧急程度确定ABC顺序。

(4) 分配时间：按ABC级别顺序定出工作日程表及时间分配情况。

(5) 实施：集中精力完成A类工作，效果满意，再转向B类工作。对于C类工作，在时间精力充沛的情况下，可自己完成，但应大胆减少C类工作，尽可能委派他人执行，以节省时间。

(6) 记录：每一事件消耗的时间。

(7) 总结：工作结束时评价时间应用情况，以不断提高自己有效利用时间的技能。

(四)掌握科学的读书方法

读书是学习的主要方式之一，是大学生扩大知识面的重要途径。读书就其本身来说很容易，但真正会读书，读好书并不容易。一个掌握了读书方法的大学生能从书中得到很多收获，对学习大有益处；但对于一个没有掌握读书技巧的大学生来说，可能在读书上花了很多时间，却收效甚微，最终还可能对读书产生厌烦情绪，不利于学习的进步。可见，掌握一套科学的读书方法是相当重要的。

1. 明确阅读的任务和要求

读书同做事一样，要有一个明确的目标指引方向，这样才知道为什么要读，读什么，读到什么程度等。大学生只有在明确了具体目标，了解了这些问题后，才能更有效地阅读。

2. 充分利用原有的知识背景

按照现代认知心理学的观点，学习的过程不是简单地从无到有的过程，而是学生头脑中的原有知识与现在所学的新知识相互联系、相互作用的过程。阅读理解的过程，也需要学习者借助原有的知识和经验，去分析新的材料，使两者相互联系，这样新知识才能够真正固定在学习者的头脑中。因此，大学生在阅读过程中，应尽量调动已有的相关知识，将新知识与已有的相关知识之间进行比较，找出其相互关系，这样就可以更加牢固地掌握新知识。

3. 区分阅读内容的主次，而不纠缠细节

在大学生阅读的材料里，有一些内容是主要的、重要的，这部分内容应该作为重点认识的对象加以理解；另一些内容是非重要内容，可以把它们当成阅读的背景。在阅读时，大学生应注意把对象从背景中提炼出来，才能够对对象有一个深入的了解和清晰的记忆，切忌对这两部分的内容平均花力气。否则，眉毛胡子一把抓，什么也抓不住。另外，相对于大学生有限的时间与精力而言，要把阅读内容中边边角角之处都加以理解和掌握，这是很难办到的，不切合实际。

4. 理解阅读内容内涵

大学生在阅读时，不应仅满足于记住文字表面的东西，更重要的是透过这些文字的表现形式去理解隐藏在其中更深层的意义，这样才能真正理解阅读的内容。因此，大学生在阅读时，可尝试用自己的话对所读的内容加以解释和阐述，挖掘其深层次的意义。

5. 监控阅读理解

大学生在阅读过程中，应经常对自己的阅读进行反思，看看自己的阅读是否达到了既定的目标，阅读的速度如何，理解了多少等，并在此基础上有效地改进自己的阅读方法、阅读策略，圆满完成后期的阅读任务。这样做不仅有助于阅读任务的完成，而且还能避免在时间和精力上造成不必要的浪费。

SQ3R 阅读法是由美国心理学教授罗宾逊(F. P. Robinson)设计的一种提升学习能力的方法。主要用于精读课文，目的在于让学生在课堂之后，可以有一个比较有系统的温习方法，从而提高学习能力。SQ3R 是由 "survey" "question" "read" "recite" "review" 这五个单词的第一个字母缩写构成的。具体含义如下。

S 代表概览(Survey)，阅读的第一步应是对阅读内容作一个整体性的浏览，知道其大体内容。具体的方法是先看看文章的开头、中间、结尾，承上启下的句子以及有关的大小标题，从中大概了解一下阅读材料主要叙述了什么问题。这样从总体上把握后，有利于大学生对阅读材料建立整体概念及方向感，从而培养阅读兴趣，促进进一步阅读。

Q 代表提问(Question)，把文章的标题及主要内容转化为问题的形式，带着问题进行阅读。这样在问题的提示下所进行的阅读，比盲目的阅读效果要好得多，可以激活大学生的思维，促进学习。

R 代表阅读(Read)，根据问题的提示去阅读书本内容，寻找问题的答案。这一过程实现得顺利与否，主要依赖于大学生的理解水平。

R 代表背诵(Recite)，经过上面的阅读过程，大学生应该理解了材料中的大部分内容。这一阶段是对以上学习的小结，要求大学生把书本合上，看看有多少内容已经能够记住，还有哪些没有能够透彻地理解并记下来，然后进一步加工。

R 代表复习(Review)，阅读过的内容要在脑中长期保持，就必须复习。通过复习加深对阅读内容的巩固、理解，并建立有关内容之间的联系。

(五)选择匹配的学习策略

学习策略是指学习者为有效地达到学习目标而采取的具体学习过程或学习步骤。对大学生而言,进行专业的学习,掌握一定技能,选择一定的学习策略,对提高学习的效率和学习能力具有重要的意义。

1. 学习策略的选择要与具体的学习内容相匹配

不同专业的大学生学习的知识类型是不一样的,在不同知识类型学习的过程中,学习要求、学习方法、学习步骤也都是不同的。因此,对于学习策略的选择,要结合具体的学习内容进行,才能达到一定的学习效果。即使选择经典的学习策略,也要结合学习内容做适当的调整,使学习策略更加适合学习内容的需要。只有学习策略与学习内容相匹配,才能使学习变得更加轻松而有趣。

2. 学习策略的选择要与学习者的学习特点相匹配

学习策略是为学习者服务的,是帮助学习者将学习方法与学习内容更好地沟通融合的操作系统。每一种学习都有一定的学习方法,而不同的人因学习特点不一样,所采用学习方法也会有差别。因此,大学生在选择学习策略时,要结合自己的学习特点与学习方法,灵活选择与应用学习策略,才能使学习效果最佳化。

3. 学习策略应随着学习阶段的变化而不断调整

学习的过程是不断发展上升的,随着学习过程的不断发展,旧有的学习策略渐渐会难以适应新的学习要求,沿袭旧有的学习策略会使学习效率下降,难以实现学习目标。因此,对于大学生而言,在具体的学习过程中,应根据学习阶段的变化,学习目标的不同,而灵活选择、应用与调整学习策略,始终用最佳的学习策略进行学习,使学习保持最佳状态。

(六)学习具体环节的改善

大学课堂教学与中学课堂教学的一个最显著的区别是信息量大、速度快,教师经常在一次课里要讲述书本上几十页的内容,这与大学的教学任务和教学目的是相适应的。这就对大学生的学习提出了高于中学生的要求,要求他们有高质量的课前预习、课堂听讲、课后复习和一定的自习能力。

1. 课前预习

课前预习对于学生深入而细致地理解教材是十分重要的。但预习不是一般地阅读教材,而是要围绕教师所提出的要求和问题进行探索和思考,以理解教材的中心思想和主要内容。在预习的过程中,要善于自己发现问题、解决问题,对于无法解决的问题要将其记下来,以求在听课时解决。

以上是对预习的一般要求,对于大学生的预习还应提出更高的要求。要求大学生在预习时要在以教材为主的前提下,能超出教材的范围,尽可能地博览群书,以某个问题的论述与解决为中心进行比较，发现彼此的优点和不足之处，这样可以更深入地领会教材。另外，在需要和可能时，大学生的预习还可以超出书本，结合参观和对所学内容的直接观察、考察及观看音像材料等方式进行，这样可以促使大学生从感性方面理解教材的内容，提高知识的运用能力。

2. 课堂听讲

（1）开展积极的思维来听课。大学生通过听课理解知识的过程，就是运用已有的旧知识来理解新知识，把新知识纳入已有认知结构的过程。因此，在听课过程中，要开展积极的思维，调动大脑中已有的旧知识，促进新旧知识的衔接与融合，这样才能促进学习者对新知识的理解。开展积极的思维听课，也是确保注意力集中，提高听课效率的一个好方法。大学生上课时积极思维，力争使注意力完全集中在教师的讲课中，否则稍一分心思维就会中断。积极思维的结果必然会使听课效率有很大的提高。

（2）做好课堂笔记。听课是大学生的主要学习内容，而听课以后能否吸收和记得住，与听课时能否做好笔记有很大关系。课堂笔记不仅能促进思维，帮助记忆，也便于课后复习。尤其是在课堂上来不及消化的内容和解决的问题，可以在整理笔记时得到帮助。但是，记笔记也有一个策略问题，一个好的笔记对学习有很大的帮助，反之，可能对学习造成不良的影响。具体来说，记笔记要注意以下几个问题。

第一，要处理好听课与记笔记的矛盾。大学生应明白，记笔记的目的主要是为了理解和掌握授课的内容，所以应将主要精力放在听课上，让思维跟着教师讲解转，而不要顾此失彼。

第二，抓住重点。记笔记要有重点，既不能有言必录，这样会占用太多的听课时间，跟不上教师讲课的思路，影响听课效果；又不能过于简单，这样不利于课后复习时参考。

第三，注意提高书写速度。这要求大学生平时就注意提高自己记笔记的书写速度，总结一些速记的方法，这样，在课堂上就能更好地集中精力、有条不紊、轻松自如地去记笔记。

第四，听课笔记要及时整理、归纳，使之更加条理化、系统化。整理笔记也是学习，是提炼和加深理解的过程。整理笔记时首先应在记忆犹新的情况下，对笔记遗漏或错误之处加以及时地补充和纠正；其次，根据课堂上吸收和理解的情况归纳要点，并对内容做出适当的补充和点评，促进对学习内容的理解和记忆。

3. 课后复习

（1）及时进行复习。按照艾宾浩斯的遗忘曲线，遗忘进程具有先快后慢的特点，即识记过的材料在第一天遗忘得最多，以后逐渐减少。因此，组织复习一定要及时，当天学的课程一定要在当天就安排复习。及时复习可以减缓大规模的遗忘，节省学习时间，具有事半功倍的效果。在及时复习中，试图回忆和反复阅读对巩固记忆起十分重要的作用。

（2）分散复习。对已学材料的复习，不能集中在一次时间内进行，而要分散在不同的时间进行，这样可以避免大脑皮层抑制过程的产生，有利于提高记忆的效率。在进行分散复习时，每次复习的时间间隔不能过长，时间间隔过长就会造成遗忘，使识记效果降低。

一般说来,各次复习的安排应"先密后疏"。开始时一次复习的时间要多一些,间隔要密一些。以后随着识记的不断巩固,复习的时间可少一点,复习间隔的时间也可长一些。具体的分散复习的方式方法,则要根据材料的数量、难度与大学生本人的能力而定。

(3) 复习方式多样化。复习不等于简单重复,单调机械地重复,会使人倍感枯燥乏味,容易使大脑皮层产生抑制,不利于知识的复习和巩固。所以,要提高复习的效率,就要适当变换方法、形式,有时也可提出新的理解要求,以培养学习的兴趣。在复习过程中,要尽量使多种感官参与,使复习过程成为有看、听、说、做的联合活动,这样就会使多种感觉通道的信息到达大脑皮层,留下"同一意义"的痕迹,并在视觉区、听觉区、言语区、动觉区等建立起广泛的神经联系,从而加强记忆的效果。

二、学习能力的培养

当代大学生生存的年代是一个科学技术高速发展的时代,在这个时代里大学生不可能在大学阶段就学完所有相关的专业知识,他们要想在以后各领域的工作中有所建树,就必须在工作以后仍不断学习,以适应时代的变化和要求。有研究表明,在现代社会里,一个人的知识只有10%是靠正规学校教育给予的,90%是在以后的工作实践和学习中获得的。可见,一个大学生毕业后还有很多知识要去学习,这就要求他们必须在大学期间具备一定的学习能力,适应时代的发展。

(一)观察能力

观察是一种有目的、有计划和持久的知觉活动,是一切真知灼见产生的基础。观察能力是人类认识事物必备的能力,是认识事物的一个起点。对于大学生来说,要培养学习能力,首先就应具备一定的观察能力。需要说明的是,观察力是一种高度自觉的习惯性行为,与个性、历练等都有密切的关系,因此,大学生应逐步养成良好的观察习惯,这样才能更好、更准确地认识事物。培养良好的观察习惯可从以下几方面进行。

1. 培养客观的观察行为

任何事物都有其两面性,事物的存在也不是单一的,而是与其他事物紧密联系的;同时事物也不是静止的,而是发展变化的。要了解事物的特性,在观察事物时就应该本着客观公正的原则。大学生在平常观察事物时,要努力做到客观、全面,不应该以先入为主的心理定式观察事物,以致对事物产生成见或偏见,这样容易扭曲事实,不利于认知的进一步进行。

2. 培养细心耐心的观察态度

通过认真细致的观察,才可能从直观的材料中获得比常人更多的知识,特别是对一些偶然的、例外的和稍纵即逝的重要现象的观察更是如此。而观察效果要达到全面的、精确的、细微的程度,就应该具备实事求是、严肃认真的态度和一丝不苟的精神,只有这样做了,观察结果才可能具有可靠性和时效性。大学生在日常学习与生活中,应注意培养自己细心耐心的观察态度和一丝不苟的精神，这样才有可能从细微处发现更多的知识。

3. 培养浓厚的观察兴趣

对于不感兴趣的事物，人们不会用心观察。反之，具有浓厚的观察兴趣可以帮助人们把单调乏味的重复观察过程变成一件津津有味的事情，从而能主动克服干扰，保证观察的准确性和完整性。因此，培养对事物的观察兴趣，对于完成观察任务相当的重要，大学生应努力通过各种途径培养观察的直接或间接兴趣，把"要我观察"变为"我要观察"，进而促进知识的获取。

(二)想象能力

想象指在头脑中改造记忆的表象而创造新形象的过程。想象力是人类能力的试金石，人们通过观察可以获知事物的表象，但这些表面的东西是概念化的，是不具备任何意义的，只有赋予了想象力，这些客观的信息、客观的事实才能被赋予生命。可以说，任何创造性的活动都离不开想象，人类社会的文明史正是由人们依靠创造力实现的辉煌成就构成的。培养大学生的想象能力，对发展他们的思维能力与创造能力都有很大的帮助。

1. 培养广泛的兴趣爱好

积极的想象总是与兴趣、爱好紧密相连，大学生只有对某一学科产生兴趣，才有可能将所学的知识与日常的观察联系起来，进行想象，发现新的知识。反过来，想象又能促进兴趣爱好的发展，大学生通过想象有了新发现、新思想，无疑会增强他们对该学科的兴趣与爱好，甚至会将这种兴趣爱好扩展到其他的学科中。

2. 培养丰富的情感

由于人的思维活动受到情绪与情感的调节，所以丰富的情感有利于产生积极的想象，如诗人、作家、画家、演员等就是在饱满而热烈的激情下充分发挥想象力，创造出一个个动人的艺术形象来的。相反，如果情绪低落，心情沮丧，则想象力也会贫乏，即便有所想象，内容也是暗淡、悲观的。因此，大学生要培养良好的想象能力，首先要培养自己丰富、积极的情感，保持一个良好的心境，以促进自己想象能力的正常发挥。

3. 培养好奇心

从某种意义上说，任何一项有价值的科技成果，起初都是源于好奇心和探究心。在好奇心和探究心的驱使下，根据已有的事实材料，通过创造性的想象在头脑中再造出一个新的设想或理论的框架，然后运用种种实验手段去证实它，使它成为一个有普遍意义的科技成果。可以说好奇心是驱动想象活动的动力，大学生要培养良好的想象品质，就要在日常生活中对任何事物都抱有一定的好奇心，探究一下为什么，这是想象迸发的源泉。

4. 培养想象素材，丰富表象储备

想象是在原有感性材料的基础上形成的，任何想象都离不开知识基础，否则就会变成空想或者胡思乱想。经验越多，知识越渊博，表象储备越充实，想象力就越丰富。因此，

大学生应该拓宽知识面，广泛涉猎文学、历史、音乐、美术、社会学、心理学、计算机等学科领域，构筑一个一专多能、文理兼备的优化的知识结构。

(三)思维能力

思维是人脑对客观现实概括的、间接的反映。思维能力就是人脑间接地、概括地反映客观事物及其规律性的能力，是智力的核心，包括分析能力、综合能力、比较能力、抽象能力和概括能力等。思维能力在学习中的作用是毋庸置疑的，例如，在学习中要能提出问题，需要思维；要能深刻理解问题，离不开思维；要将所学知识加以巩固，更需要思维的参与。总之，学习知识离不开思维，或者说思维是学习知识的必备条件。大学生要培养自己良好的学习能力，则首先要培养自己的思维能力。

1. 建立合理的思维能力结构

分析、综合、比较、抽象和概括，是思维能力结构不可分割的环节，其中任一环节出现问题，都会造成思维结构的不完整。大学生的思维能力应该建立在合理的思维能力结构上。学会分析事物的方法，善于对众多的事实材料加以分类整理，从中找出关键问题。在分析基础上加以综合，并与相关事物进行比较，抽象出事物的本质属性，并进一步通过概括将抽象出的本质属性推广到同类事物中去，以便于解决实际问题。这样循环往复，形成习惯，能使思维的五种能力全面、均衡地发展。

2. 科学用脑

科学用脑即根据自我的生物钟合理安排时间学习和工作。掌握自我的最佳用脑时间，对任务进行分解，把重要的、需要高度投入注意力的任务放在效率高的生物钟时间段来处理。科学用脑也表现在根据思考对象的难易程度，合理调节思维方法。思路流畅，正接近既定的目标时，或思维有了转机时，应一鼓作气，坚持较长时间的思考，直至取得结果。但当思考问题的难度过大，或持续思维的时间过长，十分疲倦时，就应转换一下大脑神经的兴奋点，或对问题重新进行分解，补充必要的知识，或另换新的思考角度。

3. 培养浓厚的兴趣

大学生对于思维的对象是否有兴趣是思维能力培养的重要因素。一个人如果对自己研究的对象缺乏兴趣，那在他所研究的领域进行创造性思维几乎是不可能的，因为他缺乏动力机制。因此，大学生要有意识地培养自己的专业兴趣，以促进思维的良性发展。

4. 培养乐于计划的品质

一个人在做出某种反应之前，应学会控制冲动，先进行思维，对反应进行组织。有些学生在考试时一拿到试卷就开始答题，结果文不对题；在课堂上回答问题也是答非所问，甚至做毕业论文时，经常脱离原核心论点。这就是思维缺乏组织计划的结果。可见，计划是思维培养的关键，十分重要。大学生要在日常学习生活中，培养自己的计划品质，养成制定计划的习惯，以促进思维的发展。

5. 培养努力坚持的意志品质

做任何一项研究都是一件很辛苦的事情，需要付出大量的脑力和体力劳动。只有努力坚持，才会达到成功的彼岸。一个人的天赋无论有多高，如果他是浮躁的、缺乏意志力的、缺乏锲而不舍的精神，那么他要做出创造性的思维就很困难。思维是一件艰苦的工作，来不得半点浮躁，也来不得半点马虎。大学生要培养自己良好的思维能力，首先要培养自己坚定的意志力，从日常小事做起，立下目标就要努力达成，与困难做斗争，提高自己的意志品质，以促进思维的发展。

(四) 创造能力

创造能力是运用一切已知信息，产生出某种新颖而独特的、具有社会价值的产品的能力。在当今，社会创造能力相当重要，因为它是科学发明和技术革新的必备能力。创造能力是大学生学习能力中最重要的组成部分，培养大学生的创造能力，是培养大学生学习能力的关键。

1. 开阔视野，积累多方面的知识经验

知识经验是创新的基础。积累多方面的科学知识与生活经验，开阔视野，就能开启人的思路，为创造性的思维开辟一条绿色通道。有些科学家的发明不是来自科学本身，而是来自音乐的启示，就是这个道理。

2. 培养求知的渴望和探索新事物的激情

科学发现常常是科学家从人们司空见惯的现象中发现了问题而开始的。牛顿从苹果落地这一人人皆知的现象提出问题而发现万有引力，就是因为他具有强烈的求知渴望和探索事物奥秘的激情。因此，激发大学生的好奇心，鼓励其对事物的内在本质和规律进行探索，是培养大学生创造性的重要前提。

3. 培养从多角度思考问题的方法与习惯

思维中的定式常常束缚人的思维活动，使人的思维活动局限于已有经验的框架中而难以发挥创造性。因此，培养大学生创造性思维能力，就要使学生学会多角度地思考问题。为此，可以尝试以下几种方法：其一，尽可能多地给一些东西或词下定义，定义越多表明越有创造性。其二，尽可能多地说出一些东西的用途。说出的用途越多，就表明越有创造性。其三，要求学生从复杂的图形中寻找出隐藏其中的几何图形，这种识别能力越强，就表明思维的灵活性越大。其四，要求学生对几个短寓言补充"结尾"，要求具有不同的性质，例如，一种是道德的结尾，一种是诙谐的结尾，一种是悲伤的结尾等。

4. 培养执着进取、勇于实践、百折不挠的顽强意志

马克思说，在科学上没有平坦的大道，只有不畏艰险、勇于攀登的人，才能到达光辉的顶点。许多科学家在取得创造发明之前，都经历过千百次的探索、实验、失败和挫折，

最后才取得成功。因此,培养大学生勇于实践、大胆探索、不怕困难、不怕失败、百折不挠的顽强意志,是培养创造力的重要保证。

项目思考

1. 大学生学习的基本特点与任务是什么?你觉得大学学习与中学学习的最大差别在哪里?

2. 大学生学习与心理健康的关系是什么?

3. 大学生常见的学习心理困扰是什么?试分析应如何调适学习困扰?结合自己的实际情况,分析一下自己有学习心理困扰吗?如果有,怎么解决呢?

4. 请反思一下自己多年的学习方法,找出其中的优点与不足,并总结出适合自己的科学学习方法。

项目五
人际关系优化

 导学案例

　　王同学，女，22 岁，大三。在心理咨询室里，王同学是这样自述的：我小的时候，父母因为我是女孩子，从不鼓励我和其他小朋友交往，独处的时间比较多。上高中的时候，我的一位班主任很凶，还时常打人，再加上我们学习压力普遍比较大，于是开始产生了紧张感，现在更加严重了，从大一开始，进入大三以来这种感觉越来越强烈，我觉得自己与周围的人格格不入，我觉得自己简直就是另类。例如，有时上课时，老师看看我，我就特别不舒服，很紧张，课也听不下去，有时候，老师如果讲得很吸引人，我就会忘了紧张，但多数情况下，总觉得老师在看我，让我周身不自在。参加集体活动，如演讲会等，即使不要求我去演讲，只是做一个听众，我都会紧张。在路上碰上个同学和我打招呼，我又觉得特别紧张了，心慌意乱，心里也知道，只是一个简单的打招呼而已，但就是控制不住自己的紧张。和同室的同学，也想好好相处，可就是觉得她们的身上缺点太多，例如，李某，成绩虽不错，但性格太古怪，我不喜欢；张某，与我倒是能谈得来，但她有一毛病，晚上睡觉爱打鼾，我受不了；刘某，成绩太差，家里又穷；明某，不讲卫生，很脏……我现在越来越担心，马上就要毕业了，工作上的人际关系不能不相处吧，老师，我现在说话时就不自在，心慌、紧张，你能感觉到吧。甚至，王同学在说这些时，一直没看老师一眼。

　　案例提示： 王同学的情况就是一个典型的大学生社交恐惧症的例子。大学生社交恐惧是一种在大学生人际交往，特别是异性交往过程中产生的极度紧张、畏惧的情绪反应。

　　大学阶段是大学生个性品质形成和发展极为重要的阶段，如果大学生与教师、同学、朋友、家人等保持良好的人际关系，便会感到被人理解、被人接受，感到安全、温暖、有价值，从而心情会更加舒畅，性格会更加开朗，兴趣爱好会更加广泛，思维会更加活跃，逐渐形成良好的个性品质。

➡ **项目说明**

　　良好的人际关系是人生的宝贵财富，是心理正常发展、个性完整健全、生活美满幸福的前提和基础。大学生只有了解人际关系的基本知识和原理、掌握人际交往的基本规律和技巧，才能优化人际交往的能力，建立良好的人际关系。进而使自己愉快地学习和工作、健康地成长和发展。

项目目标

通过学习本项目，大学生应在知识、技能和方法层面达到以下目标。
- 了解人际关系的内涵和人际交往的特点
- 理解人际关系对心理健康的意义和影响
- 认知大学生人际交往中存在的问题，掌握调适人际交往心理问题的方法
- 培养人际交往的良好习惯，优化人际交往的能力

心理训练游戏

心理训练游戏一：取绰号

活动目的：学会换位思考

活动时间：20～30分钟

活动准备：十人为一个小组，围起来坐成一圈，也可坐成一排。

活动步骤：

(1) 成员围成一个圆圈，每个人帮自己前面(围圈时右手边)的同学取绰号，越毒辣越好，最前一个位子的同学，帮最后一个人取绰号。

(2) 进行时须说："我帮×××同学取绰号×××"，待全部进行完毕，则须把加诸别人身上的绰号收回自己用。

(3) 活动结束后，共同讨论。

① 帮别人取绰号时的心情。

② 绰号收回放在自己身上时的感觉。

心理训练游戏二：我的朋友圈

活动目的：了解影响人际交往的个人特质

活动时间：20～30分钟

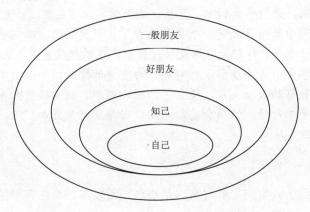

活动准备： 十位同学组成一个小组，每人准备好纸和笔。

活动步骤：

(1) 请将自己的姓名写在最里面的圈内；将自己认为目前的人生知己写在第二个圈内；将自己目前的好朋友写在第三个圈内；将自己目前的一般朋友写在第四个圈内。

自我反思：

① 你对自己目前的朋友圈满意么？
② 你是怎样区分知己、好朋友、一般朋友的？
③ 你的这个朋友圈是否会固定不变？他们有可能互换位置么？
④ 你的好友有哪些共同特点？
⑤ 你是否想扩大你的朋友圈？

(2) 分组讨论：

问题一：你愿意跟什么样的人交往？说出他们的特点。

问题二：你最不愿意跟什么样的人交往？说出他们的特点。

(3) 将各组讨论的结果写在黑板上，看各组结果有哪些异同。

"问题一"中的这些特点你具备哪些？

"问题二"中的特点你具备哪些？

心理测试

这是一份大学生人际关系行为困扰的诊断量表，一共有 28 个问题，请你根据自己的实际情况，逐一对每个问题做"是"或"否"的回答。为了保证测验的准确性，请你认真作答。

1. 关于自己的烦恼有口难开。
2. 和生人见面感觉不自然。
3. 过分地羡慕和忌妒别人。
4. 与异性交往太少。
5. 对连续不断的会谈感到困难。
6. 在社交场合，感到紧张。
7. 时常伤害别人。
8. 与异性来往感觉不自然。
9. 与一大群朋友在一起，常感到孤寂或失落。
10. 极易受窘。
11. 与别人不能和睦相处。
12. 不知道与异性如何适可而止。
13. 当不熟悉的人对自己倾诉他的生平遭遇以求同情时，自己常感到不自在。
14. 担心别人对自己有什么坏印象。
15. 总是尽力使别人赏识自己。

16. 暗自思慕异性。
17. 时常避免表达自己的感受。
18. 对自己的仪表(容貌)缺乏信心。
19. 讨厌某人或被某人所讨厌。
20. 瞧不起异性。
21. 不能专注地倾听。
22. 自己的烦恼无人可申诉。
23. 受别人排斥，感到冷漠。
24. 被异性瞧不起。
25. 不能广泛地听取各种意见和看法。
26. 自己常因受伤害而暗自伤心。
27. 常被别人谈论、愚弄。
28. 与异性交往不知如何更好地相处。

计分标准：选择"是"的加 1 分，选择"否"的给 0 分。

结果解释：

如果你的总分在 0～8 分之间，那么说明你在与朋友相处上的困扰较少。你善于交谈，性格比较开朗，主动，关心别人。你对周围的朋友都比较好，愿意和他们在一起，他们也都喜欢你，你们相处得不错。而且，你能从与朋友的相处中，得到许多乐趣。你的生活是比较充实而且丰富多彩的，你与异性朋友也相处得很好。一句话，你不存在或较少存在交友方面的困扰，你善于与朋友相处，人缘很好，能获得许多人的好感与赞同。

如果你的总分在 9～14 分之间，那么，你与朋友相处存在一定程度的困扰。你的人缘一般，换句话说，你和朋友的关系并不牢固，时好时坏，经常处在一种起伏之中。

如果你的总分在 15～28 分之间，那就表明你同朋友相处的行为困扰比较严重，分数超过 20 分，则表明你的人际关系行为困扰程度很严重，而且在心理上出现较为明显的障碍。你可能不善于交谈，也可能是一个性格孤僻的人，不开朗，或者有明显的自高自大、讨人嫌的行为。

 心理知识讲坛

第一节　大学生人际关系概述

名人名言

一个人事业的成功，只有百分之十五是由于他的专业技术，另外百分之八十五要靠人际关系和处世的技巧。

——戴尔·卡内基

一、人际关系概述

人际关系是人们为了满足某种需要，通过交往形成的彼此之间比较稳定的心理关系，它主要表现在人与人之间在交往过程中关系的深度、亲密性、融洽性和协调性等心理方面联系的程度。

> **知识链接** 　　　　　　　　　神奇的"六度空间"
>
> 　　20世纪60年代，哈佛大学的社会心理学家米尔格兰姆(Stanley Milgram)设计了一个连锁信件实验。他将一套连锁信件随机发送给居住在内布拉斯加州奥马哈的160个人，信中放了一个波士顿股票经纪人的名字，信中要求每个收信人将这套信寄给自己认为是比较接近那个股票经纪人的朋友。朋友收信后照此办理。最终，大部分信在经过五、六个步骤后都抵达了该股票经纪人。六度分割的概念由此而来。简单来说，"六度分割"就是在这个社会里，任何两个人之间建立一种联系，最多需要6个人(不包括这两个人在内)，无论这两个人是否认识，生活在地球上任何偏僻的地方，他们之间只有六度分割。这个连锁实验，体现了一个似乎很普遍的客观规律：社会化的现代人类社会成员之间，都可能通过"六度分割" 而联系起来，绝对没有联系的A与B是不存在的。这是一个更典型、深刻而且普遍的自然现象。

(一)人际关系的特点

通过对人际关系的分析，不难看出人际关系有其明显的特点。

(1) 人际关系是社会关系的一个侧面。人的社会关系可以分为两类：一类是社会生产关系，以及在此基础上形成的经济的、政治的、文化的关系；另一类是人与人之间的心理关系，也就是人际关系。社会关系是社会角色之间的关系，是不以人的意志为转移的客观关系；而人际关系的实质是情感上的关系，如亲子关系、夫妻关系、朋友关系、师生关系等。人际关系只是社会关系的一部分、一个侧面，因此，不能将其简单地等同于社会关系。

(2) 人际关系以感情为纽带。人际关系总是带有鲜明的情绪与情感色彩，是以情感为纽带的。人们相处中呈现出来的喜欢、亲近或疏远、冷漠的情绪状态是人际关系好坏的基本评价指标。人际关系所具有的这种情绪性，使人与人之间的心理距离成为可以直接观察的心理关系。

(3) 人际关系以人们的需要为基础。需要是建立人际关系的动力，人际关系主要反映了人们在相互交往中需要能否得到满足的心理状态。如果交往双方的需要能够得到一定程度的满足，就会产生喜欢、亲近的情绪反应，人们的心理距离就会缩短；反之，就会产生厌恶、憎恨等情绪反应，心理距离就会加大。因此，需要的满足是建立人际关系的心理基础。

(4) 人际关系以交往为手段。人际关系是人们借助于交往，努力消除陌生感、缩短心理距离的结果。之所以如此，是因为交往是人们交流信息、消除生疏、加深了解、获得肯定或否定体验的途径。不仅如此，交往的频率还是人际关系亲疏的调节器。一般说来，交往的频率越高，人际关系越密切，交往频率越低，人际关系越趋于淡化。当交往完全不存在的时候，原有的人际关系也会名存实亡，多年分散而中断交往的老同学就是这样。

（5）自我暴露是人际关系深度的标志。人际关系是在人们逐渐自我暴露的过程中发展起来的。随着我们对一个人接纳程度和信任感的增强，自我暴露也会越来越多，同时也要求别人越来越多地暴露他们自己。通过了解别人自我暴露的程度，可以很好地了解别人对我们的信任和接纳的程度，了解同别人的人际关系状况，并且自己对别人的信任和接纳程度也可以通过自我的暴露程序来了解。因此，交往双方的自我暴露程度实际上标志着他们人际关系的深度。

(二)人际关系的功能

（1）获得信息的功能。人际交往与用书本获得信息相比，有内容更广泛、渠道更直接、速度更快等特点。随着交际范围的扩大和友情的加深，我们能认识更多的人，听到更多的事，交换更多的思想，获得更多的信息。

（2）认识自我的功能。人可以在与他人的交往中，与别人的比较中，以及别人对自己的态度和评价中认识、调整和改进自己，提高自我认识的水平。

（3）协同合作的功能。通过交往，可以相互促进、取长补短，使单独的、孤立无援的个体结成一个强有力的集体来共同战胜困难，完成任务。

（4）身心保健的功能。那些交际面广的人往往精神生活丰富，身心也更健康些；反之，那些孤僻、不合群的人，往往有更多的烦恼和难以排遣的忧虑，因而也会有更多的身心健康问题。

(三)影响人际关系的因素

人际关系的亲疏是由诸多因素造成的。研究表明，一般的影响人际关系因素有以下几种。

1. 个人特质

（1）人格魅力。

心理学家认为，人与事情打交道主要靠能力，人与人打交道主要靠人格魅力。我们认为人的外表在初次交往和浅层次交往中对人际间的关系有重大影响，而在深层次的交往中，人格特质则更富有吸引力。人格特质所包含的内容是广泛的，通常对人际交往有较大影响的因素有：个人的知识、能力、特长、个性、才华、智慧、道德修养、工作作风等。人与人打交道时，言谈富有见地、知识丰富、反应敏捷、富有幽默感、有某种专长或有才华、性格开朗、情绪愉快、待人真诚、作风正派、有修养者，易于吸引他人，易结人缘。具有这些良好人格特征的人，若交往的对方与之相似，则会互相欣赏，由兴趣相投而互相吸引；若交往的对方弱于自己，则易受到对方的崇拜、景仰而具吸引力；若是逊色于对方，也可督促自己不断完善自己，提高交往的层次，树立更完美的形象，增强吸引力。由此，长相一般而内涵丰富、具有良好人格魅力的人赢得广泛而深厚的人际关系成为可能；相反，生活格调低下、无知、阴险狡诈、口是心非、油腔滑调、信口开河、智力低下等会引起交往中对方的排斥、反感；特别腼腆、过分内向、含而不露、戒心太重等心理品质也会妨碍人际间的相互吸引。

(2) 外在形象。

外在形象即我们通常所说的外表、长相、外貌等。当初次与人交往或在大众社交场合下，外表因素往往影响着人际间相互关系的建立与进一步发展。个人的长相、着装、仪态、风度都会影响人们彼此间的相互吸引，即所谓"第一印象"的作用。研究发现，最初的印象支配着一个人其后对另一个人的行为，使其作出与这一印象相一致的行为反应，反过来这又对第一印象起了强化作用。这与一般的经验也是吻合的。当个体对对方有良好的第一印象时，通常就会认为对方有良好的品质、特征，就会被对方所吸引。人的外表在交往中的作用存在着性别差异。在初次交往的活动中，人们较多地看重男性的风度与身高，较多地看重女性的相貌和年龄等因素。男女两性以不同侧面的外表因素影响人际间最初的相互吸引。

在这里我们必须指出的是，每个人的长相外貌等有较大的先天遗传性。个人一般来说是无法改变的，而人的交际能力是可以在后天生活实践中发展起来的。所幸的是，随着人际交往时间的延长，仪表的作用将越来越小。伴随着人们相互认识与理解的加深，人们学会了不再简单地以外表来判断人了。人际吸引力将会从外在的形象逐渐转入内在深层的个性品质等因素之中。

(3) 能力。

钦佩在能力方面胜过自己的人，这是个体的心理倾向，所以，人们总是喜欢能力较强的人。需指出的是，那些具有一定的能力，但又有可能偶然出现某种小过失的人往往具有更大的吸引力。

2. 相似性因素

俗话说，"物以类聚，人以群分"，就是强调相似性对人际吸引的作用，诸如民族、宗教、政治、社会阶层、教育及年龄等的相似性都能影响人际关系。

许多实验室研究和现场研究有力地证明，其他人对我们的吸引力会随着他们观点、兴趣、人格特点等与自己相似程度的增加而增加。

知识链接	人际交往的相似性因素实验

美国心理学家纽科姆(Newcomb,1961)曾在密歇根大学做过一实验，实验对象是十七名大学生。实验者为他们免费提供住宿四个月，交换条件是要求他们定期接受谈话和测验。在被试进入宿舍前先测定他们关于政治、经济、审美、社会福利等方面的态度和价值观以及他们的人格特征。然后将那些态度、价值观和人格特征相似和不相似的学生混合安排在几个房间里一起生活四个月，四个月后定期测定他们对上述问题的看法和态度，让他们相互评定房间内其他人，喜欢谁不喜欢谁。实验结果表明，在相处的初期，空间距离的邻近性决定人际之间的吸引，到了后期相互吸引发生了变化，彼此间的态度和价值观越相似的人，相互间的吸引力越强。心理学家的进一步研究还发现，只要对方和自己的态度相似，哪怕在其他方面有缺陷，同样也会对自己产生很大吸引力。

3. 需要的互补

所谓互补，在原则上发生在不相似的人之间，因此，两个品质特点完全不同甚至对立的人会因互相的需要而形成亲密关系。例如，一个性格急躁的人与性格文静的人相处得较好，一个具有支配性格的人愿意与服从性格的人交往。需要的互补有一个前提，即只有在双方相似态度基础上，互补需求才能发挥效果。

> **知识链接　　　　人际交往的需要互补性效应**
>
> 苏联的一些心理学家，对气质相同的人之间合作的效果和气质不同的人之间合作的效果进行了比较研究。结果发现，两个强气质的学生组成的学习小组常常因为对一些问题各抒己见、争执不下而影响团结；两个弱气质的学生在一起，又常常缺乏主见，面面相觑、无可奈何。只有两个气质不同的学生组成的小组，团结搞得最好，学习效果也最显著。

4. 接近性

在能够满足彼此需要的前提下，个体之间越接近就越会相互吸引。因为交往双方存在接近点，能使双方时空距离和心理距离缩小。相互吸引的接近点主要包括时空接近、兴趣接近、态度接近、职业接近等几个方面。接近为相互熟悉提供了更多的机会，为彼此在接触交往中相互了解提供了更多的机会。

二、大学生人际关系

(一)大学生人际交往的基本特点

1. 平等意识强

大学生随着自我意识的发展，独立和自尊的要求日益增强，于是产生了强烈的"成人感"，对交往的平等性要求越来越高。他们既对他人平等相待，又希望他人对自己也一视同仁。所以大学生更多地选择与同辈交往而远离父母，经常回避居高临下的教训，渴望平等交往。而那些傲慢无礼，不尊敬他人，操纵欲、支配欲、嫉妒、报复心强的人常常不受欢迎。

2. 感情色彩浓

大学生普遍希望通过交往获得友谊。对友谊的珍惜与渴求，以及青年人情感丰富的心理特点，使大学生在人际交往中十分注重感情的交流，讲求情投意合和心灵深处的共鸣。但是大学生情感不稳定，起伏比较大，表现为时而欢欣鼓舞，时而焦虑悲观，也经常容易用感情代替理智。

3. 富于理想化

大学生的人际交往具有浓厚的理想色彩，比较重思想，纯洁真诚。无论是对朋友，还是对师长，都希望不掺任何杂质，以理想标准要求对方，一旦发现对方某些不好的品质就深感失望。与其他人群相比，大学生人际交往的挫折感较强，致使大学生中出现渴求交往和自我封闭的双重性。

4. 独立性较强

由于大学生之间个性差异很大，因此，每个人的交往都可能不同于他人，从而使大学生的交往活动呈现出丰富的个性色彩。但是，无论活泼好动的大学生，还是孤僻好静的大学生，在交往中都表现出一种自主性。首先，大学生的交往是积极主动的，他们是互为主体、互相影响的交往伙伴，因此，在心理上存在着较强的独立感。其次，大学生的交往大多是兴趣所致、意愿所使，因此，与个人的兴奋点相吻合。再次，大学生交往外在约束力不强，绝大多数社会活动甚至集体活动参与与否可由个人选择，强迫或被动的成分很少。

5. 开放性趋势

大学生的交往意识很强，一般不拒绝交往，交往范围较宽。在校内，无论班级、年纪，还是专业、性别等，都不会成为大学生交往的障碍，而且，大学生正努力地把自己的交往领域扩大到校外乃至社会。与大学生交往需求的多层次、多侧面相对应的，是他们交往方式的丰富多彩，比如各种社团以及网络交往方式的兴起。

(二)大学生中常见的人际关系类型

1. 大学校园里的同学关系

同学是大学生人际交往的主要对象，同学关系是大学生人际关系的主要内容。大学校园里的同学关系总的来说是和谐、友好的，同学之间的关系有亲情化、家庭化的趋势，即在日常生活、学习中形成一种如同亲属一般和谐稳固的同学关系。

新的家庭。很多大学生寝室按年龄大小进行排行，一个寝室的几个同学就像一个家庭的几个孩子一样，按大小排序，平时称呼也不叫名字，而是叫老大老二、姐姐妹妹之类。近年来有一些大学生在校外租房，合租的几个同学之间更是像家庭一样进行分工，谁做饭、谁洗碗，如同家庭一般。

同学友情。在大学校园里，几个同学一起逛街、下馆子、看电影、下棋打牌，是经常的事。甚至几个同学悄悄去社会上的一些娱乐场所玩，不让学校、老师知道。大学生十分重视同学之间的情谊，希望感受彼此之间相互帮助、相互照顾、相互倾诉的学友情谊。即使个别同学之间出现了某种隔阂，大家也注意"着眼长远、面向未来"，有意去弥补。

称呼世俗化。大学校园里的称呼世俗化，如同学中几个关系亲近的同学可以用"哥们儿""姐们儿""爷们儿"相互称呼；在学生社团的活动中，为了让大家多参与、多配合，组织者常用"兄弟们多帮忙"之类的话来调动大家的积极性，这时同学之间的互相配合不仅仅是"组织"层面的，更是个人感情层面的；同学之间遇到内部矛盾时，大家可以用"弟兄们好说""大家都是朋友嘛"来化解。同学之间的称呼世俗化倾向，反映出大学生的人际交往更侧重个人亲情交往的倾向。

秘语交流。在大学校园里，流传着一些社会上使用不多的话语。比如"小资""死党""逊哦""你秀逗""好 Size"等，如果不解释，社会上很多人都听不懂，但这些话在校园里，几乎所有的学生都知道是什么意思。还有一些话不是校园里的"流行语"，而是一个班、一个寝室、甚至是几个"圈内"同学之间的"秘语"，他们只在特定的范围内使用，圈子外的人，哪怕是一个班的同学，也可能听不懂。这种带有"标志性"的"圈内"人语言，使"圈内"人之间贴得很近，很容易把"圈内"人凝聚在一起。

2. 大学校园里的学生交际圈

在今天的大学校园里，大学生根据各自兴趣、爱好、性格等的不同，结成一个个或松散或紧密的交际圈。在一个个或明或暗的交际圈中，同学之间有"亲疏"之分，有好朋友还是一般朋友之分。大学生的交际小圈子，大概可以分为学习型、娱乐型、生活型、社团型、老乡型等几种类型。

学习圈。在这个圈子里的同学，有一个共同的爱好，就是学习。但真正为了学习学校开设的课程而形成学习圈的并不多，大都是为了通过某种公共考试，比如考研、考托、考G、考律师或者考其他某种证书，而形成的一个个学习圈。

娱乐圈。大学生幽默地给这个圈子里的同学起了"麻派"(经常打麻将)、"旋派"(经常跳舞)之类的外号。在这个圈子里的学生，都爱好某种娱乐活动，如体育运动、文艺活动、休闲娱乐等，课余时间经常在一起活动，力求把圈子的活动搞得丰富多彩。

社团圈。学生社团是大学校园里一道亮丽的风景，是校园文化的重要组成部分。社团有理论类、实践类、文艺类、体育类，涉及文、史、哲、天、地、生、音、体、美等各个方面。许多大学生通过社团走出校园，将自己和社会、自然融为一体，培养能力，增长才干。

合租圈。近年来随着大学扩招等改革，对学生的管理有某种程度的放松，有些学生在校外租房合住，形成了一个个的生活圈。合租的原因多种多样，有的是为了上网不受限制，有的是为了能自由自在地谈恋爱，还有的是为了打工方便，也有个别是因为与舍友关系紧张，不如一走了之，与关系好的同学形成新的生活圈。合租圈是在社会转型时期大学校园里出现的新的学生交际圈。

老乡圈。90年代以来，"老乡会"逐渐成为大学校园里的一"热"，是大学生的一个重要的交际圈子。大学校园里"老乡会"的特点：一是以地域上的"同乡"为基础，由来自同一地区的学生组成，大的以省为界，小的以地、市为界等；二是具有封闭性，以老乡感情维系，对内是一种比较亲密的人际关系，对外则具有封闭性和排他性；三是"老乡会"的活动时间相对比较集中，一般集中在 9、10 月份新生入校期间和 5、6 月份毕业生离校期间。

3. 大学校园里的师生关系

老师与学生，是大学校园里两大基本群体。老师是学生人际交往的重要对象，师生关系是学生人际关系的重要内容。师生关系如何，直接影响到学生能不能健康地学习成长，并在很大程度上决定了学校能不能对学生的身心施加符合社会要求的影响。

一方面，学生普遍做到了尊敬老师。随着社会的发展，人们的很多观念都发生了变化，但学生中"尊师"的主流一直没有变。在大学校园中，教师在建立新型师生关系中处于主动地位，他们对待学生的态度直接影响着师生关系发展的方向与速度。另一方面，学生对老师有一定程度的不满意，并敢于向老师的权威挑战。师生关系是因为教学过程而发生的，在教学过程中，教师的基础知识及对相关问题的研究处于优势地位，因此拥有学术权威；而学生则可能在发散思维、异想天开、开拓新的生长点上更胜一筹。今天的大学生，真正做到了"不唯上、不唯书"，已经敢于向老师的权威挑战。从这个意义上说，学生敢于向老师的权威挑战，可算是一件好事。

从总体上来看，师生关系不密切，师生之间的交往不多。一般说来，人际交往的亲密程度，同交往水平成正比。师生关系的疏密，可以从学生遇到问题会不会去寻求老师的帮助得到印证。据调查，只有遇到与学习有关的"功课问题""学业问题"，才有较多的人去寻求老师的帮助，至于其他个人的心理问题、情绪问题、家庭问题、交友问题、恋爱问题等，则很少有人会去找老师帮助。这反映出师生之间交往、交流都不多，关系并不密切。

4. 大学生的网络人际交往

网络人际交往是人们在网络空间里进行的一种新型人际互动方式。网络人际交往给大学生的生活方式、价值观念带来的挑战和改变是前所未有的。中国互联网络信息中心发布的统计报告表明，目前学生在中国的网络用户中占21%，是上网用户比例最大的一个群体，其中，高校学生达90%。大学生们可以通过 E-mail(电子邮件)、ICQ(网络寻呼)、IRC(网上聊天室)、BBS(电子公告板)、网络虚拟社区、微信朋友圈等方式进行聊天、交友、游戏、娱乐，在这个过程中表现出不同于普通人际交往的特点。

一是交往角色的虚拟性。用户只要随便填写一下 E-mail、IRC 或是 BBS 的注册表或者登记表，就可以获得一个相应的身份，并以这个身份在网上进行人际交往。这种虚拟的角色，使交往双方都没有任何心理负担，而有一种为所欲为、肆无忌惮的心理。

二是交往主体的平等性。无论你在现实生活中的身份是何等显赫，到了网上就只不过是一个网名而已，没有任何特权，大家都是平等的。

三是交往心理的隐秘性。网上人际交往虽然可以通过文字来传情达意，但这种文字交流大多是经过刻意加工的信息，交往的心理也是经过包装的，这种"网交"无论持续多长的时间，网友之间也很难明白对方的"真心实意"。

四是交往过程的弱社会性和弱规范性。在现实人际交往中十分看重的身份、职业、金钱、容貌、家世等交际主体的社会特征和社会地位，在网上的人际交往中可以全然不顾；在现实交往中要遵守的一些社会规范，在网络交往中也不必遵守，只要按照网络技术要求去操作，就可顺利完成网上人际交往。这种弱社会性、弱规范性的网络人际交往，容易使一些人暂时摆脱现实社会诸多人伦关系的束缚和行为的约束，甚至放纵自己的道德行为规范,从而造成非人性化的倾向。

五是交往动机多样性。异性间的情感交往是大学生网上交往的"主旋律"。异性效应在网上交往中不仅存在,而且表现得很明显。不少人上网聊天、浏览的潜在动机在于寻找异性,在追求休闲娱乐和心理享受的同时,也有很多人抱有相机觅友和调情的目的。

三、大学生人际关系与心理健康的关系

良好的人际关系是心理健康的体现,与大学生的发展有着重要的关系。

(一)有助于大学生提高自我认识和自我完善水平

人们是在一定的文化环境中,通过个人和他人相互作用、相互认知从而认识自我、完善自我的。具体地说,就是指从他人对自己的评价和态度、和他人的交往中认识自我形象,从与别人的比较中认识自我,即我们常说的"以人为镜"。正确认识自己和周围的环境,才能形成良好的自我形象,塑造完美的人格。同时恰当的自我认知,既能使人避免"夜郎自大",又能使人摆脱自卑感。

(二)有助于大学生学习知识和开发智力

"独学而无友,则孤陋而寡闻。"《学记》里强调了良好人际关系在学习中的重要作用。书本上的知识毕竟是有限的,人际交往是获取新知识的有效途径。同时,人际交往中的信息交流有利于启迪思维,开发智能。由于知识的局限,加上社会经验不足,大学生看问题难免有些偏颇。而在与老师、同学的交往中,畅所欲言,思维撞击,就会产生新的思想火花,使自己茅塞顿开。

(三)有助于大学生走向社会化

人际交往是个人社会化的必经之路。个人社会化,即个人学习社会知识、技能和文化,从而取得社会生活的资格。如果没有其他个体的合作,个人是无法完成生活必需的知识技能的。学会与人平等相处,才能自立于社会,取得社会认可,成为一个成熟的社会化的人。

(四)有利于大学生的身心健康

通过人际交往体现人与人之间的爱护、关怀、信任与友谊,是精神需要得到满足的重要内容。大学生在彼此的交往过程中,相互倾诉各自的喜怒哀乐,进行感情交流,能够获得心理上的满足感,增进彼此之间的亲密感。通过交往,大学生能获得身心上的满足,培养良好的情绪、开朗的性格和乐观的生活态度,促进自己的身心健康。

第二节　大学生人际交往中的心理障碍及其调适

嫉妒者比任何不幸的人更为痛苦，因为别人的幸福和他自己的不幸，都将使他痛苦万分。

——巴尔扎克

一、自负心理及其调适

自负的人只关心个人的需要，强调自己的感受，在人际交往中表现为目中无人。与同伴相聚，不高兴时会不分场合地乱发脾气，高兴时则海阔天空、手舞足蹈地讲个痛快，全然不考虑别人的情绪和态度。另外，在对自己与别人的关系上，过高地估计了彼此的亲密度，讲一些不该讲的话，这种过分的行为，反而会使人出于心理防范而与之疏远。

(一)自负的一般表现

(1) 自视过高，很少关心别人，与他人关系疏远。这种人时时事事都从自己的利益出发，从不顾及别人，不求于人时，对人没有丝毫的热情，似乎人人都应为他服务，结果落得个门庭冷落。

(2) 看不起别人，总认为自己比别人强很多。这种人固执己见，唯我独尊，总是将自己的观点强加于人，在明知别人正确时，也不愿意改变自己的态度或接受别人的观点。总爱抬高自己、贬低别人，把别人看得一无是处。

(3) 过度防卫，有明显的嫉妒心。这种人有很强的自尊心，当别人取得一些成绩时，其嫉妒之心油然而生，极力去打击别人、排斥别人。当别人失败时，幸灾乐祸，不向别人提供任何有益的帮助。同时，在别人成功时，这种人常用"酸葡萄心理"来维持自己的心理平衡。

(二)形成自负的原因

一是过分娇宠的家庭教育。家庭教育是一个人自负心理产生的第一根源。对于青少年来说，他们的自我评价首先取决于周围的人对他们的看法，家庭则是他们自我评价的第一参考系。父母宠爱、夸赞、表扬，会使他们觉得自己"相当了不起"。

二是生活中的一帆风顺。人的认识来源于经验，生活中遭受过许多挫折和打击的人，很少有自负的心理，而生活中的一帆风顺，则很容易养成自负的性格。现在的中学生大多是独生子女，是父母的掌上明珠，如果他们在学校又出类拔萃，就会养成自信、自傲和自负的个性。

三是片面的自我认识。自负者缩小自己的短处，夸大自己的长处。自负者缺乏自知之明，自己的长处看得十分突出，对自己的能力评价过高，对别人的能力评价过低，自然产生自负心理。当一个人只看到自己的优点，看不到自己的缺点时，往往会产生自负的个性。这种人往往好大喜功，取得一点小小的成绩就认为自己了不起，成功时完全归因于自己的主观努力，失败时则完全归咎于客观条件，过分的自恋和以自我为中心，把自己的举手投足都看得与众不同。

四是情感上的原因。一些人的自尊心特别强烈，为了保护自尊心，在交往中遇到挫折时，常常会产生两种既相反又相通的自我保护心理。一种是自卑心理，通过自我隔绝，避免自尊心的进一步受伤害；另一种就是自负心理，通过自我放大，获得自卑不足的补偿。例如，一些家庭经济条件不很好的学生，怕被经济条件优越的同学看不起，装清高，在表面上摆出看不起这些同学的样子。这种自负心理是自尊心过分敏感的表现。

(三)克服自负的负面影响

人不能没有自负。尤其对青少年来说，在适当的范围内，自负可以激发他们的斗志，帮助他们树立必胜的信心，坚定战胜困难的信念，使他们能勇往直前。但是，自负又必须建立在客观现实的基础上，脱离实际的自负不但不能帮助人们，反而会影响生活、学习、工作和人际交往，严重的还会影响心理健康。

首先，接受批评是根治自负的最佳办法。自负者的致命弱点是不愿意改变自己的态度或接受别人的观点，接受批评即是针对这一特点提出的方法。它并不是让自负者完全服从于他人，只是要求他们能够接受别人的正确观点，通过接受别人的批评，改变过去固执己见、唯我独尊的形象。

其次，与人平等相处。自负者视自己为上帝，无论在观念上还是行动上都无理地要求别人服从自己。平等相处就是要求自负者以一个普通社会成员的身份与别人平等交往。

第三，提高自我认识。要全面地认识自我，既要看到自己的优点和长处，又要看到自己的缺点和不足，不可"一叶障目，不见泰山"，抓住一点不放，失之偏颇。对自我不能孤立地去评价，应该放在社会中去考察，每个人都有自己的独到之处，都有他人所不及的地方，同时又有不如人的地方，与人比较不能总拿自己的长处去比别人的不足，把别人看得一无是处。

第四，要以发展的眼光看待自负，既要看到自己的过去，又要看到自己的现在和将来，辉煌的过去可能标志着你过去是个英雄，但它并不代表现在，也不预示着将来。

二、嫉妒心理及其调适

嫉妒是一种消极的心理品质，是对他人的成就、名望、品德、优越地位及既得利益的一种不友好的、敌视与憎恨的情感，它把强于自己的人看作是对自己的威胁，是自己前进路上的绊脚石，因而对他感到不悦，甚至产生怨恨、愤怒的烦躁情绪。嫉妒心理是一种积极地想排除别人超越地位的心理状态，具有破坏和憎恨的感情色彩，是妨碍大学生人际交往的最卑劣的情感。有这种心理的大学生在交往中表现出强烈的排他性，并很快地导致诸如中伤、怨恨、诋毁等妒忌行为的发生。而更强烈的嫉妒心理还具有报复性，他把嫉妒对象作为发泄的目标，使其蒙受巨大的精神损伤。

嫉妒心理的发展有以下几个阶段：最早的程度较浅的嫉妒，往往深藏于不易察觉的潜意识中，如自己与某同学相处很好，对于其优势名誉、地位等并不想施以攻击，不过每念及此，心中总会感到有一些淡淡的酸涩味；程度较深的嫉妒，是由强度较浅的嫉妒发展而来的，其标志是当事人的嫉妒心理不再完全潜藏，而是自觉或不自觉地显露出来，如对被嫉妒者作间接或直接的挑剔、造谣、诬陷等；非常强烈的嫉妒，嫉妒者已丧失了理智，向对方作正面的直接攻击，希望置别人于死地而后快，这往往会导致毁容、伤人、杀人等极端行为。

(一)嫉妒心理的特点

(1) 普遍性。嫉妒在大学生中是普遍存在的，不管是男生还是女生，也不管是低年级同学还是高年级同学，每个同学心中或多或少有嫉妒心理，只不过有的人嫉妒心理强，有的人嫉妒心理弱罢了。

(2) 潜隐性。大学生中的嫉妒心理一般不表现在表面上，而是深藏于内心之中。因为他们担心别人知道若自己有嫉妒心会疏远他们，但又不服气别人的成就。

(3) 临近性。大学生嫉妒的对象往往是其身边的同学，甚至是十分要好的朋友。

(4) 社会性。大学校园是一个浓缩的小社会，嫉妒心是在这个特殊的小社会中逐步形成和表现出来的。

(5) 嫉妒者会有一种无法摆脱、充满压抑和矛盾的挫折感，这种人不愿承认和面对现实，但他们又不甘落后，对方的任何进步对于这种人来说都是挑战，为此他们终日闷闷不乐，精神萎靡。

(二)嫉妒心理产生的原因

嫉妒心理产生源于两种错误的认识：一是认为别人取得了成绩，就说明自己没有成绩，别人成功了就说明自己失败了；二是认为别人的成功就是对自己的威胁，是对自己利益的侵害。嫉妒的产生离不开人们生活环境和心理的空间中所发生的各种事件。大学生嫉妒心理产生的原因主要有以下几个方面。

(1) 失宠心理。大学生被认为是"天之骄子"，经历了中考、高考的层层筛选，在中小学时期都是同龄人中的佼佼者，受到老师、同学和亲戚朋友的广泛关注，特别是深受老师的器重，而进入大学后，由于大学生活独立自主的特点，教师不再密切关注学生的一举一动，使某些学生产生了失宠的感觉。而同时各种学生团体的独立性和自立性，必定发掘出一批能力较强的学生干部，并为广大学生提供了发挥各自特长的舞台，在相互的对比中，有失宠心理的学生更容易消极地看待自我的行为及其结果，从而失去心理平衡。

(2) 由匮乏感(自感知识面窄，阅历浅)引起嫉妒。中学教学中，虽已广泛提倡素质教育，但现实中却仍然偏重于应试教育，因此，中学生的知识面较窄，又局限于理论，很少与实践相联系。同时，中学生与社会接触较少，阅历浅。而进入大学后，学习、生活都不同于中学阶段。大学里的学术氛围浓厚，并涉及各门学科、各个科学领域，另外大学的开放性和社会性更强调学生的实践能力，学生要接触的事件更现实化，社会化，人员更复杂，于是有学生产生匮乏感，从而导致自卑、恐惧等心理情绪，在有意或无意中与别人进行对照，就极易产生嫉妒心理。

(3) 由失落感所致。由于对大学的憧憬和向往，某些中学生往往把大学想象得过于美好，在主观上把大学生活理想化，而进入大学后发现大学生活是现实的，并非想象中那么完美，理想与现实的差距使这类学生不可避免地产生某种程度的失落感，这种失落感导致各种消极情绪，嫉妒心理即是其中一种。

(4) 由委屈产生嫉妒。现代社会是一个充满竞争的社会，大学更是如此，在竞争中，由于主客观各方面原因，难免出现难分上下而又不得不有所区分的时候，其中一方可能会感到委屈，进而对另一方产生嫉妒。

(三)嫉妒心理的克服

嫉妒这种"平庸的情调对于卓越才能的反感"，常导致害人害己的不良后果，大学生应学会理智地处理嫉妒心理。

(1) 正确地看待人生的价值。这样，你就能摆脱一切私心杂念，心胸开阔，不计较眼前得失，更不会花时间和精力嫉妒他人的成功了。一个埋头于自己的事业追求的人是无暇顾及别人的事的。俗语"无事生非"，正出于此。一个人没有理想，胸无大志，无所事事，就会挑别人的刺，寻别人的短，自己不进取，却去阻碍他人前进，唯愿众人都平庸度过一生。

(2) 发挥自我优势。金无足赤，人无完人，各人有自己的优势和长处。追求万事超人前既无必要，也不可能。要全方位地认识自己，既看到自己的长处，又正视自己的差距，扬长避短，发现并开拓自身的潜能，不断提高自己，力求改善现状，开创新局面。

(3) 培养达观的人生态度。人生就是一个大舞台，自得其所，各有归宿；要有勇气承认对方比自己更高明更优越的地方，从而重新认识、发现和创造自己。这样就能从病态的自尊心和自卑感中解放出来，从嫉妒的泥潭中自拔出来。

(4) 密切交往，加深理解。许多嫉妒心理是由误解产生的。嫉妒者误认为对方的优势会造成对自己的损害，从而耿耿于怀。所以要打开心扉主动接近别人，加强心理沟通，避免发生误会，即使发生了也要及时妥善地解决。

学生嫉妒心理诊断量表。

这里为你提供一份"嫉妒心理诊断量表"，共 8 个问题，每个问题的后面有 A、B、C、D 四种可选择的答案。请你认真阅读每个题目，在符合自己情况的答案上打钩。

(1) 你的同学穿件过时的服装，却又洋洋得意，问你："这件衣服漂亮不？"那么，你如何回答？

A. "……"(不吭声，暗自发笑)

　　B. "不错！前些时候穿更好。"

　　C. "不错，很漂亮！我也想有这么一件。"

　　D. "不大合适，过时了。"

(2) 同学带来了极为漂亮的钢笔，你也想买这么一支。那么，你怎么办呢？

　　A. 询问是在何处买的

　　B. 自己找一支与之相似的钢笔来

　　C. 婉转地打听是哪家商店出售的

　　D. 放弃打算

(3) 班会上，一位看上去并不比你强的同学提出了比你高明的建议，当老师问你意见如何，你怎样回答？

　　A. 赞成这条意见

　　B. 不赞成，并提出其他意见

　　C. 回答"我没有看法！"

　　D. 一声不吭，事后发牢骚

(4) 著名电影导演的周围簇拥着许多你的同学，要求为他们签名留念。你看到时怎么办？

　　A. 挤进去也让导演给你签一下

　　B. 站在那儿看热闹

　　C. 说一句"哼，瞎起哄，真没意思。"

　　D. 不吭一声地走开

(5) 你被同学奚落了一番，你会怎样？

　　A. 在什么时候也刁难对方一下

　　B. 感到心里很不好受，却发作不得

　　C. 决定和这种人断交

　　D. 自我解脱

(6) 你喜欢的一位异性同学在校门口和人亲切交谈，但你看不到那人的样子，这时你会认为这位异性同学最可能在和谁谈话？

　　A. 老师

　　B. 你的同性同学

　　C. 你的异性同学

　　D. 肯定是他的那一位

(7) 平时成绩一直与你不相上下的那位同学，这次由于某个原因而成绩比你差，你是如何对待这件事的？

　　A. "他本来就不如我嘛。"

　　B. "哼，活该！最好下次也这样。"

　　C. "要不是因为这件事，他准会考得更好。"

　　D. "他真够可怜的。"

(8) 本来你和另一位同学都有条件被评为三好学生，但由于名额有限，老师决定让那位同学获得这一荣誉，这时你的态度是：

  A. 衷心地为那位同学鼓掌

  B. 心里愤愤不平，认为老师偏心

  C. 认为自己确实不如人

  D. 背后到处揭那位同学的短

作答计分表和评价表分别如表 5-1、表 5-2 所示。

表 5-1　作答计分表

答案试题	A	B	C	D
(1)	2	3	1	5
(2)	2	5	3	1
(3)	1	3	2	5
(4)	2	3	5	1
(5)	2	3	5	1
(6)	1	3	2	5
(7)	3	5	1	2
(8)	1	3	2	5
总分				

表 5-2　评价表

总得分	类　　型
32～40 分	Ⅰ型
24～31 分	Ⅱ型
16～23 分	Ⅲ型
8～15 分	Ⅳ型

答案：

根据作答计分表的得分，算出总得分，然后根据总得分对照评价表判断你的嫉妒心理属于Ⅰ、Ⅱ、Ⅲ、Ⅳ中的哪一种类型。

Ⅰ型：强烈型

你比一般人更容易产生嫉妒心理，你相当敏感，稍稍感到自己被歧视或不如别人时，就会产生较强的嫉妒心。你即使处于优越的地位中，也会担心别人随时夺去这个位置。你常疑神疑鬼，胡乱猜测，结果适得其反。当你有了嫉妒心时，你往往就会有一种强烈的外泄心理。有了这种嫉妒心，常会给你带来不快的心情。尽管你在许多方面都高人一等，也备受器重，但你往往不会合群，心胸不够开阔，因此你得到的虽多，但失去的也不少。

Ⅱ型：时发型

你具有一般人容易产生的嫉妒心理，但平时你不会轻易表现出来，通常也不影响同学之间的交往和你的生活,但对特定的事,或在一定的时候,你也会产生强烈的嫉妒心。处理得好时,嫉妒会成为你上进的动力,让你获得成功;处理得不好时,你往往会以狂风暴雨式的姿态不择手段地拆别人的台。但你又有较大的勇气主动认错,因而事后你不会怨恨在心,反而会主动地找人和好。

Ⅲ型:克制型

你常有自我满足感,平时很少让别人觉察到你的嫉妒心理。你也会在某些场合产生嫉妒的心理,只是你能够克制忍耐,情绪决不外露,并常用其他事情来冲散抵消。一般说来,你不仅能自我控制,而且工于心计,富于理智,能听进别人的话,因此你往往能把嫉妒的心理化为上进的力量。但你也会有处理不好嫉妒的时候,而弄得自己和别人都不痛快,幸好这种局面只是短暂的。

Ⅳ型:平和型

你很少有嫉妒的心理,悠然自得,对小事毫不介意,遇事达观,不自寻烦恼。可能是由于你对周围环境无动于衷,根本不想把自己同别人作比较,也可能是由于你对自己抱有极大的自信,认为嫉妒是愚蠢的表现,是不体面的。即使有些事让你感到意外和不屈,但你能在产生嫉妒的初期就采取调整或转化的措施,所以你很少有嫉妒别人的言行,与人的关系融洽。

三、多疑心理及其调适

《三国演义》中有这样一段描写:曹操刺杀董卓败露后,与陈宫一起逃至吕伯奢家。曹吕两家是世交。吕伯奢一见曹操到来,本想杀一头猪款待他,可是曹操因听到磨刀之声,又听说要"缚而杀之",便大起疑心,以为他要杀自己,于是不问青红皂白,拔剑误杀无辜。这是一出由猜疑心理导致的悲剧。猜疑是人性的弱点之一,历来是害人害己的祸根,是卑鄙灵魂的伙伴。一个人一旦掉进猜疑的陷阱,必定处处神经过敏,事事捕风捉影,对他人失去信任,对自己也同样心生疑窦,损害正常的人际关系,影响个人的身心健康。

多疑是人际交往中一种不好的心理品质,可以说是友谊之树的蛀虫。正如英国哲学家培根说的:"多疑之心犹如蝙蝠,它总是在黄昏中起飞。这种心情是迷陷人的,又是乱人心智的。它能使你陷入迷惘,混淆敌友,从而破坏人的事业。"具有多疑心理的人,往往先在主观上设定他人对自己不满,然后在生活中寻找证据。带着以邻为壑的心理,必然把无中生有的事实强加于人,甚至把别人的善意曲解为恶意。这是一种狭隘的、片面的、缺乏根据的盲目想象。

(一)猜疑心理的表现

生活中我们常会碰到一些猜疑心很重的人,他们整天疑心重重、无中生有,认为人人都不可信、不可交。如果看见两个同学在窃窃私语,就以为在说自己的坏话;别人无意之中看自己一眼,以为别人不怀好意,别有用心;每当自己做错了事,即使别人不知道,也怀疑别人早就知道,好像正盯着自己似的;别人无意之中说了一句笑话也以为在讥讽自己;

怀疑别人对自己的真诚，认为这些都是虚假的，整个世界都是罪恶的，自己没有一个可以谈心的朋友；经常地感到孤独、寂寞、心慌、焦虑；总觉得别人在背后说自己坏话，或给自己使坏。喜欢猜疑的人特别注意留心外界和别人对自己的态度，别人脱口而出的一句话很可能琢磨半天，努力发现其中的"潜台词"，这样便不能轻松自然地与人交往，久而久之，不仅自己心情不好，也影响到人际关系。这种人心有疑惑却不愿公开，也少交心，整天闷闷不乐、郁郁寡欢。由于自我封闭阻隔了个体与外界的联系，妨碍感情交流，这种人将会由怀疑别人发展到怀疑自己、失去信心，变得自卑、怯懦、消极、被动。

(二)造成猜疑的原因

1. 作茧自缚的封闭思路

猜疑一般总是从某一假想目标开始，最后又回到假想目标，就像一个圆圈一样，越画越圆。最典型的例子就是"疑人偷斧"的寓言了：一个人丢失了斧头，怀疑是邻居的儿子偷的。从这个假想目标出发，他观察邻居儿子的言谈举止、神色仪态，无一不是偷斧的样子，思索的结果进一步巩固和强化了原先的假想，他断定邻居的儿子就是贼了。可是，不久在山谷里找到了斧头，再看那个邻居儿子，竟然一点也不像偷斧者。现实生活中猜疑心理的产生和发展，几乎都同这种封闭性思路主宰了正常思维密切相关。

2. 对环境、对他人、对自己缺乏信任

古人说："长相知，不相疑。"反之，不相知，必定长相疑。不过，"他信"的缺乏，往往又同"自信"的不足相联系。疑神疑鬼的人，看似怀疑别人，实际上是对自己有怀疑，至少是信心不足。有些人在某些方面自认为不如别人，因而总以为别人在议论自己，看不起自己，算计自己。一个人自信越足，越容易信任别人，越不易产生猜疑心理。

3. 对交往挫折的自我防卫

有些人以前由于轻信别人，在交往中受过骗，蒙受了巨大的精神损失，遭受了重大感情挫折，结果万念俱灰，不再相信任何人。

(三)猜疑心理的克服

猜疑的人通常过于敏感。敏感并不一定是缺点，对事物敏感的人往往很有灵气，有创造力，但如果过于敏感，特别是与人交往时过于敏感，就需要想办法加以控制了。具体可采用以下几种方法。

1. 用理智力量克制冲动情绪的发生

当发现自己开始怀疑别人时，应当立即寻找产生怀疑的原因，在没有形成思维之前，引进正反两个方面的信息。如"疑人偷斧"中的那个农夫，如果失斧后冷静想一想，斧头会不会是自己砍柴时忘了带回家，或者挑柴时掉在路上，那么，这个险些影响他同邻人关系的猜疑，或许根本就不会产生。现实生活中许多猜疑，戳穿了是很可笑的，但在戳穿之

前，由于猜疑者的头脑被封闭性思路所主宰，这种猜疑显得顺理成章。此时，冷静思考显然是十分必要的。

2. 培养自信心

每个人都应当看到自己的长处，培养起自信心，相信自己会处理好人际关系，会给别人留下良好的印象。这样，当我们充满信心地进行工作和生活时，就不用担心自己的行为，也不会随便怀疑别人是否会挑剔、为难自己了。

3. 学会自我安慰

一个人在生活中，遭到别人的非议和流言，与他人产生误会，没有什么值得大惊小怪的。在一些生活细节上不必斤斤计较，可以糊涂些，这样就可以避免烦恼。如果觉得别人怀疑自己，应当安慰自己不必为别人的闲言碎语所纠缠，不要在意别人的议论，这样不仅解脱了自己，而且还取得了一次小小的精神胜利，产生的怀疑自然就烟消云散了。

4. 及时沟通，解除疑惑

世界上不被误会的人是没有的，关键是我们要有消除误会的能力与办法。如果误会得不到尽快的解除，就会发展为猜疑；猜疑不能及时解除，就可能导致不幸。所以如果可能的话，最好同你"怀疑"的对象开诚布公地谈一谈，以便弄清真相，解除误会。猜疑者生疑之后，冷静地思索是很重要的，但冷静思索后如果疑惑依然存在，那就该通过适当方式，同被猜疑者进行推心置腹的交心。若是误会，可以及时消除；若是看法不同，通过谈心，了解对方的想法，也很有好处；若真的证实了猜疑并非无端，那么，心平气和地讨论，也有可能使问题解决在冲突之前。

四、自卑心理及其调适

自卑是由于意识到自己不如别人而产生的一种自我体验，表现为过低评价自己的能力与品质，轻视自己，担心失去他人尊重的心理状态。通俗地说，就是自己看不起自己，又以为别人也看不起自己的一种心理状态。自卑是影响大学生人际交往的严重心理障碍。有自卑心理的大学生常常缺乏自信，想象失败的体验多，在交往过程中畏首畏尾。如果遭到一点挫折，便怨天尤人；如果受到别人的耻笑与侮辱，便忍气吞声。他们缺乏足够的耐挫力，常常把失败归因于个人能力、性格或命运，因而灰心丧气，意志消沉。而这又常使个体自卑心理进一步被强化。

自卑是一种因过多的自我否定而产生的自惭形秽的情绪体验。自卑感人人都有，只有当自卑达到一定程度，影响到学习和工作的正常进行时，才会被认为是心理疾病。在人际交往中，主要表现为对自己的能力、品质等自身因素评价过低；心理承受力脆弱，经不起较强的刺激；谨小慎微、多愁善感、常产生疑忌心理；行为畏缩、瞻前顾后等。

(一)自卑心理的特点

1. 泛化性

具有自卑心理的大学生,往往会因为某一方面的失败,落后于人,而把自己看得一无是处,全盘否定自己。一个在学习上不如人的学生,往往会认为自己语言不够幽默,衣着不适宜,举止太笨拙。自卑情绪的这种泛化特点,使这些人无法看到自己的优点。

2. 敏感性与虚荣性

自卑心理严重的大学生在同人交往中,对他人的态度、评价等表现得特别敏感,女性自卑者更是如此。几个同学的小声议论会被认为是在议论他的缺点;身材矮小的人在同学们议论高矮的时候,总是借故避开等,这些都是自卑者敏感性与虚荣性的表现。

3. 掩饰性

有自卑心理的大学生对自己主观上认为的缺点短处总是设法掩饰,生怕别人知道。具有自卑心理的学生往往对自己的不足和别人对此的评价很敏感,常把别人无关的言行看成是对自己的轻视。由于担心自己的缺陷被人知道,因而特意加以掩饰或否认。

(二)自卑心理产生的原因

1. 自我评价过低

自卑者在对自己的身材、外貌、学习、交往等各方面能力的评价上,往往看不到自己的长处与优势,而是夸大自己的不足。他们在认识和评价自己时,进行的是一种不正确的社会比较,即拿自己的短处去比别人的长处,其结果是越比越泄气、越自卑。有些大学生由于学业上、工作上成绩平平,无出色表现而过低估计自己的才智水平,甚至对整个自我认识消极、认为自己"处处不如别人",于是在交往中过于拘谨,放不开手脚,担心自己成为笑料或被人算计。

2. 消极的自我暗示

有自卑心理的大学生,惯于进行自我暗示,对自己的期望值总是很低,在任何活动之前,常对自己进行"我不行""我很难成功"的消极自我暗示。这种自我低估的倾向使他们不相信自己的力量,抑制了能力的正常发挥,结果必然造成活动的失败,而失败又似乎证明了他们早先过低的自我评价与期望,从而强化了他们片面的自我认识,增强了他们的自卑感。自卑者大多对自己的性格、气质特征有些了解,但他们对于自身存在的不利于交往的性格特征,总表现出无能为力的态度,叹曰"江山易改,禀性难移"。如那些自认为性格怯懦、抑郁低沉、反应迟缓者,多不敢主动结交朋友,常常"天马行空、独来独往"。

3. 不当归因

大学生对自己学习与交往成功失败的不当归因也是自卑心理产生的认知原因之一。

4. 潜意识中的自负

这是大学生中一些人自卑心理产生的深层原因。许多人在行为中表现出的自卑、自我贬低是由于他们心灵深处的自负引起的。在他们的潜意识中，以为别人能的我都能，别人有的我也都有，总认为无论是外形长相还是学问才识，自己都要比别人高些。这使得他们在现实生活中容不得自己落后于人，一遇挫折，他们就很快走向原有状况的反面，出现自卑。

5. 理想自我与现实自我的冲突

当代大学生由于入学竞争的艰难，因此都为自己设计了一个令人钦羡的理想自我：外表英俊，才能拔萃，受人尊重……但现实的自我总是与之有很大距离，两相对照，就会有自惭形秽、自我不满之感，从而形成自卑。

(三)自卑心理的调适

自卑是心理暂时失去平衡的一种心理状态，对此可以通过补偿的方法来加以调适，这种补偿又有消极和积极之分。有的青年明知自己能力不强，却故作姿态，甚至以奇异打扮来招人注意，借以弥补自己内心的空虚。这种消极的补偿方法，是不足取的。而积极的补偿方法有以下几种。

1. 正确认识自己，看到自己的长处

俗话说"尺有所短，寸有所长"，"金无足赤，人无完人"。每个人都有自己的长处与短处，既比上，又比下；既比优点，也比缺点。跟下比，看到自身的价值；跟上比，鞭策自己求进步。这样，就会得出"比上不足，比下有余"的结论。世上任何人都逃脱不了这个公式，明白了这一点，心理也就取得了平衡点。看到长处是为了培养自信，但也必须承认自己身上存在的短处，如生理缺陷、环境的不利、知识的不足、经验的欠缺等。对于导致自卑的因素要积极地进行补偿，一是"笨鸟先飞，以勤补拙"，二是扬长避短。有些缺陷已成定局，如个子矮小、长相不好等，但是，可从别的方面进行补偿。个子矮小如拿破仑，他做了法兰西帝国的统帅；身残者张海迪，坐在轮椅上，却登上了事业的高峰，写了几百万字的书……

2. 正确地暗示自己，避免使用否定自己的语言

自卑本身就是消极的自我暗示，做事之前就对自己说"我不行""我没什么用""我不会干"，结果就真的干不好，这种消极的暗示导致不必要的精神紧张和精神负担，使自己的内心充满失败感。结果做事情就束手束脚、畏首畏尾，主动性、创造性受到压抑，自然就妨碍了成功。因此，要勇敢地暗示自己"我能行""别人能干的事，我也能干""有志者事竟成""事在人为""坚持就是胜利"等，这样会增加自己战胜困难与挫折的力量，成功就会向我们招手，自卑也就逐渐丢在脑后。也许你说这是为了体现一种谦虚，但"累

积暗示效果"会使其产生自我鄙视。至于对方会产生什么反应呢？或许一开始没有什么，听得多了就会想到"你是一个真正没用的人"，令你沮丧无比。要避免使用否定自己的语言，打开积极进取、乐观自信的思维大门。

3. 正确地表现自己，积极与人交往

认识到自己的长处，就要大胆地表现。扬己长，避己短，在人群中树立一个新形象。要相信自己的能力与价值，如一次发言，一次竞赛，一次属于你的机会，要积极自信地去做、去尝试，因为只有行动才是达到成功的唯一途径，退缩与回避只能带来自责、懊悔与失意。要注意循序渐进，先表现自己最拿手、最容易取得成功的。有了一次成功，你会惊异地发现，你也行，这样自信心就随之增强。再去尝试稍难一点的事，以积累第二次成功，接着争取更多的成功。

不要总认为别人看不起你而离群索居。你自己瞧得起自己，别人也不会轻易小看你。能不能从良好的人际关系中得到激励，关键还在自己。要有意识地在与周围人的交往中学习别人的长处，发挥自己的优点，多从群体活动中培养自己的能力，这样可预防因孤陋寡闻而产生的畏缩躲闪的自卑感。这样，自卑就被逐步克服了。

4. 调整理想的自我，改变不合理观念

这有两方面含义：一是指降低自我期望的水平，努力使理想自我的内容符合自我所能作出努力的程度，不过分追求完美，或对自己提出过高的要求，也就是避免给自己定一个不切实际的、过于理想和美好的目标，造成理想自我与现实自我差距过大。一个人不能没有理想，但理想的建立一定要从自身实际出发。理想标准的确立应当以自己通过努力能够实现为原则，只有这样，才会在实践中不断取得成功，增强自信心。二是指改变思维方式中某些不合理的观念。

总之，克服自卑心理的关键，在于必须有坚定的自信心和决心，这样就可以把自卑心理转化为自强不息的动力，使自己在生活和学习中成为一个强者。

自卑是心理问题最主要的症结之一，有位著名的心理学大师认定，所有心理障碍的原因都能归结到自卑上来。

所以，我们不妨进行一个自我测试，你若有兴趣知道自己是否心存自卑感，就请认真完成以下10道题：

(1) 遇到难事，你想寻求帮助，但又不愿开口求人，怕被别人取笑或轻视。
(2) 当别人遇到麻烦时，你常会有幸灾乐祸的感觉。
(3) 你爱向人自夸自己的能力和"光荣历史"。
(4) 你认为学习成绩、工作成绩是很重要的。
(5) 你觉得入乡随俗是件困难的事。
(6) 你觉得人的面子最重要，轻易认错是很失面子的行为。
(7) 你害怕生人或陌生的地方。
(8) 常常自问"我是很行的吗？"这类问题。

(9) 你常觉得自己是不利处境下的牺牲品。

(10) 你是个爱虚荣的人。

答"是"得 1 分,"否"得 0 分,统计一下你的总得分。

0～2 分者:很有自信心,能与人和睦相处。

3～6 分者:很可能缺乏自信心,你行事可能保守而缺少魄力,但这也许能使你安于现状,生活在一种平静无事的环境中。如果你认真反思一下,把你认为你能做的事和你想做的事列成表格,你会发现,事实上,你能做的事要比你想做的事多一些。

7～10 分者:你有一种强烈的自卑感,即使在表面上你自信、自负或自傲,但你很可能在自负和自卑的两极来回徘徊。有时,这种性格上的矛盾令你感到痛苦或害怕,你得想法采取行动消除自己的自卑感了。

五、害羞心理及其调适

几乎每个人都有害羞的时候,对青少年来说更为普遍。美国俄亥俄州立大学的一项统计结果表明,97%的学生认为做公开演说是世界上两件最可怕的事情之一(另一件是核武器)。本来,一个人有一定害羞心理是正常的,只要不影响正常的人际交往就不能视为障碍。一个人如果在任何场合都不害羞,比如某女子在异性面前从不害羞,有时反而会让人接受不了。儿童心理学知识表明,儿童出生五六个月后,就有一种认生现象,这种认生现象便是害羞的最初表现形式,它表示儿童的认知水平有了新发展,能够区分生人与熟人。但是如果一个人在任何场合与人交往都害羞,甚至不敢或不愿与人交往,就成了交往心理障碍。

害羞心理是大学生中较常见的人际交往障碍。具有这种心理的人,在交往中由于过分的焦虑和不必要的担心,就会在言语上支支吾吾,行动上手足失措。有严重害羞心理的人甚至怯于交往,对交往采取回避态度,在交际场所或大庭广众之下,羞于启齿或害怕见人。害羞这一交往心理障碍对大学生的直接危害是使交往者无法表达自己的心声与情感,常常造成交往双方的误解,使交往以失败告终,其间接危害则是会导致交往者情绪与性格的不良变化。害羞会使人在交往失败后产生沮丧、焦虑和孤独感,让人饱尝形影相吊的痛苦,使人置身于沙漠中的那种孤立无援的愁苦、不安和恐惧的情绪状态中,进而导致性格上的变异,软弱、退缩和冷漠。

(一)害羞心理的表现

(1) 站在陌生人面前,总感到有一种无形的压力,似乎自己正在被人审视,不敢迎视对方的目光,感到极难为情;

(2) 与人交谈时,面红耳赤,虚汗直冒,心里发慌。即使硬着头皮与人说上几句,也是前言不搭后语,结结巴巴的;

(3) 不善于结交朋友,于是常感孤独,常因不能与人融洽相处或不能充分发挥自己的才干而烦恼;不善于在各种不同场合对事物坦率地发表个人意见或评论,因此不能有效地

与他人交换意见,给人拘谨、呆板的感觉;

(4) 常感到自卑,在学习和生活中往往不是考虑取得成功,而更多的是考虑不要失败。

(二)害羞心理的成因

1. 先天原因

有些人生来性格内向,气质属于粘液质、抑郁质类型,他们说话低声细语,见到生人就脸红,甚至常怀有一种胆怯的心理,举手投足、寻路问津也思前想后。

2. 家庭教育不当

过分保护型与粗暴型的家庭教育方式都可造成子女怯懦的性格。前者,家长代替了子女的思想和行为,子女缺乏经验,生活办事能力差,单纯幼稚,遇事便紧张、恐惧、焦虑;后者,家长剥夺了子女思维和行动的机会,子女时常担心遭批评和斥责,遇事便紧张、焦虑、消极、被动。有些家长对儿童的胆小不加引导,孩子见到生人或到了陌生的地方,便习惯性地害羞、躲避,没有自信心。儿童进入青春期后,自我意识逐渐加强,敏感于别人对自己的评价,希望自己有一个"光辉形象"留在别人的心目中,为此,他们对自己的一言一行非常重视,唯恐有差错。这种心理状态导致了他们在交往中生怕被人耻笑,因此表现得不自然、心跳、腼腆。久而久之,便羞于与人接触,羞于在公开场合讲话。对此,应给予正确指导,鼓励青少年大胆、真实、自然地表现自己,否则他们的害羞心理会愈演愈烈。

3. 缺乏自信和实践锻炼

有些人总认为自己没有迷人的外表,没有过人的本领,属能力平平之辈,因此他们在交往中没有信心,患得患失。长期的谨小慎微不仅使他们体验不到成功的喜悦,而且使他们更加不相信自己的能力。而且多数学生生活环境比较顺利,缺乏实践锻炼的机会。这些往往是导致害羞的重要原因。

4. 挫折的经历

据统计,约有四分之一害羞的成人在儿时并不害羞,但是在长大后却变得害羞了。这可能与遭受过挫折有关。这种人以前开朗大方,交往积极主动,但由于复杂的主客观原因,屡屡受挫后变得胆怯畏缩、消极被动。

(三)克服害羞心理

要克服害羞心理,需要从以下几个方面做起。

1. 正确评价自己,建立自信心

正确评价自己、建立自信是要求害羞者肯定自己,发现自己的闪光点,而不是只看到自己的短处,这样有助于他们在交往中发挥自己的特长。否定自己是对潜力的扼杀,是能

力发挥的障碍。虽然我们不能盲目乐观，但起码要看到自己的长处，发现自己的闪光点，在以后的交往中就可以扬长避短。要鼓起勇气，敢于迈出第一步。当害羞者在自信心支持下终于有所成功的时候，就会在未有过的成功体验下对自己重新评价，开始相信自己的能力。如果再有第二次、第三次的成功，害羞者就会对自己形成一个比较稳定的自我肯定认识，害羞心理就会悄悄地从他们身边走开。要看到自己的力量，不要只看自己的短处。

2. 勇于和别人交往

勇于和人交往，就是要丢下包袱、抛弃一切顾虑、大胆前行，即不要怕做错了事，说错了话，要认识到说错了虽然不能收回，但可以改正；做错了，只要吸取教训，能起到前车之鉴的作用；失败并不等于无能。这样，害羞者在行动之前就不会光想到失败，而能够想到羞怯并不等于失败，只是由于精神紧张，并非是自己不能应付社交活动，这样他们就会走出自我否定和自我暗示的阴影。许多害羞者在行动前过于追求完美，担心失败，害怕别人的否定性评价，这样的自我否定和自我暗示肯定会影响能力的发挥。结果越担心、害怕，失败的可能性越大。

3. 学会交往

学会交往也是帮助害羞者摆脱障碍的有效方法。害羞者可以在与人交往中观察别人是怎样交往的，特别是要观察两类人：一是观察交往成功者，看看他们为什么总是交往的中心，为什么能将各种复杂交往方法运用得得心应手；二是观察从害羞中走出来的那些人，并向他们学习。在日常学习和生活中，应多考虑我要怎么做；在各种社交场合中，应顺其自然地表现自己，不要担忧人家是否注意你。与人交往，特别是与陌生人交往，要善于把紧张情绪放松。使用一些平静、放松的语句，进行自我暗示，常能起到缓和紧张情绪、减轻心理负担的作用。交往时要注意一些技巧，比如当你与对方交谈时，眼睛要看着对方，并将注意力集中于对方的眼睛，这样可以增加你对对方的注意，减少对方对自己的注意；在连续讲话中不要担忧中间会有停顿，因为停顿一会儿是谈话中的正常现象；在谈话中，当你感觉脸红时，不要试图用某种动作掩饰它，这样反而会使你的脸更红，进一步增强你的羞怯心理。

4. 学会克制自己的忧虑情绪

凡事尽可能往好的方面想，多看积极的一面。平时注意培养自己的良好情绪和情感，相信大多数人是以信任和诚恳的态度来对待自己的。把自己置于不信任和不真诚的假定环境中，对别人总怀有某种戒备心理，自己偶有闪失，或者并无闪失，也生怕别人看破似的，这样自己就会惶惶然，更加重羞怯心理。人们可以通过意志的力量来改变自己性格上的许多东西，克服诸如优柔寡断、神经过敏、胆怯等不良心理。一些知名演员、演说家、教师，在青年时代曾是胆怯害羞的人，但是后来他们却能在大庭广众之下口若悬河，就是他们意识到非克服害羞心理不可所取得的成效。事先做好准备，答题时就会应对自如；熟记演讲内容，演讲时便会口若悬河；发言开口时声音洪亮，结束时也会掷地有声。除了这些"策略"与"技巧"之外，更重要的是要培养自己各方面的能力。因为有能力才会有自信，才能克服自卑、羞怯的心理。①

5. 增强体质

户外锻炼，是增强神经系统的最有效方法。性格内向、气质为粘液质或抑郁质的人，神经系统比较脆弱，容易兴奋，一点小事就会闹得脸上红一阵、白一阵。通过体育锻炼，增强了体质，过度的神经反应会得到缓和，害羞程度就会自然而然地减轻。

以下有几条克服害羞的小窍门，不妨一试②。

（1）做一些运动。例如，两脚平稳站立，然后轻轻地把脚跟提起，坚持几秒钟后放下，每次反复做 30 下，每天这样做 2~3 次，可以消除心神不定的感觉。

（2）害羞会使你呼吸急促，因此，要强迫自己做数次深长而有节奏的呼吸，这可以使紧张的心情得以缓解，为建立自信心打下基础。

（3）与别人在一起时，无论是正式场合还是非正式场合，开始时手里不妨握住一样东西，比如一本书、一块手帕或其他小东西，这会使人感到舒服而且有一种安全感。

（4）学习毫无畏惧地看着别人。对于一位害羞的人来说，开始时这样做会比较困难，但你非学不可，你不能总是回避别人的视线，总盯着一件家具或墙角。

（5）有时你的羞怯不完全是由于过分紧张，而是由于知识领域过于狭窄，或对当前发生的事情知道得太少。如果你是个学生，你也许只注意学校的功课，对文学、音乐、艺术等领域没有涉猎。假若你能多读一点课外书籍、报刊，广泛地吸收各方面的知识，你就会发现，在社交场合你可以毫不困难地表达你的意见，这将会有力地帮助你建立自信，克服羞怯。

第三节　大学生人际关系优化

独学而无友，则孤陋而寡闻；君子和而不同，小人同而不和。

——孔子

一、优化人际交往态度

要想建立良好的人际关系，就要在社会生活中遵循人际交往的一般原则，优化人际交

---

① 资料来源：迟雅心理热线。
② 资料来源：哈尔滨工业大学(威海)。

往的态度,加强自我修养,为自己创造良好的人际交往环境。

> **知识链接** 　　　　人际交往中的黄金规则和白金规则
>
> 　　心理学提到人际交往的黄金规则是"以你希望别人对待你的方式去对待别人",具体包括以下原则。
> 　　1. 相互性原则:人际关系的基础是彼此的相互尊重和支持。人们喜欢那些也喜欢他们的人。只有相互间以诚相待,心灵相通,才是发展良好人际关系的基础。
> 　　2. 交换性原则:人际交往是一种社会交换过程,交换的原则是,个体期待人际交往对自己是有价值的,即在交往过程中的得大于失,至少等于失。
> 　　3. 自我价值保护原则:自我价值保护是一种自我支持倾向的心理活动,其目的是防止自我价值受到否定和贬低。对于肯定自我价值的人,个体对其认同和接纳,并反投以肯定和支持;而对否定自我价值的他人则予以疏离。
> 　　白金规则是美国托尼·亚历山大拉博士与迈克尔·奥康纳博士的研究成果,其精髓在于"别人希望你怎样对待他们,你就怎么对待他们。"这一法则从以我中心,转变为从研究别人的需要出发,然后调整自己的行为,运用我们的智慧和才能,使别人过得轻松、舒畅。
> 　　黄金规则和白金规则的启示是:在社会交往中,要尊重人、待人真诚、公正。每个人都有自尊心,期望受到他人和社会的肯定。

(一)平等待人

　　平等是建立人际关系的前提。人际交往作为人们之间的心理沟通,是主动的、相互的、有来有往的。人都有友爱和受人尊重的需要,都希望得到别人的平等对待。人的这种需要,就是平等的需要。

　　在与他人进行交往时,要把双方放在平等的位置上,既不能觉得低人一头,也不能高高在上。尽管由于主客观因素的影响,人与人在气质、性格、能力、家庭背景等方面存在差异,但在人格上大家都是平等的。因此,在交往中要对自己有信心,对别人有诚心,彼此尊重、平等地交往,才可能持久。对大学生来讲,不论学习好坏,家庭背景如何,是否班干部,长相如何,都应得到同等的对待,同学们不要冷落集体中的任何人。

(二)宽容大度

　　"大度聚群朋",宽容待人能化解人际矛盾,扩大人际交往的范围。大千世界,芸芸众生,每个人都有不同的个性和爱好,而且人无完人,金无足赤。我们与人交往时,不能用一种标准去要求他人,更不能太苛求他人,要学会宽容,求同存异。《尚书·陈君》上说:"有容,德乃大。"《论语·卫灵公》记载孔子与子贡的对话,子贡问:"有一言而可以终身行之者乎",孔子说:"其恕乎",并进一步解释说,"恕"就是"己所不欲,勿施于人"。也就是说,无论做什么事,都要推己及人,将心比心,设身处地为别人着想。

　　宽容别人,首先要理解别人,学会设身处地为别人着想。而要真正理解别人,为别人着想,又要多交流,深入了解各自的性情爱好和价值观念,这样才不至于在出现问题后无端猜疑，引发不必要的纠纷，有利于形成宽容和谐的交往气氛。宿舍交往中生活小事的磕磕碰碰更是难免，这个时候就更需要每个同学以宽容的心态对待问题。否则，小的摩擦就可能酿成严重的后果。

(三)互助互利

互助原则，就是当一方需要帮助时，另一方要力所能及地给对方提供帮助。这种帮助可以是物质方面的，也可以是精神方面的；可以是脑力的，也可以是体力的。坚持互助原则，就要破除极端个人主义，与人为善，乐于帮助别人。同时，又要善于求助别人。别人帮助你克服了困难，他也会感到愉快，这也可以进一步沟通双方的情感交流。

互利原则要求我们在别人遇到困难时伸出热情之手，像雪中送炭一样给别人以物质或精神的慰藉。首先，互利关键要出于真诚，这是一种崇高的道德力量，是纯洁友谊的内容，不要将此曲解成斤斤计较的功利原则，如"我今天帮助你，你明天必须报答我"，或"我不图别人的好处，但我也决不白施于人"。其次，互利要注重双向性，如果一方只索取不给予，或只给予不索取，那就容易使另一方或者认为自己被人利用，或者误解对方的诚意，不敢再进一步向对方敞开心扉，从而中断交往。事实证明，交往中互利性越高，双方的关系越稳定和密切；互利性越低，双方的关系越容易疏远。

(四)恪守诚信

"君子一言，驷马难追。"朋友之交，言而有信，许诺别人的事就要履行，这是诚信的重要表现。轻易许诺却失信于人，会给人一种极强的不信任感，感觉你习惯于开"空头支票"，缺乏交往的诚意，这是人际交往的大忌。因此，大学生要认识到，许诺是非常郑重的行为，对不应办或办不到的事情，不能轻易许诺，不要碍于面子答应，之后又无法兑现承诺。守时，虽然表面看来是交往中的一件小事，但却是交往双方衡量对方品质的重要途径，尤其是异性交往中，是否守时甚至是决定交往能否继续下去的关键因素。我国古人历来把守信作为一个人立身处世之本，如孔子说："人而无信，不知其可也。"(《论语·为政》)

与人交往时要热情友好，以诚相待，不卑不亢，端庄而不过于矜持，谦逊而不矫饰作伪，还要充分显示自己的自信心。一个有自信心的人，才可能取得别人的信赖。处事果断、富有主见、精神饱满、充满自信的人就容易激发别人的交往动机，博取别人的信任，产生使人乐于与你交往的魅力。

二、优化人际交往技能

(一)优化形象，完善第一印象

心理学家研究发现，45秒钟内就能产生第一印象。近代心理学家艾宾浩斯曾指出："保持和复现,在很大程度上依赖于有关的心理活动第一次出现时注意和兴趣的强度。"第一印象本质上是一种优先效应,最初印象对于后继信息的解释有明显的定向作用。人们习惯于按照前面的信息解释后面的信息,如果前后信息不一致,也会屈从与前面的信息,以形成整体一致的印象。

为了塑造良好的第一印象,首先我们应该注意仪表,衣服要整洁,服饰搭配要和谐得体;其次应注意自己的言谈举止,锻炼和提高自己的交谈技巧,掌握适当的社交礼仪。

> **知识链接**　　　　　　　　**如何建立良好的第一印象**
>
> 如何建立良好的第一印象?戴尔·卡耐基在《怎样赢得朋友和影响他人》一书中提出了6条途径:
> 1. 真诚地对别人感兴趣。
> 2. 保持轻松的微笑。
> 3. 多提别人的名字。
> 4. 做一个耐心的听者,鼓励别人谈他自己。
> 5. 聊一些符合别人兴趣的话题。
> 6. 以真诚的方式让别人感到他很重要。

(二)主动交往,热情待人

要想多交朋友,就要做人际交往的始动者,掌握人际交往的主动权。生人相遇,主动介绍自己;他人尴尬,主动调侃解围;同学欠安,主动探望慰问;朋友见面,主动寒暄攀谈。这些习惯都能够使你容易成为对方最熟悉的、最值得亲近的、最有人缘的朋友。

"热情"也是最能打动人、对人最具吸引力的个人特质之一。一个充满热情的人很容易把自己的良性情绪传染给别人。热情待人,首先要让自己变得愉快起来。一个面带微笑的人很容易被他人接纳。要热情待人还须从心里对他人感兴趣,真心喜欢他人。热情待人要真诚地关心他人,要无私。当别人有求于自己时,只要是正当的要求,就要尽己所能满足对方的要求,做到心中有他人,能设身处地替别人着想,能够在别人需要帮助时,及时、主动地伸出援助之手。经常帮助别人能够使别人懂得你的存在对他的价值,其结果必然是"爱人者,人恒爱之"。

(三)寻找共性,赢得人际共鸣

"物以类聚,人以群分。"大学生寻求友谊的过程某种程度上就是寻找相似点的过程。相似性因素在人际吸引中非常重要,相似性程度大的人们容易在观点上达成一致,并且相互理解。人们在年龄、经历、学历、籍贯、社会地位、经济收入、兴趣爱好、态度、价值观等方面相似点越多,越能容易沟通、加深理解、获得支持、达成共识、赢得共鸣、密切关系。

因此,努力寻找与交往对象的共同点,用慧眼去"求同",善于发现和利用相似点,你就更容易赢得人际共鸣。

(四)乐观自信，积极的心理暗示

恰当的自我意识是良好人际关系的基础，正确认识自我、拥有自信，才能进行成功的人际交往。要想协调好人际关系，让别人接纳和喜欢自己，首先要悦纳自己，要善于发现自己的优点和长处。生活中不难发现，有的人身上仿佛有一种魔力，周围人都乐于聚在其身边，这类人往往能在短时间内结识许多人。心理学研究表明，这类人大都具有良性的自我表象和自我认识："我是一个受人欢迎的人，我喜欢与人交往。"这样的心态会使人以开放的方式走向人群，他们心地坦然，很少有先入为主的心理防御，因而言谈举止轻松自在，挥洒自如。在这种人面前，很少有人会感到紧张或不自在，即使一些防御心理较强的人也会受其感染而变得轻松、开放起来。同学之间的交往，许多时候都是在紧张的学习之余求得一种轻松感，所以能满足这一愿望的人自然会有一种吸引力。

运用积极暗示能够减少或消除不良的自我认识。比如经常在心里默默对自己说："我是受欢迎的人！"每天早晨醒来，都要充满信心地默诵这句话。除言语暗示外，还可运用形象暗示。在头脑中把自己想象成一个良好的交际者，直到这种形象在头脑中能够栩栩如生地浮现出来并根深蒂固。

(五)把每个人都看成重要人物

自我尊严得以维护，自我价值得到承认，这是许多人最强烈的心理欲求。我们只有在交往中注意到这一点，才能应对自如。的确，每个人都是重要的，当我们把自己看得非常重要时，也应将心比心把别人也看成重要的。据此，在交往中，我们应注意：

(1) 让他人保住面子。如果一个人习惯于通过挑别人的毛病和漏洞来显示自己的聪明，那将是最愚蠢的，必将为此付出高昂的代价。人人都有毛病和缺点，所以找起来并不难。但被人暴露自己的"小"，这是许多人所反感的，因为这威胁到了他的自尊。

(2) 不要试图通过争论使人发生改变。同学之间常常争论，若是为探讨问题，这是有益的，但试图以此改变对方，则往往会适得其反。

每个人都或多或少把某种观点(他在争论中坚持的观点)看成是自我的一部分。当你反驳他的观点时，便或轻或重地对他的自尊造成了威胁。所以争论双方很难单纯地就问题展开争论，其间往往渗入了保卫尊严的情感。这种情感促使双方把争论的胜负而不是解决问题看成是最重要的。所以赢的一方常常难以抑制自己的洋洋得意，他把这看成是自己尊严的胜利，自己有能力的明证；而输的一方则会觉得自尊受到伤害，他对胜方很难不产生怨恨。从而我们不难理解，为什么许多争论到最后会演变成为人身攻击，或变成了仅仅比嗓门高低的游戏。所以争论对人际交往常常是一种干扰因素。

原则问题上不能忍受退让，在非原则问题上退让一步，并非无能懦弱的表现，而是风格高尚。只要不是原则问题，"得理也要让人"，才能体现出对同学的尊重和友爱。

(3) 发现和赞赏别人的优点。每个人都有其不足，每个人也都有其所长。杜威曾指出，人类天性中最深切的冲力是"做个重要人物的欲望";威廉·詹姆斯说:"人性中最深切的禀质,是被人赏识的渴望。"既然如此,我们何不去多多赞赏别人身上那些闪光的东西呢?然而我们却常常容易忘记和忽略这么重要的一件事。或许我们的自然倾向是寻找他人的缺陷,这样可能会间接提高我们的自信;或许我们崇尚直言相谏,而把赞赏当作恭维看待了,所以不屑于此举。总之,在我们生活中,最为人渴望而不用花钱费力就能给予的"赞赏"却常常难得一见。在大学里,有一些同学由于家境、容貌、见识等等原因而深藏一种自卑感,他们多么需要得到认同和鼓励!一句由衷的赞赏很可能会使他们的生活洒满阳光,甚至改变他们的整个命运。

赞美他人要诚心诚意、实事求是。赞赏必须发自肺腑,否则就成了恭维。而发自肺腑的赞赏需要一颗充满自信的爱心,需要一种不断学习他人、完善自我的胸怀。希望得到别人的赞扬是人的一种心理需要,赞美别人并非是一件难事,因为每个人总有一些值得赞美之处。通常我们可能由于太注重自己,因而不能发现别人的可赞美之处。事实上,只要我们能对别人多注意观察,并且不嫉妒别人,则常可发现他们有许多可赞美之处。

三、掌握人际交往技巧

(一)表达的技巧

在交往中双方都是说话者和听话者的双重身份,交往是一种双向的表达和倾听,可以学习使用文字和非文字表达技巧,使自己所要阐述的信息更加清晰。

1. 话题选择

话题的选择是初始的媒介,是细谈的基础和畅谈的开端。围绕所有人的注意"中心开花",引起关注;在有所了解之后再"投石问路",投其所好。

2. 对话技术

不要随便打断别人的谈话,扰人思路;适度解释,让别人弄懂自己的意图;不能在很短时间内给对方太多的信息;不能对他人的话题漫不经心,不着边际,不懂装懂,要注意细节。

3. 语言艺术

称呼得体、说话礼貌、适度称赞、避免争论等,这些语言艺术运用得好,就能吸引交往对象,并调动彼此倾谈的激情和兴趣,进而促使双方交往关系的密切。

4. 使用网络语言、数字语言

现代社会的交流形式还有短信、微信等网络语言、数字语言,这是一个随时更新的领域。身为大学生在交往初期对网络语言、数字语言一概不知,被对方接纳的速度和程度就很容易打折扣。

(二)倾听的技巧

善于倾听是尊重他人人格、重视他人观点的重要表现，是赢得友谊的诀窍之一。善于倾听有两点基本要求：注意力集中，主动反馈。

1. 注意力集中

听别人谈话时精力集中，富有耐心，容易赢得对方的好感。如果别人讲话时，你注意力不集中，表现得心烦气躁、似听非听，或者做其他小动作，就会减弱或者抑制对方谈话的兴致，甚至招来不满与反感。

2. 主动反馈

用微笑、点头等方式向对方暗示自己能够理解他的感受或者见解，这样可以鼓励对方更加自由、流畅地谈论。对于没有听懂的内容，可以适当提问，请求对方进行详尽的解释。如果对方的观点与自己相左，切忌直接的反驳或批评，以免伤害对方的自尊心，使其失去对自己的好感。可以委婉、温和地质疑，或者软化地批评，这样可以维护对方的自尊，更便于对方接受。

(三)解决人际冲突的技巧

根据是否有自己参与来分，大学生人际冲突可以分为两类：一类是有自己参与的人际冲突；一类是没有自己参与的人际冲突，解决这两类人际冲突的方法也有所不同。

1. 解决有自己参与的人际冲突

首先，要平息自己的怒火，并设法消除对方的情绪。可以采用"换位思考"的方式消除自己的消极情绪，也可以采用"冷处理"的方式，等对方气小了或者消了气再做解释。其次，要善于解释和表白。一是要合情合理、真实地表露自己的心迹；二是要善于把握时机，在对方不想听或不愿听时，可暂缓处理，以后再说。此外，要有宽容克制的精神，通过讲道理，以理服人，最终解开冲突的"疙瘩"。

2. 解决没有自己参与的人际冲突

当发现他人发生人际冲突时，我们不应该袖手旁观，而应该勇于做一个公开的调解人，积极、恰当地帮助他人化解冲突。通常情况下，可以把握以下几点。

(1) 要迅速制止越轨行为。对于超出法纪规范和社会道德所允许的行为，如打架斗殴、行凶伤人等，必须及时、迅速、有效地加以制止。

(2) 要公正、公平、合情、合理地对待冲突。切忌偏袒任何一方，否则，不仅不能解决他人的矛盾，还会把自己也卷进去。

(3) 要善于说合、劝导、斡旋。调解过程中，要做到动之以情、晓之以理、导之以行。

(4) 要借助必要的行政和法律手段。对于严重的人际冲突，仅靠劝导、说和是不行的，还必须配合必要的行政、法律手段，才能有效地帮助他人化解冲突。

(四)把握交往的"度"

1. 交往的广度要适当

交往的广度既不能过广也不能太窄,过广则容易滥交,既影响交往质量,又会浪费太多精力,影响学习;太窄又有可能错过了许多可交的朋友,使自己眼界狭小,气量狭小,经常会陷于狭小的人际圈子不能自拔。

2. 交往的深度要适当

交往的深度要适当,有的要深交,有的则只能浅交,甚至要拒交,不能一味泛泛而交,也不能跟任何人都成为知心朋友。决定交往深度的主要因素是志同道合,包括共同的理想、追求、志趣和共同的道德水准、人格修养等。相同的理想志趣会使两个性格迥异的人成为莫逆之交。

3. 交往的频率要适度

即使是好朋友,也不能过从甚密,天天粘在一起,这样既影响彼此的正常生活,也会减弱彼此的新鲜感,增加出现摩擦、发生矛盾的概率,从而妨碍友谊的进一步发展。当然也不能很长时间不见面。虽然有的同学认为,真正的朋友是根本不用见面的,只要通信保持神交就可以了。但是,实际情况是,许多学生由于身边朋友的密切交往,与外地朋友的通信会越来越少,一段时间后甚至会自然中断与外地朋友的联系,毕竟是"近水楼台先得月"。许多大学生一般在二年级后就中断了和高中朋友的密切交往,就是这个原因。

项目思考

1. 想一想你在人际交往的过程中容易受哪些因素影响?
2. 如何掌握人际交往的技能与技巧?

项目六
恋爱心理解析

导学案例

案例一：

我是某高职院校会计专业的一年级女生。最近我感到很困惑，不知道现在经历的是爱情还是友情。我和他是小学同学，两小无猜，初中各奔东西，但毕业后竟然又考到了同一个职业学校，彼此见面有一种欣喜，有一种温暖，我的心随着他的出现而颤动。中午我们一起吃饭，放学我们一起上自习，我不知道这算不算约会，我心中既高兴，又有一种疑惑感，似乎这样做不对，但又控制不住对他的感情。我这是在恋爱吗？我应该怎样与他交往？

案例二：

我和我男朋友 L 是高中同学。没有考进同一所大学，但在同一座城市。虽然我们学校之间距离很远，但刚上大一的时候，L 每个星期都会来我的学校找我两三次。每天晚上都会通电话。后来，他来找我的次数慢慢变少，于是我们开始经常争吵。随着吵架的次数越来越多，我想到了分手，但是又舍不得这段将近两年的感情。我偷偷查了 L 的手机通话记录，发现他跟一个女生来往很密切，我给那个女生打电话，骂了她。他知道这件事情以后，说我无理取闹，跟我提出了分手。到现在，我们已经半年多没有联系过了。但是我心里还是放不下他。分手之后，他并没交其他的女朋友，所以我想那件事情是我误会他了，我很后悔。每天我都会不由自主地这样想，越想越放不下他，越想越难受。每天心情都很不好，睡觉也睡不好，总是会梦见自己与 L 重归于好。什么都没有心情做，我觉得自己很失败。

案例三：

我是一名贫困女大学生。入学不久，参加了一个社团。社团负责人是一名学长，品学兼优，吸引了众多新生的目光。此后，我感觉到自己特别关注学长的消息，总是会期待和学长的相遇与相处，时常会想象自己与学长一起手牵手走在校园里的情景。学期末，我终于鼓起了勇气，向学长告白。学长却告诉我，自己有女朋友，情感稳定。我十分痛苦，后悔自己向学长吐露了情愫,并十分害怕其他人会知道学长拒绝了自己。懊恼和挫败的感受一直缠绕着我,我开始变得敏感而固执,身边同学的一句评价和一个动作,都会认为是在影射自己在爱情上的无能。久而久之我发现自己的日常学习与生活受到了严重影响却无力自拔。

案例四:

我的一个同学喜欢上隔壁班的一个男生,那个男生已经有女朋友,但我同学说能默默地喜欢一个人也是一种幸福,无论我们怎么劝都不听,不知如何是好。

案例五:

我和小明是在学校学生会活动中认识的,我俩不仅是同乡,而且还曾是同一个中学的校友,只是小明高了两届。从此,每到节假日,我们都相约游玩,看电影、逛公园、郊游等,寒暑假,我们也一同回家,又一同返校。这样两年过去了,小明毕业分配到了本市,他还是常回校看我,我也常去小明单位玩。一转眼,我也将毕业了,考虑到分配的问题,我写了一封信表明自己的心迹。小明的回答却出乎我的意料。他说我误解了他的意思,他觉得一个女孩来到异乡求学,举目无亲,也许会有一些寂寞,所以,他一直很关心我,常常抽出时间看望我,是出于对同乡、校友的感情。事实上,他有女朋友,他为造成这种误会而道歉。我对此感到深深的羞愤,觉得小明欺骗了自己的感情,可细细想来,小明对我确实始终没有越过友谊的界限,至多不过是一个兄长对小妹的情谊。

案例六:

我喜欢上了一个女生,各种努力表白后终于让女孩子成了我的女友。可是,甜蜜的日子没过多久我就发现我们俩的沟通有问题,我是个大大咧咧的男生,喜欢直来直去有话就说,而她却喜欢吞吞吐吐,什么事都要我费尽脑筋去猜测,时间一长我觉得好累啊!

案例提示: 爱情,是一个充满了魅力的字眼。今天的大学生们,面对"丘比特之箭"再也不会羞涩地遮遮掩掩、躲躲藏藏,他们以落落大方、热情洋溢的方式去追求或迎接爱的呼唤。应该承认,多数大学生对爱情的追求是健康的、理智的,他们能够很好地处理爱情与学业的关系,美好的爱情也为他们带来了幸福和快乐。但也有相当数量的大学生因为年轻,还来不及对性爱、恋爱和情爱作一番理性的思考就轻易坠入爱河,结果不但没能品尝到爱情的甜美,反而陷入了烦恼与困惑之中而不能自拔,导致当事人心里痛楚、人格扭曲,引发精神失常甚至凶杀的例子在大学校园里时有发生。所以大学生要树立健康的恋爱观,正确面对自己的恋爱困扰,及时调适自己的恋爱心理,才能真正品尝到恋爱的甜蜜。

➡ 项目说明

本项目阐述了爱情的本质,分析了大学生恋爱的心理及其特点,介绍了恋爱的困惑及调适方法,旨在引导大学生树立正确的恋爱观,帮助大学生走出恋爱误区,避免恋爱中的心理危机。

➡ 项目目标

通过学习本项目,大学生应在知识、技能和方法层面达到以下目标。

- 了解爱情的本质、特点及当下大学生的恋爱现状

- 了解健康的恋爱观及恋爱行为
- 了解大学生恋爱面临的主要困扰及调适的方法

心理测试

心理测试一：测试你的恋爱态度

请将你所选字母后的数字相加，总分在 42 分以上说明你的恋爱观正确，总分在 33～41 分之间说明你的恋爱观基本正确，总分在 32 分以下说明你的恋爱观需要调整。(仅供参考)

(1) 你对未来妻子要求最主要的是(男性选择)：
　　A. 善于理家干活，利落能干(2)
　　B. 容貌漂亮，风度翩翩(1)
　　C. 人品不错，能体贴帮助自己(3)
　　D. 顺从你的意思(1)

(2) 你对未来丈夫要求最主要的是(女性选择)：
　　A. 潇洒大方，有男子风度(1)
　　B. 有钱有势，社交能力强(1)
　　C. 为人诚实正直，有进取心，待人和蔼可亲(3)
　　D. 只要他爱我，其他都不考虑(2)

(3) 你认为完美的结合应是：
　　A. 门当户对(1)
　　B. 郎才女貌(1)
　　C. 心心相印(3)
　　D. 情趣相投(2)

(4) 你对最佳恋爱时间的考虑是：
　　A. 自己已经成熟，懂得人生的意义和爱情的内涵，并且确定了事业上的主攻方向(3)
　　B. 随着年龄的增大，自有贤妻与好丈夫光临，"月老"不会忘记每个人的(2)
　　C. 先下手为强，越早越主动(0)
　　D. 还没想过(1)

(5) 你希望自己是怎样结识恋人的：
　　A. 青梅竹马，情深意长(2)
　　B. 一见钟情，难分难舍(1)
　　C. 在工作和学习中逐渐产生恋情(3)
　　D. 经熟人介绍(1)

(6) 你认为推进爱情的良策是：
　　A. 极力讨好取悦对方(1)
　　B. 尽力使自己变得更完美(3)
　　C. 百依百顺，言听计从(2)

D. 无计可施(0)

(7) 你希望恋爱的时间是：
A. 越短越好，最好是"闪电式"(1)
B. 时间依进展而定(3)
C. 时间要拖长些(2)
D. 自己无主张，全听对方的(0)

(8) 谁都希望完整全面地了解对方，你觉得了解他的最佳途径是：
A. 精心布置特殊场面，连连对恋人进行考验(0)
B. 坦诚相待地交谈，细心地观察(3)
C. 通过朋友打听(2)
D. 没想过(1)

(9) 你十分倾心的恋人，随着时间的推移，暴露出一些缺点和不足，这时候你：
A. 采取婉转的方式告知并帮助对方改进(3)
B. 无所谓(1)
C. 嫌弃对方，犹豫动摇(0)
D. 内心十分痛苦(2)

(10) 当你初步踏进爱河，一位条件更好的异性对你表示爱慕时，于是你：
A. 说明实情(3)
B. 对其冷淡，但维持友谊(2)
C. 瞒着恋人与其来往(0)
D. 听之任之(1)

(11) 当你久已倾慕一位异性并发出爱的信息时，忽然发现他另有所爱，你怎么办？
A. 静观待变，进退自如(2)
B. 参与角逐，继续穷追(1)
C. 抽身止步，成人之美(3)
D. 不知道(0)

(12) 恋爱进程很少会一帆风顺，而你对恋爱中出现的矛盾、波折怎样看？
A. 最好平顺些。既然已经出现了，也是件好事，双方正好趁此了解和考验对方(3)
B. 感到伤心难过，认为这是不幸(2)
C. 疑虑顿生，就此提出分手(1)
D. 没对策(1)

(13) 由于性情不合或其他原因，你们的恋爱搁浅了，对方提出分手。这时候你：
A. 千方百计缠住对方(1)
B. 到处诋毁对方名誉 (0)
C. 说声再见，各奔前程(3)
D. 不知所措(1)

(14) 当你十分信赖的恋人背信弃义，喜新厌旧，甩掉你以后，你怎么办？

A. 当自己眼瞎看错了人(2)

B. 你不仁，我不义(0)

C. 吸取教训，重新开始(3)

D. 痛苦得难以自拔(1)

(15) 你爱途坎坷，多次恋爱均告失败，随着年龄增长进入"老大难"的行列，你：

A. 一如从前，宁缺毋滥(1)

B. 讨厌追求，随便凑合一个 (1)

C. 检查一下选择标准是否实际(3)

D. 叹息命运不佳，从此绝望(0)

(16) 你认为恋爱作为人生一个极其重要的环节，其最终所达到的目的应当是：

A. 找到一个情投意合的爱侣(3)

B. 成家过日子，抚育儿女(2)

C. 满足性的饥渴(0)

D. 只是觉得新鲜有趣儿，没有明确的想法(1)

心理测试二：区分友情与爱情

看看测试1和测试2中符合你的情况的句子分别有多少？

如果测试1中符合你的句子多于测试2，那么你对对方喜欢的成分多于爱，你们之间是友谊而非爱情；反之则是爱情而非友谊。(仅供参考)

测试1：

下面有13个句子，在符合你情况的句子前打"√"。

(1) 当我和他在一起时，我发觉好像两人都有相同的心情。

(2) 我认为他非常好。

(3) 我愿意推荐他去做为人尊敬的事。

(4) 依我看来，他特别成熟。

(5) 我对他有高度的信心。

(6) 我觉得大部分人和他相处，都会对他有很好的印象。

(7) 我觉得自己和他很相似。

(8) 我愿意在班上或团体中，做什么事都投他一票。

(9) 我觉得他是许多人中容易让别人尊敬的一个。

(10) 我认为他是十二万分聪明的。

(11) 我觉得他是我认识的所有人中，非常讨人喜欢的。

(12) 他是我想成为的那种人。

(13) 我觉得他非常容易赢得别人好感。

测试2：

下面有13个句子，在符合你情况的句子前打"√"。

(1) 他觉得情绪很低落的时候，我觉得很重要的职责就是使他快乐起来。

(2) 在所有的事情上，我都可以依赖他。
(3) 我觉得要忽略他的过失是一件容易的事情。
(4) 我愿意为他做所有的事。
(5) 我对他有一种想占为己有的想法。
(6) 若不能和他在一起，我会觉得非常不幸。
(7) 假使我孤寂，首先想到的就是要去找他。
(8) 也许我在世界上关心很多事，但最重要的事就是他幸福不幸福。
(9) 不管他在做什么，我都愿意宽恕他。
(10) 我觉得他的幸福是我的责任。
(11) 当我和他在一起时，我发现自己什么事都不想做，只想用眼睛看着他。
(12) 若我能让他百分之百的信赖，我觉得十分快乐。
(13) 若没有他，我觉得难以生活下去。

心理知识讲坛

第一节　大学生恋爱面面观

名人名言

爱的箴言

在天愿作比翼鸟，在地愿为连理枝。

——白居易

衣带渐宽终不悔，为伊消得人憔悴。

——柳永

爱情原如树叶一样，在人忽视里绿了，在忍耐里露出蓓蕾。

——何其芳

爱上了你，我才领略思念的滋味、分离的愁苦和妒忌的煎熬，还有那无休止的占有欲。

——张小娴

真正的爱情是专一的，爱情的领域非常狭小，它狭小到只能容下两个人生存；如果同时爱上几个人，那便不能称作爱情，它只是感情上的游戏。

——席勒

爱得愈深，苛求得愈切，所以爱人之间不可能没有意气的争执。

——劳伦斯

恋爱是一所学校，教我们重新做人。

——莫里哀

一、爱情的本质

爱情是人类情感中最复杂、最微妙的一种，它也是一个古老而常新并且永恒的话题。美国著名心理学家斯腾伯格在 1988 年对这个问题提出了新的见解。他的"爱情三元论"认为，人类的爱情虽复杂多变，但基本上不外由三种成分所组成。

(1) 动机成分。爱情行为背后的动机，对人类而言极其复杂。其中，性动机或性驱力，以及相应的诱因，如异性之间身体容貌等特征是重要原因之一。

(2) 情绪成分。属于爱情的情绪，除了爱与欲之外，肯定还夹杂着其他的成分，所谓酸甜苦辣的爱情滋味。

(3) 认知成分。爱情中的认知作用，对情绪与动机两种成分而言，是一种控制因素。如果将动机与情绪分别视为电流与火花，认知就是开关或调节器，它可斟酌爱情之火的热度并予以适度调节。

(一)爱情的含义

在现实生活中，爱情是一对男女之间基于一定客观物质基础和共同的生活理想，在各自内心形成的最真挚的相互倾慕并渴望拥有对方，直至成为终身伴侣的强烈的、持久的、纯真的感情。爱情是人类独有的情感，象征着纯洁、忠贞、美好和神圣，是男女在内心形成的对对方最真挚的仰慕，是男女间最强烈、最稳定、最专一的感情。爱情的获得，需要经历一个由感性到理性，由片面到全面，由肤浅到深入，最后达到相互肯定、相互融合的过程。

(二)爱情的心理结构

爱情作为人类精神的一种最深沉的冲动，其动力是人的性欲，是延续种属的本能。性的成熟，使青年男女的内心产生了对异性的向往，性的吸引是爱情产生的自然前提和生理基础，对爱情来说，性是必不可少的。

然而，爱情并不是一种纯属本能的情欲，而是人类肉体和精神的升华。法国大思想家罗素说："爱情源于性，又高于性。"如果爱情仅仅是性的满足，那么我们就很难解释人为什么会有爱的选择性，也就是为什么只爱"他"或"她"了，而不是别的什么异性。

一方面，爱情的产生不可脱离人的生理机能，它源于人体本能的冲动，同时具有繁衍生命的功能；另一方面，爱情还将人的价值观念、伦理道德带入了两性关系。由此可见，爱情具有自然与社会的双重属性。男女之间由于在思想情感、精神境界、志趣爱好等方面的和谐、共鸣与一致，而产生了一种互相爱慕并渴望结合的崇高感情，这种体现了社会性的情爱是爱情的主体。

黑格尔也说："爱情绝不是性欲，爱情里有一种高尚的品质，就因为它不只停留在性欲上，而显示出一种丰富的高尚优美的心灵，要求以生动活泼、勇敢和牺牲精神和另一个人达到统一。"因此，爱情中的情爱才是真正的灵魂。所以说，爱情是性与爱的和谐统一，忽视爱情的自然性或社会性都会扭曲恋爱心理，是不符合心理健康的。真正的爱情既不是柏拉图式的"精神之恋"，也不是纯粹异性间的生理吸引。

(三)真正的爱情应具备的特征

1. 平等性

爱情作为人的生理与心理需求的高度统一，体现在恋人之间是相互尊重、相互信任、相互支持的关系，而不是依附、占有的关系。

2. 专一性

爱情具有排他性，强调双方的彼此忠诚。即陷入爱情的人对所爱的人忠贞不渝，执着专一，并且本能地抗拒其他异性接近自己的爱人，这是爱情最核心的心理特征，是爱情稳定和长久的最重要因素。一段爱情关系只可能是两个人之间的互动。现实社会中，三角恋、婚外恋等行为不仅受到人们道德观念上的谴责，更会为当事方带来不同程度的伤害。

3. 相容性

相互爱慕的男女双方，相互吸引、相互弥合；感情上相互眷恋，行动上相互依靠，生活上相互支撑。

4. 创造性

人的爱情是一种积极的力量。恋人将自己的生命给予对方，同对方分享快乐、兴趣、理解力、知识、悲伤等，没有生命力就没有创造爱情的能力，因此，爱情是对生命以及我们所爱之物积极的关心与创造。

5. 能力性

对自己的生活、幸福、成长以及自由的肯定是以爱的能力为基础的，看你有没有能力关怀对方，尊重对方，有无责任心了解对方，充分信任对方。利己主义者没有爱别人的能力。

综上所述，爱情是人的生理性需求与社会性需求的统一，爱情不仅要求男女双方在相貌、人品、情感、能力等方面能够和谐共鸣，而且要求男女双方共同承担相应的社会责任和义务。这就是说，首先，爱情一般是在男女双方之间产生的；其次，爱情是相互的；再次，爱情双方彼此必须有值得对方爱恋的依托，如相貌、人品、能力等。

(四)恋爱与爱情

恋爱是异性间择偶和培养爱情的过程，是以爱情为中心的社会心理行为。完整的恋爱过程一般包括择偶、初恋、热恋和结婚。恋爱的过程是感情发展的过程，是彼此深入了解、互相适应的过程，从心理卫生学角度来看，循序渐进的异性交往方式更有助于造就健康、稳固、成熟而完美的爱情。

二、大学生恋爱面面观

"你为什么谈恋爱",这好像是一个很傻的问题。因为有"感觉",所以恋爱,这还用问吗?不过,最近进行的一项关于"大学生爱情观"的调查却显示出在大学校园的"恋爱族"中,谈恋爱的动机各不相同。有的学生对恋爱抱着慎重的态度,为了寻求终身伴侣而谈恋爱;有的学生因为"一见钟情"而坠入爱河,正所谓"众里寻他千百度,蓦然回首,那人却在灯火阑珊处";有的学生为了摆脱初入校园的孤独和压抑,而以恋爱的方式寻求慰藉;还有的是为了证明自己的魅力,满足自己的好奇心,迎合自己的虚荣心,为了赶潮流等等而谈恋爱。有相当一部分的大学生出于各种心态,在还没有真正领悟到爱的真谛前,就盲目地闯入了爱的伊甸园,从而演绎出一幕幕"大学校园爱情悲喜剧"。

(一)爱情学业两不误型

在大学校园里绝大多数同学认为"为了爱情而荒废学习是不应该的"。一部分大学生因为恋爱而荒废了学业,但也有很多大学生能处理好恋爱与学业的关系,做到爱情与学业两不误。小A和小B都是北京一所高校的二年级学生,两人都是班上的优秀生,经常在一起讨论学习上的问题,久而久之,彼此之间产生了感情,于是谈起了恋爱。但他们不是把时间浪费在花前月下和卿卿我我上,而是将在一起学习和听讲座作为恋爱的主题,在学习和交流中使感情得到升华,最后他们双双考上了研究生,比翼齐飞,获得了爱情与学业的双丰收。

(二)清纯浪漫型

小C和小D都是南京一所高校的学生,相恋一年多的他们常常一起到学校食堂吃饭,一起到自修教室看书。学习累了的时候,两个人也会一起在月色下如画的校园里散散步,或者花上几十元,一起到电影院看场电影。虽然校园里的恋爱生活比较清贫,但两人觉得很满足。像他们这样清纯的爱情在大学校园里随处可见。尽管时代在变化,高校学子们的爱情取向也越来越呈现出多样化的特征,但"清纯、浪漫"仍然是高校学子们恋爱的主旋律。因情相聚、为爱相依仍然是绝大多数学生的选择,理想主义仍然是校园爱情的显著特征。

(三)危机压力型

现在大学里流行一种说法:"大一娇,大二俏,大三大四没人要。"由于谈恋爱或多或少会影响学习,因此有一部分大学生为了学业而立下了大学四年不谈恋爱的誓言。然而进校后,每天看到周围谈恋爱的同学出双入对、亲密缠绵,立下的誓言在不知不觉中动摇甚至消融,最后自己也加入了恋爱的行列。小E就属于其中的一个。他刚进大学时并不想谈恋爱，但不到半年时间就成为"恋爱族"的一员。促使他谈恋爱的根本原因是每晚的"卧谈会"，谈了恋爱的同学都会大发议论，大谈自己的恋爱感受和经验。有的同学认为在大学期间要抓紧时间找一个朋友，否则将来参加工作后在社会上就很难找到与自己学历相当、情投意合的朋友了；还有的同学认为谈恋爱行动要迅速，否则到自己想谈的时候好的都已经被人"抢"走了。渐渐地，小 E 对谈恋爱的看法也由原来的反感变为"跃跃欲试"，最后为了避免自己将来找不到合意的朋友，他也谈起了恋爱。

(四)寂寞空虚型

大学生挤过了升学的独木桥后，学习压力缓解了，课余闲暇时间多了，面对的是崭新的、丰富多彩的大学生活。在短暂的新鲜与好奇过后，漫长的思乡情绪就会萦绕心头，加之目前我国大学生大多是独生子女，考入大学后在较长时间内找不到新的追求目标，学习缺乏动力，生活难免会变得空虚、无聊，再看周围高年级同学出双入对，花前月下，爱情就以其特有的诱惑力吸引着这些空虚的大学生们。小 F 和小 H 就是出于空虚心理而谈恋爱的一对，他们进入大学后由于没有及时改变学习方法以适应大学的学习，结果每天除了上课之外就不知道该如何打发大量的业余时间，感到无聊之极，遂谈起了恋爱。这种想摆脱空虚寂寞而谈恋爱的学生，企求在感情生活中充实自己，借爱情的甜蜜来弥补目标失落的空虚，逃避生活的挑战。由于没有真正感悟到爱情的真谛，他们的爱情一般不会长久。

(五)爱慕虚荣型

爱情原本是一件神圣的事情，是两情相悦的至高境界，然而有的大学生却把谈恋爱视为满足虚荣心的一种方式。小 G 长得美丽动人，刚进大学时对周围的男生都不屑一顾。但渐渐的与她同宿舍的女生都有了男朋友，看着别人出双入对，而自己却形单影只，她感到面子上很过不去，就匆匆接受了一位男生的求爱。其实她并不喜欢这位男生，只是觉得自己比同宿舍的任何一位女生都要出色，而现在她们都有了男朋友，自己只有找个男朋友才能挣回面子。像她这样为了满足虚荣心而投身爱河的学生在校园里并不鲜见。有相当一部分女大学生都以追求自己的男生多作为炫耀的资本，她们觉得追求自己的男生越多就越有面子，虚荣心也得到越大的满足。相反如果没有男生追求自己或没有男朋友则觉得脸上无光。同样的，男生中也认为有一位漂亮的女友常伴左右自然要比"打光棍"有面子得多，他们在选择女友时常把容貌放在第一位，认为"一定要拿得出手"才有面子。这些同学追求的往往只是爱情的形式，却忽视了爱情的本质。

(六)物欲诱惑型

为追求物质享受而谈恋爱在今天的女大学生中有一定的市场。这部分女大学生由于抵制不了花花世界对自己的诱惑，一味地追求高档的衣物与化妆品，但自己却囊中羞涩，又不能总伸手向父母要，于是就想到了找男朋友来满足自己的物质享受。小 H 就是其中的一个典型。她上大学还不到一年时间，但前前后后已经换了好几个男朋友。她来自农村，家境比较贫寒，长相十分出众，功课又好，但她却非常羡慕一些家庭条件好的女生拥有的高档衣物和化妆品，觉得自己虽有一张漂亮的脸，却没有像样的衣物装扮自己。而家里能供她上大学已经十分不容易了，根本不能满足她的物质需求，每每想起这些她就很自卑。于是，她就想了一个"高招"：找男朋友，让他为自己买。她刚结识一个男友时，男友为了取悦于她总是言听计从，尽量满足她的需求。慢慢地，当男友囊中羞涩不能满足她的要求时，她立刻与他分了手，又去找了一个新男友，直至有一天她认识了一个商人，虽然她明知对方已有家庭，但仍然毫不犹豫地去当了商人的"地下情人"，她获得了自己想要的东西，却失去了人生最宝贵的纯真、人格与尊严。

(七) 游戏爱情型

爱情是心与心的交流，爱与情的碰撞；爱情又是自私的，它具有专一性和排他性；爱情更是神圣的，它必须具备责任心和道德素养。近些年来，在大学校园的恋爱族中，有一些学生视爱情为游戏，同时与几个人建立恋爱关系，谈起了"三角恋爱"甚至"多角恋爱"。小 I 身高 1.80 米，长得风度翩翩，一表人才，而且学习、体育都很棒，如此出色的男生自然容易赢得异性的青睐。果然几乎同时有三位女生向他表示了好感，他喜出望外却又犹豫不决，因为他觉得这三个女生各有各的优势，他一时无法取舍。最后他决定与三位女生同时建立恋爱关系，先接触接触，进行广泛的考察之后再做取舍。时间长了以后，他就不怎么珍惜纯真的爱情了，脚踩几只船，周旋在几个女友中，以此为荣并乐此不疲。但"玩火者必自焚"，这种游戏人生、自欺欺人的行为不仅伤害了他人的纯真感情，而且最终也会搬起石头砸自己的脚，更会遭到他人的唾弃。

(八) 网上情缘型

鱼对水说："你看不见我的眼泪，因为我在水里。"水说："我能感觉到你的眼泪，因为你在我心里。"这是一句描写网恋的小说中的经典对白，曾经广为流传。如今，随着网络的迅速发展和普及，网恋这种特殊的恋爱方式，正在成为当代大学生的"缘分天空"。

1. 网恋诱人的原因

网络就像一层厚厚的面纱，隔开了两个人，也遮住了两个人的真实面目。因此，在交往时，人们只能从对方的"言谈举止"中去猜测，即使有所了解，也是"犹抱琵琶半遮面"，看不真切，因而总有一种雾里看花的感觉，吸引着人们去一探究竟。网上的恋人一般相距遥远，素不相识的双方在表达爱情时就更加热烈奔放，把所有想到的挂念、关心或者自己的心事和不愉快都毫无保留地通过网络传递过去。由于缺乏任何实际的接触，恋人们往往只靠网上谈天的直觉和自己希望的形象来描绘对方，潜意识中为对方赋予了许多美好的特点，自己心目中的爱人往往聚集了古往今来一切爱情传说中最美好的优点。在这种情况下，爱情也就显得格外美好。

2. 网恋对大学生的影响

网络给大学生提供了一个虚拟性与真实性并存的情感环境,一方面大学生可以在网上大胆而直接地与异性交往,另一方面这种真真假假、半真半假、时真时假的交往又对大学生情感的健康发展产生了较大的负面影响。一部分大学生对网恋的虚幻性缺乏足够的认识,一味地投入真情,对于"下网散,见光死"的可能后果缺乏心理准备,结果是"竹篮打水一场空",感情受到伤害;另有一些大学生上网只是玩玩,他们大肆与异性网友调情,却缺乏真诚与责任心。有些学生同网友聊过一次天、发过一次 E-mail 后,便一见钟情,相见恨晚。有些学生第一次"接触"便敢说"我要娶你""我要爱你到永远",并迅速在网站上确立恋爱关系。大学生网恋一般很容易上瘾,而一旦上瘾就会沉湎于网上不能自拔,把网上爱情视为生活的唯一追求。有一些大学生中午、晚上不休息,加班加点在网上谈恋爱,上课时却无精打采,有的大学生甚至为了上网谈恋爱而逃课。网恋不仅严重影响学习,而且容易使他们减少与老师、同学之间的交流,不愿意参加集体活动,性格变得孤僻,甚至造成人格分裂。

3. 网恋的结果

网络爱情的发展不外乎三种结果:一是在网上无疾而终,这未必是件坏事,也许你还可以拥有一份美好的回忆;二是发展到网下进行,结果却发现这个他不是网上的那个他了;三是你的网上恋人在现实生活中也真的是你要找寻的人,那么童话在你身上变成了现实。但是在现实生活中,这样的童话毕竟不多,我们看到更多的是网恋给当事人带来的痛苦与不幸。无数的事实表明,网恋虽然看起来极为浪漫,却陷阱重重,原因在于以文字为载体的网恋具有很大的蒙蔽性,无论它所虚拟的实境多么真实,却终归是虚拟的、不可捉摸的。

延伸阅读   **网恋的悲剧**

网恋让一名楚楚动人的女大学生小 J 不惜千里迢迢来到北方与心上人相会,没想到却踏上了死亡之旅。女大学生的母亲悲痛地说:网恋害了我女儿的命!年仅 20 岁的小 J 去年以优异的成绩考入了某大学英语系,上大学后,她迷上了上网,并认识了一个叫"冬冬"的网友,很快两人便陷入狂热的网恋。去年底,她与网友见面,并发生性关系。两人关系迅速升温,每日热线电话不断,有一次用手机通话时间竟长达两个小时。今年 5 月,她告诉"冬冬",不久她将远赴英国留学,言外之意他们的关系该结束了。而此时的"冬冬"却露出了真实面目。在与小 J 的交往中,他得知她的父亲是个大老板,很有钱,于是一个阴谋产生了:先将小 J 骗过来,再狠狠地敲上一笔。痴情的小 J 为了见男友最后一面踏上了北上的列车,从此音信皆无。之后,她的父亲收到从女儿手机发来的短信,大吃一惊:你的女儿在我们手上,想要活的就痛快拿出 118 万元,不许报警,否则后果自负。几天之后,在北方的某个城市,警察发现了小 J 的尸体。像她这样因为网恋而付出生命的真实事例,但愿更多的大学生能从中得到教训。

(九)同性恋

当今高校,风华正茂的莘莘学子中有这样一个特殊群体,他们的性取向有异于主流人群,他们中的大部分人极力隐藏自己,少数人愿意张扬外露。他们,就是鲜为人知的大学生同性恋者(简称"大同")。

在一些高校教室的书桌里,隐蔽位置常常写着带有同性恋含义的"暗语",后面附上用于联络的 QQ 号。游泳馆、图书馆、教学楼某层都可能是"大同"不约而同经常出现的地带。更多的"大同"选择在网络上进行交流,在一些同性恋网站,有很多"大同"比较集中的聊天室。高校里的大学生同性恋者究竟有多少?对于大学生中的同性恋数目现在还缺乏全国性的专门统计数字,但从一些侧面我们可以了解到这个群体的规模和活跃程度都已超越传统"极少数"的概念。调查显示,有6%左右的大学生在大学期间首次发生了同性之间的性接触。调查中,有同性恋心理倾向和同性接触的男生和女生一样多。除了见过面的本校或其他学校"大同",他们每个人在网上都有来自全国各地的、少则一两百个、多则四五百个同性恋聊天对象,其中约 80%是在校大学生。"大同"们说,因为一方面无法改变自己的性取向,另一方面又很难被社会、家长和老师接受,所以大多数"大同"一直处于缺乏自我认同的极度痛苦中。"如果我对别人说我爱一个男孩,天知道别人会是什么反应!"小 K 说,"大学生中有很多'同志',可大家都很矜持,生怕一不小心声名狼藉。所以在学校里,我尽可能不让外人看出我的内心世界。为此,我还假装喜欢女孩"。由于内心苦闷无处发泄,有的同性恋者患上了心理疾病,有的为此影响学业。

> **知识链接**   **认识同性恋**
>
> 同性恋是持续地对同性别的人产生偏好、性倾向或性行为。目前人们越来越关注同性恋现象,正视同性恋作为一种生活方式存在的合理性与缺陷。
>
> 一般认为同性恋的形成有如下因素。
>
> (1) 先天因素。同性恋者在生理构造上存在着与一般人的差异,主要表现在遗传因素、大脑因素和荷尔蒙因素。
>
> (2) 后天因素,持后天说的学者则从社会建构论出发,认为是后天的童年环境、青春期经历、父母教养方式、社会环境、性经历等心理和社会的因素,造成同性恋的形成。
>
> 在中国,同性恋作为一种非主流的性爱形式,面临着许多困境和不公的待遇。受传统性爱观的影响,人们不能接纳同性恋,很多人认为同性恋是不正常的、令人厌恶的。同性恋者很难拥有自己满意的生活,不但在现实生活中他们的真实性爱倾向不被人们接纳和理解,必须隐藏自己的性取向,而且在家人和社会的压力下,他们最终还被迫结婚,婚姻生活质量一般不高,心理非常痛苦,给配偶和家庭成员带来痛苦和烦恼。
>
> 随着社会发展和西方理念的传入,越来越多的人对同性恋者持有宽容和理解的态度。在最新出台的《精神病鉴定条例》中,已经不再把同性恋作为精神病的一种了。

以上的内容只不过是对大学生恋爱现状的一部分描述,我们不难发现大学校园里"一对对可人儿相依偎"的恋爱现象早已经是不争的事实,但各种恋爱矛盾、纠纷也随之而来,如果处理不当，会给大学生的学习和生活造成一定程度的负面影响，因此我们必须对大学生的恋爱问题作认真的思考，帮助大学生发展健康的恋爱心理行为，提升爱情的境界。

三、大学生恋爱的特点及原因分析

一个人步入青春期后，随着性发育日趋成熟，青年男女的性意识越来越强烈。从这个角度出发，当前高校大学生谈恋爱现象比较普遍，而且是呈有增无减之势，这是可以理解的。但他们既是成熟的，又是不成熟的。他们的社会责任感、道德观念、恋爱态度，他们对恋爱与学习关系的处理等都是不成熟的。因此，了解大学生恋爱特点及处于恋爱中的大学生的微妙又复杂的心理，是非常重要的。

(一)大学生恋爱的特点

1. 恋爱比例大，公开且主动性强

有调查显示，在一些高校中，大学生恋爱比例达到 60%以上。一些新生在入学之初，便得到老生的面授技艺：恋爱是大学的必修课，在大学里没谈过恋爱就不算是一个合格的大学生。在这种思想的影响下，很多大学生义无反顾地投身于恋爱的洪流中去。在恋爱中，一些同学也抛开了应有的矜持与含蓄，表现得越发投入与大胆，在教室、食堂、操场等公众场合旁若无人，其表现令人生厌。他们自己竟美其名曰：爱就爱得轰轰烈烈。这种表现在师生中间产生了不良的影响，破坏了大学生的良好形象。

2. 女生的恋爱比例高于男生

导致男女恋爱比例差异的主要原因有三：一是女生的生理和性心理成熟早，加之有较强的依赖性，因而她们对"感情港湾"的需求程度要强于男生；二是女大学生的绝对数小，占在校生的比例低于男生，所以在"对偶式"的爱情世界中，女生总是处于"供不应求"的优势地位。只要自己愿意，自身条件不占优势的女生同样会找到钟情的知音，而素质较差的男生在校园"情场"上则要相对受冷落。三是由于我国传统上推崇男大女小，男主女次的择偶模式，致使女生把在校期间当作择偶的最佳时机。她们担心一旦进入职业社会就很难找到心心相印的另一半。

3. 恋爱周期缩短，频率增快

恋爱中的"短平快"已经成为当代大学生恋爱的一个特征。成功率低，有少数大学生把在大学里恋爱视为在经营"实验田"，"恋爱专业户"也出现了。

4. 恋爱动机的多样化

据调查统计，以"建立家庭"为恋爱目的的大学生只占30%，更多的是以"丰富生活""摆脱孤独寂寞"为目的，也有为追求金钱、名誉和地位的。他们只注重恋爱过程的情感投入和体验，走出了"交往—恋爱—结婚"的传统爱情三部曲，认为恋爱不必托付终身。于是，校园里便出现了"契约式恋爱"，在校时卿卿我我，心理上相互填补空白，甚至有人

在校外租房同居，但毕业时互相说声"拜拜"。这种缺乏责任感与严肃感的盲目的"寂寞期恋爱"，是十分危险的游戏，是不可取的人生态度。

5. 男生主动出击者居多

一些相貌超群的女生在入学那天就被高年级负责"迎新"的男生"盯住"了。具有学生干部身份的高年级男生中不乏"有心人"，他们名正言顺地要给刚入学的"学弟学妹"以关心、照顾和帮助，让新生普遍感受到大家庭的温暖。少数纯真的女生有时会感到这种兄长般的关怀越来越带有私人情调，待到双方的感情沿着"关怀照顾、感激、备加关怀、由衷感激"的互激式正向循环，发展到适合于对方求爱的程度时，她们往往已无力抗拒感情的潮水，于是，全然放弃观察和选择的机会，匆匆相爱。

6. 恋爱悲剧增多

一部分大学生不会处理学业和恋爱的关系，爱情至上，整天忙于花前月下、卿卿我我，厌学、早退、旷课现象增多，甚至造成多门课不及格，不能顺利毕业，耽误了自己的美好前程，令人痛心。也有的大学生社会阅历浅，心理承受能力较弱，而期望值又高，容易冲动。一旦失恋，往往造成爱情悲剧：伤害对方的有之；自杀的有之；精神分裂的有之；厌恶俗世、破罐破摔的有之。

(二)大学生恋爱现状的原因分析

大学生恋爱现象由来已久，它曾给大学生带来过好的结果，有很多青年由此结合，组建了幸福的家庭。与此同时，我们发现由此带来的消极影响也是十分明显和严重的。不管怎样，我们都应认识到，大学生恋爱现象是正常的，不容回避，应以一颗平常心看待，客观地分析产生的原因。

1. 大学生生理和心理的发展

大学生年龄一般在17~24岁之间，这个年龄界限按青年心理学划分，已跨过青春期并进入成年期，其生殖系统发育趋于成熟，性激素的分泌影响生理平衡，因而对性的体验十分敏感。满足性冲动是促使青年投入恋爱活动的重要诱因。在性意识发展到热恋阶段，性欲需求日益强烈，前阶段弥散化的性冲动集中投射到选定的特殊对象上。此时的大学生正由青春期的"异性疏远"走向青年期的"异性接近"，出于性冲动的驱使，青年开始脱离群体化的两性活动而单独约会。因而在异性吸引、彼此产生好感的基础上，恋爱也就默默无声地潜入年轻人的心田。

2. 社会情感的需求

亲密关系的需要在青年前期开始显露。这时的青年不再像儿童那样满足于血缘带来的亲近，而有意识地结交一些个人密友。到了青年中、晚期，亲密关系的需要进一步发展，此时的朋友已不仅仅是倾诉对象。进入大学校园，对大多数人来说意味着脱离以前的群体进入新环境。青年必须重新建立各种关系。烦恼、寂寞、通过交流完善自我等等多重目的使青年对亲密关系的需求空前强烈。亲密关系发展的顶点就是爱情。除了父母,青年恐怕不会承认有比恋人更亲密的人,而且恋人间的亲密在某些方面是父母子女间关系所比不上的。因此,对亲密关系的追求把孤独的大学生引向恋爱是极其自然的事。

3. 归属与服从的需要

归属和服从的需要是作为社会存在物的人最重要的需要之一。马斯洛把归属感和爱摆在一起,认为它是在安全需要之后的需要层次。群体活动增加了男女青年的交往机会,对群体的共同归属(尤其是一些很小的群体)又增强了两人之间的人际吸引力,进一步地发展便可能导致恋爱。在恋爱中,恋人能感觉到自己属于另一个人,被另一个人爱抚关心的滋味。两人共同分享所有的东西:财产、感情、秘密。恋爱能直接满足归属和服从的需要。

4. 大学生个性意识的增长

随着年龄的增长和接受信息量的激增,大学生自我意识迅速崛起,这就扩大了他们思维活动的自由度。从老师、家长束缚下的中学生到自己独立支配生活的大学生,生活环境的大变迁又扩大了大学生行为活动的自由度。大学生的主体意识、个性意识日趋发展,他们不仅在校园内为今后立足社会而求知成材,也开始为今后建立家庭做准备。

5. 群体性社会心理因素的影响

人的社会生活无时不受到诸多心理因素的影响,大学生恋爱也不例外。一是受从众心理的影响。大学生在共同的校园里学习、生活和交往,加上思想观念的相似性,促使他们在恋爱问题上表现出明显的从众趋向。恋爱对象的出双入对常令他们羡慕和向往,在好奇心驱使下而跃跃欲试。看到恋爱的同学生病有人照料,生日有人陪伴,委屈有人安慰,便萌发孤独感和攀比心,甚至低人一等的自卑感。在这种群体氛围的影响下,不少本不打算谈恋爱的,为表现自己并非无能,也盲目效仿,寻求异性朋友。二是受逆反心理影响。由于自我意识和独立意识的增强,大学生往往把师长的指点和规劝看作是"干涉内政",把对他们进行爱情与道德教育看作是思想僵化、封建保守,凡此种种心理对峙,种下的是不会开花结果的种子。

6. 社会环境、生存空间的推波助澜

随着社会的发展,大学生和社会有着日益广泛的联系,接受各种挑战和影响,对外开放政策使先进的科学技术引进来,西方腐朽思想和不健康的东西也大量涌入中国。描写青年恋爱的文艺作品比较多,影视作品也常出现情爱的画面,更有互联网的广泛应用,大量关于两性及恋爱问题的讨论,使大学生们眼花缭乱,难辨是非,对思想单纯,社会经验少的青年学生产生了很大的消极影响。在好奇心的驱使下,他们涉足爱河,有的甚至偷尝禁果,造成无可挽回的错误。

总之,对于多数大学生而言,上大学是他们第一次远离父母开始独立生活。一方面,挣脱了家庭的管束使得他们有强烈的自我意识,迫不及待地为自己做主。另一方面,多年的家庭抚养使得大多数的大学生并没有较强的自我约束能力、环境适应能力和抗挫耐压能力。对于一些大学生而言,激情远远大于承诺与责任。比如,一些女生可能迷恋小说、影

视剧等文艺作品中的爱情片断,在恋爱对象、关系和相处方式上总是不自觉地模仿作品中的人物和情节,不切实际地追求浪漫体验。成熟的生理与不成熟的心理,独立的情感与不独立的经济能力,浪漫的爱情与现实的生活,都导致大学的恋爱过程重于结局,关系不稳定。

第二节　健康的恋爱观与恋爱行为

从大学生心理咨询的实践看,恋爱中的矛盾、纠纷多产生于他们不成熟的思想、行为和心理。从恋爱心理健康的角度分析,人格不成熟的大学生匆忙涉足恋爱容易导致不成熟的恋爱,如果恋爱双方都不成熟,那么失败的可能性更大。因此,帮助大学生了解爱情的真谛,养成良好的恋爱行为,树立健康的恋爱观是至关重要的。

一、大学生谈恋爱应具备的条件

当代大学生的性生理发育虽然基本成熟,但他们的心理发育相对滞后,人生观还不够稳定,学识基础还不够牢固,社会阅历还相对缺乏,还没有独立的经济基础。大学生迫切需要爱情,但未必懂得爱情,未必能把握爱情。在大学生言论中,大概没有什么事情比爱情谈论得更多而理解得更少了。因此,理性地认识大学生恋爱应具备的条件,具有重要的现实意义。

1. 心理发展相对成熟是大学生恋爱的必备条件

大学生的情绪,是他们最显著的心理特征。当代大学生不稳定的情绪,反映出他们不成熟的心理状态。大学生心理发展的不成熟性,决定了他们恋爱观的不稳定性和对恋爱时机把握的不准确性。大学生在心理发展不成熟的情况下谈恋爱,就容易将爱情简单化、片面化、理想化和浪漫化,并因此造成一些令人担忧的问题:有的大学生因为把过多的时间和精力投入恋爱,影响了自己的学业;有的大学生在恋爱中遇到挫折时不能自拔,使自己置身于进退两难的境地;有的大学生在恋爱中情绪波动,不仅影响了学业,也打乱了正常生活规律。因此,心理发展相对成熟,是当代大学生恋爱的一个必备条件。

2. 人生观相对稳定是大学生恋爱时机成熟的标志之一

人生观是人生目的、人生价值和人生态度的统一,是人对自己的人生目的和意义的根本看法和态度。当代大学生的人生观虽然已经树立起来,但是大多数还不稳定,容易受到外界的影响。人生观决定恋爱观。正确恋爱观的形成,需要稳定人生观的指导,不稳定的人生观,将会导致不正确的恋爱观。大学生人生观稳定之前对爱情的理解和认识,难免存在片面性,他们对人的本质和人生道路的选择,对爱情与事业、爱情与集体、爱情与道德的关系等问题,有时缺乏科学的认识,对恋爱行为将要承担的社会责任、家庭义务以及恋爱的道德要求等,也都缺乏充分的思想准备和心理承受能力。在恋爱实践上,有的大学生缺乏理性,功利主义、务实主义倾向明显;有的大学生,过于崇尚个性,我行我素,无视他人的眼光，社会责任意识欠缺；有的大学生不能正视恋爱与学业、恋爱与婚姻的关系，道德滑坡、行为失范而不自知。因此，相对稳定的人生观，是当代大学生恋爱时机成熟的重要标志之一。

3. 相对牢固的学识基础是大学生恋爱的前提条件

爱情是人生的重要内容，它能给人以精神上的激励和鼓舞、情绪上的欢愉和振奋、生活上的充实和满足。对爱情执着的大学生，大多欣赏罗曼·罗兰的名言："没有一场深刻的恋爱，人生就等于虚度一场。"有的大学生也认同"只有爱情才能显示一个人价值的全面"的说法。大学生要面对学业和爱情两大人生课题，如何处理好学业与爱情的关系，一直是令大学生感到困惑的难题。

爱情固然重要，但它毕竟不是大学生生活的全部，也不是首要的任务，与学业相比较，爱情只能是次要位置上的，因为学业才是大学生的主课，是首要任务。在打下牢固学识基础之后，才可以从事如恋爱等学业以外的活动。如果学业基础还不牢固，甚至感到学习压力大，学习起来比较吃力，那就说明恋爱的条件还不成熟。学业基础不牢固情况下的恋爱，会对学业造成不利影响，情况严重者会引起大学生情绪上的波动，造成厌学、辍学等严重后果。

在当代大学生群体中，存在着一个十分有代表性的观点：许多大学生固执地认为他们自己能够做到恋爱与学业兼得、两不误。不少大学生把恋爱与学业并列起来看待，认为它们是同等重要的东西。因此他们在恋爱方面情愿投入较多的时间和精力，其结果往往是犯了将学业搞得一塌糊涂，但不自醒的舍本逐末的错误。因此，大学生到底该何时谈恋爱，一个重要的条件，就是要看他是否具备了相对牢固的学识基础！

4. 社会阅历相对丰富是大学生恋爱的社会基础

恋爱是大学生一生中的一件大事，它不仅是一个个人问题，也是一个社会问题，关系到后代的繁衍和社会的发展。具备一定的社会阅历，对大学生的健康成长和恋爱实践是十分必要和重要的。大学生社会阅历少，挫折承受能力弱，抵御社会不良文化影响的能力差，考虑问题、处理事情常常脱离实际；对爱情的分析和判断容易出现偏差，对恋爱对象和爱情结局抱有过高的期待，经常充满理想主义和浪漫主义色彩；有的恋爱中的大学生，在社会交往中缺少戒备心理、感情用事，容易上当受骗，在被不怀好意的人玩弄感情后，产生报复心理。所有这些，都与大学生的社会阅历欠缺有关。因此，相对丰富的社会阅历，是当代大学生恋爱的社会基础。

5. 相对独立的经济条件是大学生恋爱的物质基础

大学生一旦开始恋爱，就要付出大量的时间和精力，同时也要投入可观的财力和物力。恋爱方面的开支，大学生习惯称为"恋爱投资"，或者叫"恋爱消费"。恋爱中的大学生日常开销会明显提高；穿衣打扮方面，也越来越讲究；他们在人际交往、通信、吃饭、娱乐等方面的开销也迅速上升，等等。所有这些活动都需要以经济为基础，以金钱为支撑。恋爱消费的需求，刺激着大学生对金钱的渴望。有的大学生为获取恋爱所需的资金，做出了与其身份不符的事情：不顾家庭经济的困难状况，硬是向家里伸手要钱，无形中增加家庭经济负担；有的开口向亲戚、同学、朋友借钱，还钱时间又遥遥无期，造成自己在他人心目中的失信；有的男生为了恋爱所需，自觉聪明过人，干起坑蒙拐骗、敲诈勒索、偷盗抢劫的勾当，玷污了自己的人格，受到法律法规、校规校纪的制裁；极少数女生，在低俗趣味社会风气的诱惑下变成了金钱的俘虏，用青春资本和大学生招牌，换取脸上的脂粉和身上的衣裳，出卖了自己的人格，玷污了大学生形象。

所以，大学生在经济相对独立之前谈恋爱，是缺乏物质基础的。恋爱不是一个单纯理念化的过程，更是一个实践过程。恋爱实践需要一定的物质基础。不考虑物质基础的恋爱，是柏拉图式的恋爱——这种心灵上的"迷狂"，如同空中楼阁一样缥缈不定。当代大学生经济上不能独立，学习阶段所需费用主要由家庭支撑，因此，恋爱的物质基础条件尚不成熟。

二、健康的恋爱观

现实生活中，有很多人对爱情抱有非理性的观念或看法，譬如：爱情是永恒的；爱不需要理由；恋人是完美的，爱情是至高无上的；爱是缘分，也是感觉；爱情能够改变对方；你的恋人属于你；爱情享受和需要的是过程而不是结果；爱情并不在天长地久，只要曾经拥有；爱情是靠努力可以争取到的，只要付出必定有回报；因为相爱而发生的性关系无可非议；没有爱情的大学生活是失败的；失恋是人生重大的失败；爱的给予就是"让出"，满足对方的一切要求……

上述对爱情的非理性观念实质上反映的是恋爱观的问题。恋爱观是指一个人对于爱情的认识与了解，对于恋爱的态度、看法及行为倾向。每个人的性格、经历不同，他们的恋爱观、价值观也会不同。正确的恋爱观要求人们在处理恋爱问题时，不仅要对自己负责，而且要对对方、对社会负责，把爱情和责任、义务联系起来，真正做到爱情与道德的统一。作为大学生，要用正确的恋爱观对待爱情生活，遵守恋爱的道德。

1. 尊重对方，不能有所隐瞒

恋爱应尊重对方的情感和人格，平等履行道德义务。恋爱自由是必须遵守的道德准则。男女双方首先应彼此尊重对方的情感，不能把自己的意志强加于人。每个人都有爱和被爱的权利，有选择各自爱人的权利。在当事人确立恋爱关系时，必须出于双方共同的意愿，彼此相爱。任何一方都不能强迫或诱骗另一方接受自己的爱，即使这种爱慕是纯洁的，也不能强求对方违心地接受。恋爱中更不能有欺骗、隐瞒或其他违背爱情基本要素的行为，自己的家庭情况、个人历史以及经济状况，都应向对方实事求是地说明。过去自己曾有过的"污点"，尤其要让对方知悉，不可遮掩，不可骗取对方的爱情。

2. 专一忠贞，不能朝秦暮楚

在恋人的选择上最重要的条件应该是志同道合，思想品德、事业理想和生活情趣等大体一致。一般情况下，异性感情的发展是沿着熟人—朋友—好朋友—知己—恋人这一线索发展的，当一个人成为另一个人心中任何人都不能代替的角色时，爱情就可能降临。爱情具有鲜明的专一性和排他性，爱情包含的特有情感和义务只能存在于恋爱双方之中，不允许有任何第三者介入。男女双方一旦建立了恋爱关系，就要经得起时间、空间的考验，经得起困难、挫折的洗礼。如果"脚踏两只船"，搞三角恋爱，或朝秦暮楚，喜新厌旧，今天和这个谈情，明天与那个说爱，企图玩弄别人的感情，那么就会践踏自己的感情。历史的事实和今天的现实一再证明，那些追求贪欲、生活放荡的人，都会受到道德的审判和世人的唾骂；那些忠贞不渝、始终如一的人，则爱情幸福，生活美满。

3. 自尊自爱，不能超越"雷池"

在恋爱中理智的向导是爱情的灵魂。爱情的力量也只能在人类非性欲的爱情中孕育，恋人之间特有的神秘感和心灵的震颤是十分珍贵的情感源。纯净真实的恋爱是两个人彼此欣赏、相互倾慕，是对恋人才情气度、心灵智慧的由衷折服，是心有灵犀一点通，是一日不见如隔三秋，是秋风乍起的早上那个"多穿衣服"的电话，是对方卧病不起时的端茶送药，是对恋人屡犯不改小错误的一笑了之，是为能拥有"不加期限"的长相厮守而并肩拼搏的心灵默契……如果两性关系自由放纵，必然造成严重的后果。许多大学生在恋爱过程中，对传统的贞操观意识比较淡薄，大学生越轨行为在各高校是一个普遍存在的问题。一个人一旦把高尚的情爱与邪恶的欲望结合起来，就会走向堕落的深渊。如果把爱情等同于性欲的满足，就是对纯洁高尚爱情的亵渎，不加理智地放纵爱的烈火，最终只能把爱情埋葬。

三、健康恋爱行为的养成

现实生活中，人们祈求爱、渴望爱，然而愿意学习爱的人却为数寥寥，其实掌握爱的技术并不难：一要学理论；二要会实践；三要赋予爱最大的关心与爱护。对于渴望爱情的大学生来说，学会关于爱的知识，提高爱的能力，形成良好文明的恋爱行为将有助于大学生创造理想又完美的爱情。

(一)健康恋爱行为基本要求

1. 恋爱言谈文雅，讲究语言美

交谈中要诚恳、坦率、自然，不要为了显示自己而装腔作势，矫揉造作；不能出言不逊，污言秽语，举止粗鲁；相互了解，不要无休止地盘问对方，使对方自尊心受损。否则只会使之厌恶，伤害感情。

2. 恋爱行为大方

一般来说，男女双方初次恋爱，在开始时常感到羞涩与紧张，随着交往的增加会逐渐自然与大方。这个时期要注意行为举止的检点。有的人感情冲动，过早地做出亲昵动作，使对方反感，影响感情的正常发展。

3. 亲昵动作高雅，避免粗俗化

高雅的亲昵动作发挥爱情的愉悦感和心理效应，而粗俗的亲昵动作往往引起情感分离

的消极心理效果，有损于爱情的纯洁与尊严，有损于大学生的形象，同时对旁人也是一种不良的心理刺激。

4. 恋爱过程中平等相待，相敬如宾

不要拿自身的优点去比较对方的不足，以此炫耀抬高自己，戏弄贬低对方。也不宜想方设法考验对方或摆架子，这些都可能挫伤对方的自尊心，影响双方的感情。

5. 善于控制感情，理智行事

恋爱中引起的性冲动，一方面要注意克制和调节，另一方面要注意转移和升华，参加各种文娱活动，与恋人多谈谈学习和工作，把恋爱行为限制在社会规范内，不致越轨，使爱情沿着健康的道路发展。

(二) 培养爱的能力与责任

心理学家弗洛姆认为，爱是人的一种主动的能力，是一种突破使人与人分离的那些屏障的能力，一种把他和他人联合起来并克服孤独感的能力。爱情可以令人愉悦、激动，产生强烈的情绪感受。真正意义上的爱情，更是一种为成长和幸福所做的积极奋斗，是一种主动的活动。大学生处于自我成长的关键时期，掌握爱的能力，可以帮助大学生获得一段美好的爱情，促进当事双方的心灵成长，给予双方美好的感受，激发起双方共创美好未来的动力。

1. 选择爱的能力

大学生处于青春后期，对爱情的向往与憧憬最甚。如何选择所爱，爱己所选，是获得一段美好爱情的前提。首先，自爱是爱他人的基础。自爱与其他任何一种爱非但不矛盾，而且互相联系。一个自爱的人，是一个对自己的生活、幸福、成长负责任的人，是一个能够认识自我、发展自我、超越自我的人，是一个有爱的能力的人。而爱他人是自爱能力的反映。若一个人有能力爱自己，也就有能力爱他人；若你真正爱他人，你就应该真正爱自己。其次是自我澄清。任何一段成熟的关系都是建立在深刻的自我认识基础之上的。大学生应该了解自己是什么样的人，需要什么样的人，喜欢、适合什么样的人，自己向往何种情感体验。如果感觉到无从下手，不妨留意自己对身边正在发生的爱情、正在相处的伴侣或爱情影视剧的评价，这样能够帮助自己不断澄清。再次是了解对方，包括人生观、价值观、品行、学识、生活习性、兴趣爱好等等。需要注意的是，在了解的过程中，对方的家庭背景、朋友圈也是很好的资料来源，因为个体的成长环境对其性格的养成等具有不可磨灭的重要影响，而正所谓"近朱者赤，近墨者黑"，一个人的朋友也能够从侧面反映出该人的性格特征与习性。

2. 迎接爱的能力

包括施爱的能力和接受爱的能力。前者是主动给予爱，后者是被动接受爱。尽管恋爱的起初或许是一方施爱、一方受爱，但就恋爱的整个过程来说必定是男女双方互相施爱和受爱，否则爱就无法持续下去。

一个人心中有了爱，在理智分析之后，要敢于表达、善于表达，这是一种爱的能力。一个人面对别人的施爱，能及时准确地对爱做出判断，并做出接受、谢绝或再观察的选择，这也是一种爱的能力。缺乏这种能力的人，或是匆忙行事，或是无从把握。大学生要具有迎接爱的能力，就应懂得爱是什么，有健康的恋爱价值观，知道自己喜欢什么，需要什么，适合什么，追求什么；当别人向你表达爱时，也能及时准确地对爱的信息做出判断，坦然地做出选择。

3. 拒绝爱的能力

这是对自己不愿或不值得接受的爱加以拒绝的能力。生活中可能有并不期待的爱情来到眼前，有时还可能出现挥之不去的情形。所以，拒绝爱的能力也是很重要的。拒绝爱要注意两个方面：一是在并不希望得到的爱情到来时，要果断，勇敢地说"不"，因为爱情来不得半点勉强和将就。如果优柔寡断或屈服于对方的穷追不舍，发展下去对双方都是不利的。二是要掌握恰当的拒绝方式。虽然每个人都有拒绝爱的权力，但是珍重每一份真挚的感情是对他人的尊重。许多情况下表白被拒后的心理问题，就是由于表白者没有受到应有的尊重而产生的，学会珍惜与感谢对方的情感，是成熟与理智的表现。在表达方式上，应该态度明确，立场坚定，方式委婉，清楚地告诉对方现阶段彼此没有发展爱情的可能，必要的话说明原由，让对方完全了解并尝试接受。在行为方式上，必须果断坚决，不要拖泥带水，或是模糊暧昧。

4. 发展爱的能力，培养爱的责任

发展爱的能力，就是要培养无私的品格和奉献精神，要培养善于处理矛盾的能力，有效地化解消除恋爱和家庭生活中的矛盾纠纷，为恋人负责，为社会负责，才能创造出幸福美满的婚恋。对于大学生来说，为了自己的爱情之花盛开不败，一定要建立正确的恋爱观，选择合适的恋爱对象，培养理智的行为方式，塑造自身良好的人格，这样就一定能找到属于自己的真正爱情。

(三)提高恋爱挫折承受能力

大学生的恋爱受多种因素的制约，因而在追求爱情的过程中遇到各种波折是在所难免的。单相思、失恋等恋爱心理挫折对大学生的心理承受能力就是一种考验。如果承受能力较强，就能较好地应付挫折，否则就有可能造成不良后果。因此，提高恋爱挫折承受能力对大学生的心理健康是非常重要的。

(四)让爱再造人格

法国著名戏剧家莫里哀曾说："爱情是一位伟大的导师，它会教会我们重新做人。"恋爱，往往会成为大学生人格再造的契机，促进大学生的人格发展成熟：一方面，恋爱中双方关系的协调、各种矛盾的解决，都会丰富大学生的生活经验，促使双方在心理上趋于成熟；另一方面，恋爱中的大学生为了获得异性对自己的爱，提高自己在对方心目中的形

象，总是力图完善自己、丰富自己，爱成了一种强大的内在动力。另外，处于恋爱中的大学生总是朝气蓬勃、自信乐观，他们这种美好的情感美化了自己也美化了环境，并形成一种良性循环，最终促进人格的成熟。当然，这一切都只能建立在正确的恋爱观、合适的恋爱对象、理智的恋爱方式以及自身良好的人格基础上。

爱情是一位导师、一所学校。讲究恋爱心理健康，就是为了最大限度地发挥"导师""学校"的作用，使之促进人的心理发展和人格完善，并获得爱情的甜蜜和家庭的幸福，促进社会的文明。

第三节　大学生恋爱的心理困扰与调适

许多大学生在恋爱问题上感到有很多说不明白的心灵困境或叫心理困扰，其原因有三：一是因为在大学生心目中，爱情的理想与现实的差距让人感受到一种无以名状的失落。也就是说，总相信有完美的爱存在，可现实却是，没有十全十美的男人或女人，更没有十全十美的自己。二是由于恋爱能否成功的因素是多方面的，要达成多方面的默契是需要时间的，要建立一份永久的爱情与幸福的家庭是需要相互理解、共同努力的。三是由大学生恋爱的心理特征所引发并形成的恋爱高速度进展和恋爱的多元化所致。具体地说，因为他们年纪尚轻、涉世太浅，缺乏深入了解和正确评价一个人的经验；因为他们过于情感外露、行为外向，盲目地一扫传统的以含蓄、深沉为美的恋爱方式；因为他们年轻、冲动；因为他们本身面临的就是一个多元化人生价值观念的现实社会……所以，恋爱心理困扰的产生便是顺理成章的了。

一、单相思的困扰与调适

人们常说的单相思一般是指你为他相思成灾，她却一无所知，即使这样，却仍然一往情深，耐心地等候，幻想终有一天能真情感动、苦尽甘来，"衣带渐宽终不悔，为伊消得人憔悴"。

(一)科学地认识单相思

心理学认为，人的认知是客观事物在人脑中的反映，这种反映有时因为受到主客观因素的干扰而出现偏差。单相思一般有两种情况：一是误解对方的言行、情感，把友情当作爱情；二是深爱对方，却不知道对方的感情，又怯于表白。单相思者往往对倾慕的对象一往情深，希望得到对方爱情的动机十分强烈。在这种心理的支配下，常常会把对方的言行举止纳入自己主观需要的轨道上理解。有时候，对方一个眼神、一点微笑、一句模棱两可的话语，在第三人看来毫不足道，但在单相思者看来，却似乎在暗示着什么。因此，单相思是指男女一方的倾慕感情苦于不被对方知道和接受而造成的一种强烈的渴望。

但并不是所有单相思都一定意味着悲剧。爱情的开始可以分两大类：两人一见钟情到永远衷情，这是最完美的爱情，但这种完美很难发生，发生了也很难维持。大多数的恋爱其实都始于单相思。一个人先于另一个人坠入爱河，他首先要感动的是他自己，使自己处于一种激情中，然后以这份激情去感动对方，最后两人共享爱与被爱的感觉，这就从一厢情愿变成了两厢情愿，也就无所谓单相思。而悲剧的单相思是以一厢情愿开始，以一厢情愿结束，被相思的人最终没有被感动。

单相思是每个人都可能经历的一种心理状态。单相思本身并不算心理障碍，但盲目的非理性的单相思如果得不到合理疏导与调适，就会导致心理失调，甚至是更为严重的后果。单相思的人渴望爱情而得不到，在情绪上，自然是郁郁寡欢的。他们的视野和情感世界变得狭隘，对生活失去乐趣，甚至茶饭不思，神情恍惚。久而久之，失望、怨恨、自卑、固执、悲伤多种多样的心理都会出现，心理会逐渐失衡，轻者导致强迫性神经病，重者导致忧郁症。更严重者在行为上会出现攻击倾向，这种攻击如指向外部，可能是对思恋对象的攻击；如果这种攻击指向内部，就是自杀。

(二)对单相思的调适

对于大学生来说，单相思常是初恋的触发点，这一阶段的单相思少有顾忌，并带有很大的盲目性，主要是以感观为基础。大学生可能会为单相思感到害羞，其实同龄人差不多都有可能正在单相思。如果你是处在一种淡淡的、甜甜的单相思中，这是很正常的，并不是一种病。这里需要改变的是被单相思搅得天翻地覆的那种状况。我们最后要达到的目标并不是要你完全断绝单相思，而是要把单相思控制在一个适度的范围内。

一是如果你已被单相思折磨得万分痛苦，你最简捷和安全的选择就是，将心事告诉你的密友。你会发现你的朋友会帮你出谋划策，甚至还会告诉你他的单相思故事呢。这样，你会感到自己在相思路上并不寂寞。不管你朋友的谋划对你的"爱情"有没有帮助，能倾吐一下心中所淤积的爱意，把自己的焦虑和忧愁与你的朋友分担，你就会感到轻松。朋友的劝导、安慰会在你的内心自然构起一个新的兴奋点，你的感情也会向这新的兴奋点分流。

二是如果你有勇气，向意中人明白地表达爱慕之情是摆脱单相思的直接方式。一般来说，单相思者的意中人多是出类拔萃者，所以我们可以推想他们大多比较理智。当你向意中人直接表达爱慕之情后，有可能会出现几种结果：接受，劝慰，拒绝，漠视。如果他接受你的爱当然是最好的，单恋转化为双恋，爱的欢乐就取代了爱的痛苦。如果他找出种种理由劝慰你放弃对他的爱，你就知道你们情缘已了，但交个普通朋友他是不会拒绝的。这样，你单相思的苦恼也可解除不少。如果他拒绝了你，你可以大哭一场，或大怒一场，这对你来说也是人生必经的一次磨炼和情感体验。美梦惊醒的那一瞬虽然痛苦，但你很快会发现这也并非世界的末日，吸引你的事情还会不断地出现。如果他漠视了你，不理睬你，你应该对自己说："他根本不懂得爱，一个完美的人怎么可能对别人的爱慕无动于衷呢？"你尝试用批评的眼光去扫视你的崇拜对象，会发现这也是一种非常有趣而且有用的体验。

三是尽可能地恢复自己的理智与自信。有的大学生一旦陷入单相思，连向对方表白的勇气都没有，只好把爱慕之情压抑在心底。这种单相思者往往比较内向、害羞、自卑，他们对意中人或抱着高不可攀的畏惧心理，把对方当作高贵、完美的神灵一样来崇拜；或因为对方早就心有所属，本不应该在自己的追求范围之内，却又情不自禁，陷入深深的矛盾之中。如果是这样，你必须静下心来分析一下自己的思维。我已尽己所能，但我没必要为他忍受过多的折磨。我是一个独立的人，我不能失去自尊。如果坚持以这一种方式思维，你便会慢慢恢复自己的理智，从单相思的痛苦中挣脱出来。

还有一个好办法就是多参加感兴趣的运动。运动能够消耗部分淤积于内心的能量，从而使人意气风发、情绪高昂，获得自信与自尊；或许你还可以尝试一下空间转移，离开原来的生活环境或进行短期的旅行，避免触景生情，尽可能离你痴心所爱的人远一点，也许你会发现"天涯何处无芳草"。

记得有位名人曾说过：恋爱不是一颗心去敲打另一颗心，而是两颗心共同撞击的火花。单相思的感情固然真挚、强烈，要想斩断缠绵的情丝固然残酷，但如果任情感执着下去，自己将会受到更大伤害。因此，对已经陷入单相思的大学生来说必须加强自我保护，只有早日使自己走出单相思的旋涡，才能拥有一个健康的人生。

知识链接　　　　　　　　　　**光环效应**

光环效应(Halo Effect)又称"晕轮效应"，它是一种影响人际知觉的因素，指在人际知觉中所形成的以点概面、以偏概全或爱屋及乌的主观印象。

光环效应是美国著名心理学家爱德华·桑戴克最早于20世纪20年代提出的。他认为，人们对人的认知和判断往往只从局部出发，扩散而得出整体印象，也常常以偏概全。一个人如果被标明是好的，他就会被一种积极肯定的光环笼罩，并被赋予一切好的品质；如果一个人被标明是坏的，他就被一种消极否定的光环所笼罩，并被认为具有各种坏品质。这就好像刮风天气前夜月亮周围出现的圆环(月晕)，其实呢，圆环不过是月亮光的扩大化而已。据此，桑戴克为这一心理现象起了一个恰如其分的名称——"晕轮效应"，也称作"光环作用"。

"光环效应"在单恋中体现得十分明显，即单恋者在认知上产生了以偏概全的错误，通常会把爱慕的对象无限放大并极度美化，沉浸其中无法自拔。事实上，单恋者绝大多数情况下爱慕的是自己所幻想出来的那个完美对象。

二、一见钟情的困扰与调适

提到"一见钟情"，不得不想起《廊桥遗梦》中的罗伯特和弗朗西斯卡，一个摄影记者与一个家庭主妇，用尽后半生来回忆四天的感人故事；《泰坦尼克号》中的杰克和露丝，一个流浪汉与一个富贵小姐，三天的一见钟情，演绎了一段生离死别的动人爱情故事。这种瞬间产生的男女之爱可能吗？

(一)科学地认识"一见钟情"

一部分科学家认为男人和女人各自把所梦想的对象特征储存于大脑之中，就像把数据储存于软盘中一样,称为"爱之图"。这张图最早由父母勾画,并不断受到外界因素的修正与补充。年龄越大,图像越具体,由于某种契机而第一次目光相触时,眼睛就捕捉到对方身高、体形、眼神、发色、发型、风度以及服饰等信息,以每小时 400 多千米的速度,通过视神经传给大脑。对方特征与所储存的图像越是相吻合,大脑产生的信息就越强烈,体内的"化学工厂"便开足马力产生大量兴奋物质,在脑中形成一种幸福激素,引起诸如心跳加快、手心出汗、颜面发红等变化,心中激情涌荡,即"一见钟情"。生活中的配偶与"爱之图"并非完全一样,但人们总是在孜孜不倦地追求着。"众里寻他千百度,蓦然回首,那人却在灯火阑珊处",这就是存在于现实生活中的"一见钟情"的恋爱过程,有人形象地喻之为"苦旅"。

从心理学的角度来看,我们一般认为"一见钟情"是指短时间内突然发生的爱情。男女双方首次见面,(单)双方被对方外在的表现,诸如长相、身材、风度、言谈举止等吸引,从而产生良好的第一印象,这种最初的印象非常鲜明,令人喜悦,令人激动,令人久久不能忘怀,以致激起强烈的感情,心潮澎湃,不能控制,爱从心头起。一见钟情的导火索是第一印象,对方的某种表情、行为、美貌、气质都可能给人以特殊的刺激,而这个印象所包含的内容恰好符合自己理想配偶的主要条件,于是一股爱慕之情油然而生。

人的恋爱过程是一个高级情感的培养过程,尽管各人的情况不同,发展的速度不一样,但一般都需要一个认识、交友到恋爱的阶段,需要经过时间考验。而一见钟情越过了前两个阶段,径直地飞跃到爱情的阶段,在一瞬间,把感情推向了高潮,确定了终身。事物发展的规律一般是"欲速则不达"。情人之间,只有经过思想感情的充分交流、全面的考察和理智的思考,对双方的性格、爱好、情绪等作整体性的了解,才能达到"心心相印""情投意合",全面感受到对方的外在美,深刻地体会到对方的内在和本质。

(二)现实生活中的"一见钟情"

应当承认,生活中确实存在着不少由一见钟情而缔结婚姻并且后来生活得很美满的事例。比如,法国的戴高乐将军在巴黎的一次舞会上认识了后来成为其贤内助的汪杜洛小姐,他们一边跳舞,一边倾诉,当跳完第六支舞曲时,已经山盟海誓定下终身了。因为一见钟情而能缔结婚姻的一般有二个原因:

(1) 有的是出于偶然,即双方的道德品质都比较高尚,而且双方的兴趣、爱好相投,彼此符合对方心目中的"情人偶像"。

(2) 有的则是"钟情"后彼此又经过了一段在思想和个性上契合的过程,因此当他们建立家庭时,爱情已经获得了比较坚实的基础。

而美国历史上著名的总统林肯认为自己一生中的最大不幸和痛苦就是一见钟情。1893年,年轻的林肯与热情漂亮的姑娘玛丽一见钟情,认识不久后就结了婚。然而,林肯并没有享受到爱情的幸福。玛丽心胸狭窄,脾气暴躁,经常会为一件小事而暴跳如雷。林肯只好忍受着妻子的脾气,从不在家请朋友吃饭,常常独自一人在黑夜里散步,在残酷的政治斗争中,得不到家庭温暖的林肯显得格外苍老,无法摆脱的忧郁一直缠绕着他,直至遇刺身亡。又如俄国大诗人普希金同其夫人——有"莫斯科第一美人"之称的娜塔丽亚,也是在舞会上一见钟情而迅速决定结合的,可惜闪电般的结合并没有给他们带来幸福,而是无尽的痛苦,普希金英年早逝,后人无不扼腕叹息。

(三)大学生应正确对待"一见钟情"

一见钟情是大学生恋爱中比较常见的现象。一般来说,男生比女生更易一见钟情。这是因为男生选择对象往往最注重于女方的外貌长相等外表特征,只要女方貌美,他就把女方的一切理想化。而女生恋爱则一般较为注重男方的内心世界,选择对象时一般较为慎重,但她们若对男方产生了"好"的印象,也很难轻易改变。总而言之,每个人的性格、理想、信仰、情操和道德观念都是不同的。"一见"只能了解对方的外在,而要了解对方的内心世界并确定他是不是自己理想中的爱人并不是一件容易的事。我们并不反对一见钟情式的爱情,问题在于如果你对某一异性产生了良好的第一印象后,不要仅仅满足于此,一定要保持冷静的头脑,去掌握对方的真实形象,要在相互了解中检验和巩固这种"钟情",使之得到健康的发展。对那些正陷入一见钟情而不能自拔的大学生们来说,千万要保持冷静,要用理智去控制你的热情。

三、对男友性冲动的困扰与调适

"约会时男友常有性冲动,自己不想发生性关系,又不愿伤男友的心,怎么办?"
"为什么赞成婚前性行为的男生多于女生,而很在乎伴侣贞洁的又是男多于女?"
这些问题往往会困扰着许多女大学生,使她们在爱与性之间左右徘徊,不知所措。爱情是美好的,也是双向的,至于该不该发生性爱,关键要看恋爱中两个人的观念和态度。倘若双方都愿意且有心理准备,那么事前一定要采取避孕、防病措施,尽量避免事后才补救。对于女大学生来说,如果没有心理准备,那就要坚定自己的立场,采取一定的方式来保护自己。

(一)青春无瑕同盟协议

"享受爱情的甜蜜,珍爱女性贞操,结婚之前不与任何异性发生性关系……"这是成都某高校7位女大学生签订的《青春无瑕同盟协议》的内容。协议开宗明义:"如花岁月,沐浴爱情光辉,然而目睹过太多享一时冲动的甜蜜而以泪洗面的悲剧,为了抵制不良风气,为了维护女性健康,特订立此协议。"协议内容共有4条:

(1) 享受爱情甜蜜,维护爱情严肃,珍爱女性贞操,结婚之前不与任何异性发生性关系。

(2) 恋爱过程中,如遇男友提出性要求,应明确表示不可以,同时,在与男友交往过程中应检点自己言行,不以过于亲密的言行误导男友。

(3) 协议中的盟友有义务提醒其他盟友遵守协议,对盟友的提醒,应以友好态度听取。

(4) 本协议根据自愿原则订立，如果感觉难以遵守，应声明退出。这个协议的内容一经传出，即激起千层浪。有的人认为这是一个毫无意义的同盟，也有人为这个"贞操同盟"击掌叫好，还有人觉得有点矫枉过正了，但无论如何她们对贞操的慎重态度是值得肯定的。

(二)如何巧妙地拒绝男友的性要求

大多数女大学生不愿意在没有心理准备前，就匆忙发生性行为，但又怕让男友误会，不知道应该如何开口。

首先，你要理解男友的性要求是正常的，冲动之时他们常常有通过性行为来释放性紧张的迫切要求，所以，你要理解他，要多主动关心他，用你的"情"来安抚他的"性"，要告诉他你虽然拒绝他的性要求，但自己仍然爱他不变。

其次，你们相爱，就会尊重彼此。你可以婉言拒绝他的要求，向他说明这并非是你性冷淡，而是不想未婚先孕、不想偷偷摸摸做爱等，简要地表明自己的态度即可，不要因此与他辩论而纠缠不休。他若爱你，就会尊重你的选择的；相反，许多女孩轻易以身相许，反而被对方认为过于随便，最后得不到尊重。对婚前性行为说"NO"的做法虽然不现代，但也绝不愚蠢！如果他不能体谅你，不尊重你不想要的理由，他未来也不可能会尊重你。如果他因为你没有准备好接受初次性行为，就要离开你，那么说实在的，这种男人也没有什么可爱的地方，早一点离开对你反而是一种解脱呢！

再次，说"不"时要直接、清楚且坚决。因为男性长期以来，一直觉得女人口是心非，因此不清楚的信息会让他误解。很多时候，就是因为男方认为女方没有说"不"，或即使她轻轻说"不"，他也以为是女性害羞，或在吊他的胃口。当然，直接且坚决表达"不"的立场，并非是要激怒对方。信息虽然要清楚，但口气可以委婉。你应该直接向对方说明不想要的原因：例如"我还没有准备好""今天身体不太舒服"，或是"今天心情不好，可不可以换另一种亲密方式"……你必须很清楚地了解，当你准备好说"不"，是因为你爱你自己，所以明确表达自己"不要"的立场。当然，无论你以多么委婉的语气表达拒绝，满心期待的另一半一定还是会感觉好像被泼了盆冰水一般，不是滋味。这时你若主动亲亲他、抱抱他，那么他一定会理解并尊重你的选择，两人之间的关系一定会更亲密。

最后，男性对视觉和主动触觉的刺激往往比较敏感，只要减少这两方面的刺激量和强度，就可以减弱或避免性冲动。因此，女孩欲避免恋爱时发生非意愿的性关系，尽量不要穿暴露的衣服，尽量不要在过于隐秘的地方约会，最好离开二人世界，与男友到公共场合去谈恋爱。不管怎样大学生还处在学习阶段，过早发生性行为，会影响学习，而且一旦分手，对双方尤其是女孩子伤害可能更大。因此，陶醉在爱河里的女大学生千万不要被爱情冲昏了头脑，要自尊、自爱，要清楚地知道自己在做什么，自己想要什么，有没有承受能力。对于男生来说，则要学会怜香惜玉，学会理解和尊重女友的意愿，只有这样爱情之花才能绽放得越来越美。

四、失恋的困扰与调适

不是所有的爱情关系都能够以圆满结局。恋爱的一方因为种种原因，提出结束恋爱关系，另一方即面临着失恋。哲学家西塞罗曾说："青年人对于爱情，要提得起，要放得下，才是一个智者。"当一方提出分手的时候，当爱情发展确实无以为继的时候，该如何去放开爱呢？

失恋是爱情当中最重要、最必不可少的一课。据一项调查显示，全国 1000 对美满家庭中只有不到 10%的人的配偶是初恋情人，可见 90%以上的恩爱夫妻都经过了失恋的痛苦。从概率上看，失恋的人群远远大于获得幸福美满爱情的人群。对于大学生而言，生理发育已经成熟，而心理发展尚显稚嫩。特别是当代中国大学生，家庭呵护周全，大多数人的成长道路一帆风顺，没有遇到过什么大的挫折和打击，失恋可能是他们人生道路上的第一道坎。如果处理不好失恋带来的种种问题，对其一生的发展都可能是极为不利的。心理学家认为，爱情可能最大限度地调动起人的情绪体验，那么失恋所带来的种种不良情绪也充满了负能量。

(一)失恋可能导致的不良情绪

1. 失落空虚

恋爱期间的两个人总是喜欢共同行事，吃饭、逛街、看电影等等，形成了一定的生活习惯。从两个人的甜蜜同行，到一个人的形单影只，日常生活的变化好像无时无刻不在提醒着：你失恋了。恋爱的对方原本是情绪互动的第一人，而失恋者失去了情绪投射的对象，内心不免失落空虚。

2. 自卑抑郁

失恋的人总是想探究其中的原因，而被动中止恋爱关系的一方习惯于内归因，即把原因归咎于自己，有的人认为自己没有能力处理好爱情关系，有的人认为自己魅力不够导致失败，有的人想自己一定是做错了什么却又找寻不到确切的答案。在恋爱中一直形成的自信美满的状态就此打破，个体感受到强烈的挫折感和失败感。

3. 焦虑不安

有人将爱情视为生命中最重要的一部分，一旦失恋就焦虑不安，萎靡不振，学业、前途都不顾了。一时间，失去了前进的动力和方向，不知该如何是好，同时又对自己现在的状态感到不安，想奋力走出。

4. 打击报复

心理学研究表明，失恋后的人一般都有一种"报复心理"："你看不起我，我就干给你看看。"这种心理可能会驱使一些意志力差、理智感弱的人去干出一些愚蠢的傻事。一些人在失恋之后，无法走出心中抑郁，想要摆脱精神痛苦而达到心理平衡，因失恋而绝望暴怒，失去理智，或攻击对方或自残；或从此嫉俗厌世怀疑一切异性，看什么都不顺眼；或从此玩世不恭，得过且过，寻求刺激，发泄心中不满。这些心理或举动会使一个人一直陷于失恋的泥潭中无法自拔。

(二)失恋的心理调适

失恋是恋爱生活中的正常现象，由其产生的痛苦是可以理解的，不能把失恋看成是失败，更不能迷失人生的方向。可以通过以下几个方式有效进行心理调适。

1. 面对现实，接纳自己

如果失恋已成定局，那么请面对现实。爱情是生活的一部分，但不是唯一的、全部的内容。要客观分析恋爱双方的性格、爱好、人生观、价值观是否一致，两人是否对这份感情有足够的认同，对情感发展走向的目标是否一致，两人相处最大的问题是什么，通过分析这些问题，反思自己在感情中的真实表现。失恋本身对我们来说就是一笔财富，大学生在失恋后重新站起来，磨砺了自己的意志，这对培养良好的心理承受能力和塑造健全人格都有莫大的帮助。

对待已逝的恋情，心存感恩，因为爱情使人变得成熟和理性。在爱情中，人们学会了如何照顾别人，如何体贴别人，如何制造浪漫，如何去爱一个人。当爱情离我们远去之后，可以静下心来重新审视对方，"情人眼里出西施"的心理得以淡化，能够冷静思考对方到底适不适合自己。在以后选择恋人时，会更加理性、谨慎。

2. 宣泄情绪，放松自己

当受到悔恨、遗憾、恼怒、惆怅、失望等不良情绪困扰时，如果去做过激的事，可能会给自己和他人带来更多的痛苦。失恋者在失恋后不要独自把痛苦长期埋在心底，更不要时常独自品味，而可以找些亲朋好友倾诉，将痛苦和烦恼宣泄出来，通过他人真诚的劝慰，释放心中的压抑感，减轻心灵上的负荷。

3. 调整认知，改善自己

失恋后如果萎靡不振，失去对事业和生活追求的志向和信心，只能给自己的人生蒙上阴影。应认真检查自己，寻找不足，总结经验教训，找准在生活中的位置，完善自己，振奋精神，把目光投向未来。失恋留给了我们更多的时间和空间，我们可以把时间和精力投入到生活中的其他方面，在原本忽略的领域收获成长。

换个角度想问题，就可以得到完全不同的答案，通过"酸葡萄"理论进行心理慰藉：既然得不到或失去了这段恋情，说明彼此并不合适，长痛不如短痛，当机立断地放弃，还有时间让自己擦亮眼睛，寻找属于自己的真爱。借用苏格拉底的一句话："他一直对你很忠诚的。当他爱你的时候，他和你在一起，现在他不爱你，他就离去了，世界上再也没有比这更大的忠诚。如果他不再爱你，却要装着对你很有感情，甚至跟你结婚、生子，那才是真正的欺骗呢……"

小故事　　　　　　　　　苏格拉底与失恋者的对话

苏(苏格拉底)：孩子，为什么悲伤？

失(失恋者)：我失恋了。

苏：哦，这很正常。如果失恋了没有悲伤，恋爱大概就没有什么味道。可是，年轻人，我怎么发现你对失恋的投入甚至比对恋爱的投入还要倾心呢？

失：到手的葡萄给丢了，这份遗憾，这份失落，您非个中人，怎知其中的酸楚啊。

苏：丢了就是丢了，何不继续向前走去，鲜美的葡萄还有很多。

失：等待，等到海枯石烂，直到她回心转意向我走来。

苏：但这一天也许永远不会到来。你最后会眼睁睁的看着她和另一个人走了去的。

失：那我就用自杀来表示我的诚心。

苏：但如果这样，你不但失去了你的恋人，同时还失去了你自己，你会蒙受双倍的损失。

失：踩上她一脚如何？我得不到的别人也别想得到。

苏：可这只能使你离她更远，而你本来是想与她更接近的。

失：您说我该怎么办？我可真的很爱她。

苏：真的很爱？

失：是的。

苏：那你当然希望你所爱的人幸福？

失：那是自然。

苏：如果她认为离开你是一种幸福呢？

失：不会的！她曾经跟我说，只有跟我在一起的时候她才感到幸福！

苏：那是曾经，是过去，可她现在并不这么认为。

失：这就是说，她一直在骗我？

苏：不，她一直对你很忠诚。当她爱你的时候，她和你在一起，现在她不爱你，她就离去了，世界上再没有比这更大的忠诚。如果她不再爱你，却还装的对你很有情谊，甚至跟你结婚，生子，那才是真正的欺骗呢。

失：可我为她所投入的感情不是白白浪费了吗？谁来补偿我？

苏：不，你的感情从来没有浪费，根本不存在补偿的问题，因为在你付出感情的同时，她也对你付出了感情，在你给她快乐的时候，她也给了你快乐。

失：可是，她现在不爱我了，我却还苦苦地爱着她，这多不公平啊！

苏：的确不公平，我是说你对所爱的那个人不公平。本来，爱她是你的权利，但爱不爱你则是她的权利，而你却想在自己行使权利的时候剥夺别人行使权利的自由。这是何等的不公平！

失：可是您看的明明白白，现在痛苦的是我而不是她，是我在为她痛苦。

苏：为她而痛苦？她的日子可能过得很好，不如说是你为自己而痛苦吧。明明是为自己，却还打着别人的旗号。年轻人，德行可不能丢哟。

失：依您的说法，这一切倒成了我的错？

苏：是的，从一开始你就犯了错。如果你能给她带来幸福，她是不会从你的生活中离开的，要知道，没有人会逃避幸福。

> 失：可她连机会都不给我，您说可恶不可恶？
> 苏：当然可恶。好在你现在已经摆脱了这个可恶的人，你应该感到高兴，孩子。
> 失：高兴？怎么可能呢，不管怎么说，我是被人给抛弃了这总是叫人感到自卑的。
> 苏：不，年轻人的身上只能有自豪，不可自卑。要记住，被抛弃的并不是就不好的。
> 失：此话怎讲？
> 苏：有一次，我在商店看中一套高贵的西服，可谓爱不释手，营业员问我要不要。你猜我怎么说，我说质地太差，不要！其实，我口袋里没有钱。年轻人，也许你就是这件被遗弃的西服。
> 失：您真会安慰人，可惜您还是不能把我从失恋的痛苦中引出。
> 苏：是的，我很遗憾自己没有这个能力。但，可以向你推荐一位有能力的朋友。
> 失：谁？
> 苏：时间，时间是人最伟大的导师，我见过无数被失恋折磨的死去活来的人，是时间帮助他们抚平了心灵的创伤，并重新为他们选择了梦中情人，最后他们都享受到了本该属于自己的那份人间快乐。
> 失：但愿我也有这一天，可我的第一步该从哪里做起呢？
> 苏：去感谢那个抛弃你的人，为她祝福。
> 失：为什么？
> 苏：因为她给了你份忠诚，给了你寻找幸福的新的机会。
> 说完，苏格拉底走了。

五、大学生恋爱中的其他困扰与调适

(一)自卑

一部分大学生总感到自己缺乏被爱的吸引力，为自己还没有恋人而自卑，认为自己对异性没有吸引力，认为别人瞧不起自己，不敢坦然与异性交往，更怕在异性面前失误，只好用回避与异性接触的办法保护自尊心，并极力掩盖内心深处的痛苦与失落。

上述心理困境形成的原因主要有两个方面：一是自我评价出现偏差；这样的学生往往过于关注别人对自己怎么看，却从未认真考虑过自己如何给自己一个客观的评价；二是对恋爱吸引力的误解与缺乏科学的认知，表面上看似乎人们的择偶心理倾向于外在魅力，实际上男女大学生，在选择异性对象的条件上大多认为性格、才能、心理、人品和兴趣爱好更具吸引力。

所以，对于有这种心理困境的大学生应首先从各方面多寻找自己的长处，挖掘和排列自己能吸引他人的闪光点及特征，并学着变换思维方式，用自己的优点与别人的缺点去对比，以增强自信、悦纳自己；其次，学会辩证地思考问题，看到事物的两面性，怎样对异性有吸引力？是否非要在大学期间拥有如意恋人？这些都不意味着你今后的生活如何，"迟到的爱"也许会是真爱，早到的爱也许会提前消失；再次，大胆地与异性同学交往，多参加有异性同学的集体活动和娱乐活动,去了解和观察自己所欣赏的异性同学,同时也了解自己期待恋爱的心理特征,缩短真实自我与理想自我的心理差距,调节好恋爱心理的内部期待与外部期待的矛盾,矫正恋爱动机和恋爱价值定向。通俗地说,就是在挑剔自己时也挑剔一下对方。在不能接纳自己时,也找找对方的毛病,多给自己一点积极的心理暗示,其要诀是:之一,天下没有完美的男人,也没有完美的女人;之二,善于讨女人欢心的男人可能使你后悔莫及,反之亦然;之三,男人和女人的自尊不能靠对方来肯定;之四,选择理想恋人的期望越高,结局越差,反之,则事半功倍。

(二)嫉妒

嫉妒之心,人皆有之。当热恋中的青年男女看到自己的恋人与其他异性有往来时,常常觉得很不是滋味,这称为嫉妒,也叫"吃醋"。作为一种具有危险性的不良心理,嫉妒是恋人之间感情升华的严重障碍,并且常常会因此而闹出矛盾,甚至导致爱情的破裂。

从心理学的角度去分析,恋爱中的嫉妒心表现在两个方面:一是对自己缺乏信心,如"我配不上他""他的条件比我好得多""我会失去他"等;二是猜忌心比较重,总是处在不安的提防状态,目光游移不定,言谈冷淡刻薄,老觉得对方干了亏心事,自己是受害者,这些毫无根据的攻击起初带给人的是委屈和厌倦,后来就会变成侮辱而令人难以忍受。从主观愿望上讲,嫉妒可能是出于恋爱之心,唯恐失去对方,但客观的效果往往与嫉妒者的愿望相反,恋人之间的感情不仅不会因此而加深,而只能一步一步地由亲密走向疏远、厌烦、憎恨。

为了防止嫉妒的产生,相爱双方都要注意自我修养,不但要允许对方独自与异性同学朋友正常交往,而且自己也要走出狭窄的天地,扩大自己的交往活动。双方的相对独立有利于进一步激发和增进两个人的感情。

如果嫉妒心理已经产生,你就必须学会控制自己的感情,尊重对方的感情。要知道,你的恋人并不是你的私有财产,他有权与他人交往,甚至爱上别人。你要嫉妒,只有一条路,那就是用你的爱挽回你的爱情。除此之外,再没有别的更好的办法。

(三)学会拒绝不喜欢的人

青春年少的大学生,比任何时候都渴望得到别人的欣赏和喜爱,尤其是来自异性朋友的。如果在追求自己的异性中,有自己喜欢的,也有自己不喜欢的,面对不喜欢的追求者,你该怎么办呢?

如果他是一位不顾你的反应,让你难堪、让你为难的人,你大可不必给他留面子,你可以坚决拒绝,用强硬的语气警告他。如果面对的是一位有诚意的追求者,你应该尊重对方的人格,爱别人与被人爱,都是一种权利,很可能他是下了很大的决心才向你表白自己的心意,如果不考虑拒绝的方式,会伤害对方的自尊心,在对方的心灵深处留下难以愈合的创伤。以下提供几种具体的拒绝方式。

1. 明确表示，恰当解释

对那些非拒绝不可的求爱，措辞语气既要诚恳委婉，又要肯定明确，不能使用让对方存有某种希望的语气，不要拖延时间，讲明这不是对方的错，只是因为自己不能接受，请对方理解自己拒绝的苦衷和歉意。

2. 好言相劝，让其发泄

如有必要，与对方在适当的场合开诚布公地谈一谈，耐心地倾听对方的感受，也向对方道出自己的无奈。表示在相处中，从对方身上学到了很多东西，对自己很有意义，诚恳解释爱情不在友谊在的理由。有时候让对方痛痛快快地发泄一下心中的痛苦反而更好。

3. 请人协助，书信代言

先找两人共同熟悉的亲友或老师，坦诚相告并通过他们进行劝慰，使对方尽快摆脱痛苦。书信比面谈有着更大的缓冲余地，措辞也能更冷静得体。如果对方感情脆弱，可以先写封信给对方，陈述不能相处的原因，心平气和地说明情况，这样对方一般会谅解。

4. 逐渐疏远，友好拒绝

遇到这种情况，尽可能多地与同性朋友在一起，减少单独与对方相处的机会。对方的电话、来信和约会，可寻找借口推脱。如电话较频繁，可请别人代接，转告你不在。实在是非接不可，也可寥寥数语，只谈学习。逐渐减少约会次数，态度逐步冷淡，使对方明白你的意思。

大学期间，同学间的友谊是最宝贵的情谊，摆脱不喜欢的追求者一定要注意方式、方法，力争做到既达到目的又不影响友谊的发展，对别人负责，也对自己负责。总之，在拒绝自己不喜欢的人时，态度必须明确、果断，方法必须灵活恰当。

(四) 找不到合适的恋人

生活中我们都有这样的感受，当我们上街买东西，如果目标明确，哪怕只到一家商场，只要有合适的，就会买下来。反之，如果目标不明确，常常会进了一家又一家商场，便宜了还想再便宜，结果逛来逛去什么也买不成，心理上会产生一种得不偿失的感受，难道刚才花费的时间和气力就都白费了吗？于是自然而然地期望着下一次好机会的出现。

人是喜欢比较的。有人因为没有买成中意的东西而感到后悔，因此他会希望理想的东西重新出现，即使等待也愿意。这种心理在恋爱中显得更为强烈。初次恋爱之所以比较容易，就是因为恋爱双方情感单纯，心理上的比较度低，不存在同以往恋人相比及懊悔与否的问题，只要彼此两情相悦，恋爱关系就比较容易确定。多次恋爱以后，情况就没那么简单了。随着恋爱次数的增多，头脑中出现的新旧恋人形象也逐渐增多，新旧恋人的条件比较及冲突的机会也相应增多，这在客观上对大学生择偶造成不利影响。心理学家研究发现，人对旧恋人的回忆具有某种扬善抑恶的本能，随着时间的推移，不愉快的东西就会慢慢淡下去，愉快的东西会逐渐鲜明起来。于是，很多人就会因为自己与以往的某个恋人分手而感到后悔、惋惜。越是后悔，对方在自己记忆中的好感越多，越是比较，越感到后悔，失去的永远是最好的，自己在自己设置的心理迷宫中转来转去而不能解脱。恋爱中产生这种心理不利于大学生实事求是地选择对象。在现实生活中，不少大学生受这种心理的影响，错过了一次又一次的良机。对大学生来说，最重要的是确立恰当的择偶标准并且牢牢记住：世界上十全十美的人是不存在的，脱离实际的高标准只能是好事难成，不恰当的比较只能使你更加患得患失，加重心理上的失落感。

(五)区分爱情与友谊

许多在交往中的男女大学生，常常会想起一些问题：我是不是已经在恋爱了？我和他交往有没有进一步发展的可能？我觉得我们只是朋友，但别人怎么说我们是一对呢？诚然，这些问题是不容易回答的。但是有一点我们可以确定的是，爱情必须以友谊为基础，但友谊不一定能发展成爱情。要了解友谊与爱情的不同，我们可以用一个最简单的对比来说明：友谊是一种亲近的关系，而爱情则是一种亲密的关系。由亲近发展至亲密毕竟是有一段距离的。

1. 友谊的内涵

不管是同性的友谊，或是异性间的友谊，两者若要保持亲近的关系，必须具有下列几个特点。

(1) 爱好。双方也许有共同的嗜好，共同的话题，或者是互为对方的才能所吸引。两人在一起时，彼此都会感到愉快。即便偶尔会有一点小争执，亦无损两人的友谊。

(2) 接纳。能接受对方，欣赏对方，不会把对方改变成另一种人，也不会强迫对方去做他不愿做的事。

(3) 信任。彼此能互相信任，不管对方说什么，或做什么，都值得我信赖，我相信他绝对不会伤害我。

(4) 尊重。彼此能尊重对方的立场、看法，不轻易给对方建议。假使有一方请求提供意见的话，另一方也一定会很诚恳地说出自己的看法。

(5) 互助。彼此能互相帮助，互相支持。一方有困难的时候，另一方一定义不容辞地帮助他，乐意为他效劳。

(6) 分享。双方可以分享彼此的经验与感觉，甚至内心的秘密亦能放心地吐露，而不必担心对方会传扬出去。

(7) 了解。彼此可以察觉出什么对对方是重要的，并且了解对方所作所为的意义。当对方有困扰的时候，也能体会出他的困扰。

(8) 自在。两个人在一起时，彼此都觉得很自在，不必刻意去扮演另一个角色来迎合对方，也不必戴一副面具遮掩自己的本性，一切都显得坦然自在。

2. 爱情的内涵

所谓爱情，是指男女之间一种特别的感情，它不只包含友谊的内涵，而且也具有某种特质在内。

(1) 魅力。深邃的眼神、回眸一笑、清新高雅的气质、成熟稳重的谈吐等，这些都是小说里常见的形容词。当人互相为对方魅力所吸引时，整个心顿时会为对方所占据，做事的时候想到他，睡觉的时候也梦到他。尤其在罗曼蒂克的爱情里，魅力几乎可以说是最重要的因素。

(2) 排他性。当两个人进入恋爱阶段时，会觉得两个人在一起时，比与其他人在一起要来得愉快。这时，整个世界好像只有两个人存在。一切会影响两个人爱情的干扰因素，都会被排除掉。可以说，爱情是独占的，而友谊才是可以分享的。

(3) 亲密性。当爱情逐渐升高时，自然而然会发展至亲密的接触。

(4) 牺牲奉献。当一方有所需时，另一方会充分给予，甚至会牺牲自己，成全对方。所谓："爱到深处无怨尤"，只有奉献。

(5) 积极投入。彼此相爱的恋人，对于另一方的兴趣、嗜好都能给予积极的支持，同时也热切渴望对方不管做什么事，都能获得成功。假如其中一个受到批评的话，另一个也会尽力为对方辩护，不愿他受到伤害。

从上述友谊和爱情的内涵比较中，很显然的，我们可以看出两者的不同。因此，对于交往中的青年大学生来说，如果对爱情与友谊感到困惑，可以用上述各项指标来分析自己的情感，这可能会给你带来帮助。

总之，爱情和友谊都是永恒的话题，它们的滋味无比的甘甜，都值得我们用尽一生去追求和维护。爱情是真挚的感情，一颦一笑都使我们动情，使我们矢志不移；它具有排他性和封闭性，是两个异性之间专一的、忠贞不二的感情，不容许有任何的第三者插足。相反，友谊则超越了性的欲念，是同学、朋友之间一种平等、诚挚、相互信任的友爱之情，随着时间推移，通过长期的交往逐渐形成的。泰戈尔曾经说过："友谊意味着两个人和世界，然而爱情意味着两个人就是世界"。在友谊中一加一等于二；在爱情中一加一还是一。

知识链接　　　　　　友情与爱情的差别

友 情	爱 情
以投契、合拍的友谊为目标取向	以恋爱、婚姻为目标取向
友情是开放的，大家都欢迎更多的朋友加入	爱情要专一，且是排外的，不容第三者介入
朋友可分深浅程度，有单独及集体的活动	男女在感情上逐渐深入，多数是单独约会
可理智地选择及取舍朋友，表达友善的方式较轻松自然	爱情难作因果、逻辑的分析，以至于当事人有患得患失的表现
友谊发展顺其自然，会在不同情况下与不同的朋友交往，不特别需要安全感	对对方有倾慕之心，也愿意为对方效劳，彼此都需要安全感

项目思考

1. 你认为真正的爱情是什么样的？试举例来阐释。
2. 你认为健康的恋爱观是什么？
3. 你曾经经历过哪些恋爱困扰？是如何进行调适的呢？

项目七
性心理探秘

案例一：

18岁的小红近来十分苦恼，自从离开家住校与同学一起过集体生活以来，一切都感到很新奇，可是有一次洗澡的时候，同学说她的乳房偏小，听完以后就很不好意思，感觉在同学面前抬不起头来，再也不愿去学校的公共澡堂洗澡了。小红开始为自己的乳房发育小而发愁，甚至怀疑自己的乳房发育不正常，还担心将来会影响生育。

案例二：

刚考上某高职院校的丽丽最近有了男朋友，男友十分爱她，两人感情突飞猛进，恨不能时时刻刻不分离。慢慢地，丽丽发现单独和男友在一起时，普通的接吻、拥抱已满足不了男友的需求，丽丽开始烦恼，她不想让男友误会，也不愿意轻易发生婚前性行为，更害怕会怀孕，她不知道该怎样处理这件事，整个人开始变得神思恍惚，害怕单独和男友在一起。

案例三：

笑笑，与男朋友相恋3年，两年前经不住男友的央求和诱惑，与男友发生了性关系，后经常相约出去开房。不久后笑笑发现月经已经有两个月没有来了，她很担心，偷偷去医院做了检查，被医生告知怀孕了，笑笑很担心，给男友打电话，男友也很慌张，随后让她去医院做了手术。笑笑说她当时很害怕，手术很疼，之后也不敢休息，就拖着虚弱的身体正常上课，因此还生了一场大病，这段记忆成了她的噩梦。一段时间以后，男友似乎慢慢忘记了这段经历，又多次暗示明示想要发生性关系，被笑笑拒绝了几次，但渐渐地发现他变了，有时对笑笑很冷淡，不接笑笑的电话，这让笑笑很担心，怕就这样失去他了，毕竟自己是那么的爱他，而且已经和他发生了性关系。带着这样的想法，笑笑主动约男友在老地方见面，带着恐惧的心理他们又一次在一起了，他们又回到了以前，笑笑觉得自己做的是对的。可是随后的日子里，笑笑又做了两次流产，很担心以后还能不能怀孕，人也慢慢变得麻木。

案例提示： 性是与生俱来的，是人生不可分割的一部分。大学生正处于性激素分泌的旺盛时期，他们对异性有所渴求，性意识已十分活跃，性冲动和性需求较为强烈。一些人非常容易受消极性文化的影响，但同时又受到家庭、学校和社会行为规范的限制，对自己遇到的性问题不知所措而处于性困惑和性烦恼之中，严重地影响了他们的正常学习和生活。大学生性生理的成熟与性心理尚未完全成熟之间的矛盾，性的生理需求与性的社会规范之间的冲突，是大学生心理健康的主要问题之一。所以，为了培养出具有高尚人格和优良素质的当代大学生，必须对他们开展性心理与性健康的教育。

▶ 项目说明

本项目将着重阐述青春期性心理的特征以及常见的性困惑，分析大学生婚前性行为的现状与对策，探索具有中国特色的性健康教育。

▶ 项目目标

通过学习本项目，大学生应在知识、技能和方法层面达到以下目标。

- 了解大学生青春期性心理的特点、困扰及调适
- 了解大学生婚前性行为的现状及存在的问题
- 了解我国性心理性健康教育的现状及普及程度

心理训练游戏

心理训练游戏：男生眼中的女生　女生眼中的男生

活动目的： 以"男生眼中的女生和女生眼中的男生"为题，进行课堂调查，并当场统计结果，组织讨论。

活动步骤：

(1) 眼中的女生(男生填写)。

① 你认为女生最吸引你的三项特质，依次用 A、B、C 标出。

A 温柔　　B 漂亮　　C 贤惠　　D 热情　　E 真诚　　F 稳重　　G 聪明　　H 勤奋　I 身材好　　J 有修养　　K 好运动　　L 有主见　　M 活泼、外向　　N 内向沉稳　　O 善于打扮　　P 穿着大方　　Q 爱好相近　　R 家庭背景好　　S 其他(列出上面未说明而你认为重要的特质)

② 简单描述你讨厌什么样的女生。

(2) 女生眼中的男生(女生填写)。

① 你认为男生最吸引你的三项特质，依次用 A、B、C 标出。

A 高大　　B 英俊　　C 幽默　　D 真诚　　E 稳重　　F 热情　　G 聪明　　H 勤奋　I 讲义气　　J 好运动　　K 有主见　　L 有修养　　M 出手大方　　N 乐观外向　　O 穿

着潇洒　　P 爱好相近　　Q 乐于助人　　R 家庭背景好　　S 其他(列出上面未说明而你认为重要的特质)

② 简单描述你讨厌什么样的男生。
(3) 统计并公布调查结果，并由此展开讨论。
① 女生为什么看重男生的这些特质？对男生的启示。
② 男生为什么看重女生的这些特质？对女生的启示。

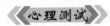

心理测试一：了解你自己的性心理

如果你和恋人去森林旅行，被美丽的景色吸引，突然有一种花香让你们陶醉，你们开始找寻花香来自何处。终于，你们找到了满是无名鲜花开放的地方。

这时，你们突然发现了一个山洞，好奇地走进去，你会被山洞中的什么物体所吸引：

A. 挂着的绳索
B. 一支白色鹅毛笔
C. 石洞上的壁画
D. 草裙
E. 镜子
F. 石床
G. 尘土覆盖的书

性心理测试题答案：

A. 挂着的绳索显示你往往会结合情绪来宣泄性压力。你对自己的情绪和性是压抑的，对恋人情绪是释放的、狂野的。潜意识里有点性施虐倾向。

B. 一支白色鹅毛笔显示你的性如同你的人一样高贵、讲究。你的性生活非常精致，对恋人的要求也是希望能心神合一。潜意识里有小小的性受虐倾向。

C. 石洞上的壁画显示你喜欢不断地尝试，对视觉刺激很敏感，对双方的情绪和激情要求很高。潜意识里有些偷窥的性倾向。

D. 草裙显示你的性幻想很丰富。对于刺激的姿势和爱的方式很好奇。如果对方的衣服若隐若现，更使你身心荡漾。潜意识里有小小的恋物倾向。

E. 镜子显示你对自己的性爱魅力是非常自信的，偶尔喜欢将自己的性爱拍摄下来，在性爱时调节情趣。潜意识里有小小的暴露倾向。

F. 石床显示虽然你的欲望很强烈，但性爱是平实简单的，钟情几种喜欢的模式就不会轻易改变。潜意识里有小小的性冷淡。

G. 尘土覆盖的书显示你的性是神秘的，不轻易与人沟通。因为你有着某种情结，比如，处女情结，比如，某次的不如意性经历。你对性是渴望的，但是要大大方方地与恋人交流，这样你的性爱就会非常好。

心理测试二：你的性心理健康吗？

请按每个题目与你实际情况的符合程度，在 5 个答案中选择一个，并在相应的栏中打钩。每一个问题都要回答，但只能选择一个答案。对每道题都要仔细阅读题目内容之后再作答，但不必过多思索。

题项　A 完全不符合　　B 基本不符合　　C 不确定　　D 基本符合　　E 完全符合

1. 我了解人体的生理结构。　　　　　　　　　　　　　　(A)　(B)　(C)　(D)　(E)
2. 我的行为方式符合自己的性别角色。　　　　　　　　　(A)　(B)　(C)　(D)　(E)
3. 我了解人体的各种生理功能。　　　　　　　　　　　　(A)　(B)　(C)　(D)　(E)
4. 我对有关性方面的事情很感兴趣。　　　　　　　　　　(A)　(B)　(C)　(D)　(E)
5. 我能和谐自然地与异性相处。　　　　　　　　　　　　(A)　(B)　(C)　(D)　(E)
6. 谈到或想到性，我没有羞耻感和负罪感。　　　　　　　(A)　(B)　(C)　(D)　(E)
7. 我了解生殖器官的构造和功能。　　　　　　　　　　　(A)　(B)　(C)　(D)　(E)
8. 我会情不自禁地去看一些色情刊物、节目等。　　　　　(A)　(B)　(C)　(D)　(E)
9. 我认为性是万恶之源。　　　　　　　　　　　　　　　(A)　(B)　(C)　(D)　(E)
10. 我很认同自己的性别角色。　　　　　　　　　　　　　(A)　(B)　(C)　(D)　(E)
11. 我很欣赏自己身体的特征。　　　　　　　　　　　　　(A)　(B)　(C)　(D)　(E)
12. 我了解什么是月经和遗精。　　　　　　　　　　　　　(A)　(B)　(C)　(D)　(E)
13. 当出现性冲动的时候，我感到自己没办法控制。　　　　(A)　(B)　(C)　(D)　(E)
14. 一想到性就感到不安、恐惧和羞耻。　　　　　　　　　(A)　(B)　(C)　(D)　(E)
15. 我认为性是肮脏的、羞耻的，见不得人的事。　　　　　(A)　(B)　(C)　(D)　(E)
16. 我很满意自己的性别。　　　　　　　　　　　　　　　(A)　(B)　(C)　(D)　(E)
17. 我了解性心理的内容和结构。　　　　　　　　　　　　(A)　(B)　(C)　(D)　(E)
18. 我认为自己周围的人都谈恋爱了，而自己没有谈恋爱就很没有面子。

　　　　　　　　　　　　　　　　　　　　　　　　　　(A)　(B)　(C)　(D)　(E)
19. 我总是抑制不住地陷入有关性的幻想中去。　　　　　　(A)　(B)　(C)　(D)　(E)
20. 我了解避孕的知识。　　　　　　　　　　　　　　　　(A)　(B)　(C)　(D)　(E)
21. 我渴望深入了解异性。　　　　　　　　　　　　　　　(A)　(B)　(C)　(D)　(E)
22. 我认为手淫是病态的、下流的。　　　　　　　　　　　(A)　(B)　(C)　(D)　(E)
23. 我了解什么是性骚扰和性伤害。　　　　　　　　　　　(A)　(B)　(C)　(D)　(E)
24. 我对性知识有疑惑时会主动地寻求帮助。　　　　　　　(A)　(B)　(C)　(D)　(E)
25. 我了解自己的身体会出现哪些变化。　　　　　　　　　(A)　(B)　(C)　(D)　(E)
26. 当出现性冲动、性欲望的时候，我能将精力转移到学习、工作、娱乐、交友中去。

　　　　　　　　　　　　　　　　　　　　　　　　　　(A)　(B)　(C)　(D)　(E)
27. 我了解性病的各种知识。　　　　　　　　　　　　　　(A)　(B)　(C)　(D)　(E)
28. 我对于自己身体的变化感到很适应。　　　　　　　　　(A)　(B)　(C)　(D)　(E)
29. 我能按社会道德规范约束自己与性有关的言行举止。　　(A)　(B)　(C)　(D)　(E)

30. 我羞于求助或查阅资料来解开自己对性知识的疑惑。　(A)　(B)　(C)　(D)　(E)
31. 我能通过恰当的方式排解性欲望、性冲动。　(A)　(B)　(C)　(D)　(E)
32. 我认为性可以作为换取自身利益的一种手段。　(A)　(B)　(C)　(D)　(E)
33. 我认为应该崇尚现代西方文化中的性解放、性自由。　(A)　(B)　(C)　(D)　(E)
34. 有关性方面的事很容易分散我的注意力。　(A)　(B)　(C)　(D)　(E)
35. 我所了解的性知识主要源于学校的教育、父母或长辈的教导和社区的宣传。
　　(A)　(B)　(C)　(D)　(E)
36. 我认为性幻想、性梦是一种不道德的现象，是令人羞愧的。　(A)　(B)　(C)　(D)　(E)
37. 我所表现出的与性有关的行为举止都符合当时所处环境的要求。
　　(A)　(B)　(C)　(D)　(E)
38. 我能主动并有效地利用社会、家庭、学校提供的各种资源获取性知识。
　　(A)　(B)　(C)　(D)　(E)
39. 我认为谈恋爱是寻求刺激或摆脱孤独。　(A)　(B)　(C)　(D)　(E)
40. 我所表现出的与性有关的行为举止都符合自己所处的社会文化背景。
　　(A)　(B)　(C)　(D)　(E)
41. 我所了解的性知识主要来自于色情读物、色情媒体节目或网站。
　　(A)　(B)　(C)　(D)　(E)
42. 我表达情感的方式与其他同龄人相似。　(A)　(B)　(C)　(D)　(E)
43. 我认为应该坚守我国传统的性禁锢、性压抑的观念。　(A)　(B)　(C)　(D)　(E)
44. 引起我性欲的原因是符合社会道德规范的。　(A)　(B)　(C)　(D)　(E)
45. 我得到性满足的途径是符合社会道德规范的。　(A)　(B)　(C)　(D)　(E)
46. 因为性成熟带来身体和心理上的变化使我的学习和生活不能正常进行。
　　(A)　(B)　(C)　(D)　(E)

统计方法及解释：

本量表包括3个分量表，分别是性认知分量表、性价值观分量表、性适应分量表。

性认知分量表包括2个因子：其中生理知识因子含1、3、7、12、25共5个条目；性知识因子含17、20、23、27共4个条目。

性价值观分量表包括2个因子：其中性观念因子含9、15、22、36、43共5个条目；性态度因子含18、32、33、39共4个条目。

性适应分量表包括3个因子：其中社会适应因子含26、29、31、37、38、40、42、44、45共9个条目；性控制力因子含4、8、13、19、21、34共6个条目；自身适应因子含2、5、10、11、16共5个条目。

测谎题：包括6和14、24和30、28和46、35和41共4对。若成对题得分不一致，说明被试测试时可能不认真，随意作答。

采用5点评分方法，即完全符合记5分，基本符合记4分，不确定记3分，基本不符合记2分，完全不符合记1分。其中反向计分的项目分别为8、9、13、14、15、18、19、22、30、32、33、34、36、39、41、43、46，计分方式与正向计分评分方法相反即完全符合记 1 分，基本符合记 2 分，不确定记 3 分，基本不符合记 4 分，完全不符合记 5 分。

每个因子的总分为因子包含的条目得分之和，各分量表的得分为该分量表所包含的所有条目之和，所有 38 个条目得分之和即为该量表的总分，反映被测试者性心理健康的总体状况，其中测谎题不计入总分。

测量结果参照表 7-1。

计分方法：将相应题目的得分相加得到对应的因子分数和分量表、总量表分数，并计算平均值。

表 7-1　测量结果参照表

因子、分量表		对应题目	因子总分	因子平均分	参考平均分	标准差
性认知分量表	生理知识	1、3、7、12、25			3.681	0.749
	性知识	17、20、23、27			3.047	0.836
	性认知分量表				3.399	0.685
性观念分量表	性观念	9、15、22、36、43			3.809	0.800
	性态度	18、32、33、39			2.435	0.744
	性观念分量表				3.198	0.590
性适应分量表	社会适应	26、29、31、37、38、40、42、44、45			3.669	0.593
	性控制力	4、8、13、19、21、34			2.635	0.788
	自身适应	2、5、10、11、16			4.069	0.657
	性适应分量表				3.459	0.449
总量表总分(6、14、24、30、28、46、35、41 不计入总分)			总量表平均分(总分/38)		3.383	0.421

结果说明：对照"参考平均分"来看自己的分数在平均值之上还是之下，幅度在标准差范围内均属健康。

心理知识讲坛

你了解自己身体的隐私之处吗？你了解男女生的第二性征吗？青春期发育给你带来了哪些身心变化？你有过性冲动、性焦虑、性梦、性自慰的困扰吗？让我们一起学习性生理和性心理知识。

第一节　青春期的性心理

人的心理活动奥妙无穷，性心理活动则是人的心理活动中极为重要的组成部分。世界各地的性医学家、性心理学家至今仍在锲而不舍地探索性心理活动,并取得了相当的成就。奥地利心理学家弗洛伊德就认为性意识早在幼儿期就开始了,只是表现内容处于幼稚和萌芽状态而已。进入青春期后,在性激素的作用下,随着青年男女性生理的成熟,出现了内容极其丰富多彩的性心理,其主要内容是指与性征、性欲、性行为有关的心理状况和心理活动,也包括男女交往、婚恋等心理问题。性心理可具体为性意识、性思维、性情感、性行为等,它们相互联系、相互制约,共同体现在与性有关的言行之中。

> **知识链接** 　　　　　　　　**理性认识"性"**
>
> 性是什么?人类的性是指以生物繁衍的机能为基础,受特定的社会关系影响和人的心理因素支配的性活动,由生物因素、心理因素和社会因素共同构成。性的生物因素是指人类性行为是性器官及其他系统协同活动的有序生理过程。生物因素是人类性活动的基础。性的心理因素是指人类性活动是个体的动机、态度、情绪、人格及行为的综合体现。性的社会因素是指家庭、人际关系、文化、宗教、法律、道德、习俗等影响、塑造、调整着人类的性行为。

一、青春期的性生理发育特征

青春期是人一生变化最为剧烈的一个时期,是生理、心理和智力发展的关键时期。身体的各个系统都在这个时期发生着巨变,特别是生殖系统,在经历了儿童期平稳、缓慢的发展之后,到青春期出现了一个飞跃。青春期生长发育的主要特征就是身体形态和内部机能都发生着明显的变化。

1. 身高迅速增长

在青春期,一个人最明显的外形变化特征是身高迅速增长。青春期以前,身高每年增长 3~5 厘米,而青春期身高每年以 6~8 厘米、多则 10~12 厘米的速度增长。一般来说,女性与男性相比较,女性先出现身高的突增,而男性要迟两年或三年才出现。女孩一般在 12~13 岁达到生长高峰阶段,身高定型在 19~23 岁。男孩在 14~15 岁达到生长高峰阶段,身高的定型一般在 23~26 岁。由于青春期发育有早有晚,生长速度各不相同,所以发育早的青少年不必为自己不同于他人而难堪,发育晚的也不必为自己身材矮小而自卑。

2. 体重明显增加

青春期的少男少女,不但身高迅速增长,体重也明显增加,平均每年可增加 5~6 千克,突出的每年可增加 8~10 千克。体重增加的曲线大致与身高相同,但不如身高明显,而且增长持续时间较身高长。男女青少年的体重在青春期几乎都增加了一倍。体重的增加除了与骨骼生长相关外,还与肌肉和脂肪的增加有关。因此,女性往往显得较为丰满,而男性则因肌肉发达而显得比较健壮。

3. 第二性征的发育

体现男女两性差别的生理和心理特征叫作性征。每个人一出生便可以确定是男是女,这与生俱来的两性生殖器官的差异称为第一性征。幼年时期，男孩女孩除了第一性征外，身体其他部分没有明显的区别。进入青春期以后，性发育使得男孩女孩的身体出现了许多不同的特征，体现着男女的性别，称为第二性征，主要是指性发育的外部表现，例如，男女在身材、体态、相貌、声音等性别上的差异。

男性的第二性征主要表现在毛发的生长、变声、出现喉结等方面。毛发的生长主要是指阴毛、腋毛、胸毛及胡须。喉结凸起在12岁左右开始出现，18岁时基本成型。比喉结凸起稍晚的体征是变声，这是因为喉结凸起引起声带变长，声音开始变得低沉。有些男性乳房也会发育，有的是一侧，有的是两侧。表现为乳晕增大、乳头突起，有些在乳晕下还可触及硬块，并有轻微触痛，这是生理现象，一般持续数月后即可消失。另外，男性进入青春期后，睾丸就开始制造精子，到18~20岁达到高峰，"精满则自溢"，遗精是男性性成熟的表现和未婚男青年的正常生理现象。

女性进入青春期后，出现最早也最明显的第二性征是乳房的发育。乳房的发育往往是少女发育的起点，在身高突增前一年，女孩的体形就已经逐渐向女性特征过渡。少女发育的一般顺序是：乳房增大、阴毛生长、腋毛生长、月经初潮等。女性通过青春期的发育，体态变得苗条，婀娜多姿，除了乳房隆起外，骨盆也变宽了。在青春期内分泌的刺激下，女孩的脂肪在一定部位存积，使得女孩胸部丰满，臀部变圆，腰部相对较细，同时皮肤细腻有光泽，声音清脆响亮。

二、青春期性心理发展的特征

(一)青春期性心理发展阶段

进入青春期后，男性的遗精和女性月经的出现标志着性机能的逐渐成熟，青少年开始经历性意识的萌动、对性的好奇探索、对异性爱慕追求等一系列心理过程，具体表现为三个阶段。

第一阶段是异性疏远期。在天真烂漫的孩提时代，性别在孩子们的头脑中仅仅是一个"符号"而已。青春期开始，一系列生理变化使男女少年对两性的差别特别敏感，羞涩与反感交织在一起，彼此开始疏远起来，对异性采取冷漠的态度。在学习和活动中，男女生很少说话，互不理睬，界线分明，视男女间的交谈、亲近为不光彩的事。集体活动中，男女生之间不愿接触，即使是童年时代亲密无间的异性朋友，此时也会不自然地躲避。这种对异性的疏远，实际上是少男少女性意识萌动而产生的一种心理骚动，是对异性好奇心的表现，表面上的疏远掩盖了他们内心的不安。

第二阶段是异性接近期。随着性生理的日趋成熟，少男少女情窦初开，对异性的疏远发展到对异性的好奇，产生了相互接近的渴望。少男少女常常以欣赏的眼光和友好的态度对待异性的言谈和行为，开始注意异性对自己的态度，愿意在异性面前表现自己，渴望博得异性的好感。此时对异性的亲近感多属于朦胧的自然表露，对两性关系还处于一种似懂非懂、稀里糊涂的状态。十五六岁的少男少女往往会对年龄较大的异性产生崇拜和向往，被称为"牛犊恋"期，被崇拜的对象通常是二三十岁的异性，其一举一动都对少男少女产生强烈的吸引力，这种偶像心理对青少年以后的择偶标准起着潜移默化的作用。直至十七八岁以后，少男少女爱恋的对象才逐渐过渡到年龄相近的异性。这一时期的主要心理特征是男女间相互关注和相互吸引。他们喜欢观察和接触异性，对异性的关注与友好特别敏感，总认为有异性的目光在注视自己；在各种场合，有意无意在异性面前显示自己的特长和优点，或故意打打闹闹，以博得异性的注意和好感。此时的男女往往分不清是性别的吸引还是对对方的好感，分不清好感、友情与爱情的区别，一方面渴望接近异性，一方面又感到不安和困惑。

第三阶段是两性恋爱期。此时的青年男女开始以自己的标准即兴趣、爱好、审美观来选择自己理想的恋爱对象，对特定的异性表现出特别的关心，对其他异性的关心明显减少，对心仪的异性充满了罗曼蒂克的爱情向往。大学生的恋爱一般分为初恋期和热恋期。当大学生第一次对异性产生爱慕之情，并得到如愿的回报时，会产生一种从未有过的新奇感，会激动不已，觉得世上的一切都是那么美好。初恋是强烈的，是青春的燃放，它又是纯洁的，倾注着全部的真情和幻想。热恋是爱情走向成熟的标志，经过初恋的相互了解，双方的思想感情日趋一致，心理上高度相容，能够在相互接触中比较确切地表达自己的情感，并得到周围人的赞许和认可。

从以上我们可以知道，青春期性心理的发展经历了对异性的抵触、关心到爱慕、恋爱的动态变化和发展过程，随着年龄的增长，对异性的渴望和求偶倾向亦随之增长。青年男女进入各阶段的具体年龄以及发展过程，既因个体的性生理发育状况和性文化接受程度而异，同时也受制于个体整体心理发展水平，与周围的环境也有一定的关系。有些人几个阶段都很明显，有些人则比较模糊，这都是正常的。

(二)大学生性心理的一般特征

从年龄上看，绝大多数大学生正处于两性恋爱期，会表现出一系列的性心理行为，如对性知识的兴趣、对异性的好感、性欲望等。具体地说，大学生性心理的特征主要表现为以下几个方面。

1. 性心理的本能性和朦胧性

相当一部分大学生的性心理尤其是低年级大学生的性心理，尚缺乏深刻的社会内容，主要还是生理发育成熟带来的本能作用，好像是情不自禁地对异性发生兴趣、好感和爱慕。加上不少学生不了解性的基本知识，对性有较浓厚的神秘感，使得这种萌动披着一层朦胧的面纱。但由于性生理和性心理的日趋成熟，大学生与异性交往的需求十分强烈，喜欢探索异性的心理秘密，总希望有机会与异性接触，正是在此基础上，在朦胧纷乱的心理变化中，大学生的性意识逐渐强烈和成熟起来。

2. 性意识的强烈性与表现上的文饰性

与中学生相比，大学生对性的关心程度明显增强。他们十分重视自己在异性心目中的形象，并常常按照异性的要求和希望来进行自我评价和塑造自己的形象。尽管他们在心理上对异性很向往，但在行为上却表现得拘谨、羞涩甚至冷漠。有的大学生心理上明明对某一异性很感兴趣，表面上却有意无意地表现得无动于衷、不屑一顾或做出回避的样子。有的大学生表面上十分讨厌男女间的亲昵动作，但内心可能很希望得到体验。

3. 性心理的压抑性和动荡性

青年期是人一生中性欲最旺盛的时期，但不少大学生心理不够成熟，尚未形成稳固的道德观和恋爱观，自控和自制的能力有限，他们的性心理易受外界各种影响而显得动荡不安。而且大学生并不具有通常意义上满足性冲动的伴侣，容易导致过分的焦虑和压抑。现实生活中丰富多彩、五花八门的性信息，特别是性自由的思想，使得一些大学生的性意识受到错误的引导而沉湎于谈情说爱，甚至发生性犯罪。另一些人由于性的能量得不到合理地疏导、升华而导致过分的压抑，少数人还可能以扭曲的、不良的，甚至是变态的方式表现出来。

4. 男女生性心理的差异性

大学生的性心理存在着明显的性别差异。在对异性感情的流露上，男生显得较为外显和热烈，女生往往表现得含蓄而温存；在内心体验上，男生更多的是新奇、喜悦和神秘，而女生则常常羞涩、敏感和不知所措；在表达方式上，男生比较主动和直接，女生更喜欢采取暗示的方式；男生的性冲动易被性视觉刺激唤起，而女生则易在听觉、触觉刺激下引起性兴奋。

三、大学生的性困扰与调适

大学生的性心理发展总的来说是正常的、健康的，多数大学生能较好地调节性欲、性冲动，表现出既符合社会规范又符合身心健康要求的性心理行为，能正常地对待两性交往，具有比较健康的性观念。然而比起心理发展的其他方面，大学生在性心理发展过程中的问题还是比较多的，由此引起的性困扰、苦恼和适应不良非常多。从性的逐渐成熟到以合法的婚姻形式开始正常的性生活，一般要十年左右，这一时期被人们称为"性饥饿期"。大学生正处于这一时期，这很容易给他们带来困扰。以下是发生在大学生中较为常见的、又有代表性的性心理问题。

1. 性焦虑

这里的性焦虑主要是指对自己形体的焦虑、对自己性角色的焦虑和对自己性功能的焦虑。进入青春期的大学生发生了很大的变化，每个大学生都希望能拥有一个完美的形象，男生希望自己身材高大、体魄强壮、音调浑厚，拥有男性魅力，以吸引女性；女性则希望自己容貌美丽、身材苗条、乳房丰满、音调柔美，来显示女性魅力，以吸引男性。他们常常会担心自己的身材不够好、皮肤不好、个子太矮、长相不够美而产生焦虑、自卑、抑郁等问题。除了对形体的不安外，大学生还为自己是否与性角色相吻合而忧虑。一些男生常感到自己缺乏男子汉气概，为了吸引女生，为了让自己看起来更像个男子汉，而故作深沉，或表现出大胆、鲁莽的行为，甚至以打架、冒险等来显示自己、证明自己。还有一些男生担心自己的性功能是否正常，尤其是看到某些书刊上谈到性功能障碍时，便会疑神疑鬼。上述的性焦虑一般可通过性教育和性咨询得到解决。对于大学生来说，重要的是树立健康的审美观，同时接受自身的现实，不怨天尤人，注意扬长避短。如果对自己的性生理、性心理方面有疑问，应及时寻求咨询和帮助，不要独自敏感多疑，忧心忡忡。

2. 性冲动的困扰

不少大学生难以接受自己的性欲、性冲动，对此感到羞愧、自责、苦恼、厌恶和恐惧。一方面是性的自然冲动，另一方面是对性冲动的否定，不少大学生常为这样一种矛盾而不安、迷惑，即一方面他们对异性抱有美好的情感，追求纯洁的爱情，另一方面，又常常有赤裸裸的性欲望，这尤其表现在一些男生中。这正是"龌龊的性欲和关于美好爱情的高尚理想同时存在于同一个人的意识中"。

其实，性冲动并不可怕。性冲动是青春期健康男女的重要表现，其发生很大程度上是由于体内的性激素加速分泌，它往往是通过两个途径诱发：一是由视觉、听觉、嗅觉、触觉、味觉刺激大脑的思维所引起；二是性器官直接接受刺激而引起，性器官受到刺激后，交感神经会将信号传到大脑的性中枢，引起性器官充血，从而产生反射性性冲动。由此可以看出，处于青春期的男女大学生，只要精神健康状况正常，就时常会有性的冲动，所以性冲动本身并不是一件多么不正常，或多么可怕、多么下流、多么无耻的事情，没有必要为自己有时出现的性冲动而自责、不安甚至烦恼。

那么，如何才能更好地控制自己的性冲动呢？

(1) 培养良好的意志品质。

大学生自我控制性冲动能力的大小，在一定意义上是由个人意志品质的强弱决定的。意志作为达到既定目标的自觉努力的一种心理状态，具有发动和抑制行为的作用。尽管有的青年人有很强的性冲动，在有外界性刺激的情况下，人会急于寻求性的满足，但人不同于动物，人有意志力，人可以抑制和调整自我的冲动。为了个人长远的幸福和成功的发展，应当努力培养自己良好的意志品质。

(2) 学会自我控制。

减少因性冲动造成的不利后果给双方带来的心理困扰，如适度控制性刺激，避免太过亲昵的动作；避免在偏僻幽静的地方，尽量在人多的地方活动等。

(3) 恋爱中要充分考虑双方的感受。

男生要考虑女生的感受，不能随性而为，避免任何形式的强迫；女生要学会恰当拒绝，用女性独有的温柔和理解，去帮助对方恢复理智。

(4) 积极代偿转移升华。

当产生性冲动时，用内心压抑的方法予以排解是一个很有效的方法，适度的压抑是社会化的需要，也是一个人性心理健康的反映。然而严重的压抑感则有害身心健康。另外，还可用一种积极的建设性的、能为社会接受的欲望或方式来取代性欲，比如，参加一些体育、文娱活动、绘画、从事劳动等，多观看一些健康的影视节目，特别是与性距离较远或不沾边的节目，如足球赛等，以淡化注意力，转移大脑中枢神经的兴奋点。

因此，从心理健康的角度看，大学生对性的冲动首先应接受其自然性和合理性，其次应通过学习、工作、活动以及男女交往等多种合理途径使性生理能量得到释放、转移及升华。最后，陶冶情操，接受科学的性教育，对于调节性冲动也有很大的帮助。

3. 性梦

性梦是指在睡眠中出现的带有各种性内容色彩的景象，青春期的男女一般都会有这种体验。心理学大师弗罗伊德的大部分作品充斥着性与梦的联系，声称梦大多数与性有关，"梦是一种受压抑的愿望经过变形的满足"。尽管弗罗伊德的"泛性论"如今受到普遍的质疑，但他认为梦是人们潜意识的幻想和欲望活动的表现这一观点仍受到一定程度的支持。

心理学家认为，对青春期的少男少女或处于"性饥渴"的成年人而言，性梦是一种调整性张力过高的自慰现象。异性间的性吸引力——爱慕、倾心，有时会导致性冲动，但在清醒的意识状态下，理智和道德可以抑制这种冲动。然而在进入梦乡后，这种被压抑到潜意识中去的性冲动就像弗罗伊德说的，按照"本我"的享乐原则行事，可以不受理智道德的约束了。在清醒状态下不敢想不敢做的性心理、性行为都可以出现，使大脑皮层出现非常活跃的兴奋灶，这种性梦的自然宣泄，类似一种安全阀的作用，可以缓和累积的张力，有利于性器官功能的完善和成熟。这种情况绝非病态，不必过于紧张。

再有一件被学者们基本肯定的事是："凡属做性梦，其梦境中的对象总是一些不相关的陌生人，而难得是平时爱恋的对象，即使在入梦以前，竭力地揣摩，以期于梦中一晤，也是枉然。"这个研究结果告诉我们：性梦作为意识控制解除下的一种潜意识行为，既无法控制也无法预防。无论平时是多么"正人君子"的人，在性梦中都可能出现荒诞不经的性事，此时绝没有必要以清醒状态下人们普遍遵循的伦理道德去鞭挞这些"荒唐事"。性梦绝不是意味着对自己爱恋对象的不忠，也不是邪恶丑陋的现象，因此不必内疚、恐惧，了解这一点对大学生很重要。

尽管性梦是正常的心理生理现象，但若性梦频繁则要寻找原因，例如，劳累过度、性自慰过频过强烈、内裤穿得过紧、心理上的兴奋、情绪上的激发(睡前饮酒)等。至于许多男生在性梦中常出现梦遗，这是正常的生理现象。

4. 性幻想

性幻想，又称为性爱的白日梦，是指在白天清醒的状态下想象与异性发生性行为。其心理活动的基础是性，主要通过联想异性的形象，特别是异性的性特征、性表现外露的部分、一些性情景及在已有的性经验基础上编织出符合自己性审美的性爱对象而产生的。

医学研究证明在16岁以后到结婚以前，这种白日梦在很多人的心头萦绕不去。当事者可以虚构出自己与任何爱慕的异性在一起，约会、接吻、拥抱、性交。这种幻想可以随心所欲地编，在进入角色以后，还伴有相应的情绪反映，可能激动万分，也可能伤心落泪。白日梦的产生绝对是一种常态，也是性冲动活跃的不可避免的结果。不过如果发展过分的，以常态开始，却以病态结束，对那些想象力丰富而又有艺术天才的大学生，容易走极端。

中国古典小说《红楼梦》中，曹雪芹对妙玉性幻想失态的描述有助于我们更好地理解性幻想。妙玉是位"气质美如玉、才华馥比仙"的年轻尼姑，作为身不由己的出家人，命运决定了她只能守身如玉，常伴古殿青灯。然而与宝玉的相识使得妙玉尽管人坐在那儿打禅，思想上却早已是心猿意马。不管理智的意念怎样希望"断却妄想，趋向真知"，心火仍愈烧愈旺，爆发出一种"怎奈魂不守舍，一时如万马奔驰，觉得禅床晃荡起来，身子已不在庵中"的幻觉。

性梦的产生是无意识的，性幻想的产生则不是完全无意识的。耽于性幻想的大学生往往在学习时注意力分散，思想无法集中，对学习的影响很大。

5. 性自慰

性自慰，我国多少年来一直沿用"手淫"这个名称，是指用手或其他器具、其他方式刺激性器官获得快感，疏泻性冲动的一种方式，它是青春期最常见的一种性行为。

然而，正是"万恶淫为首"的"淫"字，使许多有此行为的青少年产生错误的疑虑心态，认为这是下流的道德败坏行为，再加上中国古代有手淫大伤元气的说法，使青少年又担心会造成性功能障碍，并为此背上沉重的心理负担。根据国内对大学生性自慰的调查，男生中绝大多数人有一次以上的经历，女生中也有一定的比例。现在国内外对性自慰的看法越来越趋向无害的观点，医学家、心理学家一致认为性自慰既不是不正常的，也不是对身体有害的行为；并且性自慰是没有正常性生活的一种代偿办法，对于调节烦躁的神经系统有好处。

我国青少年性自慰焦虑的发病率普遍高于西方国家，除了性教育的普及程度低，与"手淫"这种习惯性称呼的明显贬义也有很大的关系。因此，近些年来我国已经将手淫更名为性自慰，它界定了性行为的对象为个体自身，其功能在于心理缓释，从而有助于人们正确看待这种行为，克服偏见，缓解心理压力。

对于大学生来说，对性自慰的错误认识是不安烦恼的真正原因，也是变得难以节制的心理原因。伴随着性自慰快感的消失，悔恨、紧张、多疑、自责涌上心头，越是如此，越是可能沉溺于不能自拔，于是陷入恶性循环。性自慰的本意是用于释放性紧张，而在习惯者身上，则可能变成释放紧张焦虑心理的手段以及成为更加紧张焦虑的原因。不少大学生在接受性知识教育和咨询以后，心理的负担会慢慢卸下来。现在性自慰虽已从"恶习"中平反，但终究也算不上好习惯。长期频繁的性自慰，会引起大脑高级神经功能和性神经反射的紊乱，从而影响人的身心健康。对于大学生来说，培养广泛的兴趣爱好，合理安排学习和多种有益身心的文体活动，加强人际交往，在丰富多彩的现实生活中全面发展自己，都可以分散对性的注意力，化压力为动力，实现身心的全面健康。

第二节　大学生婚前性行为的现状与透析

"性爱，是神为已婚夫妇预备的美好礼物，充满惊奇和喜乐，是我们可以欢然领受，参与其中的。"而婚前性行为是指没有配偶的男女双方在恋爱时期发生的性行为。虽然目前法律中没有婚前性行为的相关规定，社会规范也不再严厉禁止婚前性行为，但并不意味着可以随心所欲，也不是鼓励所谓的"性泛滥""性自由"，性行为需要遵守一些基本的性道德原则。一般认为，婚前性行为是双方自愿进行的，不存在暴力胁迫，但婚前性行为不受法律保障，不存在夫妻间应有的权利与义务。目前，我国青少年发生婚前性行为的人数逐渐增多，已经引起了社会的高度关注。

一、大学生发生婚前性行为的现状

青春期是从幼稚走向成熟的过程，而大学生更是处在幼稚与成熟两者交接的关键时刻，随着年龄增长和生理发育的进一步成熟，不少大学生在对爱情追求的同时，渴望着像一个真正的成年人一样，去感受和体验生活中的一切，包括性。2002年11月，西南邮电学院两名学生的行为更是把人们对有关校规的争议推向了高潮：一对大学生情侣外出旅游时发生了性关系，并导致女方怀孕，校方知情后，以"品行恶劣、道德败坏"为由将两人开除。这对情侣认为学校侵犯了他们的隐私权，打算起诉校方。围绕大学生情侣发生婚前性行为是否属"道德败坏""学校有没有权力因为在校生发生性关系而开除他们"等问题，人们再一次发生激烈争论。

(一)对婚前性行为的不同态度

人们对婚前性行为历来有着不同的态度，四种有代表性的观点是：
(1) 反对。这种观点认为任何情形下的婚前性活动都是错误的，应该避免这种行为。
(2) 有条件地允许。这种观点认为，如果双方关系是稳定的、相爱的，则婚前发生性关系是可行的。
(3) 无条件允许。这种观点赞同相互吸引的婚前性行为。
(4) 双重标准。即婚前性行为男人可以，女人不可以。

令我们稍感到诧异的是大多数大学生认为婚前性行为在当今这个开放的世界是被人接受的，两性之间感情发展到一定程度，必然会发生性行为，这种行为会加深两性的感情。一位女生认为，"如果是真心相爱，发生性行为未尝不可。当然要注意采取一些避孕措施"。一位男生对此则表达得比较含蓄："我认为如果能够在大学里找到一个适合自己的伴侣，即便最终由于客观原因没能走在一起，也可以留下一段精彩的回忆，可以成为人生一笔不可多得的财富。"只有一少部分大学生认为，在大学生中出现"未婚同居"现象是"道德上的堕落"或"双方都不够成熟"；绝大多数大学生认为婚前发生性关系只要双方愿意和不造成情感上的创伤及没有孩子,谈不上什么道德不道德。

知识链接	什么是性行为?

　　性行为就是与两性交往活动的内容具有直接关联的行为,凡是与性欲满足和性体验的获得有关的身体动作,都可以称为性行为。从男女双方肉体的接触形式看,性行为可分为以下三种。
　　(1) 距离性性行为,如谈情说爱。
　　(2) 边缘性性行为,如亲吻、拥抱、抚摸等。
　　(3) 核心性性行为,即指男女双方的性交行为。如果从性活动的对象化方面分析,它可以分为自慰性性行为和交媾性性行为两大类。通常情况下,人们习惯把男女间的性交关系称为性关系,而性行为则指上述三类性行为的统称,这里所涉及的性行为就是指核心性性行为,即男女双方的性交行为。

(二)大学生婚前性行为的分析

　　我们不妨通过同居这一现象认真地了解大学生发生婚前性行为的现状。一位研究中国婚姻的专家给现代的"同居"这样的定义:为了一定时期快乐的行为;试婚;不履行法律形式的事实婚姻。大学生同居主要以前两种为主。本文对同居的理解是:同居的必要条件是发生了性关系且同居双方共同居住一段较长的时间。以下是我们了解到的几对同居者。

　　A 于旅游期间结识了另一高校女生 B,短短的十多天,两人发展为恋人关系。回校后互相非常想念,由于两人在异校学习,打电话又难解相思之苦,所以干脆每周末双方约在学校附近的一酒店度过双休日,每次费用均在三四百元以上。他们觉得长期这样下去不是办法,于是找了套房子租了下来,从此顺理成章地过着"夫妻"的生活。他们说,每天都要赶公交车上学,放学后又匆匆地挤公交车回出租屋,很辛苦,但两人能互相帮助、互相照顾,辛苦之余也有幸福感和"家"的温馨感。

　　C 和 D 是同班同学,而且成绩都挺拔尖。他们大三时开始拍拖,大四开始在校外租一间月租约 300 元的单间过同居生活,实行 AA 制。他们说,同居是两个人的共同意愿,且都视对方为以后的结婚对象,同居的目的并不是为了性,而是为了找个安静的地方学习。他们也经常鼓励对方努力学习考研,并没有因为同居而减少苦读的劲头。谈到"性"时说,大家都是成年人了,懂得对自己做的事负责。

　　E 和 F 都来自江苏,以前是中学同学,考上了广州的不同高校。拍拖是大二开始的,由于不在同一所学校,E 和 F 觉得两人虽然心灵距离很近,但现实距离很遥远。于是他们在 F 的大学附近租了间套房,过起了同居生活。E 有点不好意思地说,由于相距遥远,为了相聚而旷课是经常的事,但 E 不认为这对学业有影响。同居的生活揭开了对方神秘的面纱,把对方的缺点暴露得一览无余;F 不再有同居前那种感觉,不敢承诺以后两人会走在一起。E 说,同居是你情我愿的事,是很正常的事。

　　G 和 H 以前是某中学的同学,在中学时 G 对 H 已有好感,于是对 G 展开了强烈的追求,并且如愿了。随后两人感情直线上升,难舍难分。去年 H 在 G 的要求下在租了一间月租 500

元的单房同居起来。由于 G 和 H 对性知识了解甚少，安全措施不当，同居半年就怀孕了，做了人流，给 H 带来心理和生理上的莫大损伤。H 看了几次中医也调整不过来，体重骤然下降，学业也受到了很大影响，流产不久便告别了同居生活，与 G 的关系也若即若离。

从中可以看出大学生发生婚前性行为一般具有以下特点：一是突发性，往往在无心理准备情况下突然发生；二是自愿性和非理智性，大学生已是成年人，较少为别人胁迫，大多在双方自愿而又不理智的情况下发生性行为；三是反复性，由于年龄和观念的影响，一旦冲破这一防线，便不再过多顾虑，还会多次反复发生。

二、女大学生应慎重对待婚前性行为

女大学生发生婚前性行为，主要有以下几种心理：一是热恋心理，两人由初恋进入热恋，感情如胶似漆，有"一日不见如隔三秋"之感，恋爱达到白热化程度，一旦海誓山盟，性行为也随之而来；二是迎合心理，这些女生认为男友各方面条件都比自己好，当男友提出性要求时，因怕失去对方，便默然应允，迎合对方；三是占有心理，这类女生认为男友不错，同时别的女生与她又有一定的竞争性，为了不使自己在竞争中失利，便发生性行为，造成既成事实，达到占有目的；四是顺从心理，她们常常是在迫不得已的情况下与男友发生性行为的，当男友提出性要求时，从她们内心来讲并不想这样做，但又抵挡不住；五是侥幸心理，首次发生性关系后，大多产生怕怀孕的紧张恐惧心理，但时间一长，发现没事，便产生了侥幸心理；六是好奇心理，进入青春发育期的女生，随着体内性激素水平的增高，在身体发生一系列变化的同时，对性也产生了好奇心理，这些女生是抱着好奇的尝试心理而发生性行为的。

婚前性行为使男女大学生在性欲和其他动机方面都获得了一定满足，但"禁果"就像一个带刺的仙人球，匆匆忙忙采摘，也许会带给你满手的伤刺。因此，恋爱中的男女大学生，为了保护好自己的爱情，也为了今后的婚姻幸福，千万不要无知而冒失地匆匆品尝"禁果"。婚前性行为给当事者，特别是直接给女大学生所带来的不良后果是毋庸置疑的。

1. 给女方心理带来极大压力

婚前性行为的发生，有时是女方主动提出的，而更多的是由于男方要求女方迎合或女方抵御不了，它给女方造成的心理压力如恐惧、自卑、冲突等接踵而来。调查发现，有 60% 的人性交后怕怀孕，21.3%的很懊悔；在接受人流手术时，怕手术痛苦者 80%，不敢告诉家长者 17.3%；手术后怕产生后遗症的 62.3%，怕失恋后不易再找对象者 20.7%。

2. 给女方身体健康造成严重影响

在不想生育的前提下受孕，其补救措施是人工流产。对婚前性行为者来讲，人流的不良后果有三种。一是不能正常地恢复身体的健康状况，有的女大学生为了不让别人知道，做完手术后不休息，严重影响了健康状况的恢复，甚至导致大出血；二是容易损伤生殖器官，出现意外事故；三是引起许多并发症。医学研究和临床资料表明，人流对女性可造成月经量少、闭经、性冷淡、不孕，再次妊娠易流产、子宫内膜异位症、生殖器官炎症、前置胎盘、胎盘粘连植入、子宫穿孔、产后大出血，甚至引起宫颈癌。

3. 使恋爱关系出现不利于女方的发展趋势

在未发生婚前性行为时，恋爱双方是相互平等、自由选择的关系，可发生之后情况则有所不同。一是双方吸引力逐渐减弱。原以为两性关系很神秘，现在变得"不过如此"，过去的光彩、魅力显得不夺目，不充满力度了。二是女方再选择机会减少。原来男方十分迁就女方，自女方委身于他之后，便以为"她再也离不开我了""非我莫属了"，故对女方开始态度随便、任意支配。反之，女方则因把贞节交给他了，"已经是他的人了"，可又担心男方改变初衷，唯恐被抛弃，于是对男方一再迁就、容忍，即使发现他有较大缺点，可事已至此，只得将就成婚，贻误了终身大事。三是使男方对女方的猜疑开始萌生。男子总希望女友只信任自己，对自己开放，一旦与之发生关系，便又开始猜疑女方，"她对别人是否也这样？"若女方过去已谈过几个对象，这种疑心就会加重，或导致中止恋爱关系，或婚后生活不和谐。

医学、心理学的研究表明，在认识、对待和体验"性"中，男女两性自古以来就存在着相当大的差异。男性包括现在的男大学生，他们中的很多人不肯为一次性行为做出终生相爱的承诺，而且在大多数场合中，他们是性关系的主动者，一次性行为不会对他今后的生活道路产生重大影响。而对女生来说，内心则要复杂得多。无论如何，一个耐人寻味的事实是：尽管现在的男女大学生大多对贞操持宽容、理解的态度，可当问及"如果你的恋人曾与他人有过性关系，你的态度如何"时，75%的男大学生明确表示不能接受。虽然男大学生在学识和修养上属于较高的社会层次，但还是有那么多的人重视贞操问题，这实际上也反映了整个社会中男性对待女性贞操态度的缩影。这就是社会对婚前性行为的双重标准，即男的行，女的不行。这显然是不公平的。一位女大学生说出了自己的内心感受：在性的问题上还是严肃稳重些好，在中国，思想再开放，也不能像西方社会一样无所顾忌。现在，虽说观念上对贞操的反应趋淡，实际上在乎的人依然很多。男朋友如果知道了在他之前你曾有过性行为，大多会认为你生活不检点，不符合淑女的标准，对你不会有好印象。再说，生理上女性处于不利地位，有过性行为容易被察觉，而男生则不会。女孩终究是要结婚嫁人的，如果婚前与别人有过性关系，恐怕很难被丈夫接受，弄得不好，一辈子都不会有幸福。从她的感受中我们能体会到女性在"性"中所处的弱势地位。

社会学家也认为大学生发生婚前性行为是可理解但不可取的。大学生在年龄、生理上都已成熟，因此不能再单纯地说"婚前性行为"的对错。主要问题不在于这个行为是发生还是没发生，而在于应该以一个正确的态度来看待这个问题。以感情好为理由而发生婚前性行为，可以理解但不可取。对于在校学生来说，婚姻本身是不可预期的，而且作为学生的主要任务还是学习。如果事情已经发生了，女大学生应该注意以下几点：第一，别埋怨。如果意外怀孕，切忌埋怨自己和男友，因为这无济于事，身体受伤的同时还会使双方的心灵受伤，影响感情发展。第二，要振作。性毕竟只是生活的一部分，而不是全部。不要因为青春期的性失误毁坏了你的整个生活。第三，可求助。如果遭遇了婚前性行为或者意外怀孕、人工流产而无法排解压力，要及时主动寻求心理咨询师的辅导。女生，只有自爱、自尊、自重，才能成为一个幸福女性。

> **知识链接**   **拒绝性行为要求的技巧**
>
> 1. 别的恋人之间都是这样做的，我们那么相爱，就试试吧。
> "别人是别人，但是我还没有想好，我相信好多人都不会这样做，包括我在内。"
> 2. 如果你真的爱我，就应该理解我的感情，我真的非常想。
> "我不同意，不等于我不爱你，如果你爱我的话，就不要逼我做不想做的事。"
> 3. 我们大家都彼此那么爱着对方，还有什么不可以做呢？
> "但是，我们还没有足够的准备，我还要好好地想一想。"
> 4. 来啦，我们都是大人了，都已经成熟了，还等什么？
> "成熟的人做什么事都会想得清清楚楚，并会考虑后果。不如我们先讨论一下事后会有什么样的后果和责任，你说好不好？"
> 5. 我们上次不是都已经试过吗，感觉也不错，这次你怎么又不愿意了？
> "上次归上次，现在我要再想想清楚，我想你是不会逼我的，是不是？"
> 6. 有性要求是正常的，而且性行为会使我们更亲近，我们来试试吧。
> "我知道有性要求是正常的，我可以理解你，但是你有没有想过'试试'会带来什么后果？我们之间的交流和尊重也会使我们更亲近。"
> 7. 总之我太爱你了，实在控制不住。
> "你太冲动了！如果你爱我，你应该顾及我的感受。"
> 8. 我知道你其实和我一样很想试试的，为什么不试试呢？
> "其实你不知道我想要什么，证明你根本不了解我。我要的是真正关心我、尊重我的人。"
> 9. 拥抱使我很兴奋，如果你真的很爱我，就证明给我看。
> "对不起，我不想的，爱不是这样证明的吧！不如我们冷静一下，好不好？"
> 10. 如果你不肯，就说明你不是真的爱我，那我就找别人了。
> "我觉得你不尊重我，你是真的爱我吗？如果你真是这样想的，我倒要好好想想你是否真正值得我爱。"
>
> 总结：拒绝是每个人的权利，你有说"不"的权利，而且也要尊重他人说"不"的权利。拒绝是一种技能，拒绝要有力，最有力的拒绝是反击。爱可以是拒绝性要求的最好理由："如果你爱我，就不会让我做不愿意做的事。" 拒绝的时候要有自信，而且语气坚定，态度明确，肢体语言与言语态度要相一致。

三、简单的避孕知识

一旦发生了婚前性行为，不管是因为什么原因，摆在大学生面前最重要的问题就是避孕。这里简单地介绍几种常用的避孕方法。

1. 安全期避孕

正常育龄女性每个月来 1 次月经，从本次月经来潮开始到下次月经来潮第 1 天，称为 1 个月经周期。如从避孕方面考虑，可以将女性的每个月经周期分为月经期、排卵期和安全期。安全期避孕就是在排卵期内停止性生活的一种避孕方法。这是一种传统的避孕方法。女性的排卵日期一般在下次月经来潮前的 14 天左右。卵子自卵巢排出后在输卵管内能生存 1~2 天，以等待受精；男子的精子在女子的生殖道内可维持 2~3 天授精能力，故在卵子排出的前后几天里性交容易受孕。为了保险起见，我们将排卵日的前 5 天和后 4 天，连同排卵日在内共 10 天称为排卵期。采用安全期避孕首先要准确地测定排卵期。目前用于测定排卵期的 3 种方法各有其优缺点：日历法可用来推算排卵期及排卵前、排卵后安全期。但它只适用于月经正常的女性，有时因环境改变和情绪变化使排卵提前或推迟，所以不够准确；测量基础体温法可以测定排卵日期及排卵后安全期，但该法比较麻烦，要求又严格，如不按照规定测量体温，就不能准确测定排卵日期；宫颈黏液观察法能测定排卵期及排卵前、排卵后安全期，正确性较高，但使用者必须经过培训，完全掌握后才能使用。如将这 3 种方法结合起来使用，就能扬长避短，收效更大。

2. 口服避孕药

大部分避孕药可靠性较高，短效口服避孕药的避孕有效率甚至可以达到 99%以上。但避孕药必须按规定服用，否则，会导致避孕失败。服药初期，少数人可能出现胃肠道副作用，如恶心、呕吐等，随着时间的推移，症状可消失。避孕药宜保存在儿童不易拿到的地方，并置于阴凉干燥处。

3. 避孕套

避孕套又称安全套，是一种男用的避孕工具。避孕套的避孕有效率较高，只要坚持使用，并掌握正确的使用方法，其避孕有效率可达 93%以上。若与杀精子剂合用，则效果更佳。除避孕作用外，避孕套还可以预防性传播疾病，尤其是预防艾滋病。使用时，需注意避孕套可能会滑脱或撕破。

第三节 探索具有中国特色的性健康教育

性作为衡量文明的标准，体现着社会的文明程度，也体现了人生不同阶段的美好内涵。对待性，我国长期以来一直是封建传统的"禁锢、封闭"的性观念占据主导地位，导致人们"谈性色变"；改革开放以来，西方的"性解放"和"性自由"思潮渗入我国，与我国传统的性文化产生撞击。撞击的结果是很多年轻人的性观念发生了变化，导致婚前性行为大量发生，严重地影响了青少年的身心健康和社会文明的建设。目前，大学生同居现象不仅在中国，在国外更为普遍，"男孩＋女孩"正在蔓延成一个世界性的大课题。因此，对青少年进行科学的性教育堪称"关系到国家安全的大问题"，性健康教育在今天已经是一个无法回避的重要而又迫切的问题。

一、我国大学生性教育的现状

长期以来，我国大学性教育一直遮遮掩掩，似乎是不能轻易跨越的"雷区"，高校没有开设专门的性教育课，更谈不上编撰专门的性教育教材。我国著名性学家、华中师范大学副教授彭晓辉主编的《性科学概论》是目前很少的关于性教育的教材，于2002年8月出版，很快就销售一空，这从一个侧面反映了我国性教育的教材、特别是面向大学生的性教育教材严重缺乏。据了解，全国各高校的基础课程一般占本科全部课程学时的三分之一左右，目前却几乎没有一所高校在教学计划中安排性教育课程。坚持开设性教育选修课或相关讲座的也只有华中师范大学、浙江大学等少数几所高校。其实，自古以来，中国传统文化中就不乏性的文化形态，只是这种原本质朴的性文化却扎根在被隐晦、曲解、愚昧、粗俗"毒素"毒化了的"土壤"里，于是千百年来，在国人心目中，"性"成了奢淫、下流的代名词，性教育也就成了见不得阳光的"脏东西"。由于无法接受专业、系统的性教育，大学生纷纷"八仙过海，各显神通"，通过其他非正规渠道获取性知识。据了解，现在大学生主要通过网络、观看黄色录像和黄色漫画、与同学交流"荤笑话"等获取性知识，更有甚者，"在实践中学习"，即在校外同居。

二、大学生性教育的必要性

1. 大学生身心健康发展的现实需要

1988年，浙江大学在国内第一次开设了《性科学》公共选修课，产生了良好的效果。华中师大一位选修了性教育课的大学生说："我们青年学生处于青春期，性发育逐渐成熟，有性的需要和冲动。由于社会转型时期价值观的多元化，西方性解放思潮的影响，以及社会性道德、性法制教育的滞后，都不同程度地影响着我们的性心理健康发展和性困惑的及时处理。我们需要一个课堂、一个教师来引导，让我们健康地成长并解决好我们的困惑。"有关专家也指出，婚前性行为，目前正呈现着数量愈来愈多、年龄愈来愈小的发展趋势，它已成为世界普遍关注的社会性问题之一。既然让恋爱中的青年大学生都在结婚之后发生性关系已经显得苍白无力，那么加强教育引导，提高认知水平来完善大学生的人格素质是非常有必要的。我国大学性教育目前急需克服观念上的束缚，需要彻底改变那种"性教育说不得"的旧观念，将性教育放到桌面上来，扎扎实实地进行性教育改革工作，使大学生不仅拥有较高的专业文化知识，也拥有健康的性意识和性道德，进而成为拥有高尚人格的社会群体。

2. 大学生建立健康的性道德观念的需要

从"性禁锢"到"性解放""性自由"，再到今天重新高度重视并探究健康文明的性心理，说明人作为一个有思维和理性的生物，绝不能出于本能而为所欲为。无论什么欲念和冲动，都会受到自身素养、信仰、理想以及社会规范、习俗、舆论和行为后果等诸多因素的制约，性欲也不例外，而且更需要教育和指导。人类性行为中人格完善的核心是性道德的高尚。性道德是指规定每个人性行为的道德规范，即性行为的社会义务和权利的意识。在大学生性心理健康的内容中，懂得并理解性道德标准是十分重要的，这有助于大学生正确把握婚前性行为：一是相爱的原则，人类的性爱只能钟情于某一个特定的异性，这是人类性道德最核心、最本质的原则，任何违背这一根本原则的性生活都是不道德的。二是无伤害的原则，性活动不应伤害他人和后代的幸福及身心健康，强调这一原则，任何婚外性行为的不合法性和虚伪性便一目了然，同样，如果让婚前性行为得到默认并形成风气，其后果是必然对社会、当事人都造成伤害。三是自愿的原则，性活动应建立在双方完全自愿的基础上。四是婚姻缔约的原则，社会充满了各种各样的规范，性的社会性决定了性行为同样要由道德规范和法律来制约，只有经过法律认可的婚姻才是符合道德原则的。这四个原则有机结合，才能完整准确地表达出性道德的基本原则。对大学生来说，开展性教育，宣传洁身自好的性道德是十分必要的。

3. 抵制消极性文化和预防艾滋病的需要

中国传统性观念中的极端禁欲主义思想，在社会中流毒颇深，关于性的话题几乎被禁止，将性视为罪恶的源泉，两性关系被压抑到仅为满足生殖需要的最低限度内，传宗接代被视为性行为的唯一目的。同时我国传统的性教育崇尚说教和"无师自通"的原则，比较侧重于伦理学，具有浓厚的劝说色彩，对男女正常的性生理和性心理、性行为缺少科学的介绍，采取回避的态度，显示了它的虚伪性。殊不知越是加以禁止和神秘化的东西，就越能激发人的好奇心。与此同时，国门顿开，西方"性自由""性解放"的思潮以其汹涌之势冲击着我们传统的性观念，其主要内容是破除性的神秘感，提倡性平等，希望从性生活中得到最大的乐趣，强调性和谐的重要性。性自由的追求使性的生殖目的淡化，而性的感官追求和感官享受日的增强。大学生是敏感又激进的群体，在传统的性禁锢与性自由的碰撞中，他们比较容易接受西方的性自由观念，这也是导致大学生婚前性行为不断增多的重要原因。更为严重的是诸如卖淫、嫖娼、性病、吸毒、艾滋病等现象在我国已呈蔓延之势，大学校园已经不再是一片净土。据调查，早在1995年底，北京有两所高校已发现十多名大学生感染上了艾滋病。艾滋病作为"公民健康的头号敌人"，不仅对人的生命造成危害，而且还直接影响经济的发展、国家的兴衰、民族的存亡。艾滋病虽然可以从性、血液和母婴三个途径传播，但由于性涉及面广，已成为艾滋病传播最主要的途径。事实说明防治艾滋病的根本在于预防，从思想上杜绝乱性。严肃的性道德是防止艾滋病病毒感染的最有力武器。

知识链接　　　　　　　性心理健康的标准

1. 能够正确认识自我，愉快地接纳自己的性别。
2. 具有正常的性欲望。
3. 性心理的特点和性行为与性心理发展年龄特征相符合。
4. 具有较强的性适应能力。
5. 对性没有犹豫恐惧感。
6. 能与异性保持和谐的人际关系。
7. 有正当、健康的性行为方式，符合社会伦理道德规范。

三、探索中国特色的性健康教育

(一)借鉴欧美国家的性健康教育

瑞典是世界上第一个推行现代性教育的国家，于 1934 年成立了性教育学会，至 1970 年性教育的范围已经扩大到所有的学校。瑞典性教育亦称避孕教育，内容坦率实用。根据不同年龄的特点，通过图片、动画片和文字刊物介绍生理变化、自慰、流产、避孕、性病与艾滋病的防治以及恋爱婚姻家庭等不同方面的问题。小学主要从生物学角度传授妊娠与生育知识，中学则完整地传授生理与身体机能，大学则把重点放在调整恋爱与人际关系上，最终以避孕教育而告结束。瑞典性教育中，性道德教育占有很重要的地位，要求人们对性问题要严肃，要学会控制情感、掌握限度，对年轻人强调要有严肃的爱，直至性与情感成熟才能同居。有效的性教育使瑞典逐步上升的少女妊娠和人流数从 1976 年开始明显减少，瑞典青年平均第一次性交的年龄也有所推迟，大概在 17.5 岁。同时，在瑞典艾滋病与性病的感染率也有明显下降。可以看出，瑞典推行性教育的目的并非有意刺激、挑逗年轻人的情感，或硬把"睡梦"中的孩子唤醒，而是实施彻底的"人的教育"。目前，瑞典已经不再使用性教育一词，而用"共同生活事业"代替，使之含有更广泛的含义，即不仅强调男女之间和谐的共同生活，还包括男性之间、女性之间共同相处，性关系只不过是其中的一部分而已。

美国是世界上性教育提倡最早的国家之一，它的性教育对世界影响很大。美国早期的性教育反映了一种维多利亚时期的价值观，即认为一个人应该努力工作，应该有好的习性，行为有节制，私生活应是纯洁的。当时的美国社会普遍认为一个人的性行为代表了他的品质，那时的性教育书籍都引导人们节制自己的性欲。到了 20 世纪 70 年代性教育几乎成了"性解放""性自由"的一部分，性教育完全从早期要求人们避免性的念头，发展到号召人们如何通过性行为满足自己性的需要。随着婚前性行为、堕胎、性病和艾滋病的大量出现，20 世纪 80 年代以后，美国的性教育变为以避孕套为前提，预防性病和艾滋病为核心的"安全性行为"模式，即使用避孕套可以使当事人避免意外怀孕的威胁，同样也可以防止性病与艾滋病。

(二)积极建立适合我国国情的性健康教育

瑞典、美国作为性教育的先行者，有许多可贵的经验值得我们学习和借鉴，其性教育的体系、内容、方法和途径都给了我们有益的启示。但同时我们应该认识到，由于制度和文化的差异，照搬照抄西方的性教育模式在我国是行不通的。现在许多人意识到性教育不是消极防范的教育，而是积极开放的教育。我们应在孩子生理发育前，就要进行性生理方面的教育，在孩子性意识萌动前，就要进行性心理方面的教育，在孩子性行为发展前，就要进行性伦理方面的教育。

性，是一个诱人而幸福的字眼，但它同时也会带来痛苦、不幸和不安。宣传健康的性道德观念和科学的性与生殖健康知识，引导和帮助大学生正确处理和对待异性交往、友谊和恋爱等性领域中的问题，使他们健康、顺利度过人生中最丰富多彩的青春期，成为具有创造性的社会栋梁之材，这就是我们在大学生中开展性与生殖健康教育项目的目的。

性是一门科学，不能无师自通，必须"传道、授业、解惑"。学校性教育包括性智育、性德育和性美育。

(1) 性智育。学校性智育应对学生进行性生理、性心理、性保健卫生教育与指导，使他们懂得性器官的结构与功能，了解性发育的自然进程，从而对青春期的身心变化有科学的认识与充分的心理准备，并有利于早期发现青春期发育异常情况，及时采取必要的防治措施。同时，帮助青少年正确认识性心理的发展规律，保持心理的正常发展，促进心理健康。如果缺少有关的性知识，青少年可能困惑、恐惧、焦虑，在面对问题时可能处理不当。

(2) 性德育。性是一个道德课题。性必定带来后果，控制性冲动是青少年面临的严肃挑战。如果缺少自律意识与能力，误用性冲动势必导致个人悲剧，危害身心健康，而且产生危害他人、破坏社会安定的副作用。学校性德育应传授性道德和法制知识，帮助学生认识性心理与性行为的社会性，遵纪守法；明了性爱的道德责任，把性爱置于生活与事业的恰当位置；使青少年了解自己的性角色，懂得男女之间正常交往与性解放的界限，既自尊自爱，又文明礼貌，互助友爱。同时，性德育有助于青少年加深对社会上性的现象与事实的理解，具有识别、批判的能力；掌握防止性骚扰与性迫害的科学方法，培养坚强意志，做到健康而有教养。

(3) 性美育。重在陶冶情操，提高素养，培养学生正确地欣赏美、热情地追求美与创造美的能力，并根据两性各自身心的特征与学生的个性特点，塑造形体美和心灵美统一的"四有"新人。

总之，学校性教育是实施素质教育的重要途径，它通过科学文化教育的手段促进人的自然素质社会化，帮助学生正确认识自身、逐步完善自身，提高生命质量。这一工作方兴未艾，大有可为。发达国家普遍认为，性教育是否普及，是衡量一个社会文明和文明水平高低的标志。一个青年是否在成年前接受良好的性教育，也是他能否达到较高文明水平和成为现代人的条件。我们应从中国国情出发，对学校性教育进行科学规范；走与国际接轨之路，建立学校性教育的科学体系，包括：宣传洁身自爱的性道德观；性教育应该关注青少年身心的全面发展，而不仅仅是以避孕为前提；让科学、文明、生动的性教育走进课堂；积极建立结构健全、体系完善的青少年心理、生理咨询中心。

项目思考

1. 你会正确看待和处理青春期一系列心理和生理的变化吗？
2. 你如何认识大学生婚前同居这一现象，为什么？
3. 你觉得性教育是否应该进课堂，为什么？

项目八
择业心理调适

导学案例

小李、小张是同班同学，他们所学的专业是市场营销。在一次应聘时都通过了笔试，并同时收到了面试通知。

面试时，他们被分在两个会议室。主考官问了他们一些关于市场营销的问题，两人的回答都很顺利，主考官表示十分满意。就在面试要结束时，主考官向小李和小张提出了同样的问题："对不起，我们公司的计算机出了故障，参加面试的名单里没有你，非常抱歉！"不过，说这句话时，是在不同的会议室里。

胜利在望的小李听了主考官的话，马上就变了脸色，也失去了风度。他有些生气，责问考官为什么会出现这样的事，他这么优秀的一个人，怎么会因为计算机问题而使自己的名单丢失，这是公司成心在耍他。这时，主考官对他说："你别生气。其实，我们的计算机并没有出错，你是以第一名的成绩进入了我们的面试名单，刚才的插曲不过是我们给你出的最后一道题，你感到惶恐和不安是正常的，但是，你的心理承受能力实在是太差了，市场营销部是全公司最有可能经历风险的部门，作为这个部门的工作人员，我们需要有良好心理素质的人才。"

小李愣住了：没想到这也是一道考题！他前功尽弃！

而在另一间会议室里，小张在听完了同样的问题之后，面带微笑，十分镇定地说："我对贵公司发生的这个错误十分遗憾，但是我今天既然来了，就说明我和公司有缘分。我想请您给我一次机会，这个计算机的失误，对于我来说，有可能失去一个难得的机遇，对于公司来说，或许意外地选择了一个优秀的员工。"主考官露出了满意的神情："你真是一个不错的小伙子！我愿意给你这个机会。"

案例提示：有无良好的心理素质，对成才和就业有着重要的影响。在今天高度竞争的时代，用人单位非常重视求职者的心理素质。如果心理十分脆弱，就算他专业成绩再好，也会错失良机。所以，大学生平时应当努力提高自己的心理素质，在面对各种突发事件时能从容应对，做好择业前的充分心理准备。

▶项目说明

本项目通过分析大学生择业中的心理特点，提出大学生择业时必须做好的心理准备，在克服不良择业心理的基础上，适时地调整自己，树立健康的择业心理和择业观，从而正确地选择职业，做到人职匹配。

▶项目目标

通过学习本项目，大学生在知识、技能和方法层面达到以下目标。
- 了解职业发展的相关理论
- 正确分析择业心理问题产生的原因及表现
- 针对个性心理的不同，做好择业心理的调适，实现人职匹配

心理训练游戏

心理训练游戏一：我可能从事的职业

活动目的：通过本活动，看看你最看重的职业，或许就是你将来会从事的职业

活动形式：个体活动

活动时间：30分钟

活动准备：五张纸、一支笔

活动步骤：

（1）填写第一张纸：我的父亲想要我做什么。譬如说，父亲希望我毕业后从政，考公务员；或希望我出去闯闯，多赚些钱补贴家里。然后，详细写下你父亲认为你应该具有的品质。

（2）填写第二张纸：我的母亲想要我做什么。譬如说，我的母亲希望我回到家乡找一份当教师的职业等。然后，写下你母亲认为你是否具有一位教师应该具有的品质。

（3）填写第三张纸：我的朋友认为我应该做什么。譬如他们认为你特别适合做教师（或者演员、社会工作者、作家、老板等）。然后也把他们认为你所具有的品质尽你所能地一一列举出来。

（4）填写第四张纸：我不想做的是什么。把你不愿意做的事情都列出来，你愿意写多少就写多少，把你肯定讨厌做的事情都尽力回忆列举出来。

（5）填写第五张纸：我大概不反对做的是什么。不必担心写错，因为这不是做决定，权且只是你拓展想象力，只是你以新的思想方法和行动方式来练习一下。这一张请你一定多动脑筋，写下所有对你多少有些吸引力的事情，即便你相信某件事情是你不可能去做的，也要把它写下来，因为这里希望你比较仔细地考虑一下你能够接受的是什么，不仅仅是为了做这个练习。

五张纸都写好之后，选一张你自己最想留的那一张，把其他四张全部扔掉。你现在手上这张纸所写的职业或许就是你将来会从事的职业，不用怀疑，因为这是你最看重的东西，你可以从这里开始采取积极的行动了。

心理训练游戏二：寻找归属

活动目的： 通过本活动，在群体中发现谁会具有未来领导的潜质
活动形式： 集体活动
活动时间： 20 分钟
活动准备： 十二生肖面具一副
活动步骤：

每个人都有一个属于自己的属相，但你是否知道，在这个集体中有多少人的属相和自己一样，下面我们的游戏就是寻找归属。

(1) 不用语言交流，通过肢体语言找到和自己相同属相的人。

(2) 所有学生先蹲下，同一属相的人用肢体语言表现该属相动物的典型特征，如果大家看明白了，鼓掌表示认同，他们就可以站立起来，派一个代表到主持人处领取生肖面具，直到所有人都站立起来。

(3) 戴上生肖面具的同学站在第一位，其余同属相的同学站在身后，排成一队。

(4) 最后看看，自己的归属找到了吗，是一个还是一批，是一群还是全体。

(5) 在表演所属属相动物的特征时，一定要集体做，在全体认同鼓掌后才可以站起来，不允许语言交流。

由于没有组长，大家只知道寻找和自己相同属相的人，不知道如何集中所有同一属相的人，往往人就会分散，这时候"领袖人物"会自然产生，他们会号召性地召集所有同一属相的人，并带领全体成员表演该属相动物的典型特征，这样的"领袖人物"最终得到同伴的信任和尊重。

心理测试

职业兴趣测评最早由霍兰德提出，但并不完全符合中国国情，我国学者陈社育参照他的理论框架，研制了"RCCP 通用职业匹配测试量表"，将职业兴趣类型分为六种：即现实型(R)、研究型(I)、艺术型(A)、社会型(S)、管理型(E)、常规型(C)。一般来说，完全属于某一种典型类型的人并不多，大多数人除了主要地表现为某一种兴趣类型外，还可能同时具有另外一种兴趣类型的特点，这样两两交叉就形成了 36 种职业兴趣类型。表 8-1 所示。

表 8-1　36 种职业兴趣类型表

	现实型(R)	研究型(I)	艺术型(A)	社会型(S)	管理型(E)	常规型(C)
现实型(R)	RR	IR	AR	SR	ER	CR
研究型(I)	RI	II	AI	SI	EI	CI
艺术型(A)	RA	IA	AA	SA	EA	CA
社会型(S)	RS	IS	AS	SS	ES	CS
管理型(E)	RE	IE	AE	SE	EE	CE
常规型(C)	RC	IC	AC	SC	EC	CC

表中 RR、II、AA、SS、EE、CC 为典型类型，其余都是综合类型。各种类型及其相匹配的职业类型如下：

典型现实型(RR)：需要进行明确的、具体的、按一定程序要求的技术性、技能性工作，如机械操作人员、电工技师、技术工人。

研究现实型(IR)：具有一定科技含量的技术、技能性工作，如计算机编程人员、工程技术人员、质量检验人员。

艺术现实型(AR)：需要一定艺术表现的技术或技能性工作，如雕刻、手工刺绣、家具和服装制作。

社会现实型(SR)：与人打交道较多的技术或技能性工作，如出租汽车驾驶员、家电维修人员。

管理现实型(ER)：需要一定管理能力的技术或技能性工作，如领航员、动物管理员。

常规现实型(CR)：常规性的技术或技能性工作，如计算机操作人员、机械维护人员。

典型研究型(II)：需要通过观察、分析而进行系统的创造性活动的科学研究工作和理论性工作，如数学、物理等学科的研究人员、学术评论者。

现实研究型(RI)：侧重于技术或技能性的科学研究工作，如机械、电子、化工行业的工程师，化学技师，研究室的实验人员。

艺术研究型(AI)：艺术研究方面的工作，如文艺评论家、艺术作品编辑、艺术理论工作者。

社会研究型(SI)：社会科学研究方面的工作，如社会学研究人员、心理学研究人员。

管理研究型(EI)：管理研究方面的工作，如管理学科研者、管理类刊物编辑。

常规研究型(CI)：常规性的研究工作，如数据采集者、资料搜集人员。

典型艺术型(AA)：需要通过非系统化的、自由的活动进行艺术表现的工作，如演员、诗人、作曲家、画家。

现实艺术型(RA)：运用现代科技较多的艺术工作，如电视摄影师、录音师、动画制作人员。

研究艺术型(IA)：具有探索性的艺术工作，如剧作家、时装艺术大师、工艺产品设计师。

社会艺术型(SA)：侧重于社会交流或社会问题的艺术工作，如作家、播音员、广告设计、时装模特。

管理艺术型(EA)：一定管理能力的艺术工作，如节目主持人、艺术教师、音乐指挥、导演。

常规艺术型(CA)：常规性的艺术工作，如化妆师、花匠。

典型社会型(SS)：需要更多时间与人打交道的说服、教育和治疗工作，如教师、公关人员、供销人员、社会活动家。

现实社会型(RS)：具有一定技术或技能的社会性工作，如护士、职业学校教师。

研究社会型(IS)：需要作些分析研究的社会性工作，如医生、大学文科教师、心理咨询人员、市场调研人员、政治思想工作者。

艺术社会型(AS)：具有一定艺术性的社会工作，如记者、律师、翻译。

管理社会型(ES)：需要一定管理能力的社会工作，如工商行政人员、市场管理人员、公安交警。

常规社会型(CS)：常规性的公益事务工作，如环卫工作人员、工勤人员。

典型管理型(EE)：需要胆略、冒风险且承担责任的活动，主要指管理、决策方面的工作，如企业经理、金融投资者。

现实管理型(RE)：具有一定技术或技能的管理工作，如技术经理、护士长、船长。

研究管理型(IE)：需侧重于分析研究的管理工作，如总工程师、总设计师、专利代理人。

艺术管理型(AE)：与艺术有关的管理工作，如广告经理、艺术领域的经纪人。

社会管理型(SE)：与社会有关的管理工作，如销售经理、公关经理。

常规管理型(CE)：常规性的管理工作，如办公室负责人、大堂经理、领班。

典型常规型(CC)：严格按照固定的规则、方法进行重复性、习惯性的劳动，并具有一定自控能力的相关工作，如出纳员、行政办事员、图书管理员。

现实常规型(RC)：需要一定技术或技能的常规性工作，如档案资料管理员、文印人员。

研究常规型(IC)：需要经常进行一些研究分析的常规性工作，如估价员、土地测量人员、报表制作人员、统计分析员。

艺术常规型(AC)：与艺术有关的常规性工作，如美容师、包装人员。

社会常规型(SC)：需要更多时间与人打交道的常规性工作，如售票员、营业员、接待人员、宾馆服务员。

管理常规型(EC)：需要一定管理能力的常规性工作，如机关科员、文秘人员。

以下就是测试量表，请你根据对每一题的第一印象作答，不必仔细推敲，答案没有对错之分，根据与实际情况的符合程度来判断，与实际情况相符合的得 2 分，不符合的得 0 分，难以回答的得 1 分。对于有些你没有机会从事的工作，你可以在假设的情形下做出判断。在做完从现实型到常规型共 108 道题后，再分类统计各自总分，填入后面的成绩登入表，并依次完成类型确定过程。

※ 现实型问题

(1) 你曾经将钢笔全部拆散加以清洗并能独立地将它装起来吗？

(2) 你会用积木搭出许多造型吗？或小时候常拼七巧板吗？

(3) 你在中学里喜欢做实验吗？

(4) 你对一些动手较多的技术工(如电工、修钟表、印照片、织毛线、绣花、剪纸等)很感兴趣吗？

(5) 当你家里有些东西需要小修小补时，常常是由你来做吗？

(6) 你常常偷偷地去摸弄不让你摸弄的机器或机械(诸如打字机、摩托车、电梯、机床等)吗？

(7) 你是否深深体会到身边有一把老虎钳等工具，会给你提供许多便利吗？

(8) 看到老师傅在做活,你能很快地、准确地模仿吗?
(9) 你喜欢把一件事做完后再做另一件事吗?
(10) 做事情前,你经常害怕出错,而对工作安排反复检查吗?
(11) 你喜欢亲自动手制作一些东西,从中得到乐趣吗?
(12) 你喜欢使用锤子、斧头一类的工具吗?
(13) 如果掌握一门手艺,并能以此为生,你会感到非常满意吗?
(14) 你曾经渴望当一名汽车司机吗?
(15) 小时候,你经常把玩具拆开,把里面看个究竟吗?
(16) 你喜欢修理自行车、电器一类的工作吗?
(17) 你喜欢跟各类机械打交道吗?
(18) 你亲手制作或修理的东西经常令你的朋友满意吗?

※ 研究型问题

(1) 你对电视或单位里的智力竞赛很有兴趣吗?
(2) 你经常到新华书店或图书馆翻阅图书(文艺小说除外)吗?
(3) 学生时代你常常会主动地去做一些有趣的习题吗?
(4) 你对一件新产品或新事物的构造或工作原理感兴趣吗?
(5) 当有人向你请教某事物如何做时,你总喜欢讲清内部原理,而不仅仅是操作步骤吗?
(6) 你常常会对一件想知道但又无法详细知道的事物想象出它将是什么或将怎么变化吗?
(7) 看到别人在为一个有趣的难题争论不休时,你会加入进去或者独自一人思考,直到解决为止吗?
(8) 看推理小说或电影时,你常常分析推理谁是罪犯,并且这种分析时常与最后结果相吻合吗?
(9) 你喜欢做一些需要运用智力的游戏吗?
(10) 相比而言,你更喜欢独自一人思考问题吗?
(11) 你的理想是当一名科学家吗?
(12) 你经常不停地思考某一问题,直到想出正确的答案吗?
(13) 你喜欢抽象思维的工作吗?
(14) 你喜欢解答较难的问题吗?
(15) 你喜欢阅读自然科学方面的书籍和杂志吗?
(16) 你能够做那种需要持续集中注意力的工作吗?
(17) 你喜欢学数学吗?
(18) 如果独自在实验室里做长时间的实验,你能坚持吗?

※ 艺术型问题

(1) 你对戏剧、电影、文艺小说、音乐、美术等其中的一两个方面较感兴趣吗?
(2) 你常常喜欢对文艺界的明星品头论足吗?

(3) 你参加过文艺演出、绘画训练或经常写写诗歌、短文吗？
(4) 你的朋友经常赞扬你把自己的房间布置得比较优雅并有品位吗？
(5) 你对别人的服装、外貌以及家具摆设等能做出比较准确的评价吗？
(6) 你认为一个人的仪表美主要是为了表现一个人对美的追求，而不是为了得到别人的赞扬或羡慕吗？
(7) 你觉得工作之余坐下来听听音乐、看看画册或欣赏戏剧等，是你最大的乐趣吗？
(8) 遇到有美术展览会、歌星演唱会等活动，你常常去观赏吗？
(9) 音乐能使你陶醉吗？
(10) 你喜欢成为人们注意到的焦点吗？
(11) 你喜欢不时地夸耀一下自己取得的成就吗？
(12) 你喜欢做戏剧、音乐、歌舞、摄影等方面的工作吗？
(13) 你能较为准确地分析美术作品吗？
(14) 你爱幻想吗？
(15) 看情感影片或小说时，你常禁不住眼圈红润吗？
(16) 当接受一项新任务后，你喜欢以自己独特的方法去完成它吗？
(17) 你有文艺方面的天赋吗？
(18) 与推理小说相比，你更喜欢言情小说吗？

※ 社会型问题

(1) 你常常主动给朋友写信或打电话吗？
(2) 你能列出五个你自认为够朋友的人吗？
(3) 你很愿意参加学校、单位或社会团体组织的各种活动吗？
(4) 你看到不相识的人遇到困难时，能主动去帮助他，或向他表示你同情与安慰的心情吗？
(5) 你喜欢去新场所活动并结交新朋友吗？
(6) 对一些令人讨厌的人，你常常会由于某种理由原谅他、同情他甚至帮助他吗？
(7) 有些活动，虽然没有报酬，但你觉得这些活动对社会有好处，就积极参加吗？
(8) 你很注意你的仪容风度，这主要是为了让人产生良好的印象吗？
(9) 大家公认你是一名勤劳踏实、愿为大家服务的人吗？
(10) 旅途中你喜欢与人交谈吗？
(11) 你喜欢参加各种各样的聚会吗？
(12) 你很容易结识同性朋友吗？
(13) 你乐于解除别人的痛苦吗？
(14) 对于社会问题，你很少持中庸的态度吗？
(15) 听别人谈"家中被盗"一类的事，很容易引起你的同情吗？
(16) 你通常不喜欢一个人独处吗？

(17) 在工作中，你喜欢听取别人的意见吗？

(18) 和一群人在一起的时候，你经常能找到恰当的话题吗？

※ 管理型问题

(1) 当你有了钱后，你愿意用于投资吗？

(2) 你常常能发现别人组织的活动的某些不足，并提出建议让他们改进吗？

(3) 你相信如果让你去做一个个体户，一定会成为富裕户。

(4) 你在上学时曾经担任过某些职务(诸如班干部、课代表等)并且自认为干得不错吗？

(5) 你有信心说服别人接受你的观点吗？

(6) 你对一大堆的数字感到头疼吗？

(7) 做一件事情时，你常常事先仔细考虑它的利弊得失吗？

(8) 在别人跟你算账或讲一套理由时，你常常会换一个角度考虑，并发现其中的漏洞吗？

(9) 你曾经渴望有机会参加探险吗？

(10) 你认为在管理活动中以个人的意志影响别人的行为是很必要的吗？

(11) 如果待遇相同，你宁愿当一名商品推销员，而不愿当一名机关办事员吗？

(12) 当你开始做一件事后，即使碰到再多的困难，你也执着地干下去吗？

(13) 你总是主动地向别人提出自己的建议吗？

(14) 你更喜欢自己下了赌注的比赛或游戏吗？

(15) 和不熟悉的人交谈对你来说毫不困难吗？

(16) 和别人谈判时，你不愿放弃自己的观点吗？

(17) 在集体讨论中，你不愿保持沉默吗？

(18) 你不愿意从事虽然工资少，但是比较稳定的职业吗？

※ 常规型问题

(1) 你能够用一两个小时坐下来抄写一份你不感兴趣的材料吗？

(2) 你能按领导或老师的要求尽自己的能力做好每一件事吗？

(3) 无论填报什么表格，你都非常认真吗？

(4) 在讨论会上，如果不少人已经讲的观点与你的不同，你就不发表自己的观点了吗？

(5) 你常常觉得在你周围有不少人比你更有才能吗？

(6) 你喜欢重复别人已经做过的事情而不喜欢做那些要自己动脑筋摸索着干的事吗？

(7) 你喜欢做那些已经很习惯了的工作，同时最好这种工作责任心小一些，工作时还能聊聊天、听听歌曲吗？

(8) 你经常将非常琐碎的事情整理好吗？

(9) 你总留有充裕的时间去赴约会吗？

(10) 对别人借你的和你借别人的东西，你都能记得很清楚吗？

(11) 你喜欢经常请示上级吗？

(12) 你喜欢按部就班地完成要做的工作吗？

(13) 对于急躁、爱发脾气的人，你仍能以礼相待吗？
(14) 你是一个沉静而不易动感情的人吗？
(15) 你喜欢把一切安排得整整齐齐、井井有条吗？
(16) 你经常收拾房间，保持房间整洁吗？
(17) 你办事常常思前想后吗？
(18) 每次写信你都要好好考虑，写完后至少重复看一遍吗？

请你将上述六个部分答题结果的得分填入下表 8-2 中。

表 8-2 职业兴趣类的分数

类　型	得　分
现实型	
研究型	
艺术型	
社会型	
管理型	
常规型	

如果你在某一部分的得分明显高出其他部分，说明你属于该种典型类型的人。一般来说，综合性的兴趣特征在生活中居多数。那么怎么确定自己的综合特征呢？

首先，列出得分较高的两个兴趣类型的代号。

其次，将得分最高的兴趣类型代号的字母填入第一个括号。例如，你是现实型，则(R)。

最后，将得分较高的兴趣类型代号的字母填入第二个括号。如果第二个是 I，则是(R)(I)。

据此可知，这位测试者的兴趣特征是现实研究型。然后，就可以依据这个类型代号在前面所列的职业兴趣类型中进行查阅，从而得知自己的主要职业兴趣。

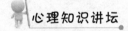
心理知识讲坛

第一节　大学生择业的心理准备

择业是大学生人生中的一次重要选择，对于即将毕业的大学生来说，现代社会的择业竞争会使他们产生强大的心理压力，真正体会到人生的酸甜苦辣。其实，有压力并不是坏事，尤其是对于勇于创新、锐意进取的青年大学生来说，这既是对自身惰性的进攻，又是对自身进取心理的强化。只要做好择业心理的准备，充分认识择业心理的特点，就能克服择业中的不良心理倾向，形成正确的择业心理，从而顺利地选择职业，并在未来的岗位上发挥自己的聪明才智，开创一番属于自己的事业。

一、择业心理概述

人的一生中有两次最重要的选择，那就是择偶与择业，选择恰当与否都是关乎一辈子的事情。择业就是选择职业，随着我国高等教育体制的改革，大学生已走上自主择业的道路，怎样择业、就业、创业，成为高校、家长和学生关注的焦点，职业选择就成了人生选择的重要内容。所谓职业，就是个人在社会中所从事的作为主要生活来源的劳动形式，是现实经济运行和社会生活中客观存在的现象，它随着人类文明的进步和社会分工的发展而出现，职业虽然各不相同，但它在人们的心目中，一般都具有三个方面的意义。

1. 谋生需要

劳动作为人们谋生的手段，是人类社会的普遍现象，有劳才有得，不劳就无获。中国作为一个发展中国家，我们遵循的就是按劳取酬的制度，并辅以其他的分配形式。很明显，人们劳动的目的就是要获取经济利益，所以，取得职业就有了赖以生存的基础，在以前的计划经济时代，劳动的经济功能受到了人为的抑制和分离，从而大大挫伤了劳动者的积极性，多劳不多得，少劳不少得。在今天的市场经济时代，劳动逐渐恢复了它的本来面目，职业是人们生活的必需，劳动就是以赚钱为目的。

2. 社会义务

人们的职业劳动一方面是为了个人的生存需要，但这不是唯一的目的，在更大程度上来说，是在为社会尽自己应尽的义务。因为一个人要生存，所需要的各种生活资料，不可能全由自己一个人来完成，需要把自己的私人劳动转变为社会劳动，然后通过劳动成果的互换，在满足自己需要的同时，也满足社会上其他人的需要。此时，我们表面上是在为自己服务，而实际上也在为社会尽义务。这是个人劳动的客观构成，也是义不容辞的社会责任，这种责任感和义务感，因人而异，因时而异，同时也因社会制度的不同而有所差别。

3. 个性发展

在人的一生中，职业生活占有举足轻重的地位，它对于人的个性发展意义极大。在今天，我们特别强调人的个性发挥和拓展，它是一个人一生的价值和意义所在。相比以前的统招统分，职业意向被忽视，人的个性也因此被扼杀，从事什么样的职业，不在于个人能否有发展，而是要服从国家和组织上的安排。改革开放后，为了搞活经济，促进人才流动，人们开始注重自己的职业意向，关注岗位与自己的适合度，并努力寻找适合自己专业特长和兴趣爱好的工作岗位，以更好地发挥自己的潜能。

从20世纪20年代以来，特别是在五六十年代，出现了不少有关职业发展的心理学理论，其中具有代表性的有以下几种。

(1) 心理发展理论。该理论由金兹伯格(Ginzberg, 1951)等人提出，他们认为，职业发展如同人的身心发展一样，可以分成若干个阶段，每个阶段都有不同的特点和任务，每一个阶段的任务如果能够完成，就能达到该阶段相应的目标，人也会朝着职业成熟的方向发展，因此，职业选择也就从模糊的空想走向现实。这一逐渐成熟的心理过程大体包括职业幻想阶段(通常是11岁以前)，这一时期职业需求的特点是：单纯凭自己的兴趣爱好，不考虑自身的条件、能力水平和社会需要与机遇，完全处于幻想之中；尝试阶段(11～17岁之间)，这一时期，人的心理和生理在迅速成长、发育和变化，有独立的意识，价值观念开始形成，知识和能力显著增长，初步懂得社会生产和生活的经验，在职业需求上表现出的特点是：有职业兴趣，对职业有更深层次的探索，更多地和客观地审视自身各方面的条件和能力，开始注意角色的社会地位、社会意义，以及社会对该职业的需要；现实阶段(17岁至成人)，这一时期又分为试探、具体化和专门化三个阶段，对职业的需求不再模糊不清，能够客观地把自己的职业愿望同自己的主观条件、专业方向、能力，以及社会现实的职业需要联系起来，寻找适合自己的职业角色。

(2) 自我概念理论。该理论由塞普尔(Super，1957)提出，他认为个人在能力、兴趣、人格等特质上各有差异，每个人在个性特质上也各有所适。每个人均适合从事许多种职业，每种职业均要求特别的能力、兴趣、人格特质，但是有很大的弹性可容许个人从事某些不同的职业，也容许某些不同的个人从事同样的职业。因此，职业的选择适应成为一种持续不断的过程，这个过程构成一系列的生活阶段，总共分为五个方面：成长期(0～14岁)；探索期(15～24岁)；建立期(25～44岁)；保持期(45～59岁)；衰退期(60岁以上)。

(3) 人格类型理论。该理论由霍兰德(Holland，1966)提出，其核心是将职业的选择看成人格特征的表现，并提出了现实型、研究型、艺术型、社会型、管理型和常规型六种人格类型，以及与之相应的职业环境。经多年的研究，这六种职业人格结构模型，被认为是具有相当的跨时代的稳定性和跨国家民族的一致性。该理论是迄今为止影响较大的职业心理理论之一。霍兰德人格类型理论如图8-1所示。

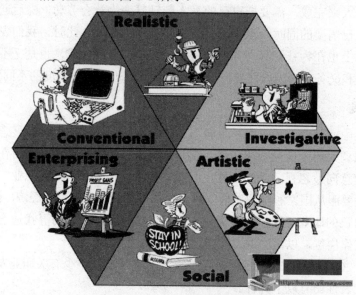

图8-1　霍兰德人格类型理论

霍氏类型说中的六大类人格特质与职业环境关系如表8-3所示。

表 8-3　霍氏类型说人格特质与职业环境关系表

人格特质	类　型	职业环境
顺从、坦率、喜欢具体的工作任务、缺乏社交技巧	现实型	如水电工人、技师、建筑工人等技术性职业
聪明、抽象、喜欢分析、个性独立	研究型	天文、物理、数学、化学、计算机等科学家
想象、美感、喜欢借艺术作品表达自己	艺术型	美术设计、音乐、戏剧、文学、作家、编辑等
关心社会问题、喜欢与他人互动、对教育有兴趣	社会型	教师、教育行政人员、社会工作人员、咨询员、护士等
外向、进取、冒险、具有领导能力、能说服他人	管理型	人事经理、推销员、律师等
实际、保守、顺从、喜欢结构性活动	常规型	办公室业务员、银行收银员、秘书、电话接线员等

（4）职业层次理论。该理论由罗安(A. Roe)提出,强调人们在职业需求方面普遍具有不断从低层向高层追求的心态。他将职业由低到高分为非技术、半技术、技术、半专业及管理、一般专业及管理、高级专业及管理等六个层次,并结合不同的职业领域,得出了职业层次分类系统,分为服务、商业交易、商业组织、技术、户外、科学、文化、演艺等八类职业,然后再与六个层次相对应,由此产生了不同的职业人群。如文化类,由高层到低层,最高就是法官、教授；之后是编辑、教师；再下来是记者、广播员；然后是普通职员；再下面是图书管理员；最后是收发稿件的人员。

二、当前大学生择业的心理特点分析

择业心理是大学生在择业时,对择业过程中可能出现的各种情况所作出的估计和评价,以及为解决这些问题而建立的某种思想观念和强化某些心理品质的心理活动。大学生在择业关头,心理变化较为复杂,主要表现有以下一些特点。

1. 择业热情高涨

大学生从上幼儿园起,一直到上大学,都在家长和老师的关怀下成长,没有真正地面对社会,因此对即将走向社会充满好奇,非常渴望上班。加之一直以来都没有独立的经济来源,全由父母做主,按计划消费,感觉受尽了约束。因此,对马上能自己上班挣钱,自己做主做自己喜欢的事充满向往,认为从此可以放开手脚了,从他们不厌其烦地修改和整理自荐材料上就可看出这种热情。但由于大学生所处的年龄还不是非常成熟,对高涨的热情要适当引导,才能使火热的激情换来圆满的结果。

2. 对未来充满憧憬

大学生血气方刚,追求理想,面临毕业,胸中都有一幅宏伟蓝图,既想成就一番事业,又希望能为国家做出贡献,并把二者协调起来,做到尽善尽美。这是学生自己的愿望,也是国家的愿望。美好的蓝图如何去绘就,大学生需要有充分的能力作保证,并且善于把握机遇，创造条件，克服困难，相信只要心中有远大的目标，就不怕前面的道路有多曲折，一定有能力跨过去。

3. 乐于接受竞争

现在的社会就是竞争的社会，各行各业都充满竞争，当代大学生出生在改革开放之后，从小就接受了这种教育，都愿意在公平的竞争环境中施展自己的才华，实现优胜劣汰。只要是同类专业中的优秀者，就应该敢于竞争，并且善于竞争，在众多的就业岗位中必能占得一席之地；如果自身的竞争能力不够，那也要接受这种机制，因为这已是大势所趋，不能逆转。

4. 崇尚双向选择

目前，双向选择的就业机制为大学生求职拓展了择业空间，被广大毕业生所肯定。在调查部分学生时有这样一个问题："如果让你去一个你不喜欢或不适合的工作单位，你如何想？"绝大多数同学认为，那将是一件十分痛苦的事情，这表明，大学生择业的自主意识增强了。毕竟，兴趣才是最好的老师，做一件自己喜欢的事，与做一件自己不喜欢的事，其结果可能就是天壤之别了。大学生乐于参与选择和被选择，就不仅要爱一行，干一行，还要干一行，爱一行，全方位分析自己，最终实现远大的抱负。

5. 择业易冲动

大学生因为年龄的原因，容易受社会热点因素的影响，在择业过程中难免感情冲动。每个时期都有每个时期的职业热点，它随着社会的变化而变化，比如曾经的外企热、机关热、高校热等，随之引起大学生中的经商热、从政热、从教热。在社会因素的影响下，大学生择业的冲动性就更加突出，此时，理智成分减少，功利成分增加，以前是哪里困难哪里去，现在是哪里热门哪里去，这种盲从带来的隐患要及早认识和克服，避免一时冲动而留下后患。

6. 心理容易受打击

在择业阶段，大学生经受的考验和磨难比以往任何时候都多，他们面对的不再是熟悉的校园、亲切的师长和同学，而是一个完全陌生的社会，那里既有热情的欢迎，也有冷漠的拒绝。由于他们社会阅历浅，经历的磨难少，缺乏相应的自我调整能力，在遇到不如意的时候，心理容易不冷静，从择业初的豪情万丈，到后来的一蹶不振，这在很多的毕业生身上都有所体现。

7. 保守和风险意识并存

当前，仍有一部分毕业生在择业时，缺乏创新意识，害怕冒险，想端"铁饭碗"，每年的公务员报考热就可见一斑，这明显是受传统观念的影响，过于保守。相比而言，绝大多数毕业生的风险意识在增强，一些个性突出、具有一定知识和技能、社会生存能力强的人，开始进入自由职业者的行列中来。自由职业作为一种新的社会现象，以其特有的弹性方式，弥补了传统职业结构的空缺，发挥着独特的功能。

8. 机会和实惠心理并重

今天的大学生更讲求实惠,据一项对毕业生的调查显示,有 90%的人把经济收入放在择业的第一位来考虑。同时,能否有足够的发展机会,也成为大学生择业考虑的重点,我能得到重用和提拔吗?自身的潜能可以发挥吗?自己的价值能够实现吗?由此可见,职业不再仅仅是谋生手段,其实现自我价值的作用日益突出起来,成为支配人们择业的又一动因。

三、大学生择业必需的心理准备

择业活动是一个复杂的过程,对初次择业的大学生来说,要想择业成功,就必须了解自身的心理素质状况,即自身的气质、兴趣、性格、能力等个性心理特征,对自己有一个实事求是的评价,并根据择业的现实需要,积极调整自己的心态,做好择业的心理准备。

1. 正确认识现实的就业形势

大学生面对现实,首要的任务是对市场经济条件下的就业机制进行理性的认识,客观地分析当前的就业形势。目前,全国毕业生人数每年都在增长,尤其是 1999 年扩招之后,从 2003 开始毕业人数迅速增加,2003 年为 212 万,这种趋势直到 2010 年之后才有所放缓,当年毕业生人数为 630 万。随着知识经济的到来,发展科学技术成为提高劳动生产率的主要手段,产业结构也发生了根本的变化,大量的劳动力通过人才市场实现转移。在这种转移的过程中,双向选择已被广大的劳动者和用人单位所认同,用人单位根据自身的行业特点来选才,而劳动者也根据自身的兴趣和爱好来择业,这是一种相互认定和相互结合的过程,它不以个人的意志为转移。是客观现实。尤其是随着我国高等教育的普及,每年有数百万的大学生要进入到人才市场,相对于所能提供的就业岗位,可说是僧多粥少,只有具有较高的知识层次,才有可能比较顺利地实现就业,这也是越来越多的人要考研的根本原因。面临毕业,这是要做的第一手心理准备。

资料卡	近六年高校毕业生人数
年 份	全 国
2011 年	660 万
2012 年	680 万
2013 年	699 万
2014 年	727 万
2015 年	749 万
2016 年	756 万

2. 适时调整自己的理想

数年的寒窗苦读,每个毕业生的心中都有一份美好的职业理想,渴望学好本领,报效祖国,成就自身的事业。这种对未来的美好憧憬,只有在择业后才能顺利实现。而在择业过程中，大学生就会发现，社会现实不是自己所想的那样，很多的条件制约着理想的实现，使理想之花难以绽放，理想与现实的差距实在是太大，往往是一腔热情遭遇一盆冷水。对此大学生要有充分的思想准备，需要不断调整自己的职业理想，使其在一个动态的过程中得以与自身能力达到平衡。正确的职业理想应当在发展中不断补充，不断完善，是社会需要与自我价值实现的结合，有了这样的心理准备，就能及时主动地调整自己的职业理想，从而顺应社会。

3. 做好面向基层艰苦奋斗的准备

当前，我国正进行全方位的结构调整，企事业单位和机关都在实行减员增效，原先这些单位是接纳毕业生的大户，现在的需求量却是大大降低，有的已人满为患。与此相反，一些国防科技企业、国家重点建设单位、边远地区、艰苦行业又急需人才，为了解决基层人才紧缺的矛盾，国家号召毕业生到基层去，做艰苦的创业者，为人民服务。古人说："千里之行，始于足下。"任何大事业都要从基层做起，基层是社会的基础，在那里，大学生可以体验到主人翁的责任感，激发出改造落后面貌的热情。温州人有一句名言："走遍千山万水，道尽千言万语，历尽千辛万苦，服务千家万户。"这就说出了创业的艰难，唯有走遍千山万水，才能寻找到信息和机会，唯有道尽千言万语，才能打开销售市场，唯有历尽千辛万苦，才能获得宝贵的经验，唯有服务千家万户，才能赢得信任和欢迎。扎根基层，是成就辉煌事业的起点。

4. 做好跨专业就业的准备

学以致用，是大学生就业的一个原则，但在实际就业的过程中，往往会碰到专业无市场的状况，面对琳琅满目的招聘信息，就是找不到需要自己所学专业的单位。面对这种情况，同样要事先有所准备：第一，有些专业设置的分类过细，社会对这种细化的专业需求是有限的，因此要找到对口单位有一定的难度；第二，学生在校期间所学的知识，侧重于理论，与现实需要往往会产生距离，而且，这些理论有很多是过去的研究成果，随着知识的更新和科技的进步，自己学完可能也就过时了；第三，由于大量边缘学科、交叉学科的兴起，需要有更广博的知识面，仅有所学的专业知识已远远不够了。在这种情况下，大学生就不能固守自己的专业阵地不放，要放开思路，跨专业就业。这一方面要有心理准备，另一方面还需要大学生在校期间，努力拓宽自己的知识面，使自己成为一个复合型的人才。

5. 做好勇于竞争的心理准备

竞争是市场经济的法则，面对日益完善的竞争机制，大学生要做好勇于竞争的思想准备。竞争上岗，就意味着谁有竞争能力，谁就能在市场竞争中立稳脚跟，取得主动。每一个毕业生要想在竞争中立于不败之地，就要在自身的能力上不断提高，因为最终是要靠实力说话的。实力是求职成功的资本，是大学期间自身努力的结果，它包括学习成绩，工作能力，社交能力，处事能力等。大学生既要勇于竞争，还要善于竞争，掌握竞争的方法和策略，成功地推销自己，打败竞争对手，在竞争的大潮中脱颖而出，最终获得用人单位的青睐。

6. 保持充分的耐性

求职择业不可能是一帆风顺的，必然会有一个曲折和反复的过程，一次就成功的概率是小之又小，对此要有充分的心理准备。有的择业无门，有的久拖不决，有的步履维艰，有的好不容易落实了单位，可忽然又中途变卦，这些不确定的因素无法把握，没有足够的耐心，就会心神不定，烦躁不安。因此，大学生在择业时，要有一定的承受力和忍耐力，不能自乱阵脚。当然，每个人的承受力和忍耐力因个体不同而有所差异，但要做一个成功者，在面对各种不利因素时，能够临危不乱、镇定自若是起码的素质，只有从容不迫，才能为自己赢得时间，而慌乱只会手足无措，最终失去机会。

第二节 大学生择业的心理问题

一、大学生择业心理问题产生的原因

大学生择业时心理问题的产生，与其生理特征、心理特征、家庭教育、学校教育以及客观社会环境都有密切的联系，大体来说，有以下几方面的原因。

1. 社会实践的缺乏

大学生对社会了解不多，因而在观察问题、分析问题、处理问题时，只是凭书本上讲的条条框框去生搬硬套，缺少理性的眼光。在对自我评价上，有的同学因为学到了一些专业技能，便夸夸其谈，纸上谈兵，择业时容易期望值过高，缺乏承受挫折的心理准备。也有的学生过多地看到社会阴暗面，择业时期望值较低，有时过分依赖家长和老师，缺乏主动进取和善抓机遇的心理准备。

2. 青年期特有的生理、心理特点

大学生毕业时一般是在 24 周岁左右，处在这个时期的青年，多幻想，好冲动，接受事物快，自我意识强。虽然他们的生理发育已经成熟，但相当一部分大学生心理发展还不成熟、不稳定，生理与心理力量具有明显不同步性，再加上他们的知识结构不完善，每个人的生活体验又有差别等因素，因而其个性心理特征有较大差异，在求职择业中就表现出心理活动的复杂性和矛盾性。

3. 家庭教育的影响

从婴儿到青年，大学生经历的第一任老师就是自己的父母，他们在孩子的学习生活上事无巨细，关怀备至。但由于各自教育方式的不同，对孩子的心理影响就大相径庭。两个在生理发育指标上非常接近的孩子，由于不同的家庭教育背景，可能会造成他们心理成熟度的巨大差异，并因此影响到各自的处事态度和做人原则。良好的家庭教育，会使孩子终身受益，而不正确的教育方式，将使孩子的心理问题不断产生，一生受累。在我国，多数学生在就业或是建立家庭前都与父母生活在一起，因此，家庭影响持续的时间也最长，可

以说是潜移默化，润物无声。

4. 外界因素的影响

首先是社会习俗的影响。有的大学生把社会上某些传统观念作为自己选择职业的依据，有的同学虽然对一些社会习俗有自己的独立见解，但迫于社会舆论的压力，产生了从众心理，因而在择业时，求稳求静求享受，缺乏艰苦创业的准备，出现争进大单位、大城市，不愿到基层的倾向。其次是家庭朋友的影响。中国几千年的传统文化，使部分青年学生有"苦读十年，光宗耀祖"的观念，家庭地域观念很重，他们选择职业时，首先是征求父母意见，想到的是对家庭有没有利，有没有面子，离家远不远，事业发展是第二位的。无形之中，家庭、亲友由于其特殊地位，对学生就业起了相当大的决定作用。

5. 思想教育的滞后

学生面临就业，迫切希望有人帮助他们解决择业过程中的种种心理适应问题，维护他们的心理健康，保持应有的心理平衡，特别是在就业改革步子加快、竞争激烈、信息量大、人们观念发生较大变化的新形势下，大学生的上述需求更为迫切。但就目前社会和学校在这方面开展的工作情况来看，还远远不够。从就业市场来说，机制还不健全，许多环节有待完善。学校对学生思想教育的力度也不够大，有的学校开设了就业指导课，但由于教材针对性不强，师资参差不齐等原因，加上学生没真正接触社会，对教材所讲内容体会不深，使课程的讲授效果大打折扣。思想教育上的滞后，给大学生择业带来了影响。图 8-2 所示为大学生求职中最困扰的因素。

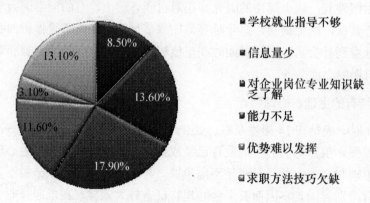

图 8-2 在求职中最困扰你的因素是什么

二、大学生择业中常见的不良心理

1. 焦虑心理

大学生在择业准备期普遍存在着程度不等的心理焦虑，这是在择业心理压力下所产生的一种不踏实感、失落感、危机感和迷惘感，通常表现为焦躁、忧虑、烦恼、困惑、恐慌、紧张等。他们可以为小小的得失耿耿于怀，为尚未到来的困难忧心忡忡，既不想迷失自我，又不能勇往直前，对未知的求职单位感到莫名的害怕。有关研究表明，引起毕业生焦虑的问题主要是：自己的理想能否实现，自己的专业是否受重视，用人单位是否会选中自己，被拒绝了怎么办，选中了却又不能胜任怎么办；有的人因为成绩平平，有的人因为能力一般，有的人或是天生胆怯，等等，这些都可以使他们陷入心理焦虑之中。焦虑一旦形成，往往是一提择业就心情紧张。一般来说，出现暂时的焦虑并不是什么问题，也不一定会影响择业的成功，相反，有一定的心理焦虑还是有好处的，适度的焦虑可以催人奋进，促使人为自己的前途作全面的规划。如果毕业生对自己的择业成功与否满不在乎，对什么都抱无所谓的态度，这倒应该引起全社会的忧虑。

2. 挫折心理

挫折心理是指人在从事有目的的活动时遇到障碍所表现出来的情绪反映。当一个人产生心理挫折后，就可能陷入苦闷和失望等复杂的情绪体验之中，它是一种消极的心理状态。大学生在就业时受到一定的挫折在所难免，这一方面是因为就业竞争的压力不断增大，另一方面是大学生的挫折承受能力非常脆弱。目前，我国的高等教育还处在由精英教育阶段向大众化教育阶段的过渡中，适龄青年中大学生的比例还比较低，大学生的自我评价较高，而且社会的期望值也较高，因此，当他们的志向和抱负不能施展时，就容易产生怀才不遇的心理，因而抱怨自己生不逢时，怨天尤人。

挫折感产生之后，如果不能在挫折中认真反思，而是失去理智，盲目地一意孤行，或者悲观消沉，长此以往就可能形成人格障碍，并引起内心世界的扭曲。在日常生活中，人们的心理挫折感受程度有较大的个体差异，面对同样的挫折，有的人反应轻微，持续时间短，有的人则反应强烈，持续的时间也较长。这种差异的原因，在于个体对挫折的认识不同。心理学的研究表明，个体受生理条件、心理状态、生活阅历、个体需要等影响，表现出不同的挫折承受能力，我们一方面要尽可能消除引起挫折的原因，另一方面要提高抗挫折能力，采取合理的心理防卫机制，增加建设性行为，减少破坏性行为，正确对待挫折，战胜挫折。如果我们能做到充满自信和脚踏实地，就一定能克服择业过程中的挫折心理，抓住社会提供的每一次机遇，找到施展自己才华的空间。

3. 嫉妒心理

嫉妒，是对他人的成就、名望、特长或者优越地位的一种既羡慕又敌视的情感，这种情感的内化就是嫉妒心，它是一种属于情感范畴的狭隘心理。嫉妒心理有两个明显的特征，一是指向性，即指向比自己能干和幸运的人；二是发泄性，绝大多数的嫉妒都伴有发泄行为，如讥讽、诽谤、造谣中伤甚至陷害。择业中的嫉妒心理，就是看到别人某些方面超过了自己，于是变得眼红和不甘心，并为此产生恼怒别人的情感。有嫉妒心的大学生，往往存在着一些共同的特征：自私、心胸狭窄、虚荣心强。从大学生择业中表现出来的嫉妒现象来看，在嫉妒和被嫉妒者之间，通常是专业相近，才能相近，空间相近，兴趣相近或是性别相同等。在择业中，由于嫉妒，会疏远自己与他人的关系，使朋友远离，人际关系冷漠，从而使自己处于孤立的境地，并导致内心的矛盾与痛苦。

择业嫉妒心理有很大的危害性。积极进取的大学生，千万不要因为嫉妒而贬损别人，以求得自己的心理平衡。假如择业中的嫉妒是针对别人的才干和能力的，那么自己就要设法拥有它，不断地追求新的知识，并创造条件发展对方不具备的才能，欢迎别人超过自己，更有勇气不断超越别人。假如别人的某些才能具有绝对优势时，那就要转移竞争方向，审时度势，朝其他方面去努力。凡人都有所长和有所短，关键要在择业中充分发挥特长，客观承认人与人的差异，破除狭隘的小农意识，与广大毕业生进行公平和正当的竞争。

4. 攀高心理

在大学生的职业选择中，心理期望值偏高的现象也非常普遍。一般表现为三高：即起点高、薪水高、职位高。这种攀高心理还可概括为"六个一点"。即单位名声好一点、牌子响一点、收入高一点、工作闲一点、离家近一点、要求松一点。很明显，这些大学生的择业带有极强的功利色彩和求名求富动机，这本无可厚非，但如此攀高心理，势必在择业中造成碰壁。大学生盲目攀高的求职心态，说明当前大学生的职业意识带有浓厚的主观意念，认为是我去选择职业，而不是职业在选择我，从而导致脱离社会，对自我认识不足。

21世纪是人才竞争的世纪，随着科学技术的不断进步，市场经济的不断发展，各项改革的不断深入，我国社会的就业岗位与就业人数的矛盾，在一段时间内将会显得非常突出。对此，当代大学生要有清醒的认识，使自己的择业意识与社会的脉搏保持一致，到社会所需要的地方去。从1999年起，教育部直属院校毕业生的就业情况每年都要公布一次，据此可以预测毕业生就业的发展趋势，了解了这些情况，对于克服自己的盲目攀高心理是有好处的。

5. 虚荣心理

虚荣心理也是妨碍大学生择业的一种不健康心态。虚荣心强的人，在择业中往往把注意力集中在一些社会知名度高、经济上可带来实惠的岗位，他们不从发挥自己的专长出发，不考虑自己是否具备相应的竞争能力，也不管这个职业是不是自己的兴趣爱好所在，他们选择职业的目的就是要让别人羡慕，并不是为自己寻找用武之地。只要是他们所看好的单位，便义无反顾地强行择业，他们会根据用人单位的特点来编造自己的自荐材料，想进党政机关的，就说自己曾担任多年的学生干部，组织管理能力强；想进大专院校的，就说自己知识面宽，语言表达能力出众；想进新闻出版单位的，就说自己擅长交际，文思敏捷，能言善辩。总之，除了自己的性别不能编造外，一切都是为我所需，随心所欲，说到底，都是虚荣心在作怪。

应该提醒这部分毕业生，任何一个人的才能都是有限的，任何一种谎言也都是不能长久的，既不要拔高自己，也不要伪装自己，只要你没有天生的缺陷，客观地介绍自己的优势就可以了。由于拔高和伪装，即使侥幸被录用，签了约也不等于进了保险箱，因为进了单位通常都有一个试用期，瞒天过海只能得逞于一时，而不能保证永远，如果到时不能胜任，被单位辞退，岂不是得不偿失，那时大家就不会羡慕你而是嘲笑你，再后悔也没有用了。所以择业时切不可让虚荣心作祟，一定要量力而行，实事求是。

6. 自卑心理

自卑是由于自尊心受到伤害或挫折，由此产生的心理矛盾和心理冲突得不到及时解决而形成。自卑常和怯懦、依赖等心理交织在一起，大学生的自卑感主要表现在三个方面：一是过低地评价自己的智力；二是过低地评价自己的能力；三是过低地评价自己的意志力。自卑是一种消极的情感体验，是一种性格上的缺陷。

大学生在择业时，许多人会有一种胆怯和自卑的心理，总担心自己不如别人，尤其是在面试时，更是紧张得言行拘谨，词不达意，生怕一言不慎翻了船，结果是该说的未说，该谈的未谈，白白错过一次机会。所以，大学生在择业时，要客观地评价自己，过分地低估自己，就会缺乏自信，产生自卑，使自己的个人潜力不能正常发挥。当择业的关键时刻到来时，面对错综复杂的择业状况，要把握自己的情绪，正确地对待暂时的困难失败，永保竞争的勇气和信心，尽量避免自卑，正确看待自己。

7. 自负心理

与自卑心理相反，有的大学生在择业过程中自我评价太高，对就业条件的要求苛刻，形成自负心理。有这种心理的学生，往往是一些学习成绩好、工作能力和社交能力强的人，或者是毕业于重点高校，他们不怕找不到工作，因此对社会提供的就业岗位是左挑右选，考虑的因素太多，什么地区、职务、报酬、工作环境、发展前途、出国机会等，都在考虑之列。这时双向选择变成了单向选择，不是用人单位挑他们，而是他们挑用人单位，去国有大型企事业单位，觉得条条框框太多，工作不自由，不利于个人发展；去民营企业，又觉得不太光彩，有失身价；去国家政府机关，觉得位置已排定，看不到出头之日等等。如此一来，就失去了本来应有的机会，反而成了择业的困难户。

8. 从众心理

从众心理是在社会或群体的压力下个人放弃自己的意见而采取顺从行为的心理倾向。当个体认为群体的规范、他人的行为是正确的时候，他的从众表现才是自愿的。有时候群体的规范、他人的行为在个体看来并不合适，但又没勇气加以对抗，这时的从众表现也是我们要克服的心理现象。从众心理重的人容易接受暗示，无主见、依赖性大、不能独立思考、迷信名人和权威，往往说违心的话，办违心的事。

在大学毕业生择业问题上，从众心理表现在愿意到大城市、大机关去工作。其实到大城市、大机关工作并不一定是你最佳的职业选择，只是从众心理影响的结果。古往今来大多成才者都具有很强的创造力和思维能力，力求摆脱从众心理的束缚。作为大学生应当具有很强的独立思考能力，逐步培养自己独立分析问题、解决问题的能力，从而克服从众心理的影响，为今后走向社会打好基础。

大学生择业中还有其他的一些不良心理表现，主要有：一是不顾自己的专业、特长等实际情况，一味地追求社会热点，跟着感觉走；二是对所要选择的单位缺乏清楚和全面的了解，甚至连单位的性质、现状和前途都不清楚，仅仅通过一两次的人才交流会就与用人单位盲目签约；三是到了毕业前夕，看到别人都已经签了约，于是心里着急也就随便找个单位签约。近年来，毕业生违约现象不断增多，就说明了当初签约的盲目性，盲目签约的后果，必然造成资源的浪费。

> **寓言故事**　　　　　　　　**成功只能靠自己**
>
> 小蜗牛问妈妈：为什么我们从生下来，就要背负这个又硬又重的壳呢？
> 妈妈：因为我们的身体没有骨骼的支撑，只能爬，又爬不快。所以要这个壳的保护！
> 小蜗牛：毛虫姊姊没有骨头，也爬不快，为什么她却不用背这个又硬又重的壳呢？
> 妈妈：因为毛虫姊姊能变成蝴蝶，天空会保护她啊。
> 小蜗牛：可是蚯蚓弟弟也没骨头爬不快，也不会变成蝴蝶，他为什么不背这个又硬又重的壳呢？
> 妈妈：因为蚯蚓弟弟会钻土，大地会保护他啊。
> 蜗牛妈妈安慰他：所以我们有壳啊！我们不靠天，也不靠地，我们靠自己。

三、女大学生择业的特殊心理

女大学生由于受生理特点和社会偏见等因素的影响，在择业过程中会出现一些特殊的心理问题。概括起来，主要有下面一些表现。

1. 自娇心理

由于社会和家庭的影响，有些女大学生娇气十足，说话嗲声嗲气，干活拈轻怕重，一副娇里娇气的样子，看起来就不能承担工作。现在的用人单位欢迎的是性格开朗、勇挑重担的人。这部分女大学生要面对现实，及时改掉身上的娇娇气，进行性格品质锻炼，多参加社会实践活动，树立清新健康的女大学生形象。

2. 胆怯心理

由于工作性质和社会偏见等原因，有些用人单位在招聘毕业生时就明确说明不要女生，于是一些大女学生就产生了害怕去人才市场的胆怯心理，认为自己是不受欢迎的人，因而悲观失望，丧失取得成功的信心和勇气。诚然，女生与男生相比，在体力方面是有一定差距，但是，女生也有一些男生所不具备的优势，只要女大学生能扬长避短，克服胆怯心理，照样会受到用人单位的青睐。

3. 清高心理

有些女生因为自身的某些长处，如学习成绩好，能歌善舞，容貌好看等就自恃清高，她们这也看不起，那也看不惯，在择业时对用人单位的工作和生活条件进行挑剔，觉得什么都应该如她所愿，否则便不满意，结果导致用人单位的反感，从开始择业的香饽饽变成了老大难。因此，有清高心理的同学，一定要认清自身的优势，不要让它成为劣势。

4. 等待心理

相比而言，女学生比男学生缺乏主动性，参与竞争的欲望和勇气不足，面对竞争时，疑虑重重，优柔寡断，只能消极等待。因此，这部分毕业生的求职竞争主要就是关系的竞争，把求职择业庸俗化，极大地违背了公平竞争的原则，也丧失了自身的人格尊严。

5. 依赖心理

有些女大学生在寻找工作时，把希望寄托在他人的身上，依赖国家、学校和家长，自己没有主见，缺乏自立意识。认为与其辛辛苦苦地找一个单位，可能还不满意，不如找一个有钱的老公，自己就有了保护伞。有了这种依赖心理，找工作时不积极，找到了工作也不能全身心地投入，最终使自己陷入被动的境地，到最后可能既没了工作，也失去了家庭。

6. 求稳心理

与男大学生相比，女大学生在择业时，往往害怕风险，一味求稳求全。她们择业时，把第一次的职业看得太重，因而思前想后，谨慎过头，不敢冒险，缺乏风险意识和风险承受力，从而影响了自我推销的有效展开。另外，由于太过慎重，会这山还望那山高，也会表现出犹豫和迟疑，当断不断，坐失良机。

> **资料卡**　　福布斯全球权势女性榜发布　默克尔6次蝉联榜首
>
> 美国《福布斯》杂志2016年6月6日公布了本年度100位最具权力女性排行榜。德国总理默克尔连续第六次蝉联榜首。紧随其后的是美国民主党总统候选人希拉里·克林顿。美联储主席杰妮特·耶伦位居第三。
>
> 2016年的排行榜对于中国而言是破纪录的一年，共有9人榜上有名。中国网络巨头阿里巴巴的高管彭蕾和世界卫生组织总干事陈冯富珍分别排名第35位和第38位。韩国总统朴槿惠(第12位)、缅甸全国民主联盟主席昂山素季(第26位)等也榜上有名。
>
> 美国商业杂志《福布斯》2004年首次发布这份排行榜，依据可控制或赚取的金钱、媒体曝光率和影响力等标准来进行排名。在总共13次的排行榜上，默克尔已经是第十次被评选为全球"最具权力的女性"。

第三节　大学生择业心理的调适

一、个性心理与择业

大学生要进行自我的心理调适，控制自己的心境，自觉地调整内在的不平衡心理，就要对自我有个充分的认识，了解人与人之间的个性差异。在心理学中，将个性分为个性倾向和个性特征两方面，职业个性的构成同样包括这两个方面，其中，个性倾向包括需要、动机、兴趣、价值观等，个性特征包括气质、性格、能力和智力等。如果不能从整体上认识自己，这种调适将是片面的，或者会顾此失彼。因此，充分地认识自我，是进行调适的前提。

1. 兴趣与择业

兴趣是建立在需要的基础上，带有积极情绪色彩的认知和活动倾向，是个人对其环境中的人、事、物所产生的喜爱程度，是个人力求认识某事物，并经常参与该种活动的心理倾向，这种倾向常有稳定、主动、持久等特征。人的兴趣可以是多方面的，可以是精神的、物质的、社会的兴趣等。如果一个人对某种工作产生兴趣，他在工作中就会具有高度的自觉性和积极性，就会在工作中做出成就。反之，则会影响积极性的发挥，有可能一事无成。爱因斯坦曾经说过："兴趣是最好的老师"。兴趣是努力的原动力，是成功之母。一般来说，兴趣是在后天生活实践中形成，但兴趣有相对的稳定性，它与一个人的个性有内在的联系。因此，大学生在择业过程中应充分考虑自己的兴趣和爱好所在。

所谓职业兴趣就是一个人对某种专业或职业活动的喜爱程度，职业兴趣在职业选择中，起着重要的作用，职业兴趣往往会发展成为活动的内在动机，对职业生涯产生持续的作用。人们对于职业的选择，往往从感到有趣开始，逐渐产生乐趣，进而发展成为志趣，并为之尽心尽力。但兴趣对择业并不总是起正向的作用，有时它还会有反面的影响，比如有的同学对什么都感兴趣，但没有形成自我特色，这在择业时就缺乏竞争力；有的同学兴趣面太窄，以至于不能满足社会需要；还有的同学因兴趣和专业不一致，也会造成择业的困难。所以，面临择业的大学生，要对自己的兴趣有一个客观的分析，争取找到一个适合自己兴趣的职业。如何获知自己的职业兴趣所在，大家可参照附录进行自我测评。

2. 气质与择业

气质是指一个人稳定的心理活动的动力特征，是个性特征中的重要因素之一，不仅影响一个人性格的表现，而且在某种程度上会影响性格和能力的形成。气质类型说始于古希腊的体液说，现代心理学把人的气质分为四种类型，即胆汁质、多血质、粘液质和抑郁质，每一种气质都有它的积极和消极的方面。苏联心理学家达维多娃曾用一个故事形象地描述了不同气质类型的人在同一情景中的不同行为表现。四个不同气质类型的人上剧院看戏，但是都同时迟到了。一种人和检票员争吵，企图闯入剧院。他辩解道，剧院的钟快了，他进去看戏不会影响别人，并且企图推开检票员闯入剧场；一种人立刻明白，检票员不会放他进入剧场的，但是通过楼厅进场容易，就跑到楼上去了；一种人看到检票员不让他进入剧场，就想：第一场不太精彩，我到小卖部等一会，幕间休息时再进去；还有一种人会说：我运气不好，偶尔看一场戏，就这样倒霉，接着就回家去了。

在职业活动中，不同的人会表现出与个体相应的气质特征。气质对所从事的工作性质和效率有一定的影响，因此，不同气质的人适合从事的工作类型也有所差别。了解气质与职业的联系，有助于职业选择的成功。

职业气质是说选择一些共同的职业的人，往往具有共同的气质特征。每个人的气质都有所长，也有所短，一般来说，胆汁质的人精力旺盛，热情直率，激动暴躁，情绪体验强烈，神经活动具有很强的兴奋性，他们能以极大的热情去投入工作，克服工作中的困难，但若对工作失去信心，情绪会很快低落下去。此类人适宜竞争激烈、冒险性、风险意识强的职业，如探险、勘探、体育运动等。多血质的人活泼、好动、反应迅速，易适应环境，喜欢交往，这类人工作能力强，情绪丰富易兴奋，但注意力不稳定，兴趣易转移，对职业有较广的选择范围和机会，适合从事要求反应灵活的工作，如导游、外交、公安、军官等。粘液质的人安静、沉稳、情绪不易外露，灵活性不够，比较刻板，有较强的自我克制能力，能埋头苦干,态度稳重,不易分心,不易习惯于新工作,善于忍耐,这种人适合于从事要求稳定、细致、持久性的活动,如会计、法官、外科医生等,不适于从事具有冒险性的工作。抑郁质的人敏感,行动缓慢,情感体验深刻,观察力敏锐,易感觉到别人不易觉察的细小事物,易疲倦、孤僻,工作耐受性差,做事谨慎小心,易产生惊慌失措的情绪,他们适合于要求精细、敏锐的工作,如哲学、理论研究、应用科学、机关秘书等。气质与职业匹配表如表 8-4 所示。

表 8-4 气质与职业匹配表

气质类别	胆汁质	多血质	粘液质	抑郁质
气质特点	热情直率、外露急躁	活泼、好动、敏感	稳重、自制、内向	安静、情绪不易外露、办事认真
适合的职业	导游、推销员、勘探工作者、节目主持人、外事接待人员、演员……	政府及企事业管理者、外事人员、公关人员、医生、律师、驾驶员、运动员、公安、服务员……	外科医生、法官、统计员、财会人员、播音员……	机要员、秘书、人事、编辑、档案管理员、化验员、保管员……
不适合的职业	长期安坐的细致工作	单调或过于细致的职业	冒险性工作	热闹、繁杂环境下的职业

3. 性格与择业

性格是人在对现实的稳定态度和习惯化的行为方式中表现出的个性心理特征,如聪明与愚笨、诚实与虚伪、自尊与自卑,都是人的个性性格特征。人的性格集中反映了一个人的心理面貌,在个体的整个个性特征中处于核心地位,因为稳定的态度和习惯化了的行为方式,体现了个体的本质属性,人的个性差异首先表现在性格上,并通过对现实的稳定态度和习惯化了的行为方式表现出来。人们对现实的态度,表现在对国家、集体、他人和自己等多方面,如果一个人不关心国家,不关心他人,无视社会行为规范,不遵守公共道德,那么他在求职时不可能受到社会的欢迎,在未来的职业生活中也不可能有所作为。性格中对工作和学习的态度,也会影响职业的选择,工作态度积极、认真负责的人,更易寻找到适合自己的工作岗位,更能展现自己的才华。性格中的意志品质与职业选择同样有密切的关系,意志不坚强的人,常常不能顺利地选择职业,容易放弃,就是选择了职业,今后也难以胜任工作,因为意志薄弱,往往在挫折和困难面前就会退缩,也因此失去很多成功的机会。

职业性格是一个人对职业的稳定态度和在职业活动中习惯化了的行为方式所表现出来的个性心理特征,不同的职业需要不同性格的从业者,某一类职业工作者能体现出这一类的共同的职业性格。近年来,国外用人单位在用人时出现了一个新的观念,他们认为,性格比能力重要,其原因在于,如果一个人的能力不足,可以通过后天培养加以提高,一年不行,就两年或三年,如果一个人的性格与职业不匹配,要改变起来就困难得多。简单说,如果是一个典型的性格内向的人,见人就脸红,说话就紧张,要是选择从事营销工作,是不会有好业绩的。如果是一个情绪易激动的人，控制力差，就不适合当司机。有一句话，叫"性格决定命运"，是有一定道理的。

4. 能力与择业

在心理学中，能力是个性结构特征中的效能系统，关系到心理活动和行为的效率。能力是指直接影响人的活动效率，并使活动的任务得以顺利完成的那些最必需的个性心理特征，是一种个体完成活动的主观条件，是人们在社会实践中所表现出的身心力量。一般来说，能力包括一般能力和特殊能力。一般能力，是指顺利完成各种活动所必需的基本能力，也就是一般意义上的智力；特殊能力，是指顺利完成某种特殊活动所必备的专门能力，与某些职业活动紧密相关。在人的成长过程中，一般能力和特殊能力有机结合，一般能力是特殊能力的基础，为特殊能力的发展与发挥创造有利条件。无论何种能力，都是在先天素质的基础上，在生活条件和教育的影响下，在个体的生活实践中形成和发展起来的。

职业能力倾向，是指一个人所具有的有利于其在某一个职业方面成功的潜力素质的总和，也就是为有效地进行某类特定职业活动所必须具备的、潜在的特殊能力素质，是经过适当的训练或被安置于适当的环境下，完成某项职业活动的潜在可能性或潜力。人的职业能力通常可分为一般学习能力、言语能力、技术能力、空间判断能力、形态知觉能力、眼手运动协调能力、手指灵活能力、手的灵巧能力等方面。如教师、播音员、记者的职业要求有较强的言语能力，统计、会计等要求有较强的技术能力，而画家、建筑师、医生等要求形态知觉能力高，手指灵活能力强的人适于从事外科医生、雕刻家等职业。能力存在着性别差异，如在文学、新闻、教育、艺术等领域，女性的比例就比较大，而在经济学界、哲学界、自然科学界男性的比重就较大。因此，择业时要充分认识自己的能力和特长所在，扬长避短，找到适合发挥自己才能的地方，这才是择业的目的。

知识链接　　　　　　　　**什么是"八项核心能力、十大职业能力"**

所谓躯体化，就是这样一种现象：患者自觉有很严重的躯体症状，如头痛、乏力、失眠、身体不舒服、工作效率下降等，但在相应的医学检查却没有发现有什么明显的病理改变，又或者，临床检查中发现的病理改变不足以解释患者自觉症状的严重程度。出现这种躯体化的深层次原因在于心理问题长期压抑得不到解决。

中医认为身心存在互动关系，怒伤肝、喜伤心、思伤脾、忧伤肺、恐伤肾。七情失调，从而引起阴阳失调，气血不和，经络阻塞，脏腑功能失常而患病。

二、培养健康的择业心理

健康稳定的心理，将使人应有的水平得到正常或超常的发挥，相反，则会阻碍人的发展。当代大学生的择业心理正处于传统与现代、理想与现实的矛盾交织之中，处理不当就难以保证心理健康。因此，培养健康的择业心理，对其一生都至关重要。

首先，它有利于大学生择业目标的合理确定。求职择业是大学生用自身所学服务社会、奉献国家的前提，目标是否合理，对于目标的实现起着基础性的作用，直接影响到人生坐标的构建。目标合理,有助于择业成功,从而使自己的理想与现实有机地结合起来,在择业时找准自己的位置,并能及时协调个人志愿与社会需求的关系,使主观愿望尽可能与客观实际相吻合,作出恰到好处的选择。其次,它有利于大学生择业目标的实施。择业是一个选择过程,它具有双向性,一个人若能保持健康的心理,及时进行情绪调整,合理支配自己的行动,会尽可能地避免失败,使自己的行为既有自觉性又有果断性,并以顽强的意志克服困难,顺利实施择业目标。最后,它有利于大学生尽快适应从学校到社会的心理转变。求职择业是大学生一生中的一项重要转折,健康的心理,可以保证学生主动自觉地完成这一转变,有准备有预见地应付转变过程中出现的种种问题,防止心理异常的出现,使其尽快适应社会,尽快适应职业。

培养健康的择业心理,要做到以下几点。

1. 树立正确的择业观

择业观是大学生对于择业的目标和意义比较稳定的根本的看法和态度。树立正确择业观的核心是坚持立足于社会的择业取向,即择业取向要以社会需要为重,以社会利益为前提,教育大学生将职业理想建立在充分了解自己和社会的基础上,正确认识社会需要和个人价值的关系,把个人理想和价值的实现与国家利益紧密结合,以国家需要、社会需要和人民需要为重,认识到职业不仅是人们谋生的手段,更是人们服务社会的工具。

2. 保持良好的择业心境

择业的竞争在某种程度上也是心理素质的竞争,大学生在择业时面对来自各方面的压力,很容易出现不良的心理,严重的会出现心理障碍。这时,保持良好的择业心境就非常重要,它能使同学们理智地看待竞争,冷静地分析形势,坦然对待各种困难,乐观地消解障碍。所以,培养健康的择业心理,必须提高自身的心理素质,才可能因此保持良好的择业心境。

3. 确立恰当的择业角色

良好的心境有助于大学生在择业时摆正自己的位置,确立恰当的择业角色。这主要取决于两个方面:一是大学生对自己的认识是否客观;二是大学生对职业的选择是否实际。只有正确处理好这两个方面,才能找准自己和社会的结合点。大学生在择业时,要充分意识到自己的优势在哪,自己的劣势在哪,从社会的角度,他人的角度,全面的角度来认识自己在择业中的角色,不能自高自大,也不要自暴自弃。只有这样,才能更好地适应社会,发挥自己的才能。

4. 调整择业的期望值

大学生只有不断地调整自己的择业期望值,才能确立合适的择业角色。一般来说,大学生在择业时,要想每个人都找到自己满意的工作是不现实的,要是不能清醒地认识这一点,极有可能走入择业的误区,有些同学的择业期望值过高,一心要找一个让人羡慕的工作,其结果是常常碰壁,使自己陷入困境。因此,大学生必须根据自己的实际情况,学会在择业中不断调整自己的期望值,从我做起,从小事做起,把远大的理想落实到现实的努力之中，一步一个脚印地做好本职工作，为以后做准备。

5. 增强择业的自信心

自信心是一个人前进的动力，是成功的第一要诀，它体现了求职者的精神面貌，同时也直接影响到招聘单位对求职者的第一印象，进而决定了择业能否成功。试想，一个人精神萎靡、畏首畏尾、迟疑不决、缺乏自信，又如何能打动别人，赢得成功？当然，自信要以坚实的基础、良好的素质、雄厚的实力作保证，不是盲目地自负和自傲。所以，大学生要不断地按照社会的需要充实和提高自己，以增强择业的自信心，顺利实现就业。

6. 培养独立性

大学生在择业时，社会并不把他们当作学生或未成熟的青年来看待，社会要求大学生对自己的行为完全负责，因此，大学生培养独立意识十分重要。首先，培养自己独立生活的能力，从日常小事开始，训练自己独立处理问题，发展各种基本生活技能，学会自立；其次，要注重培养应付工作的能力，最大限度地发挥自己的创造性，而不是等待别人的安排和指导，学会顺应环境、改变环境、第三，在思想上和心理上走向独立，思想上要意识到作为大学生，要走自己的路，要有自己的独立见解，不断完善自己的思想体系；而心理上的独立，最重要的就是要对自己有信心，无论成功与否，身在顺境和逆境都能坦然面对，相信自己，做到自尊、自爱、自信、自强。

三、择业心理的调适

1. 充分认识心理调适的作用

从心理学的角度讲，人的心理变化总是随着每个人自身发展的特点而产生变化，是一个不断改进的过程，从一开始的不平衡，到调整后的平衡，又由新的不平衡到新的平衡。正是这种螺旋式的发展变化，使人们凝聚了一种变革和进取的力量，构成了一个又一个认识和完善个人与社会的契机。人们在矛盾中取得突破，求得发展和完善，从而主动调适自己以符合社会的要求。面临毕业的大学生，他们的心理发展迅速，但并未真正的成熟，既存在积极的一面，又存在消极的一面，从自我意识、智力水平、情感、情绪、意志品质、人生观等方面来分析，他们已基本具备成人的心理素质，在对待心理上出现的问题，已完全有能力进行自我调适和控制。大学生如果不会进行自我调适，那么置身于充满矛盾和复杂的社会环境中，持续的心理失衡不仅影响了当前的择业，而且会影响一个人一生的前途，危及身心健康。因此，大学生要充分认识心理调适的积极作用，提高自我调适的自觉性，增强自我调适的能力，及时调整自己的心理状态，保证心理健康。

调适，又称心理调适，是指改变或扩大原有的知识结构，以适应新情境的历程。心理调适的作用就在于帮助大学生在遇到心理困惑和冲突时，改变原有思考问题和解决问题的方式，使之能够适应新环境，解决新问题。其根本目的在于帮助大学生学会客观地分析自我，有效地排除心理困扰，控制和调节自己的情绪，保持良好的心情。大学生的心理调适主要是指自我心理调适，另外还可以通过社会帮助的方法来取得调适的效果。所谓自我心理调适，就是自己根据自身发展及环境的需要对自己的心理进行控制和调节，从而最大限度地发挥个人的潜力，维护心理平衡，消除心理问题。大学生学习自我心理调适，能够帮助自己在择业遇到困难、挫折和心理冲突时，进行情绪的自我调节和控制，化解困境，改善心境，寻找最佳途径实现择业的理想和目标。

面临毕业，大学生考虑最多的是自己如何落实工作单位，自己有多少择业成功的机会。这些属于社会环境因素，它不以毕业生的主观意志和努力而转移，是相对固定和现实的。所以，广大毕业生要先学会调整自己的心态，然后再去分析社会环境因素，为自己寻找一个心理出路。我们在日常生活中，为了实现自己心中的目标，往往不去认真分析自己可能掌握的那一部分因素，却企图主宰自己难以驾驭的那一部分因素，结果造成心理的失衡，引发更大的困扰。所以，学会进行充分的心理调适，是大学生择业前的必要一环。

2. 心理调适的方法

(1) 自我评价法。要引导学生进行择业心理的调适，要帮助他们学会正确地认识和评价自我，这是自我调适的基础，只有科学地认识和评价自我，才能找到自我调适的立足点。

首先是自我反省。面对纷繁复杂的择业环境，必须能冷静地、理智地认识自我，评价自我，明确自己今后的职业发展方向是什么，自己的兴趣爱好是什么，自己的性格特征是什么，自己最适合干什么，自己的优势和劣势是什么等。恰当的自我意识是谦虚和自信的统一，通过不断地自我反省，就能发现不足，扬长避短，使自己在择业过程中始终处于主动地位。

其次是社会比较。人不可能脱离社会而存在，作为社会中的一分子，大学生在评价自我时，还要与他人作比较，一是通过与自己身份和社会地位相类似的人作比较，而不是孤立地认识自己；二是通过社会上其他人对自己的态度来认识自己，找准自己的位置；三是通过自己的社会活动结果来分析和评价自己，看看自己的成果能否被社会所承认。通过社会比较，可以获知社会对自己的评价与自我评价的信息是否一致，如果基本一致，则表明自我认知比较客观，容易被社会接纳；如果不一致，或者差距太大，那就说明对自我的认知不够客观，缺乏自知之明，需要及时进行纠正。

最后是进行心理测验。心理测验是心理测量的一种工具和手段，是根据一定的法则对人的行为用数字或曲线加以确定的方法。心理测验的方法很多，主要包括四个方面，即智力测验、人格测验、神经测验和能力测验。许多的心理学著作中对此都有详细的介绍，广大毕业生可以根据自己的需要来选择使用。特别需要强调的是，心理测验是一项专业性很强的工作，不是人人都可以做的，最好能在专家的指导下，选择心理学专家编制的标准化的测验量表进行测验。

(2) 自我调适法。自我调适的方法有很多，以下粗略介绍几种。

一种是转移法。不良情绪一旦产生，是不容易控制和消除的，这时，可以采取迂回的办法，把自己的情感和精力转移到其他方面，从而消解不良情绪带来的影响。例如，学习一些新的知识和技能，参加一些有兴趣的活动，利用空闲时间出去旅游，尽量摆脱不良情绪困扰，放松心情，保护自己。

一种是宣泄法。心中的郁闷埋藏得越深越久,对自身的伤害也就越大,心理学的研究表明,适度宣泄是消除不良情绪的最简单和最有效的方法,切忌把不良情绪深藏于心,自我消化,比较妥善的解决方法是找个知心人进行倾诉,一吐为快,以求得心理安慰,抚平创伤。医学实验证实,人在悲伤的时候,大哭一场,对身心健康大有裨益。当然,宣泄一定要分清场合,注意身份,不能有失体统。

一种是安慰法。指的是自我安慰,即在自己不顺心和不如意的时候,能够自己替自己辩解,退一步海阔天空,不钻牛角尖。择业中遇到困难和挫折在所难免,人生的道路不会永远是坦途,只要自己已经尽力,就不应对自己苛求,凡事不可能尽善尽美,承认并接受现实,让自己保持内心的安宁。

一种是松弛练习法。该方法通过心理和身体的放松练习,帮助人们减轻或消除不良的身心反应,针对焦虑、恐惧、失眠、头晕等症状,在专业人员的指导下,一步步地尝试练习,放松身体,进而消除忧虑,解开心理困惑。

一种是升华法。升华是指将不为社会所认同的情绪反应方式或欲望需求,通过创造性和建设性的行为,把它导向崇高的方向,被社会所认可。升华同样是对不良情绪的一种转移,这种转移是更高境界的表现。古人"悲歌可以当泣,望远可以当归",是情绪的转移,也是情绪的升华。大学生运用升华法,可以将压力变为动力,缓解不良情绪。

还有一种是理性情绪法。心理学的研究认为,人的情绪有理性和非理性之分,这两种情绪都会引导人对事物的认知程度和感受方向,也会左右人的情绪变化。研究表明,人的不良情绪的产生根源于人的非理性观念,因此,要改变人的不良情绪,就要设法将人的非理性观念转变为理性观念。大学生择业中的很多不良情绪,就来自于他的非理性观念,如果将这些非理性观念加以克服,鼓励自己完成由非理性向理性的过渡,就能战胜困难,跨越障碍。

(3) 他人帮助法。在促进和维护大学生的心理健康中,除了要增强自身的免疫力,提高自我抵御、调适、解决心理障碍的能力外,还要积极向社会寻求帮助,同时社会也要在各个方面给予热情的关怀和积极的引导。

对于大学生择业心理的合理调适,从社会来说,就是要求社会提供良好的择业环境,提供更多的择业机会,尽可能完善就业市场,配套切实可行的就业政策,建立公平、公正的竞争机制,从客观上为大学生营造轻松愉快的择业氛围,使大学生主观上能够心态平和。从用人单位来说,也要努力为毕业生建立客观和公开的人才选拔聘用制度,杜绝不正之风的干扰,这就要求招聘人员提高职业道德和职业水平,重视人才招聘对毕业生心理问题的影响,树立人才招聘市场的良好形象。

学校要大力加强就业指导和就业咨询以及心理咨询工作。一些毕业生在择业过程中产生的心理问题和心理障碍,很重要的原因就是对国家就业政策的不了解,对求职择业的环境不熟悉,造成心理失衡。因此,学校在就业指导方面,要广泛深入地宣传国家的就业政策,介绍国家的经济建设和社会发展状况以及供求形势,使毕业生对择业的环境有全面的了解。另外,培训就业指导人员,对毕业生的求职择业进行直接的指导,引导毕业生正确处理择业问题,对择业过程中容易产生的心理问题和心理疾病,加强心理咨询,排除学生的心理障碍，从而保持其心理健康。

　　毕业生的家长和亲友要主动关心大学生择业期间的心理状况，积极配合学校的工作，加强与毕业生的联系和沟通，帮助毕业生处理好择业中的具体问题，提出一些有益的建议，缓解而不要增加毕业生的心理压力，帮助他们以积极健康的心态渡过求职择业的迷茫阶段，走上一条事业成功的阳光大道。

项目思考

1. 成功择业需要做好哪些心理准备？
2. 对照分析自己在择业中可能出现的不良心理并找出原因。

项目九
网络心理引导

案例一：

成都某高校的一个大学生，有这样一张作息时间表：13:00，起床，吃中饭；14:00，去网吧玩网络游戏；17:00，晚饭在网吧叫外卖；通宵练级，第二天早上 9:00 回宿舍休息……这位大学生几乎把所有的空余时间都用来打游戏，并开始拒绝参加同学聚会和活动。大约两个月之后，他发现自己思维跟不上同学的节奏，脑子里想的都是游戏里发生的事，遇到事情会首先用游戏中的规则来考虑。他开始感到不适应现实生活，陷入了深深的焦虑之中。

案例二：

据有关媒体报道，北京某大学计算机系大一学生唐某在网吧连续上网 5 小时后，突感头疼，继而昏迷，医院收治后诊断其为"脑死亡"。据唐某同寝室的同学蒋某介绍，2 月 27 日中午，因下午没课，他俩顾不上吃午饭，直奔校外一家网吧开始打网络游戏。约 16 时 30 分，唐某突然感到头痛，两人只好下机返校。唐某一个人先下了楼(该网吧在二楼)，坐在网吧门口，无力起身。随后下楼的蒋某见状，忙找了一辆三轮摩托车，将唐某送到校医院，并通知了学校老师。约 17 时 30 分，唐某被转送到精神医院急诊室时，已深度昏迷，呼吸停止。

案例提示： 网络时代，作为时代"弄潮儿"的大学生始终扮演着互联网忠实追随者的角色。大学生希望通过网络平台获取知识，交流思想，实现自己的人生价值。但不可忽视的是，不少大学生在享受网络冲浪的快感时，网络游戏成瘾、网络交际成瘾等问题已成为家长和社会关注的热点问题。大学生怎样在网络生活中保持健康的心理，如何找回失落在网络中的自我，值得深思。

➡ 项目说明

本项目分析了大学生上网的心理需求，介绍了常见的网络心理障碍的类型、特点及调适方法，特别介绍了网络成瘾症及其防治，旨在引导大学生培养健康的网络心理和行为。

➡ 项目目标

通过学习本项目，大学生在知识、技能和方法层面达到以下目标。

- 了解常见的网络心理障碍的类型和特点
- 掌握网络心理障碍的调适方法
- 了解网络成瘾症的症状及防治方法

心理测试

网络成瘾自测

如果你开始怀疑自己已经上网成瘾了，想求证你的猜测的正确性，可以通过以下几个不同的角度了解自己是否成瘾和成瘾的程度。

这个测试是给那些怀疑自己的网络行为已经开始成瘾的同学进行测评的。如果你有兴趣，请对以下 20 个陈述按照发生的频度，用 0～5 进行评分，0～5 的具体含义如下。

0 分—没有；1 分—罕见；2 分—偶尔；3 分—较常；4 分—经常；5 分—总是

1. 你发现花在网上的时间会超出预计时间。
2. 由于上网太多，以至于忘记了要做的事情。
3. 你觉得网上的愉悦已经超过与恋人或伴侣间的亲昵。
4. 你会与网上的人建立各种关系。
5. 你的亲友会抱怨你花太多的时间在上网。
6. 由于你花在网上的时间太多，以至于耽误了学业和工作。
7. 你宁愿去查收电子邮件，也不愿意去完成必须做的工作。
8. 由于上网，影响到了你的学习或工作业绩和效果。
9. 你尽量隐瞒你在网上的所作所为。
10. 你会同时想起网上的快乐和生活中的烦恼。
11. 在准备开始上网时，你会觉得你早就渴望上网了。
12. 没了互联网，生活会变得枯燥、空虚和无聊。
13. 别人打扰你上网时，你会恼怒或吵闹。
14. 为深夜上网而睡不着觉。
15. 睡觉时你仍全身心想着上网或幻想着上网。
16. 你上网时老想着"就再多上一会"。
17. 你尝试减少上网时间，但却失败了。
18. 你企图掩饰自己上网的时间。
19. 你选择花更多的时间上网，而不是和别人出去玩。

20. 当你外出不能上网时，你会感到沮丧、忧郁和焦虑，但一上了网，这些感觉就消失了。

评价：请把你选择的各项分数加在一起，合成一个总分，对照以下不同分数段的解释，自我评判自己的上瘾与否或上瘾程度。

24~29 分：你是一个一般的上网者，只是有时会上得多些，但总体上仍能够自我控制，尚未沉溺于此。

50~79 分：你的上网似乎开始给你带来一些问题，你该谨慎对待上网给你带来的影响以及对家庭其他成员带来的影响。

80~100 分：上网已经给你和你的家庭生活带来很多问题，你必须马上正视并解决这些问题。

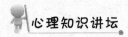
心理知识讲坛

第一节 大学生与互联网

名人名言

技术每提高一步，力量就增大一分。这种力量可以用于善恶两个方面。

——阿诺尔德·约瑟夫·汤恩比

一、互联网及其特点

互联网，又称"国际网"或"信息高速公路"。它是广域网、局域网及单机按照一定的通信协议组成的国际计算机网络。打个比喻，互联网就是高速公路，网站就是联系各高速公路的城区，计算机就是汽车，人就是司机，信息就是南来北往的货物。

人们经常用四个字"多、快、好、省"来说明互联网的优势：多——就是上网人多，信息多(yahoo 一个网站的信息相当于千万个图书馆的信息)，服务器多，关键的是奇迹多，机会多，创意多等。快——互联网是用光的速度在交换信息，以光的速度创造富翁。到网上查找信息比到图书馆方便多了，把一封甚至一万封邮件发布到全世界只要点点鼠标即可。好——对于互联网的好，今天很多电视剧都可以在网上找到，多好。还可以上 QQ、微信、网约车、购物……省——就是省时间、省精力。概括地说，网络具有以下基本特征。

1. 开放性

一是对用户开放。互联网是一个对用户充分开放的系统。在这里，不分国家、种族、贫富、性别、职位高低、年龄大小，只要你具备上网的硬件条件，就可以上网，去体会网上冲浪的乐趣。二是对服务者开放。 互联网是一个无限的信息系统。互联网上的信息来自不同的提供者，没有哪一个国家或组织能够独揽互联网的信息服务。互联网正是通过对服务者开放,为用户提供一个开放的接入环境,从而使互联网上的每一个节点,都可以自愿地、轻而易举地为互联网提供信息服务。互联网的开放性,是互联网强大的生命力和活力之源。三是对未来的改进开放。互联网的这一特点,使得互联网上的子网在遵循 TCP/IP 接入协议的前提下,可以有不同的风格和体系,可以根据不同的需要随时对任何一个子网进行更改而不影响整个互联网的运行。

2. 全球性

网络拓展了人类的认识和实践空间,"老死不相往来"、终生难以相见的人们瞬间变成了近在咫尺的网友。庞大的地球在不知不觉中变成了"地球村""电子社区",人人都可以进入这个"地球村",成为这个"电子社区"的一员;人人都可以在网络上使用最新的软件和资料库,不同的观念和行为的冲突、碰撞、融合就变得直接和现实;网络化还把异质的宗教信仰、价值观、风俗习惯、生活方式呈现在人们的面前,经过频繁洗礼和自主的选择,不同国家、不同民族、不同生活方式的人们通过学习、交往、借鉴,达成共识、沟通和理解。总之,互联网以其传播方式的超地域性将地球连接成"地球村",每个网民成为地球村的平等公民,互联网无论在广度上还是在深度上都在我们无法想象的空间中蔓延、伸展着,它突破了种族、国家、地区等各种各样的有形或无形的"疆界"、真正体现了全球范围内的人类交往,体现了人与人之间的"无限互联"及"无限关涉"。

3. 虚拟性

进入网络世界的人,其基本的生存环境是一种不同于现实的物理空间的电子网络空间或虚拟空间。交往主体隔着"面纱",以某种虚拟的形象和身份沟通、交流,交往活动也不再像一般社会行动那样依附于特定的物理实体和时空位置。在网络技术的帮助下,每个人都可以成为"隐形怪杰",其身份、行为方式、行为目标等都能够得到充分隐匿或篡改:一个白发老翁可以发布电子讯号将自己伪装成红颜少女,强盗亦可自称警察而难被发觉。

4. 平等性

互联网作为一个自发的信息网络,它没有所有者,不从属于任何人、任何机构,甚至任何国家。因而也就没有任何人、任何机构、任何国家可以左右它、操纵它、控制它。在这里,所有的用户都是自己的领导和主人,因为所有的人都拥有网络的一部分;在这里谁都没有绝对发言权,但同时,谁又都有发言权。总之,网上的信息不为某一个人独有,而是平等地属于每一个网民。互联网的这种特点,使网民的意识和思维进一步走向平等和双向沟通,思维方式更加多样化,从而也更加具有个性和创造性。但是,互联网也是一个彻底"民主"(或无政府主义)的地方。在这里,任何人可以按照自己的原则(或不要原则)说任何话,做任何事。在互联网上,一个人不需要承担自己的义务和责任,因此可以滥用自己的权利,导致无政府主义的泛滥。

二、大学生网络活动的类型

随着高职大学生对网络使用程度的提高,高职大学生上网人数和上网时间越来越多,据中国互联网网络信息中心(China Internet Network Information Center，CNNIC)发布的第 27 次中国互联网发展状况统计报显示，网民中的最大群体是学生，占 30.60%。QQ、Email、微信、微博、搜索引擎、新闻资讯、虚拟社区、电子商务等网络服务已经渗入了大学生学习与生活的方方面面。大学生网络活动可以归为以下四种类型。

1. 知识信息型

大学生早已不满足于课堂和书本给予的知识，因为这和海量的网络信息比起来，其使用方法和新鲜程度显然要落后很多。许多大学购买了一些专业资料网站的使用权，"中国期刊网""中国知网""方正维普""ARL"等资料库已被很多学生所熟悉并使用。学生们不再是被动的"信息接受器"，而是主动的"信息处理器"，从各种渠道主动参与和得到立体多媒的相关知识。精心研读自己所关注的领域，吸取来自国内外研究的最新成果，随意采集信息、加工知识和整合思维，网络所提供的这种自主学习方式，已经成了年轻人追求的时尚。

2. 娱乐游戏型

九十年代的大学生为了看一部精彩的电影或听一首优美的歌曲，可能跑得气喘吁吁。现在可省事多了，只要输入电影名或歌曲名，轻点鼠标，数秒内就可以欣赏到自己想看的电影或想听的歌曲。这种菜单式的生活享受正是无所不能的网络所提供的。和游戏机或游戏光盘相比，网络游戏更是魅力难挡。因此，游戏网站也是大学生们经常光顾的地方。有的学生在游戏网站一待就是七八个小时，甚至逃课逃学，严重影响了学业。在第十一次中国互联网发展状况调查中发现，娱乐与游戏在大学生上网目的中占到了 24.6%。很多学生没有很好地利用网络来增长知识、增长才干，却把大多数的时间和精力贡献给了网络娱乐与游戏。

3. 人际沟通型

据调查，46%的大学生上网是为了进行人际交往，充分利用 BBS、论坛、QQ(MSN)、IP、Email 等形式进行交流和沟通。大学生思维敏捷，接受能力强，能迅速面对互联网上快捷的信息变化，充分占有和利用网络。在好奇心、求知欲等的驱使下，大学生在交往内容上一般没有太多的局限。虽然学习和爱情是大学生永不厌倦的话题，但话题绝不局限于此，上至天文，下至地理，都可作为很好的谈资。尽管网络交往广阔的交互空间有利于促进大学生的社会交往能力，在一定程度上可以释放压力，但是，这把双刃剑也消耗了大量的时间和精力，扰乱正常的学习和生活秩序，造就了一大批"网虫"。

4. 网络恋爱型

随着网络的普及，网络与爱情之间的某种契合度，使人们发现了在虚拟的网络空间可同时满足对爱以及安全感的需求——网恋。网络世界的交友恋爱与现实社会中的恋爱交往有某种共同点，再加上因为网络匿名性的特性，容易使彼此互不认识的男女双方很快地建立起亲密的关系，进而发展为相互心灵上的依赖关系，都是促成网络恋爱快速发展的原因，使得网络上容易擦出爱情的火花。借着网络，人们可以通过计算机来结交朋友，只要透过几个指令,原本陌生的两个人便可一搭一唱地聊起话来,恋情的展开不再受到时空的限制而变得无线宽广,越来越多人投身于网络恋情之中,不论是现实、小说或戏剧,网络恋情不乏喜剧收场,但蓄意网络犯罪也不少,大多数人对于网络恋情抱着相当谨慎的态度。

三、网络与大学生心理需求

大学生自身发展的特点决定了大学生对计算机和网络追逐的热情,社会的发展需要大学生必须具备计算机和网络的知识和技能,大学的学习过程要求大学生必须掌握计算机技术,熟练和科学地利用网络,大学的环境使得大学生很容易与网络亲密接触。对大学生而言,"网络化生存""网络人生"已经成为他们生活的真实写照。网络时代的大学校园,"无处不网""无时不网""无人不网"。网络正在改变着大学生的生活方式、学习方式、交往方式。分析大学生的网络心理需求,是开展大学生网络心理健康教育的重要前提。从整体上,大学生的网络心理需求分可为积极心理需求与消极心理需求。

(一)大学生对网络的积极心理需求

1. 关注社会与求知欲望的进取心理

关注社会热点是大学生富有爱国信念和视野开阔的表现,同时,也表现了"成人化"的趋同心理。但现实的身份决定了他们参与社会事务的程度,校园环境限制了他们对复杂社会现象的认知和信息反馈,因此,网络上"指点江山、激昂文字"成为抒发大学生抱负的一种形式。

2. 自由平等参与和自我实现的尝试心理

网络平等自由的氛围适应了当代社会中对自由、平等呼声最高的大学生群体。在网络这个虚拟空间里,种种现实社会的限制都消失了,只要参与进来,任何人都是互联网的"主人"。志趣相投的贴帖子,"观点相对一致"的交流,强烈的互动色彩,个体在他人的点赞、支持中得到满足。

3. 情感交流与自我价值感的满足心理

情感萌发的大学生迫切需要纯洁的友情和精神共鸣。但现实生活中,同学之间存在竞争,一些大学生因为利益冲突、人际关系紧张,很多时候难以推心置腹。网络提供的心理安全意识和非功利意识使得渴望情感交流的大学生可以随意表露内心,在虚拟世界轻易寻找到心灵的慰藉。

4. 排解压力与宣泄情绪的减压心理

匿名的网络给人们的精神世界营造了一个自由空间,倾诉意识和倾听意识同时得到满足,不少大学生压抑的心理和孤寂的情绪在网上得到宣泄。有调查显示,61.5%的大学生在寂寞无聊时上网,19.6%的大学生认为在网上最大的收获是"使自己的苦闷、压抑得到缓解"。

5. 追求开放性和多元性的求新心理

互联网以其信息快、内容新、手段先进等优势极大地吸引了大学生的好奇心。网络又是一个开放的信息源，各种文化、思想、观念都可以在这里争鸣。网络极大地满足了大学生摄取新思想、新观念、新知识、新技能的心理需求。

(二)消极的心理需求

1. 追求感官刺激的心理

很大一部分大学生上网的目的是猎奇，即追寻一种在现实生活中难以了解，通过正当渠道难以获得的奇、艳事物或信息，并借以获得感官刺激。他们往往会出于好奇或冲动的心理刻意去寻找一些色情、暴力信息。

2. 急功近利的心理

网络信息的丰富与快捷使许多大学生把上网当作通往成功的捷径和有利条件。在他们眼里，网络就是商机，网络就是生财之道。同时，一定程度上的社会误导（包括网络上基于商业目的的信息误导)也使大学生对"成功"的理解产生了偏差。于是，电子商务、留学资讯、成才捷径、求职之路就备受一部分大学生的关注。他们渴望凭借这些信息，省一些力气，先走一步棋，成为网络时代的成功人士。

3. 发泄欲求的心理

在互联网上，大学生们可以比在学校里、家庭里更随便地发表自己的高见，抒发自己的爱与憎，表达自己的思想信仰，而不必担心会受到限制或承担责任。平时对学校不敢提、无处提的意见可以贴到BBS上去，平时对女同学不敢表达的感情则可以在聊天室里淋漓尽致地抒发。

4. 逃避现实的心理

大部分学生在大学生活中都会遇到这样那样的挫折和危机，诸如学习上的、感情上的、人际关系上的。同时，复杂的社会生活也会使思想相对不成熟的青年学生感到难以应对。于是，部分学生在现实中受挫时，往往愿意到虚幻的网络空间去倾诉，互联网成了他们逃避现实、寻求自我解脱的一个良好的渠道和环境。

5. 自卑的心理

这种心理常见于那些初次尝试网络的大学生，当他们怀着兴奋与好奇的心理来到网上，但由于缺乏系统的网络知识和检索技能，操作不熟练，英语水平有限，与身旁那些操作娴熟、进出自如的用户相比，差距甚远。在羡慕的同时会产生出某种无形的心理压力，初始的兴奋、喜悦之情自然被自卑心理所代替。

6. 焦虑心理

一方面，由于网络技术的迅速发展，大学生担心自己的知识更新赶不上网络的发展，被新技术淘汰，而产生心理焦虑；另一方面，网络通道拥挤，传输速度缓慢，网上人际关系的不确定性与隐匿性，内容庞杂无序、良莠不齐，访问速度太慢等缺陷，使大学生上网者无所适从，连连"碰壁"之下产生焦虑心理。

7. 虚拟的自我实现心理

强烈的自我意识是大学生群体的一个显著特征，虚拟的网络可以成为大学生实现自我的一个理想王国。在网络上，大学生可以享受到网络特有的平等、自由、成功、刺激的感觉，学习与就业的压力以及社会与家长的希望造成的心理上压抑与孤独，在网络上一扫而光；他们可以突破社会及他人对自己行为的匡正与评价，轻松地实现从小梦想家成为侠客、富翁，可以在模拟战争中指挥千军万马搏杀疆场……还有部分大学生上网为了玩游戏，在游戏获胜后有一种成就感。

第二节 大学生网络心理障碍及调适

一、什么是网络心理障碍

网络心理健康通常有以下标准：一是正确的网络心理健康的意识或观念；二是能够保持在线时和离线时人格的统一与和谐，在虚拟性与现实性之间能够做到以现实为主；三是不因网络的使用而影响正常的工作、学习；四是有正常的人际交往，人际关系协调，能够与周围环境保持良好的互动；五是离线时身体没有明显的不适应。

网络心理障碍是指因无节制地上网导致的行为异常、人格障碍、交感神经功能失调。其表现症状为：开始是精神上的依赖，渴望上网，随后发展为身体上的依赖，不上网则情绪低落、疲乏无力、外表憔悴、茫然失措，只有上网后精神才能恢复正常。大学生网络心理障碍大多数表现为感情上迷失自我，角色上混淆自我，道德上失范自我，心理上自我脆弱，交往上自我失落。

二、大学生网络心理障碍的基本类型

1. 网络恐惧

大学新生特别是来自经济落后地区的农村学生，几乎没有接触过互联网或接触很少。当他们进入大学面对色彩斑斓的网络界面，看到层出不穷的各种网络书籍和电脑软件，看着周围的同学熟练地使用电脑，自由地浏览、聊天时，一部分学生感到害怕和迷茫。"怕"是怕自己学不会或学不好计算机操作，以至于不能有效利用网络来学习和生活而可能成为"网盲"；怕自己学不好计算机而被他人嘲笑为无能或落伍。"迷茫"则是因为五花八门的电脑书籍和软件使得他们眼花缭乱，不知道学什么，由此产生对网络的畏惧感。另外，一些对网络比较熟悉的大学生也有这样的障碍，他们对网络的畏惧主要是害怕跟不上网络

的快速发展，怕掌握不了新的网络技术而被淘汰。

2. 网络依恋

网络依恋是指长时间沉溺于网络游戏、上网聊天、网络技术(安装各种软件，下载使用文件，制作网页)，醉心于网上信息、网上猎奇，造成对网络的过度依赖，把上网当成人生最大的快乐，导致个人身心受损，正常的学习、工作、生活及社会交往受到严重影响。网络迷恋心理障碍包括这样几种类型。

(1) 网络色情迷恋。迷恋网上的所有的色情音乐、图片以及影像。

(2) 网络交际迷恋。利用各种聊天软件以及网站开设聊天室长时间聊天。

(3) 网络游戏迷恋。沉迷于网络设计的各种游戏中，或与计算机对打，或通过互联网与网友联机进行游戏对抗。

(4) 网络恋情迷恋。沉醉在网络所创造的虚幻的罗曼蒂克的网恋中。

(5) 网络信息收集成瘾。强迫性从网上收集无关紧要的或者不迫切需要的信息，堆积和传播这些信息。

(6) 网络制作迷恋。下载使用各种软件，追求网页制作的完美性和编制多种程序为嗜好。

在这六种类型中，网络交际迷恋者、网络游戏迷恋者、网络恋情迷恋者及网络信息收集成瘾者占大学生网络迷恋群体中的多数。

3. 网络孤独

网上交往这种匿名、隐匿性别和身份的形式受到大学生的青睐。大学生上网向网友发泄自己的不良情绪，排解忧虑，讲自己的"心情故事"，这时心情得到一定的放松，从网友那里得到了一定的心理支持，可是，下网后发现自己面对的依然是四壁空空的孤独。在人与人之间的交往中，80%的信息是通过非语言的方式如身体语言中的眼神、姿势、手势等传达的，当那些善于通过这些身体语言来解读对方心理的性格内向者，试图借助网络来排泄自身的孤独时，网络所能给的只能是键盘、鼠标和显示器。网络孤独症多发生在性格内向者身上，其典型症状是：沉溺于网络，脱离现实，寡言少语，情绪抑郁，社交面狭窄，人际关系冷漠。

4. 人格障碍

网络人际交往还可能诱发各种人格障碍，比较突出的有攻击型人格、双重人格或多重人格等。鉴于网络人际交往具有匿名性特点，大学生在网络生活实践中养成的攻击性言行特点，可能会强化其人格特质中的攻击性因子，形成攻击性人格。双重或多重人格是指在一个人身上体现出双重或多重人格，在不同时间与地点交替出现。由于虚拟社区和聊天室普遍采用化名式的"网名"，学生网民往往都有自己的虚拟身份，部分学生在网上交际时经常扮演与自己实际身份和性格特点相差悬殊甚至截然相反的虚拟角色。有的学生还同时拥有多个分别代表着不同身份和性格特点的网名，男扮女、女扮男的现象也非常普遍。一位17岁的男学生在接受电视采访时公开承认自己曾经用18岁女孩的身份在虚拟社区生活了近 3 年时间，结识了很多网友。最后他还不无遗憾地说，可惜以后不能再用这个网名了。在这种情况下，很多学生经常面临网上网下判若两人或时而张三时而李四的多重角色差异和角色冲突。当多重角色之间的冲突达到一定程度或角色转换过频时，就会出现心理危机，导致双重或多重人格障碍。

5. 网络成瘾综合征

现代医学证明，一个人如果不能控制对网络的依恋，很容易患上"网络成瘾症"。医学上又称之为"病态性使用网络"。这种新型的心理疾病的成因主要是由于过度使用互联网，使自己的工作、学习和生活等受到严重的影响和损害。从心理上来讲，主要表现在对网络有依赖性和耐受性，也就是所谓的上网成瘾，患者只有通过长时间的上网才能激起兴奋来满足某种欲望。从生理角度讲，这类疾病对人的健康危害很大，尤其会使人体的自主神经功能严重紊乱，导致失眠、紧张性头痛等。同时还可使人情绪急躁、抑郁和食欲不振，长时间如此会造成人体免疫力下降。网络成瘾症与吸烟、酗酒甚至吸毒等上瘾行为有惊人的相似，一上网就兴奋异常，上不了网就"网瘾难耐"。如果在网络成瘾症的基础上，伴发了焦虑性、抑郁性、强迫性、恐惧性(以社交恐惧为主) 等神经症或人格改变就称之为网络成瘾综合征，亦称之为陶氏综合征。它是一组疾病的范畴，综合了多种临床症状。

6. 网络自我迷失、自我认同混乱和网络越轨行为

在以计算机为终端的网络中，由于匿名性而隐去了身份，许多现实社会中的规范、规则、道德在虚拟世界中被冻结，大学生上网者在表现个人自我时，把社会自我抛得越来越远，甚至企图借助网络在现实社会中凸显自我，将自我凌驾于社会之上。由于网络道德体系尚处于建构和规范之中，网络社会本身很难让网民"独善其身，独慎其行"，加上大学生自我约束能力不足，道德自律行为和意识淡薄，就很容易产生在网络上特别自由、无所限制、为所欲为的感觉和冲动，进而做出一些不道德且在现实世界中不可能做的事情。网络黑客、网络犯罪就是这方面的典型例子。网络给大学生的"信息污染"也不容忽视。据有关专家调查，网上的非学术信息中有 47%与色情有关，而接触过黄色信息的大学生 90%以上有性犯罪动机或行为。这些不良信息严重污染了大学生的思想，导致大学生社会责任感缺失、道德感弱化，甚至扭曲大学生的心灵，诱发大学生网络犯罪。另外，一些大学生受游戏的影响，误认为通过伤害他人而达到自己目的的方式合情合理。一旦形成了这种错误观点，就会不择手段，欺诈、偷盗甚至对他人施暴。目前，因为网络成瘾而引发的道德失范、行为越轨甚至违法犯罪的问题正逐渐增多。

三、大学生网络心理障碍的调适

1. 正确的网络认知

网络的出现，宣告着人类信息时代的真正到来。它消除了人类跨地域沟通的"时滞"，拓展了人类的交往空间，深刻改变着人与人、人与社会的关系，给人类带来了一个全新的时代。在家办公、网上学校、电子商场、电子银行等新生事物的出现，使人类的生活方式

发生着深刻的变革。但是，网络世界既是一个充满自由、开放、平等的世界，也是一个充满着诱惑与陷阱的危险之地。网络只是一个工具，网络资源是人类社会不可缺少的财富，对网络的破坏与滥用就是对社会正常秩序的极大破坏，会危及生活中的每一个人。大学生要认清网络社会并非真实的社会，网上暂时的成功并非是真实的成功，虚拟的情感宣泄与满足也并非能得到真正的快乐，网络带来的并非总是鲜花与美酒，也可能给自己带来苦涩的恶果。那些迷恋上网而不能自拔的大学生，随着上网时间不断延长，记忆力下降，对学习也逐渐产生厌烦感，进而出现逃课上网，对各种活动漠不关心，进取意识减弱，与周围同学关系紧张等现象。夸大网络的功能进而认为网络是解决一切问题的灵丹妙药，或认为网络使人自我迷失、相互欺骗、社会秩序紊乱，从而否定网络的作用，这样的观点都是错误的。大学生只有对网络树立正确的认知，才有可能正确地面对网络，合理地使用网络资源，准确把握自我，认清自己的真实需要，正确处理现实社会与虚拟社会的关系，避免产生网络心理问题。

2. 自律与自我管理

对于一个人来说，只有自律才能既充分体现其自尊、自主与自由，又充分培养其自我控制力，养成良好的"慎独"习惯。在网络社会里，信息含量十分巨大，各种文化与价值理念交织纷纭，各种论断莫衷一是，各色诱惑比比皆是；另一方面，网络社会又是一个充满自由的社会，缺乏非常强大的外在约束。面对这一虚实难辨、是非难断却又无明确而强有力约束的多彩网络世界，大学生会因认知偏差或侥幸心理而产生心理困惑与矛盾，以致产生各种各样的网络心理问题。过多地沉迷于网络是对现实的一种逃避，一种退缩，也是一种社会责任感的淡化，它不仅不能真正地解决大学生正在面临的现实问题，反而会更多地产生自我迷失、生活重心丧失、人际沟通障碍，产生非理性的甚至是反社会的行为。合理安排好自己的日常生活，保持正常的生活、工作、学习规律，控制上网时间，做到规范上网、理性上网。必要时要制定校园学习生活规划量化表(如表 9-1 所示)。通过一段时间的记录和比较，从数据上能一目了然地看出自己合理规划和运用网络的时间和次数，以此来获得戒除网瘾的信心和成就感。

表 9-1　校园学习生活规划量化表

量列项 \ 日期时间	作息时间量化表						
	周一	周二	周三	周四	周五	周六	周日
课堂							
课外自学							
睡眠							
图书馆							
课外活动							
上网							
其他							

3. 建立健全完善的网络心理辅导体系

大学生网络心理障碍并不是个别现象。因此，团体心理辅导是一个行之有效的方法。

在团体中，网络心理障碍者发现自己的心理问题并不是独一无二的，团体中的其他人也有着相似的忧虑，甚至比自己还要严重，有着许多相似的情绪体验，从而降低心理上担忧与焦虑程度。由于"同病相怜"，他们的心理认同感很强，群体归属感增强，能感受到社会和心理的支持，服从群体的从众行为增加，群体的稳定性高。网络心理障碍的团体心理调适的内容至少要包括以下几个方面。

(1) 缓解来访者的心理紧张和焦虑情绪，利用成员的相互介绍和成员共同参与度高的游戏活动转移他们对心理障碍的过度关注，放松心情，初步拉起一道心理安全网。

(2) 在以上基础上，让成员讲述各自的成长经历，并做自我评价。其他成员获得"和别人一样的体验"，产生情感与心灵的共鸣。

(3) 开展网上信息认识的讨论交流，引导他们正确评价网上信息，共同为提高自身的信息素养出谋划策。

(4) 展开网络与网络技术的研讨，使他们了解网络的两面性、技术中立性和网络技术的工具性。

(5) 运用"头脑风暴法"让来访者比较网上人际交往与现实中的人际交往的异同，并进行归因。之后，再让全体成员倾诉各自在人际关系上的困惑，成员间进行互相辅导，帮助对方寻根究源，寻找人际关系改善的途径。

(6) 设定基本的人际交往的情境，让来访者模仿学习。

(7) 小组讨论上网行为的自我管理，彼此订立互相监督上网的契约。

4. 加强网络管理，规范网络行为

良好的网络环境培育健全的人格，恶劣的网络环境造就有缺陷的人格。社会、学校等多方力量应加强对上网场所的监管，净化上网环境。一方面要与校外网吧管理部门加强联系，另一方面要加强对校内上网场所的监管。对校内营利性网吧，学校在不干涉其内部运作管理的前提下，与开设网吧的业主进行协商，对网吧容量、营业时间等做出限制，同时，指定管理员随时监控，抵制不良信息的侵入，净化网络环境。对校内非营利性质的上网场所的管理，主要指对具有教学功能的上网场所的管理。学校应制定管理规定，严格教学纪律，防止学生借此大过上网瘾，背离教学目的。学校还要大力开展网络道德的宣传教育。

第三节 网络成瘾症及其防治

一、网络成瘾症及其基本类型

1. 网络成瘾症的界定

美国纽约临床心理学家 Goldberg 首先提出"互联网成瘾症"(internet addiction disorder，IAD)一词，IAD 在临床上也称为病理性网络使用(pathological internet use，PIU)，通常简称

为网瘾、网痴或"网络成瘾"(Internet Addiction)。网络成瘾是指上网者由于长时间地和习惯性地沉浸在网络时空当中,对互联网产生强烈的依赖,以至达到了痴迷的程度而难以自我解脱的心理和行为状态。

网络成瘾的表现有情绪低落、无愉快或兴趣丧失、睡眠障碍、生物钟紊乱、餐饮量下降和体重减轻、精力不足、精神运动性迟缓和激动、自我评价低和能力下降、思维迟缓、有自杀意念和行为、社会活动减少、大量吸烟、饮酒和滥用药物等。专家发现,网瘾症患者由于上网时间过长,大脑神经中枢持续处于高度兴奋状态,会引起肾上腺素水平异常增高,交感神经过度兴奋,血压升高,植物神经功能紊乱。此外,还会诱发心血管疾病、胃肠神经官能症、紧张性头痛等病症。

2. 网瘾症的基本类型

"网瘾症"的类型五花八门,具体表现也有明显差异,主要包括以下几种类型。

一是色情成瘾,指上网者迷恋网上的色情音乐、色情图片、色情影视、色情笑话以及网络色情文学作品等。有专家指出每周花费 11 小时以上用来漫游色情网站的人,就有色情成瘾的嫌疑和倾向。

知识链接	迷恋色情文学或音像制品的危害

美国心理学家佩恩罗德曾经指出,描写性暴力的色情文学或音像制品至少在三个方面对人产生不利影响:第一,引发人的性唤起;第二,引导人们错误地理解性侵犯受害者的反应;第三,直接增加人们的侵犯性、诱发性越轨行为。

二是网络交际成瘾,指上网者利用各种聊天软件、网站的聊天室或专门交友网站进行人际虚拟交流,甚至发生网恋、网络黑交易、发表反动或愚昧言论、网络欺诈与愚弄等错误行为甚至诱发犯罪。

三是信息超载成瘾,包括强迫性地从网上收集无用的、无关紧要的或者不迫切需要的大量垃圾信息。这种行为没有预先的计划和目的,耗费时间,是纯粹的盲目行为或网络生活怪癖。

四是游戏成瘾,这在许多大、中、小学生中是较为普遍存在的现象。因为网络游戏数量大,花样多。不仅一些互动性很强的智力开发游戏,而且网络上也存在有不少的血腥暴力、反动愚昧和色情游戏。

五是视听成瘾,这在青少年学生中仍然是很普遍的现象。就是在网络上耗费大量的时间光顾"音乐在线"网站和"在线影院"网站,沉溺于网络音乐和电影资料的阅览。

网瘾症患者往往具有某些特殊的人格特征,而且大多数人在对互联网上瘾之前,常有其他方面的心理障碍,特别是抑郁症和焦虑症。综观国内外的研究结论,"网络成瘾症"患者往往同时具有以下一些人格特征或行为表现:喜欢独处,敏感警觉,倾向于抽象思维,缺乏社会交往,不服从社会规范,学习或工作表现较差,自信心严重不足,自卑感心理倾向重等。

二、网络成瘾症的防治方法

(一)想象厌恶法

厌恶法就是把令人厌恶的刺激,如电击、呕吐、语言斥责等,与当事人的某种不良行为相结合,形成一种新的条件反射,以对抗原有的不良行为,进而消除这种不良行为。

想象厌恶法,是将某些厌恶情境与当事人的不良行为联系在一起,从而产生厌恶反应,以达到减少或中止某种不良行为的辅导目的。以失恋为例,有的年轻人失恋后因对恋人念念不忘很痛苦,于是就想对方的坏处或体貌上的缺陷,从而抑制对方对自己的吸引力,摆脱苦闷,这样做就是厌恶法的运用。如有强迫观念的当事人,可用橡皮筋套在手腕上进行厌恶训练,当出现某种强迫观念时,就接连拉弹橡皮筋弹打手腕,引起疼感;同时责备或提醒自己不要去想。拉弹次数和强度视强迫观念的出现和消退而定,直到问题消失为止。

当你非常想上网或正在上网的时候,想象某些厌恶的情境,达到减少上网行为的目的。例如,想象眼前站着某位使你感到害怕的人,如你威严的父亲或者严厉的老师等;也可以想象你最害怕的动物正在向你靠近;还可以想象键盘上爬满了毛毛虫等。

(二)自我管理法

1. 转移注意

可以在想上网的时候,强迫自己转移注意力,主动离开放有电脑的房间,用看书、打球、跑步、听音乐等其他活动取代原来上网的行为,甚至可以主动建议父母暂时取消家庭上网服务,或给电脑设置密码,将自己与网络绝缘。

2. 上网时间递减法

可以设立合理的"小步子"目标,逐渐减少上网时间。如果每天上网 6 小时,那么第一个目标应该是每天上网 5 小时,这个目标实现并维持一段时间之后,再把目标定为每天上网 4 小时,以此类推,直到时间合适为止。在此过程中,每次上网的时候,可以使用闹钟提醒自己准时下网,与此同时,可以让父母、朋友监督。

3. 自我指令

可以给自己制定学习时间安排表,规定每天的什么时候必须学习。每当有上网念头的时候,可以反复的自我暗示:"不行,现在不是时候,现在应该学习,等周末再说。"每当抵制住了诱惑,认真学习,度过了充实的一天之后,就应该进行自我鼓励:"今天学得有收获,很投入,坚持就是胜利!"

4. 自觉提高上网效率

每次上网之前,应该先花两分钟时间仔细想一想自己要上网干什么,把具体要完成的任务列在纸上，然后再花一分钟时间，估计大概需要多长时间才能完成所有任务。如果估计要用 60 分钟，就把闹钟定到 30 分钟，提醒自己检查任务的完成情况，并反思自己有没有做与任务无关的事情。

5. 自我奖励与自我惩罚

运用以上的方法，根据自己完成的效果给予自己奖励或者惩罚。如果完成的好，就可以好好奖励自己，例如，去大吃一顿或买一个自己喜欢的东西；如果完成得不好，就惩罚自己做 100 个俯卧撑或者做家务等。

项目思考

1. 常见的网络心理障碍有哪些？如何调适？
2. 网瘾症有哪些危害？大学生如何避免网络成瘾？

项目十
挫折心理应对

导学案例

这是一名大二女生的网上咨询信件：考试刚刚结束，我的心情很沉重，很难过，不知为什么很想哭，似乎觉得一切都和想象中的相差甚远，我甚至都不知找什么样的借口来安慰自己。我只想要我想得到的，可为什么觉得都没有。我的感觉很不好，我准备了很久也自认为还可以，可不知为什么我做题的时候状态很不佳，我似乎开始对自己怀疑了，而且很怀疑。一生从未有过的感觉，似乎一点都不自信，从未有过的感觉！我感觉生活没有一丝的惊奇，没有一丝的期望。只感觉一切都像死灰一般，没有一丝的生机。追求确实是一个过程，必须要有回报，的确失败是成功之母，可成功也是成功之母。如果没有一丝的成功怎么再来期望成功呢？怎么再有奋斗的动力？我不知道成绩的结果，但感觉告诉我没有达到我的目标，每当我有一丝的放松的时候，我都会受到惩罚。我不明白为什么？想想我的大学，干部竞选不成、恋爱失败、考试失利、评优受挫，我变得自卑、退缩、失望，晚上常常做噩梦，睡眠出现问题，精神状态不佳，没有胃口。面对这些，我到底该怎么办？

案例提示： 同学们，在你的成长道路上曾有过类似该女生的苦闷和烦恼吗？其实，在每个人的成长过程中，都会经历痛苦、失败和挫折。大学生活并非一帆风顺，尤其是高职院校的大学生，常常会在学习、交往、恋爱、择业等活动中遇到各种各样的矛盾与挫折。因此，培养良好的心理素质，增强挫折承受力，提高战胜挫折和适应环境的能力，是高职大学生心理健康发展的重要环节。

项目说明

本项目通过对生活中常见挫折的认知与学习，提高大学生对挫折的认识水平，增强对挫折的预见能力、承受能力和应对能力，进而培养坚忍不拔的意志品质和良好的心理素质。

➡ 项目目标

通过学习本项目，大学生在知识、技能和方法层面达到以下目标。
- 了解挫折的基本知识，分析挫折产生的原因，掌握挫折应对策略和应对方法
- 提高对挫折的认知水平、预见能力、承受能力和应对能力
- 培养坚忍不拔的意志品质和良好的心理素质

心理训练游戏

心理训练游戏一：角色互换

活动目的：通过练习"同理心"的表达，更深入地了解自己和他人的问题，进而解决问题。

活动形式：集体活动

活动时间：30 分钟

活动准备：两张椅子(没有也可)

活动步骤：

(1) 指导者提示大家，这是角色扮演的活动，借互相扮演的角色来了解对方的感受。"有问题"的同学可站在不同的角度去看自己的问题，另一位同学要揣摩"有问题"同学的问题，了解其感受。

(2) 指导者请一位"有问题"的同学出来(最好是有人自愿出来)，放两张椅子相对，这位同学坐其中一张椅子(A)，请另一位同学坐另一张椅子(B)，将"有问题"同学当作问题的对象，开始角色扮演，其他同学为观察员。

(3) 两人谈话至适当时候，指导者可令两人互换角色 (同时互换座位)，再继续角色扮演，这时 B 必须重复 A 刚才的叙述，A 重复 B 刚才的叙述。

(4) 大家讨论。

心理训练游戏二：心有千千结

活动目的：让学生明白世上没有解不开的难题，只要冷静思考，加上他人、团体的帮助，困难、矛盾都可以解决。

活动时间：15 分钟

活动准备：9 人 1 组，手拉手围成 1 个大圆圈站着，每人注意各自左右两边的人

场地要求：可移动桌椅的大教室或室外

活动步骤：

(1) 9 个人在圆圈内随意走动一会儿，随着教师"停"的口令，大家都停止走动。

(2) 每个人重新拉住原来左右两边的人的手。

(3) 想方设法恢复到原来的圆圈。

(4) 请大家谈参加活动的感受。

挫折承受能力测试

测试要求：
(1) 独立的、不受任何因素影响的自我评定。
(2) 一般在 5 分钟内完成。

测试题目：

1. 碰到令人担心的事：
    A. 无法着手工作
    B. 照干不误
    C. 两者之间

2. 碰到讨厌的对手时：
    A. 感情用事，无法应付
    B. 能控制感情，应付自如
    C. 两者之间

3. 失败时：
    A. 不想再干了
    B. 努力寻找成功的机会
    C. 两者之间

4. 工作进展不快时：
    A. 焦躁万分，无法思考
    B. 可以冷静地想办法
    C. 两者之间

5. 工作中感到疲劳时：
    A. 脑子不好使了
    B. 耐住疲劳继续工作
    C. 两者之间

6. 工作条件恶劣时：
    A. 无法干好工作
    B. 克服困难创造条件
    C. 两者之间

7. 在绝望的情况下：
    A. 听任命运摆布
    B. 力挽狂澜
    C. 两者之间

8. 碰到困难时：
    A. 失去信心

B. 开动脑筋

C. 两者之间

9. 接到很难完成的任务或很难完成的工作时：

   A. 顶回去

   B. 千方百计干好它

   C. 两者之间

10. 困难落到自己的头上时：

    A. 厌恶之极

    B. 欣然努力克服

    C. 两者之间

评分标准：A=0 分；B=2 分；C=1 分。

得分说明：总分在 17 分以上说明挫折的承受能力很强；在 10～16 分之间，说明对某些特定挫折的承受力比较强；在 9 分以下的，说明挫折的承受能力比较弱。

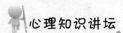

第一节　挫　折　概　述

患难困苦，是磨炼人格之最高学校。

——梁启超

挫折广泛存在于每个人的生活之中，贯穿于人的一生，遍布于生活的方方面面。对挫折的心理行为反应和应对挫折的能力，在很大程度上反映了一个人的心理素质和心理健康水平。挫折是客观的，更是主观的。挫折对人的影响与其说取决于挫折本身，还不如说取决于对挫折的评价和态度。正确把握挫折的实质，是有效应对挫折的重要前提。

一、挫折及其作用

心理学意义上的挫折，是指个体在某种动机的推动下，在实现目标的活动过程中，遇到了无法克服或自以为无法克服的障碍和干扰，使其动机不能获得满足或目标不能实现时，所产生的紧张状态和消极的情绪反应。

挫折的形成必须具备一定的条件，有需要、动机、目标和实现目标的实际行为，有挫折情境和主体对挫折的知觉与体验等，否则就不构成挫折。

个体在遭受挫折时常伴随着强烈的紧张、愤怒、焦虑等情绪，会做出各种各样的反应，或表现为强烈的内心体验，或表现为特定的行为，以维持心理平衡，通常按图 10-1 的模式实现心理平衡。

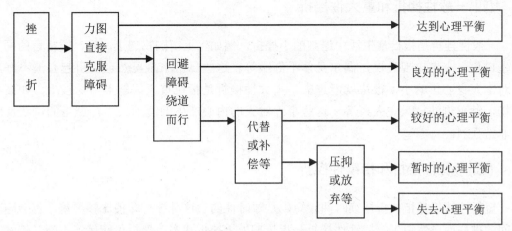

图 10-1　挫折反应模式

二、常见的挫折类型

挫折有很多种分类方法，常见的介绍如下。

(一)缺乏挫折、损失挫折和阻碍挫折

缺乏挫折主要是指当我们无法拥有自己认为非常重要的东西时，所体验到的一种感受。一般来说，在缺乏挫折的范畴下，可有物资缺乏、能力缺乏、生理条件缺乏、经验缺乏和感情缺乏等种类。如大学新生中常见的"缺乏知心朋友"而产生的孤独感和挫折感。损失挫折主要指失去了原来所拥有的东西而引起的心理挫折。失恋、家庭离异、亲人死亡等都属于严重的损失挫折。阻碍挫折主要是那些在我们的需求和目标之间所出现的阻碍或障碍，从而给我们所带来的心理挫折。这种阻碍可能是物质性的，也可能是观念性的，社会性的。

(二)需求挫折、行动挫折和目标挫折

需求挫折指内在需求得不到满足带来的心理挫折感。行动挫折指工作、交往等行动失败而造成的挫折感受。目标挫折与需求挫折类似，例如，考试得不到预期的分数，或在工作中得不到预期的职位，或是买不起喜欢的东西等，都属于所谓的目标挫折。

(三)实质性挫折和想象性挫折

实质性挫折是指个体对实际遭遇的挫折事实和挫折情境的认知，是现实中实际存在的。而想象性挫折则是指个体对未来可能出现和发生的挫折情境的预测和认知。因此，实质性挫折有现实情境表现，当事人可以做出有效处理，同时也可得到他人的帮助。而想象性挫折事实上不存在，只是当事人对未来挫折的一种预想，因而也难以做出具体有效的处理。

(四)一般性挫折和重大性挫折

一般性挫折是指日常生活中遇到的小挫折，例如，上街购物遇上麻烦，同宿舍的同学发生口角，小考出现失误，偶尔身体不舒服等。这些日常小事虽然也会引起心情不好，但对本人身心影响小，很快就能过去。重大性挫折是指在重大问题上遭受挫折，如高考落榜，触犯刑法，天灾人祸等，这些事件对人的内心产生的震动较大，产生的情绪反应也非常强烈。

(五)短暂性挫折和持续性挫折

短暂性挫折是指挫折持续时间较短，是暂时性的。这种挫折即使比较严重，也会随着时间的推移而自然消失。持续性挫折是指长期处于挫折状态，挫折可能接连不断，持续时间较长，导致挫折的条件和情境有相对的稳定性，往往使人长时期、持续地处于紧张状态之中，对身心极为不利。

三、挫折的防御机制

为了使自己的情绪恢复平衡，减轻或解除由于受挫而带来的精神上的焦虑、痛苦、烦恼和不安，自尊心免遭伤害，人们会自觉不自觉地采取一些自我保护的方法和策略，对自己与现实的关系做出某些改变，使自己比较容易接受，来缓解或处理当前的矛盾与冲突。这种在人的内部心理活动中所具备的有意无意地摆脱挫折造成的心理压力，减轻精神痛苦，恢复正常情绪，平衡心理的种种自我保护方式，称为挫折防御机制。每一个人，无论是正常人还是神经症患者，都在不同程度上使用全部防御机制中的一个或几个特征性的组成成分。可见，挫折防御机制及其作用形式是在无意识中进行的。

小故事	驴子的故事
	有一天，农夫的一头驴子不小心掉进枯井里，农夫绞尽脑汁想要救出驴子，但几个小时过去了，驴子还在井里哀号着。最后，农夫决定放弃，他想这头驴子已经老了，不值得大费周折地把它救出来，但是无论如何这口井是一定要填起来的。于是农夫就找邻居帮忙，一起将井里的驴子埋了，以免除驴子的痛苦。

挫折防御机制大致可分四大类，如图10-2所示。
(1) 精神病性心理防御机制，包括否认、曲解和投射等。
(2) 不成熟的心理防御机制，包括倒退、幻想和内向投射机制等。
(3) 神经症性心理防御机制，包括合理化、抵消、反向形成等机制。
(4) 成熟的心理防御机制，包括升华、幽默和理智化等。

图 10-2 挫折的心理防御机制

常见的心理防御机制有以下几种。

1. 潜抑

这是一种最基本的防御机制。是指个体把意识所不能接受的观念、欲望、冲动、情感或行为在不知不觉中抑制到潜意识里去，使自己意识不到，不去回忆，主动遗忘，而使内心保持"纯洁""安宁"。它虽不能随意回忆，但可通过其他心理机制的作用以伪装的形式出现。如对痛苦体验或创伤性事件的选择性遗忘就是压抑的表现。压抑原来是希望忘记可怕的刺激，结果因潜意识的冲动却引起许多回忆的相关刺激。所以这种机制应适度，否则对身心危害较大。如某学生因一时糊涂，偷拿同学的钱物，事后羞愧难当，又没勇气承认，拼命想把这件事忘掉。但以后每遇到同学丢东西，就怕被怀疑，以至发展到怕见同学，这种失常行为的根源就是过分压抑的结果。

2. 否定

是指一种拒不承认现实的某些方面，把引起精神痛苦的事实予以否定，借以减轻焦虑和痛苦的心理防御机制。由于不承认似乎就不会痛苦。鸵鸟把它的头埋在沙子里就意味着不可接受的东西不存在，否认正是如此。例如，小孩打破东西闯了祸，往往用手把眼睛蒙起来；一个女孩心爱的人已死亡，可仍相信或认定他还活着或即将回来，甚至还为他做些什么；一个癌症病人否认自己患了严重的迫近死亡的疾病，尽管他也可能就是一位通晓该疾病的知名度很高的医生。这一过程可使一个人逐渐地接受现实而不致一下子承受不了坏消息或痛苦。因此这的确是一种保护性质的、正常的防御。这种防御只有在干扰了正常行为时才能算是病态的。可现实生活中的既成事实，我们是无法否认的，掩耳盗铃只是一种自欺欺人的做法。但是，我们可以否认某个不幸事件的重要性，以此来减轻痛苦。

3. 退化

当人们感到严重挫折时，放弃已经习得的成人方式不用，而使用困难较少、阻力较弱、较安全的儿童时期的幼稚方式去应对事件，无意中恢复儿童期对别人的依赖，表现出与年龄、身份不相符合的幼稚行为，心理状态像是退回到儿童期水平，而不是积极去解决自己所面临的问题，害怕再担负成人的责任。如考试不及格就到老师面前哭哭啼啼，苦苦哀求，或者不吃饭，与自己赌气。

4. 幻想

指个体遇到现实困难时，因为无力实际处理这些问题，就利用幻想的方法，任意想象应如何处理心理上的困难，以达到内心的满足。这是一种对待挫折的非现实的方法。幻想对挫折后的情绪可以起到缓冲作用，但它终究代替不了现实，还是不能使问题得到彻底解决。如果完全依赖这种方法来应对实际问题，则属不正常的表现。

5. 转移

是指个体在遇到挫折后，把对某一对象的欲望、情感、意图或幻想，因某种原因无法向其对象直接表现时，而转移到其他较安全或较为大家所接受的对象或替代的象征物上去，以减轻精神负担取得心理安宁。如一个孩子被妈妈打后，满腔愤怒，难以回敬，转而踢倒身边板凳，把对妈妈的怒气转移到身边的物体上；一个售货员或服务员因家中一大堆烦恼问题既无法解决又不能向孩子或老人发泄，就迁怒于顾客，服务态度极差；一个学生受了老师的批评或家长的指责后，把怒气发泄到同学身上，对同学发火、扔东西。这时虽然客体变了，但其冲动的性质及其目的仍然未改变。据报道，发达国家的许多大公司专门设有所谓的"出气室"，里面装有经理、老板、工头的模拟橡皮人，供职工殴打以发泄对上司的不满，从而缓解职工内心的紧张与愤怒，使其保持愉快轻松的心情参加工作。一定的情感发泄，对自身神经的暂时松弛、对身心的健康是有益的。但必须掌握一定的度，不应伤害他人，不能违背社会道德标准，不能给社会带来不良的后果。

6. 合理化

又称文饰作用，指个体遭受挫折或无法达到所追求的目标以及行为表现不符合社会规范时，无意识地用一种似乎有理的解释或实际上站不住脚的理由来为其难以接受的情感、行为或动机辩护，以使其可以接受，减轻心理痛苦。"阿Q式的精神胜利法"即属于此。虽然这种理由常常是不正确的，在第三者看来是不客观或不合逻辑的，但本人却强用这些理由去说服自己，即用一种能为自己所接受的理由来替代真实的理由，以避免精神上的苦恼。例如，对儿童的躯体虐待可说成是"玉不琢不成器，树不伐不成材""打是疼骂是爱"；考试不及格，则说考题太难，超出要求；学习成绩差则认为"学的书本知识将来无用"；求爱不成，则说对方本来就没有什么值得可爱的。

> **知识链接**　　　　　　　　**合理化的表现**
>
> 合理化有两种表现：一是酸葡萄心理，吃不到葡萄说葡萄是酸的，即把得不到的东西说成是不好的；二是甜柠檬心理，即当得不到葡萄而只有柠檬时，就说柠檬是甜的。两者均是掩盖其错误或失败，以保持内心的安宁。

7. 投射

指个体在遭受挫折后，为了保持自尊，减轻焦虑和痛苦，常把自己的过失归咎于他人，或者将自己内心那些不能为社会规范或自我良心所接受的感觉、欲望、冲动、性格、态度、意念等投射到别人身上或外部世界去，而断言别人是这样的，以某种借口、态度、理论或行为来掩饰自己，达到心理平衡。有些人自己有某种不良欲望，坚信别人也有这些念头，以此保持心境安定。"以小人之心度君子之腹"就属此。如一位人际关系不好的学生认为，自己本来很喜欢班里的同学，但他们恨我，所以我才无法喜欢他们，以此来掩盖自己的孤立。个体总习惯把成功的原因归为自己的才智和努力，而把失败的原因归于他人。这使成功者始终保持自信，并再一次取得成功，而失败者则反之。这样，成功者与失败者之间的差距就会越来越大。如学生在考试失败后，不归因于自己努力不够，只说教师教得不好，或出题太难，评分不公正。长此以往，养成习惯，不能面对自己的缺陷，就会妨碍社会适应。所以个体受挫后应避免一味地掩饰自己。

8. 摄入

又称内向投射，与投射相反。指广泛地、毫无选择地吸收外界的事物，而将它们变为自己内在的东西。如常言所说"近朱者赤，近墨者黑"。由于摄入作用，有时候人们爱和恨的对象被象征性地变成了自我的组成部分。如当人们失去他们所喜爱的人时，常会模仿他们所失去人的特点，使这些人的举动或喜好在自己身上出现，以慰藉内心因丧失所爱而产生的痛苦。相反，对外界社会和他人的不满，在极端情况下会变成对自己的恨，导致抑郁或自杀行为。

9. 反向

指个体表现出与自己的欲望、动机、观念等截然相反的矫枉过正式的态度和行为，以减少焦虑，维护安宁。由于人的许多原始的行为欲望，是自己和社会规范所不能容忍的，所以常被压抑而潜伏到潜意识中去，不为自己所察觉。但它们仍有极大的潜压能量，伺机而动。人们害怕它们可能会突然冒出来，不得不加以特别防范。"此地无银三百两"是反向作用的心理表现。如有很强烈的吃手动机的小孩，见到妈妈马上把双手背在身后，并且大叫"妈妈，我没有吃手"；有的人对伺机报复的对象内心憎恨，而表面却非常温和，过分热情；有的人明明内心自卑感很重，觉得事事不如别人，但却总表现出自高自大，傲慢不羁；一个有强烈的性冲动的人可能积极参与检查淫秽读物或影片的活动。可见如果人的某些行为过分的话，表明他潜意识中可能有刚好相反的欲望。

10. 替代

也称补偿性机制，指个体由于生理上的缺陷或心理上的不适应或个体条件不够，致使目标无法实现而产生挫折感时，会试图以种种方法来弥补这些缺陷，以减轻挫折感和心理不适，实现心理平衡，即所谓"失之东隅，收之桑榆"。如盲人的触觉、听觉敏锐；有些残废者可通过惊人的努力而变成世界著名的运动员；有些口吃者可成功地变成一位说话流利的演说家；长相平凡者刻苦学习从而受到大家的关注和好评；学习成绩平平，但体育成绩突出，或有其他特长，而使自己能够得到满足。处于青春期的大学生们，渴望表现自己，渴望被他人所认识，但并不是每个人都能达到目的，当认识到自己在某方面不足或欠缺时，则要把注意力转移到其他事情上，用另外一件自己能办到的事来补偿自己不能办到的事，以此来满足自尊心，实现自我价值。因此受挫后，个体可以新的目标或活动取代原来的目标或活动，进而获得心理的平衡。这是一个有意识的或无意识的过程。但是过度的补偿则可能导致心理变态。

小故事	造纸工人

有一个造纸工人在生产纸时，不小心弄错了配方，生产出了一批不能书写的废纸。因而，他被老板解雇。

正在他灰心丧气、愁眉不展时，他的一位朋友劝他："任何事情都有两面性，你不妨变换一种思路看看，也许能从错误中找到有用的东西出来。"于是，他发现，这批纸的吸水性能相当好，可以吸干家庭器具上的水分。接着，他把纸切成小块，取名"吸水纸"，拿到市场去卖，竟然十分畅销。后来，他申请了专利，独家生产吸水纸发了大财。

11. 仿同

指个体无意识中取他人之长归为己有，把一个他所钦佩或崇拜的人的特点当作是自己的特点，作为自己行为的一部分去表达，用以掩护自己的短处，借以排解焦虑与适应的一种防御手段。仿同有两种，一种是近似模仿。如在不知不觉中，男孩模仿父亲，女孩模仿母亲；儿童做作业遇到困难时，常说"我要学习解放军叔叔"，从而有力量和信心把作业坚持下去，直到成功；高官显贵的子女常以父辈之尊为己尊，遇到挫折则自抬身价，作出坦然自若的神态，以免除在人们面前的尴尬局面。另一种是利用别人的长处，满足自己的愿望、欲望。如一个不漂亮的女孩子喜欢和一个漂亮的女孩子做朋友，她可以为别人夸奖她的女友而感到自豪。

12. 隔离

个体有意切断意识与不愉快事情的直接联系，把部分事实从意识境界中加以隔离，不让自己意识到，以免引起精神的不愉快。最常被隔离的，乃是整个事情中与事实相关的感觉部分。如老人常不说死而说"归天""长眠"等。在心理治疗中，医生注意观察病人在被隔离时的表现，可帮助找到病人的重大心理问题。因为病人在潜意识中所要掩饰的，正是心理治疗可能针对的问题。

13. 抵消

指一个人以象征性的动作、语言和行为，来抵消已经发生了的不愉快的事情，以弥补内心的愧疚与不安。如说了不吉利的话就吐口水或用说句吉利话来抵消晦气或不吉祥的感觉；按我国习惯，过阴历年时不要打破东西，万一除夕打碎了碗，习俗上赶快说句"岁岁平安"。

14. 幽默

是一种积极的精神防御机制，是较高级的适应方法之一。当一个人遇到挫折时，常可用幽默来化解困境，维持自己的心理平衡。它没有个人的不适及没有不快地影响别人情感的公开显露。它与诙谐、说笑话还不完全一样。幽默仍然允许一个人承担及集中注意于困窘的境遇上，而诙谐、打趣的话却引起分心或从情感的问题上移开。

> **小故事** 　　　　　　　　　　打雷之后，定会下雨
>
> 　　大哲学家苏格拉底不幸有位脾气暴躁的夫人。有一次，当他在跟学生谈论学术问题时，听到叫骂声，随后他夫人提了水桶过来，往他身上一浇，弄得人全身都湿透了，在场的人都很尴尬。可是苏格拉底只是一笑，说"我早知道打雷之后，一定会下雨"，本来很难堪的局面，经此幽默，也就自然化解了。

15. 升华

升华是一种最积极的富有建设性的防御机制。指个体将被压抑的本能欲望导向人们所接受、为社会所赞许的活动上面来，即把痛苦化为一种具有建设性的动力，将低层次的需要和行为上升到高层次的需要和行为，把情感和精力投入到有利于社会和他人的活动之中，在重大挫折面前重塑自己的人生价值。从文艺家的一些著名创作如歌德的《少年维特之烦恼》等，均可见到升华机制的作用。人原有的行为或欲望，如果直接表现出来，可能会受到处罚或产生不良后果，从而不能直接表现出来。如果能将这些行为或欲望导向比较崇高的方向，使其具有创造性和建设性，有利于本人和社会，这便是升华。例如，一位具有强烈嫉妒心的人，理智又不允许他表现出嫉妒别人的成就，于是他发奋学习，成绩超过别人。这对于他本人和社会均有积极意义。处于青春期性萌动的青少年，意识到放纵自己发生越轨行为将不被社会所宽容，就把青春期充沛的精力用到刻苦学习上来，与异性同学保持纯洁高尚的感情联系，于是他可以坦然地接受社会赞许的目标，得到自尊心的满足。再如大学生失恋后把失恋的痛苦转化为发奋学习的动力。人生能有几回搏，遭受重大挫折后的拼搏，是人生的最佳境界！

个体运用心理防御机制，才能免除或减轻心理的痛苦。但运用过分，就是病态了。只要能够运用这些防御机制来维持平衡，而没有表现出适应不良的行为，那就不能看作是病态。只有在不适当的时机、不适当地应用防御机制以致不论在自己内心安宁方面还是与他人的交往方面都和他的生活不相称、不相和谐时才可以称之为病态。如果一个人对任何有意识的或无意识的不愉快情感都做出刻板的、不加选择的、公式化的防御反应，便可以认为他是患了神经症。精神防御机制本身越原始，其效果越差；离意识的逻辑方法越远，则越近似于变态心理。

从以上各种作用可以看出，挫折防御机制有以下几个特征。

第一，防御机制不是蓄意使用的，它们是无意识的或至少是部分无意识的。自我防御机制是自我用来应付本我和超我压力的手段，是自我在解决可能导致精神疾病的冲突时所使用的全部策略。当自我受到本我和超我的威胁而引起强烈的焦虑和罪恶感时，焦虑将无意识地激活一系列的防御机制，以某种歪曲现实的方式来减弱、回避或克服现实冲突带来的挫折、焦虑、紧张等，从而保护自我，缓和或消除不安和痛苦。可见，挫折防御机制及其作用形式是在无意识中进行的，在现实生活中是一种相当普遍的心理现象。固然，我们时常会做一些有意识的努力，但真正的防御机制是无意识进行的。

第二，防御机制是通过支持自尊或通过自我美化(价值提高)而保护自己。挫折不是穷途

末路，与其因挫折而愁肠寸断，伤了身心健康，莫不如借助防御机制减弱、回避或消除消极的情绪状态，暂且放自己过去，以便为寻求解决矛盾的最佳办法留出时间和空间。适时适度地启用自我防御机制，会有助于个人以平衡的心理状态悦纳自己、悦纳他人、悦纳我们身处其中的这个五味俱全的世界。

第三，防御机制作用具有二重性。从它的作用和性质来看，可分为积极的防御机制和消极的防御机制两种。积极的心理防御机制有助于适应挫折，化解困境；消极的心理防御机制只能起到暂时平衡心理的作用，并不能解决问题，甚至还会埋下心理变态的种子。心理健康的人能在积极意义上使用心理防御机制，而心理不健康的人总是依赖于心理防御机制，其结果是适应能力日趋削弱，人格和心理发展受到严重影响。可以说，某些心理不健康的人是消极的心理防御机制使用过度的结果。

第四，防御机制似有自我欺骗的性质，即通过掩饰或伪装我们真正的动机，或否认对我们可能引起焦虑的冲动、动作或记忆的存在而起作用。因此，自我防御机制是借歪曲知觉、记忆、动作、动机及思维，或完全阻断某一心理过程而防御自我免于焦虑。个体或不理会感情，或无视环境，或错误地将某些特征归因于并不具备这些特征的他人。实际上，它也是一种心理上的自我保护法。

第五，防御机制本身不是病理的，相反，它们在维持正常心理健康状态上起着重要的作用。它具有调和自己与环境间矛盾的功能。它可减低情绪冲突，从自身内在具有危险的冲动中保护自己，缓和伤感的经验，减轻失望感，消除个人内在、外在因素的冲突，协助个体保持价值观与充实感，使个人有机会"退一步想"或"从另一个角度看"而导致解决问题的可能。个人应该学会进行自我调适，面对不能调适的，应主动地去寻求心理咨询，在心理医生的指导下缓解或消除心理上的痛苦，以最合理的方式处理好挫折。但如果使用不当或过分使用，其结果可能引起心理病理状态。

第六，防御机制可以单一地表达，也可以重叠地表达。例如，某工人在车间受到组长批评，于是说："我才不在乎呢！"随后在工作中有意无意地摔摔打打，制造废品以消心中之愤，就是合理化与迁怒的双重作用。

尽管每一个人都在有意无意地运用挫折防御机制，但这种运用是继发的，是个人在其生活经历中学会的。因此，人们所掌握的防御机制的方式又往往作为该人人格的一部分而表现出来。个体在防御机制上存在很大的差异，具体的原因涉及很多的方面，有个性的因素，受教育的程度等。国外有些专家曾专门就心理防御机制对个体成功的影响作出了研究，发现不同的防御机制对个人今后成功与否有一定的关系。大学生是社会中的一个独特群体，是当今心理障碍和心理疾病的高发人群。目前，大学生比以前面临更多的社会问题：学业紧张、毕业分配困难、没有满意的择业机会、经济困难和情感问题等都困扰着即将毕业的大学生。这些因素可不同程度地影响大学生成熟防御机制的应用。由于大学的生活特点决定大学生面临着一系列的适应问题，例如对环境、人际关系、专业选择、恋爱、学习等方面的各种冲突，对于这些问题大学生所采用的防御方式直接关系到他们的心理健康。

了解了这些防御机制以后，每个人都可以试着看一看自己时时无意中运用的防御机制是哪几种，如果它们本身比较原始，或过分地被使用了，就有意地改变一下，适时适度地运用，以发挥它的积极作用，学会更有效地应对挫折，保持身心健康。

第二节 大学生挫折的反应及原因

一切幸福都并非没有烦恼，而一切逆境也绝非没有希望。

——培根

一、大学生最常见的挫折

由于大学生正处于人生的花季，他们潜心追逐美好的未来。但我们发现大多数人并不能客观地设想未来，而只希望未来是美好的。于是我们在大学校园里常见到这样的现象：大学生们行动多，努力多，碰钉子也多。加之主观上对挫折的敏感度较高，因而挫折反应也就比较强烈。常见的挫折有以下几种。

1. 与学业有关

大学生身心的迅速发展和交往范围、生活领域的扩大，使他们的理论思维也得到发展。进入大学后，他们接触了广泛的科学知识，心理上产生了大量新的需要。但大学生刚经过由高中向大学阶段的转变，心理上一下子难以适应大学的学习方法。同时，大学生毕竟缺乏一定的识别力，他们在学习过程中，凡是适合自己口味的，就不加批判地接受，这样在吸收过程中难免出现一知半解或曲解。社会对于大学生的角色期望以及大学生的自我期望使得学业问题成为大学生的主要问题，学业挫折是大学生面临的主要挫折，如有的大学生对所学专业不感兴趣；由于专业基础薄弱而学习吃力；自己感兴趣的课，老师讲得乏味；作弊被抓，或别人要看自己的答案；听了一场题目很好但内容糟糕的讲座；考试失败、升学竞争等。因而，他们感到自己能力差，觉得没前途，产生挫折感。

2. 与自我意识有关

进入大学，人的思维不断走向成熟，自我意识迅速发展，心理活动指向内心世界，其深度和广度都是前所未有的。大学生开始从社会性方面意识到自己的存在，并从社会性方面认识和评价自己，体验和调控自己。但毕竟大学生的心理尚未成熟，自我意识还在不断发展变化之中，社会性的成熟度仍有待提高，因而会出现这样那样的偏差、缺陷。他们的生活阅历较浅，社会经验较缺乏，对社会、对他人、对自我的认知还不够全面和深刻，真的需要独自处理实际问题时，往往犹豫不决、束手无策，对问题的认识容易偏激，走极端，思想方法也较片面、主观，喜好幻想。如进入大学感到很自豪，但学习上一点小挫折就自卑，或某方面不如别人而自信心发生动摇，或自我感觉良好，一旦接触社会即发现自己很一般，自卑感油然而生。

3. 与人际交往有关

包括人际关系受挫和异性交往中的误区两种情况。人际交往受挫是由于大学生在心理发展过程中，心理活动具有某种含蓄、内隐的特点。他们既不愿把自己的想法轻易告诉别人，又希望别人能够了解自己，能真诚、坦率地对待自己；希望找到知心朋友，但又难找到知心朋友。这种特殊的心理矛盾，使一些大学生交往面狭窄，缺乏主动性，与同学之间不易吐露真情、交换思想，自然产生孤独感。同时由于大学生经过高考的筛选，跻身于大学，他们自以为才华横溢，以自我为中心，只关心自己的利益和兴趣，忽视他人的处境和利益。如好友过生日未被邀请而失落；与好友闹翻；与朋友观点冲突；与老师出现矛盾；受人挖苦嘲笑；寄出贺卡收回却很少等。另外，大学生的性意识处于觉醒和发展阶段，他们都强烈希望与异性接触，但大学生的人生观还处在变化之中，对与异性的交往缺乏正确的认识，有时就会陷入异性交往的误区。如自己不爱的人爱上自己，或自己爱上有恋人的人；恋人吵架；遭遇异性纠缠；当自己的爱情表示不被别人接受或失恋时，自尊心受到伤害，陷入不能自拔的境地，导致精神不振，难以逾越这道精神障碍而感受挫折。

4. 与求职就业有关

随着新旧体制的变革，特别是高校毕业生分配制度的改革，大学生有了更大的择业自主权，大学生完全可以根据自己的意愿选择理想的职业和单位。但大学毕业生人数逐年增多，人才市场竞争日趋激烈，不少大学生在择业过程中当主观愿望与客观实际、理想与现实发生脱节时，便惊慌失措，产生种种心理障碍，陷入长时间不良情绪的困扰而不能自拔，有的甚至走入极端，造成严重后果。

小故事　　　　　　　　**大海里的船没有不带伤的**

英国劳埃德保险公司曾从拍卖市场买下一艘船，这艘船 1894 年下水，在大西洋上曾 138 次遭遇冰山，116 次触礁，13 次起火，207 次被风暴扭断桅杆，然而它从没有沉没过。

劳埃德保险公司基于它不可思议的经历及在保费方面能带来的可观收益，最后决定把它从荷兰买回来捐给国家。现在这艘船就停泊在英国萨伦港的国家船舶博物馆里。

不过，使这艘船名扬天下的却是一名来此观光的律师。当时，他刚打输了一场官司，委托人也于不久前自杀了。尽管这不是他的第一次失败辩护，也不是他遇到的第一例自杀事件，然而，每当遇到这样的事情，他总有一种负罪感。他不知该怎样安慰这些在生意场上遭受了不幸的人。

当他在萨伦船舶博物馆看到这艘船时，忽然有一种想法，为什么不让他们来参观这艘船呢？于是，他就把这艘船的历史抄下来和这艘船的照片一起挂在他的律师事务所里，每当商界的委托人请他辩护，无论输赢，他都建议他们去看看这艘船。它使我们知道：在大海上航行的船没有不带伤的。

二、大学生的挫折反应

个体在受到挫折后，无论挫折情境是由客观因素还是由主观因素造成的，都会对个体的生理、心理与行为带来一些影响。了解受到挫折后的种种反应，弄清这些反应的实质，是加强心理健康修养的关键。

(一)受挫后的生理反应

心理挫折几乎不可避免地会引起生理上的变化。因为在强烈的或持续的消极情绪作用下，个体的神经系统、血液循环系统、消化系统和内分泌系统等都会发生一系列的不同程度的反应。这些反应的实质，就是精神状态的紊乱导致生理状态的紊乱。生理状态失调是配合精神状态失调的需要，这是肌体内在的维持生存状态的自我调节机制。然而，以不平衡适应不平衡，将直接危及个体的身心健康。

个体受挫后，机体内部的自我调节机制将会最大限度地调动机体的潜在能力，以维持超常状态下的正常生命活动，以有效地应付外界环境的变化。然而，潜能的大量突击消耗，就会引起有关器官功能出现衰竭趋向，从而发生病变。如受挫初期的紧张、焦虑情绪可使交感神经系统的兴奋性增强，需要消耗大量的能量，于是神经末梢释放生物信息，刺激各种激素分泌增加，促进蛋白质、脂肪、糖原分解；刺激心肌收缩力增强，以促进血液循环加快，血压升高；刺激呼吸加快，以保证氧气供应。体内潜能大量消耗的同时，机体内部那些与情绪反应无直接联系的器官或系统则得不到必要的能量而不能维持正常功能，如消化道蠕动减慢，胃肠液分泌减少等。如果长期处于挫折情境中得不到解脱，上述生理变化将会进一步增强，从而引起身心病变，出现皮肤和面色苍白、四肢发冷、心悸、气急、腹胀、尿少等一系列症状。医学研究表明：心律失常、支气管哮喘、消化道溃疡、类风湿性关节炎、偏头痛、失眠等疾病多与受挫后的生理反应有关。

(二)受挫后的心理行为反应

由于个体的心理承受能力不同，自我调适能力不同，反映出来的强度大小不同，因此，大学生遇到挫折后，会有不同的行为表现。总体上可以分为两种，一种是积极的心理行为表现，指个体在遭受挫折后能够审时度势，不失常态地、有控制地、转向摆脱挫折情境为目标的理智性行为。另一种是消极的心理行为表现，指失常的、失控的、没有目标导向的情绪性行为。

1. 理智性反应

(1) 坚持目标，继续努力。当个体受挫后，根据自己的知识、经验，通过分析，发现自己追求的目标是现实的，那么即使暂时遇到了挫折，也应克服困难，找到摆脱挫折情境的办法，毫不动摇地朝既定目标迈进，最终实现自己的愿望，达到预定的目标。许多科学家的发现和发明都是经历多次失败后，仍坚持不懈而最终获得成功的。马克思在写《资本论》期间，面对各种污蔑、攻击和迫害，饱尝长期流亡和贫困生活的痛苦，经受种种疾病的折磨，始终没有丝毫的动摇。他说过："我一直徘徊在坟墓的边缘。"因此，我"必须把我能够工作的每一分钟用来完成为之牺牲了健康、人生幸福的家庭的著作。"

> **小故事**　　　　　　　　**喜剧之王**
>
> 　　周星驰，1962年6月22日生于香港，演员、导演、编剧、制作人、商人。从香港无线艺员训练班毕业后，周星驰并没有得到机会立刻从事自己挚爱的表演，而是被安排接棒好友梁朝伟，做了儿童娱乐节目"四三零穿梭机"的主持人，播出时间是下午4点半的冷门时段。在这里一待就是整整六年。对于一名立志成为伟大演员的年轻人来说，这无疑是痛苦的。
>
> 　　在此期间，周星驰看着梁朝伟接拍电视剧、电影，很快大红大紫，自己却做着并不喜欢的儿童节目主持人，无人喝彩不说，还要忍受别人的漠视、歧视。有位影坛大哥当众说他"活得像狗一样"，一位娱乐圈大姐大说他"你永远红不了"，一位好友说他"整天做白日梦，幻想成为大明星"。更让人难堪的是，有一家报纸发表评论说，周星驰只适合做儿童节目主持人，不适合做演员。
>
> 　　面对诸般羞辱，周星驰没有自暴自弃，而是认认真真地把那张报纸上的报道剪下来，贴在自己的床头墙上，以此来激励自己，并发誓开创一番大事业。后来靠着"无厘头"的表演方式，周星驰成为拥有粉丝无数的喜剧大师。

　　(2) 降低目标，改变行为。当一种动机经一再尝试仍不能成功，达不到既定目标时，个体调整目标，变换方式，通过别的方法和途径实现目标，或者把原来制定的太高而不切实际的目标往下调整，改变行为方向，则有可能成功，满足某种需要。这种目标的重新审定和转移，不是惧怕困难，而是实事求是的表现；同时也有利于避免由于目标不当难以达成而可能产生的焦虑情绪和挫折心理。

　　(3) 改换目标，取而代之。在个体确定的目标由于自身条件或社会因素的限制，不能实现并受到挫折时，可以改变目标，用另一目标来代替，以使需要得到满足；或通过另一种活动来弥补心理的创伤，驱散由于失败而造成的内心忧愁和痛苦，增强前进的信心和勇气。如著名京剧演员周信芳，原来演小生，但嗓子有些沙哑，虽经苦练仍难以改进，于是转而演老生。这一改换使他充分地扬长避短，创立起自己独特的唱腔艺术风格，成为我国优秀的表演艺术家。屈原遭谗言被放逐，他政治上的抱负无法施展，悲愤之下写辞作赋，留下了千古绝唱《离骚》。

　　(4) 寻求支持。在挫折的打击下，有些人往往感到自己势单力薄，力量有限，从而将注意力转向寻求他人和社会的支持，或找亲朋好友倾诉衷肠，或找组织、团体要求得到帮助和关心，以此来减轻挫折感和烦恼程度。这也是一种理智性的挫折反应。

　　2. 情绪性反应

　　(1) 攻击。大学生遭受挫折后，心理紧张，情绪愤怒激奋，一旦失去控制，便可能出现攻击性行为。从表现形式看这种攻击反应可以分为直接攻击和间接攻击。直接攻击是指当受到挫折后，直接将愤怒的情绪导向造成其受挫的人和物，可表现为对人采取嘲笑、谩骂、诽谤、殴打、行凶杀人和损坏财物等行为，以发泄自己内心的不满。间接攻击是指由于无法对使自己受挫的一方直接加以攻击而发生的将其他人或物作为发泄对象的转向攻击，如背后抱怨、发牢骚、摔物、向别人发泄怨气、制造破坏事件等。不难发现，受到挫折后之所以出现转向攻击，有的是慑于对方的权势，有的是由于自己的身份，不便于直接攻击。例如，有的大学生在社会实践中受了气后回宿舍与同屋的人过不去。此外，长期生活中的诸多细小挫折使一个人的情绪长期处于低谷状态，以致日积月累燃起无名之火，由于这种无名之火缺乏具体攻击目标，于是出现谁碰上谁倒霉的情况。当然，间接攻击的目标也可能是受挫者本人，如有大学生因受挫而产生自责、自罪、自残或自杀。在许多情况下，成为间接攻击的目标都是无辜的。

(2) 焦虑。个体在受到挫折后，情感反应非常复杂，它包括自尊心的损伤、自信心的丧失、失败感和愧疚感的增加、目标的迷茫，进而形成一种紧张、不安、焦躁、抑郁、恐惧等感受所交织在一起的复杂心情，使人陷入茫然失措的痛苦状态中。当个体一而再、再而三地遭受挫折，便会逐渐丧失信心，产生焦虑反应。如新生刚入学，学习方法不适应，不能转换角色，改变方法，努力几个月不见成效，便会茫然失措，无所适从。焦虑是大学生中最常见的一种情绪反应，它对个体的学习、工作和适应环境有积极和消极两个方面的作用。适当的焦虑水平可以使个体发挥潜力，增加个体随机应变的能力，例如，考试前适度紧张，对提高效率、发挥潜能有一定的积极作用。但过度焦虑或持续较长时间将会导致精神状态的失调，使人变得焦虑不安、困惑、苦闷不已，情绪极不稳定，生理上也出现了头昏、冒冷汗、心悸和脸色苍白等反应，严重者造成胃肠功能紊乱，影响人的正常生活和身体健康。

(3) 冷漠。这是一种与攻击相反的行为反应。当个体遭受挫折时，失去了正常的喜怒哀乐等情感反应，表现出对人对事冷淡麻木、意志消沉、无动于衷、漠不关心的态度。冷漠通常在个体长期遭受挫折而无法对引起挫折的对象进行攻击，又找不到适当的替罪羊来发泄，而且看不到改变处境的希望时发生。研究发现，一些处境艰难的人，开始表现为愤怒、攻击、反抗，但当其屡遭失败，发现一切都毫无希望时，便不再激动、反抗，而以无动于衷的态度来应对。这种冷漠反应只是暂时的、表面的，当情境改变时，冷漠反应会发生转化。即使在冷漠反应期间，不能排除个体心理上攻击与压抑之间的冲突。其实，冷漠是将其愤怒的情绪压抑下去，以间接的方式表现出来而已，故也可视为"消极的攻击"。这种现象表面冷漠退让，内心深处则往往隐藏着很深的痛苦，所以冷漠是一种受压抑极深的反应，是个体受挫后心理上压抑与攻击之间冲突的表现。

(4) 退化。当个体遇到持久挫折时，表现出与自己年龄、身份极不相称的幼稚行为称为退化。人们在从儿童到成人的成长过程中，逐渐学会如何控制自己，在适当的时候，适当的场地做出合乎常理的情绪和行为反应，是一种日益成熟的表现。但在极端情况下，个体可能会失去这种控制，甚至在心理上倒退到婴儿阶段。如有的大学生在遭受挫折后，哭哭啼啼、吵吵闹闹、喋喋不休、捶胸顿足、满地打滚、歇斯底里等，或做事没有主见，盲目地相信他人，缺乏责任心，轻信谣言等，或是以病人的姿态出现，以求得老师、家长和同学的同情和照顾，因此，是一种由成熟向幼稚倒退的反常现象，而本人往往意识不到。

这种表现的根本目的在于发泄心中的不满和博取别人的同情和关注。

(5) 幻想。指个体以自己想象的虚幻情境来应对挫折，借以摆脱现实的痛苦，并在虚幻情境中寻求满足。白日梦就是常见的幻想之一。幻想可以使人暂时摆脱不愉快的现实，使挫折情绪得到缓解，因此，有的大学生因预定目标难以实现，前途渺茫，便逃避现实，现实中自己总不能成功，却在幻想中构造成功时的喜悦。有的还经常酗酒、上网、算命、信教，以求在麻醉和虚拟世界中获得满足。心理学研究表明，现实中的痛苦越是使他感到痛苦，幻想中的成功就越是使他感到愉快和满足，也就使他越有可能逃避现实进入幻想。很多大学生承认自己喜欢用幻想来排除烦恼。幻想偶尔为之，并非失常，而且任何人都曾有过幻想，女生幻想更多于男生。但是，如果形成了以幻想来对待现实中挫折的习惯，则十分危险，长期如此易形成病态的行为反应。

(6) 固执。挫折引起个体反复进行某种无效刻板的方式和动作，称为固执。尽管这种动作对目标的实现、需要的满足并无帮助，但往往在重复碰到类似的困境后，有的学生依旧用先前的方法，盲目地解决已变化了的问题，对同学、老师的忠告置之不理，不仅不吸取教训、调整策略，反而仍我行我素、一意孤行。固执反应通常是由于挫折降低了人们判断是非、调整方法和学习新问题的能力所致。"头碰南墙不转弯"便是对固执的最好定义。固执的行为方式呆板，具有强制性特点，因此往往不能被更适当的行为所取代。行为方式凝固化，使效率大为降低，这往往会使个体遭受更大失败和挫折。例如，有的大学生整日坐在教室里看书，但没有看进去，所以成绩总是不及格，越是不及格，就越是坐在教室里用功，问其阅读效果，总是坐上半天看不了几行字，明知这种学习方法不对头，但仍固执地实施这种刻板行为。患有强迫意念式强迫症的人就是一种病态的固执，没完没了地重复一些单调、机械的动作。个体情绪反应固执，外表平静，但并不意味着其内心也平静。在反复受挫后，个体会产生茫然的感觉，生理上也会出现头昏、心悸等反应，甚至失去自信心，悲观失望，盲目服从或畏缩不前。因此，固执实质上是顽而不固，是可以改变的。

(7) 推诿。有些大学生否认自己处在挫折情境之中，摆出许多牵强附会的理由为自己辩护，以求得情绪安定。例如，有些大学生考试成绩欠佳，把原因归结为身体不好或老师评卷失误；犯了错误，把责任完全推给别人，以求得精神上的慰藉。

以上是常见的几类反应，此外，还有诸如折中、孤立、反向、退缩、逃避、放弃、曲解等心理行为表现。它们在不同的大学生身上因情况不同，在程度上也会有所差异。

三、大学生挫折产生的原因

众所周知，人的需要、动机只是一种主观愿望，它同客观现实之间总是存在着这样或那样的矛盾。这种主观愿望和客观现实之间的矛盾，正是形成挫折的基本原因。引起个体挫折心理的原因是多种多样的，受挫的程度也因主观感受而不同，但总的来说可概括分为客观因素和主观因素两个方面。挫折心理的产生，是客观因素和主观因素相互作用、相互融合、相互制约和相互影响的结果。

(一)客观因素

形成挫折的客观因素指某些不以个体的主观愿望、意志或能力为转移的自然条件和社会条件。前者包括地理条件、气候、生老病死、天灾人祸等，例如，突然下雨导致无法去郊游；辛勤耕作一年的农民眼看丰收在望，正盘算着丰厚的收益如何用来改善生活时，一场突如其来的洪水冲走了庄稼，也冲垮了他的愿望。这里导致挫折的是无法预料和控制的外部自然力量。后者包括个体在社会生活中遭受到的政治、经济、道德、宗教、风俗习惯、家庭关系、社会规范的限制以及人际交往、专业兴趣等。例如因种族的不同，使一对相爱的男女无法结婚，或由于考试制度的关系，使一个具有特殊才能的人，无法发挥其才能。这些都可能导致不适应、不协调，从而限制或阻碍个体动机活动的实现，造成挫折感。在改革开放快速发展时期，社会环境的变迁较大，对个人动机的形成和实现产生的障碍远比自然环境所引起的要多，而且影响也更深远。当前引起大学生挫折感的客观因素主要有以下几种。

1. 改革开放和市场经济大潮的冲击

当前，我国正处在急剧的社会转型时期。市场经济大潮正冲击着传统的价值观念，各项改革打破了沿袭多年的陈规陋习；社会开放使各种西方思潮源源涌入，中西文化的碰撞使人们在观念上发生了嬗变。面对社会转型中发生的一切，青年大学生在心理上产生了震荡，容易使自己心理失衡。这是当今大学生产生挫折心理的一个极其重要的社会因素。

2. 校园人文环境、教学与生活条件、专业设置等的限制

学校的各项规章制度，教学、教育方式，学习风气；学校的文化活动设施及管理，校园文化氛围等，构成学校的人文环境。校园人文环境对学生行为起规范、制约作用，但如与学生的性情、兴趣、爱好、态度、个人愿望、成长背景不相符时，挫折感将由此而生。如一个性情活泼开朗、在宽松的教育氛围中长大的学生，面临管理严格、校风严谨的环境，内心难免有挫折感，适应还需一个过程。

教学条件包括教学设备和师资力量两大类，它们是教学质量的重要保证。很多学生在中学时代就对大学的教学条件充满了向往，如先进的教学设备，一流的实验室，藏书丰富的图书馆，学富五车、经验丰富、热爱学生的老师等。当现实不尽如人意或没有想象得那么好时，也会产生挫折感。

有的高校的住宿、生活环境并不令人满意。例如，有的院校位置偏远、交通不便；有些食堂伙食太差、卫生条件差；寝室太小太拥挤，照明不佳，噪声干扰，地板潮湿，通风太差等。这种不良的生活条件也是一种引发挫折感的环境障碍。

所学专业如果与兴趣、愿望不符，而使个人愿望被延搁，挫折将由此产生。有的大学生从高中时代起，学习上一直处于紧张状态，考进大学后，学习负担仍然较重，学习压力比较大，这样，他们由于神经系统过度疲劳而导致功能失调，常常夜不能寐，食不甘味，由此也会产生挫折心理。

3. 家庭因素

家长的文化素质、道德品质、价值观念、教育方式、职业、阅历、家庭经济状况、家庭矛盾纠纷、家庭成员的健康状况以及家庭与邻里之间的关系等，无不影响着每一位家庭成员的心理状况。例如，亲人突然生病、亡故或遭遇灾害而使人产生强烈的伤感；父母失业下岗或感情不和、纠纷迭起，为此而苦恼；有的从小父母离异，家庭破裂，内心苦闷；家长粗暴的教育方式使个体心理上留下阴影和创伤；有的大学生家庭经济非常困难，父母无法满足他们的各种需求，但有些人不甘于艰苦朴素的生活，羡慕高消费，心理长期不平衡等等。

4. 生理条件的限制

个体生理条件是指个体与生俱来的身材、容貌、个性、智力和生理缺陷疾病等。生理条件所造成的限制，常可导致学习、就业、交往和恋爱的受挫。一个身材矮小的人，一心想成为职业篮球运动员，这个愿望显然很难实现，会使他体验到挫折感。一个色盲者无法进医学院念书，或担任某些特殊的工作。有人敏感，有人迟钝，有人斤斤计较，有人豁达大度，有人初出茅庐，有人"经过风雨，见过世面"，有人是"惊弓之鸟，草木皆兵"，有人则"曾经沧海难为水"。有的大学生脸上有疤，走路时总是不敢抬头；有的男生个子矮小瘦弱；有的女生体态较胖；有的患有慢性生理疾病，久治不愈，忧心忡忡等。

5. 偶发事件

如有的女生突遭歹徒侮辱；有的与异性谈恋爱突然告吹；东西丢了或被盗；舞会无人邀请或被拒绝；外出办事遭冷落；在商店或其他场所受刁难和奚落等。这些因素，也会导致受挫感的产生。

(二)主观因素

生活中不同的人在同一情境中经受同一强度的挫折会有不同的反应，原因就在于个体主观因素方面的差异性。形成挫折的主观因素主要指某些随着大学生主观而变化的自身条件，主要有：个体对所具备的生理条件、人格特征及自身生理缺陷的认知评价、自我期望值与实际有效行为的匹配程度、对环境的了解程度、心理素质以及个体对挫折的承受能力、动机冲突等。要强调的是，自身心理状态不佳，是产生挫折感的根源。有些人之所以苦闷、烦恼，是因为心胸狭隘，有太多的猜疑，太多的抱怨，太多的压抑。一个心胸宽阔、心地坦荡的人，视他人为朋友，并伸手帮助弱者或陷于困境中的同伴，心必欣慰。

1. 个体对所具备的生理条件、人格特征及自身生理缺陷等的认知评价

认知是指个体对周围事物的想法和观点，也就是人的认识活动。挫折刺激正是通过人的认知而作用于情绪，产生这样那样的心理反应。由于认知不同，个人对挫折的主观判断、个人的认知结构会影响一个人对挫折情境和知觉的判断。因此，不同的人对相同的挫折情境所产生的主观心理压力也不尽相同。大学生的生理成熟与心理成熟并不是同步的，在生理上，他们已是成人，但在心理上，仍带有许多少年时期的痕迹，表现为自制力差、幼稚、

好冲动、感情脆弱、依附性强、好高骛远、成功心切、急躁冒进等。有些大学生过多地关注自身的客观条件,例如,有人为身材长相烦恼;为不善于言表、不讨人喜欢而自责;为本人缺乏特长,不受重用而黯然神伤;为自己没有毅力恒心而悔恨。殊不知,成功并不取决于个体所具备的生理条件、人格特征。个体具有差异性,只有以平衡的心态肯定自己、悦纳自己、悦纳环境,我们才能更好地发展自己,走向成功。

2. 自我期望值与实际有效行为不匹配

自我估计过高的人,因为常常设定不现实的目标,很多愿望难以实现,也容易受到挫折打击,再加上他们的社会阅历太浅,对环境的了解程度具有差异性,面对各种社会矛盾,幼稚脆弱的心理难以调适。有些大学生由于自我评价不恰当,或自命不凡、目空一切、骄傲自满,或极度自卑、畏缩不前、性格孤僻,因而无法与他人和谐融洽地相处,人际关系极度紧张,往往为此而苦恼不堪。有些大学生入学后,对所学专业毫无兴趣,学习上动力不足,拿起书本就头脑发胀,上课听不进,作业抄别人的,明知不对,但难以改正。有的大学生入学后不适应从中学生到大学生的角色转换,在学习、生活、社交等方面很不适应,饮食无味,坐卧不宁,怀念旧友。他们有心理情绪无处抒发,遇困难不知所措,内心甚为苦恼。

大学生的课余时间多,老师管束少,业余社会组织和学生组织多,因而初入大学自由轻松,但不久矛盾暴露,如在学习与课外锻炼、学习与娱乐、学习与恋爱、恋爱与交友等方面把握不好分寸,缺乏自律性、自我管束能力。有些大学生根本不把学校的规章制度放在眼里,纪律观念淡薄,上课经常迟到、早退甚至旷课;有的考试作弊,考试多门功课不及格;有的恋爱越轨、行凶盗窃,因而受到学校的警告、留级、留校察看等处分。

另外,有些大学生还有一些不良习惯。如有的男生吸烟、酗酒;有的女生在穿着打扮上过分追求高档,致使经济上难以承受,带来了极大的心理烦恼和困惑;有的大学生自尊心、嫉妒心太强,且习惯化;有的常有癔病发作;有的整日沉迷于网络;个别的是性变态患者。

3. 动机冲突

在动机推动下实现目标的过程中,可能受到多种个体自身条件的限制、阻碍,发生动机与客观条件的冲突,这是动机外冲突。而在人们的实际生活中,常常会有数个动机同时并存,其各自的强度随时也会发生改变。但在某一时刻因为个体在其动机结构中有一些性质和强度非常相似或相互矛盾的动机,使人难以取舍,为多种动机所困扰,这便构成了动机间的矛盾冲突。有时候只有一种动机和目的,但可以通过几种不同的方法或途径达到目的,此时也可引起心理冲突,如大学生想锻炼社会工作能力,既可参加各种社团,也可以打工、做社会兼职,或担任学生干部、协助老师搞科研,虽然走哪条路都会达到目的,但趋向目标的进程仍会由于需要做出某种选择而受到延搁。一般可归为以下四种典型的冲突情境。

(1) 双趋冲突。指在个体的面前同时有两个具有同样吸引力的目标而为实际条件限制无法同时获取,必须从中选择其一时所发生的心理冲突。例如,周末有两个都不错的名人讲座,都想去听,一时难以取舍。既想获得优异成绩,又想通过打工经济独立,解除经济困难，这很难做到。因为相对于个体这两个目标是相互排斥的，也就是"鱼与熊掌不可兼得"时，要取其一而舍其一。因此，处于此种冲突中的人常常犹豫不决，因为两个目标都诱人，而一种动机的满足会导致另一动机的受挫。如果个体朝其中一个目标移动，那么，朝向所选择的目标的力的强度增加了，而朝向另一目标的力就减少了。

双趋冲突对人心理上的扰乱作用的大小，取决于两个目标对当事人吸引力大小和作出选择所需的时间长短。两个目标的吸引力越大，选择所花的时间越多，对人的影响便越大。要想解决双趋冲突，只要增大一个目标的实现欲望，例如，把它想得好一些，便会使人趋向这一目标，使冲突得以解决。

(2) 双避冲突。指个体同时面临着两件具有威胁性的、不利的、不受欢迎或令人讨厌的事情，两者都想回避，但条件所限，要回避其一，就必须遭遇另一件时产生的心理冲突。如一位癌症患者，可能必须在手术和药物治疗之间做出选择。如果他认为手术会给自己带来很大危险和痛苦，而药物疗效又不肯定、毒副作用大，便会陷入双避冲突之中。这种情形类似于在校园足球比赛中，一位球员遇到对方球员的前后夹击，难以脱身，而此时没有队员接应，要么向前突围，要么向后掉转带球过人。双避冲突就像俗话所说的"前有悬崖，后有追兵"，面临着两种处境，对个体都不利，只有接受其中一件，才能避免另一件，两害相权取其轻。但由于内心里都想回避又不可能都回避，结果出现了进退维谷，左右为难的状态。当个体趋向其中一种选择时，这一目标的负价排斥力就增强，那么离开另一目标的力逐渐减弱，而他就会被推向另一选择，但当个体趋向另一目标时，后者的负价排斥力又会增强。

双避冲突比双趋冲突对人危害更大，也较难解决。双避冲突的解决有赖于其他因素的出现。例如，一位病人十分信赖的医生消除了上述癌症病人对手术的误解和恐惧，或病人找到了一种极为信任的新的治疗方法。

(3) 趋避冲突。指个体对同一目标采取矛盾的态度，既想做又想回避，既向往又拒绝，既喜欢又厌恶时发生的心理冲突。例如，一个人既想吸烟，又怕损害健康；既想住在大城市里，又想躲避噪声；一个胃出血的病人既想通过手术根治自己的疾病，又担心手术会带来危险。某大学生既想参加学校的艺术体操队多方面发展自己，又担心活动时间多影响学习；一些大学生既想潇洒玩乐、谈恋爱，同时又觉得父母供自己上学不容易，应该把主要精力放在学习上。

当人处于趋避冲突之中时，常发生下列现象：人们远离目标，往往容易看到目标的积极方面，而忽略或低估其危险性和自己为此必须要付出的代价，这促使人怀着信心逼近目标；可是随着对目标的靠近，危险与代价也越来越显而易见，从而使人望而生畏，回避的反应倾向迅速增强，使人半途而废，放弃对目标的追求。例如，一位病人可能先是积极要求手术治疗，但医生真要给他做手术时，他却撤回同意手术的决定。针对趋避冲突，只有努力增加目标的吸引力或优点，使趋的倾向压倒避的倾向，才能使人摆脱趋避冲突。另外，做恰当选择，调整、减缓冲突，例如，既参加学校的艺术体操队，又注意安排得当，劳逸结合，并提高学习效率，就可避免学习受影响。

(4) 双重趋避冲突。当个体面临两个甚至两个以上的目标，而每个目标都有积极和消极两个方面时，便会发生这类冲突情绪。例如，身处学习气氛不浓的宿舍，有的同学想认真学习，但又怕被周围人讥笑；想不理会他们，又担心影响人际关系；想随大流，又觉得虚度光阴，于心不安。

心理冲突是互相对立或排斥的目的、愿望、动机同时出现时引起的一种心理状态。因客观因素、主观因素的相互制约和影响，大学生在日常生活学习中可由多种需要产生多种动机，并表现为互相对立或互相排斥而无法同时获得满足，从而产生动机冲突，导致大学期间挫折原因的复杂性。大学生日常生活中最常见而又最难解决的动机冲突常常发生于下列两种互相排斥的动机并存时。

(1) 独立与依赖。内在的独立意识增强，激发大学生在面临困境时依靠自己的力量去解决问题。但很多时候，因缺乏经验，我们总希望得到来自别人的帮助和关怀，希望借助他人的力量来解决问题，甚至怀念过去有人庇护的日子。

(2) 亲近与疏远。接近一个人并和他分享最秘密的思想和感情，这种意愿可能与自我暴露过多而受损害的恐惧相冲突。

(3) 合作与竞争。现代社会普遍强调竞争，鼓励个人成功。我们从孩提时代就开始在游戏中竞争，在课堂和考试中比高低；但同时我们又在接受相互合作的教育，又都必然归属于一些团体，受到团体意识的影响和制约。这是学习和工作中常见的两难情境。

(4) 冲动表达与社会道德规范。现代社会鼓励自我表现，而且每个人也都有着自我表现的内在欲望。但完全表现自我或个性，充分表现自己的喜怒哀乐，却往往与遵守社会习俗和规范发生矛盾和冲突。

第三节　大学生挫折的承受与应对

名人名言

世界上的事情永远不是绝对的，结果完全因人而异。苦难对于天才是一块垫脚石，对于能干的人是一笔财富，对于弱者是一个万丈深渊。

——巴尔扎克

不同的人在同一情境中经受同一强度的挫折，会有不同的反应。除了他们对挫折的认知存在差异外，还与他们对挫折的承受力有关。每个人的挫折承受力是不同的，有的人遇到一点小的挫折就会引起主观世界的混乱，颓废沮丧，一蹶不振，有的人即使遇到重大挫折，仍意志坚定，百折不挠，顽强进取。世界卫生组织早在1977年提出的精神及健康标准，其中的一条就是能够经受生活上的挫折，能及时地调适自己的情绪，不仅适应环境而且能够有效地改变环境。由此可见培养挫折承受力对精神健康的意义之大。

一、大学生挫折的承受

(一)挫折承受力

1. 挫折承受力

挫折承受力是指个体在遭遇挫折时对挫折的忍受程度,能否经得起打击和压力,能否摆脱和排解困境而使自己避免心理与行为失常的一种耐受力。亦是个体适应挫折、抵御挫折和应对挫折的一种能力。

挫折承受力强的人,不易被强烈的情绪所困扰,挫折反应小,持续时间短,消极影响少,在重大挫折面前,仍可保持正常的行为能力,采取理智的态度和正确的方法应付挫折。但挫折承受力弱的人则不然,在挫折面前往往容易惊慌失措,陷于不良情绪的困扰中,挫折反应大,持续时间长,消极影响大而易受伤害,甚至遇到微小的挫折便出现行为异常,有时甚至导致身心疾病。挫折承受力的大小反映了一个人的心理素质和健康水平,是个体保持良好适应、维持心理健康的重要标志。许多人的心理问题就是由于遭受挫折而又不能很好地调适和排解造成的。增强挫折承受力,是获得对挫折的良好适应和保持心理健康的重要途径。

2. 挫折感和挫折阈限

所谓挫折感,是指个体在目标行为过程中,认识并感受到自己的动机性活动受到阻碍后所引起的心理状态和情绪反应,是个体受挫后,当事人对自己的动机、目标与结果之间关系的认识、评价和感受。挫折感受是一种复杂的内心体验,包括烦恼、困惑、焦虑、愤怒等各种负面情绪交织在一起。

挫折阈限是指个体在挫折面前所表现出的一种感觉阈限。人的每一种感觉都是在适宜程度的刺激作用于器官时产生的,心理学把刚刚能够引起感觉的最小刺激程度叫作感觉的"下阈",将继续增强也不能使感觉进一步变化的刺激程度叫作感觉的"上阈"。也就是挫折感也有范围,心理学上将这种挫折感的范围叫挫折阈限。一般来讲,挫折本身的性质和分量与挫折感的程度和分量成正比,即挫折本身的性质越严重,挫折感就会越强烈。挫折本身的强度越大,挫折感也就越强烈。产生挫折的心理体验强弱主要取决于动机的强度。需要的层次不同、强度不同,挫折感也会不同。重要的动机受挫,所感受的压力就大,不重要的动机受阻碍,就易被克服或易被其他动机的满足所代替。例如,大学生活中,想获得省级甚至国家级的科技发明奖、三好学生、优秀干部等先进奖励,比想获校级或院级优胜奖励所遇到的困难可能要大些,挫折要多一些。

但挫折阈限不能等同于感觉阈限,尤其对于不同的个体来说会有明显的差异。这是因为,个体是否体验到挫折,或者说其绝对阈限的高低,不能单纯地决定于挫折本身的刺激量,更重要的是取决于个体对挫折情境、挫折事件的主观认识和感受。

(二)影响挫折承受力的因素

大学生的心理发展层次不一，个人的知识水平不同，而动机及其重要性亦因人而异，因此，挫折心理体验和造成挫折的情况均有极大差别。影响挫折承受力的因素主要有以下几种。

1. 期望水平

期望水平是指期望自己的学习生活目标达到何种标准的心理需求。规定标准越高，期望水平就越高，规定标准越低，期望水平就越低。例如，两位同学参加某考试，甲发誓要考出优异成绩，而乙对考试能否及格都信心不足，结果两人均以一般成绩过关，乙因考试成功而感到欣喜，而甲却认为考试失败而感受到挫折。这就是二者不同抱负水平的表现。在日常生活中，我们允许人们有高的期望水平，但是假如把它定得过高而不切合自己的实际，就会使人失望并伤害其自尊心。

2. 生理条件

一个身体健康，发育正常的人，一般对挫折的承受力比一个疾病缠身，有生理缺陷的人高。神经系统类型属于强、均衡、灵活性的人比弱型的人耐受力高，身体强壮时比体弱多病时更有耐受力。比如，前者不怕偶尔的饥寒交迫，可以熬夜，也可以长时间工作而不感到疲劳，这是因为挫折会引起人的情绪及生理反应，给人的心理带来压力和紧张感，对体弱多病者会加重身体的虚弱和病情。

3. 社会经验

挫折承受力是个体在后天生活过程中为适应环境而习得的能力之一，可经过学习和锻炼而获得提高。不同社会阅历的大学生，挫折的承受力也不同。挫折经验多、体验深的大学生，在同逆境的搏斗中锻炼了自己应对逆境、战胜困难、摆脱困境的能力。受到较好教育的大学生，掌握积累了处理挫折的技巧，遇到挫折时善于自我解脱，而从小娇生惯养，在父母保护伞下成长的大学生，或是从小缺乏爱抚和温暖，情感冷漠、适应能力低的学生，挫折承受力就较弱。因此，学校和家长不仅要教育学生有意识地容忍和接受日常生活和学习中的挫折，而且也有必要提供适量的挫折情境以锻炼学生的挫折承受力，这对学生形成坚强性格，维护和增进心理健康都有重大意义。

4. 个性因素

个性是一个人所具有的意识倾向性和较稳定的心理特征的总和。每个人的性格特征、个人兴趣爱好、世界观都对挫折承受力有重要的作用。如性格开朗、乐观、自信、坚强的人，挫折承受力强；性格孤僻、懦弱、内向、心胸狭窄的人挫折承受力弱。一般认为，虚荣心重的人对挫折的知觉敏感性高，承受力弱。因为虚荣心重的人常常将名利作为自己行为的内在动力，一旦受挫，目标没达到，便会因虚荣心未能得到满足而难以忍受。兴趣爱好广泛的人，在受挫后就会持续时间较短，适当地转移兴趣，就能淡化挫折造成的不良心境。

5. 思想境界

有崇高理想和明确人生目标的人能更好地承受和应对挫折，缺乏理想和科学信念、对人生持消极看法的人，可能遇难而退、遇难而败甚至遇难而死。健康的人生观是挫折耐受力的核心。

6. 挫折准备

事先有所预见，做好迎接的心理和行为准备，将挫折出现视为正常的人，比无准备的人更能经受挫折。在挫折面前措手不及、惊慌失措，往往是因为缺乏准备。

7. 社会支持

个体在亲戚关系、朋友关系、同学关系、同事关系、师生关系等方面可得到关怀、爱护、帮助和指导。较好的支持会使个体低估挫折情境的伤害性，降低挫折感受度，并获得解决问题的策略，从而减轻不良影响。同样的挫折情境获得社会支持多的人比获得支持少的人心理承受力更大，所以社会支持是承受挫折有效又有力的武器。

知识链接　　　　　　　　　　**逆商**

逆商(Adversity Quotient，简称 AQ)全称逆境商数，一般被译为挫折商或逆境商。它是美国职业培训师保罗·史托兹提出的概念，是指人们面对逆境时的反应方式，即面对挫折、摆脱困境和超越困难的能力。

保罗·史托兹教授将逆商划分为四个部分，即控制感(Control)、起因和责任归属(Origin ＆Ownership)、影响范围 (Reach)和持续时间(Endurance)，简称为 CORE。

心理学家认为，一个人事业成功必须具备高智商、高情商和高挫折商这三个因素。IQ、EQ、AQ 并称3Q，成为人们获取成功必备的不二法宝，有专家甚至断言，100%的成功=20%的 IQ+80%的 EQ 和 AQ。在智商都跟别人相差不大的情况下，挫折商对一个人的事业成功起着决定性的作用。高 AQ 可以帮助产生一流的成绩、生产力、创造力，可以帮助人们保持健康、活力和愉快的心情。而高 AQ 是可以培养的。

(三)提高对挫折的承受力

挫折的情绪体验可引起相应的生理改变，通过反馈作用可能使心理反应向恶性发展，从而损坏身心健康，造成心理生理障碍。因此，用理智的方式理解和消除挫折的情绪反应可以阻断心理生理障碍的发生，有利于人格的健康发展。在遭遇挫折时大学生应当注意几个方面。

1. 正确认识挫折，改变不合理观念

要提高承受挫折的能力，首先要正确认识挫折，建立一个正确的挫折观。要能够正确地认识挫折，并不是一件容易的事情。当自己处在旁观者的地位，看到别人遭遇挫折时，或许有时还能做出一些较为正确的分析，而当挫折降临到自己的头上时，要能做出正确而

清醒的认识就很不容易了。在挫折情境中许多不理智的反应，不正确的行动，都是与缺乏对挫折的正确认识有关的。因此，我们就应当有正确的挫折观。

(1) 挫折的存在具有普遍性。可以说，挫折也是生活中的组成部分，人生旅途遭遇挫折是很平常的事，每一个人都会遇到。不是遇到这种不幸，就是遇到那种厄运；不是遇到大坎坷，就是遇到小麻烦。虽然我们不欢迎挫折，不喜欢挫折，但又总是躲避不开它。从某种意义上说，生活就是喜怒哀乐的总和。有喜有乐，自然就会有怒有哀。自然间、社会间的万事万物，无一不是在曲折中前进、螺旋式上升的。一切顺利、直线发展的事情几乎是没有的。所谓"一帆风顺""万事如意"，往往只是人们的良好希冀而已；"天有不测风云，人有旦夕祸福"，倒是司空见惯的。纵观古今，许多著名的科学家、文学家和政治家大都是在逆境中、坎坷中磨砺过来的。正所谓"宝剑锋从磨砺出，梅花香自苦寒来"。挫折是客观存在的，关键在于我们怎样认识它和对待它。如果对挫折没有正确的认识，缺乏应有的心理准备，遇到挫折就会惊慌失措，痛苦绝望；如果有了正确的挫折观，做好了充分的心理准备，认识了挫折是人生中不可避免的一部分，并且敢于正视挫折，不灰心、不低头、不后退，坚忍不拔，敢于向挫折挑战，就能把挫折当作进步的阶石、成功的起点，从而不断取得进步。

(2) 挫折具有两重性。挫折虽然带来的是不愉快的情绪体验，给人以打击，带来痛苦和烦恼，但挫折对人的影响并不都是负面的。法国大文豪巴尔扎克根据自己丰富的人生体验，形象地把挫折比作一块石头。石头本身是中性的，无所谓好坏，但对于不同的人就会产生不同的影响。对于强者它可以成为垫脚石，让人站得更高；对于弱者它可以成为绊脚石，使人一蹶不振。挫折的积极作用，就在于它可以激发人的进取心，促使人为改变境遇而奋斗，能磨炼人的性格和意志，增强人的创造能力，使人对所面临的问题有更清醒、更深刻的认识，给予人克服困难的勇气，增长人的知识和才干，帮助人们提高解决问题、适应环境的能力。实践告诉我们，经受过挫折磨难，在逆境中成长的人，往往有良好的适应环境的能力和较强的心理适应能力。不过，经受过挫折，尝过苦果，也不一定都能产生积极的作用。挫折的结果，可能导致一个人奋发图强，也可能导致一个人丧失斗志。利弊得失往往依一定的情境而转移。如果对挫折漠然视之，若无其事，采取不承认的方式，或是打肿脸充胖子，把错误当正确，或是灰心丧气，自暴自弃，都不可能将坏事变好事，化消极为积极。只有正视挫折，能够正确地认识挫折，认真吸取挫折教训的人，才不会因暂时的挫折而气馁，才能使坏事变好事，并因此而增长知识和才干，获得解决问题的能力，使挫折向积极方向转化。

(3) 变换角度看待挫折。譬如照相，同一景物，从不同角度拍摄，就会得到不同的形象。对待挫折也是这样。我们应当看到，挫折是生活的组成部分，但它仅仅是生活的一小部分。在我们的整个生活中，还有那么多的欢乐和幸福的事情，我们为什么不去注意它们，而要对自己的一些创痛念念不忘呢？有的人在挫折袭来时，就觉得自己是天底下最倒霉的人。其实，事情并不完全是这样。也许你在某件事上是"倒霉"的，但你在其他方面可能依然很幸运。和那些更不幸者相比，你或许还是一个十分幸运的人。英国作家萨克雷有句名言："生活是一面镜子，你对它笑，它就对你笑；你对它哭，它也对你哭。"的确，如果我们以欢悦的态度微笑着对待生活,生活就会对我们"笑",我们就会感受到生活的温暖和愉快。而我们如果总是以一种痛苦的、悲哀的情绪注视生活,那么生活的整个基调在我们心中也会变得灰暗。水可载舟,亦可覆舟。顺境和逆境,在一定条件下是会互相转化的。面临挫折时我们如果能够适当地变换思维的角度和方式,多从其他方面重新评价和审视所遭遇的挫折,也会有助于摆脱挫折的困境。

(4) 受挫时不要盯住它不放。挫折对人的刺激往往比较强烈,并伴随着心理、生理活动不同程度地卷入,给人以深刻的印象,尤其使人产生了强烈情绪反应的挫折,更会使人感到时时被它所纠缠。然而,挫折如果已经发生,那就应当面对它,寻找解决的办法;如果已经过去,那就应当丢开它,不要老是把它保留在记忆里,更不要时时盯住它不放。痛苦的感受犹如泥泞的沼泽地,你越是不能很快从中脱身,它就越可能把你陷住,使你越陷越深,直至不能自拔。鲁迅笔下的祥林嫂,心爱的儿子被狼叼走后,痛苦得心如刀剜,她逢人就诉说自己儿子的不幸。起初,人们对她还寄予同情。但她一而再、再而三地讲,周围的人们就开始厌烦,她自己也更加痛苦,以致麻木了。老是向别人反复讲述自己的痛苦,就会使自己久久地不能忘记这些痛苦,更长久地受到痛苦的折磨。当然,不要盯住挫折不放,并不是主张有了挫折和坎坷,可以完全不去理它,采取逃避的态度。而是说,一方面,情感不要长久地停留在痛苦的事情上,另一方面,我们的理智应当多在挫折和坎坷上寻找突破口,力争克服它,解决它。那种遭受挫折和失败后便放弃进取的做法,是不可取的。

另外,心理学研究表明,引起强烈挫折感的与其说是挫折、冲突,不如说是受挫者对所受挫折的看法,以及所采取的态度。常见的不合理观念有以下几种。

(1) 此事不该发生。有些人把生活中的不顺利,学习、交往中的挫折、失败看作是不应该发生的。他们认为,生活应该是愉快的、丰富的,人际关系应该是和谐的、互助的。一旦生活中出现诸如人际之间的冲突,成绩滑坡,好友负心,评不上优秀等事件,就认为它不应该发生,而变得烦躁易怒、束手无策、痛苦不堪、失去信心。

(2) 以偏概全。有些人常常以片面的思维方式看待事物,简单地以个别事件来断言全部生活,一叶障目。例如,有人对自己不友好,就得出结论说自己人缘不好或缺乏交往能力;一次考试不尽如人意,就认为自己彻底失败,不是读书的材料;一次失恋就认为自己对异性没有吸引力等,从而导致自责自怨、自卑自弃的心理而感到焦虑、抑郁。以偏概全不仅表现在对自己的认识上,也表现在对他人、对社会的认识中。例如,因一事有错而对他人全盘否定;因社会有缺陷,存在阴暗面,就看不到光明,而彻底丧失信心。

(3) 无限夸大后果。有些人遇到的是一些小挫折,却把后果想象得非常糟糕、可怕。夸大后果的结果是使人越想越消沉,情绪越来越恶劣,最后难以自拔。例如,一门功课考试不及格,就认为自己能力不行,学不下去,毕不了业,找不到工作,人生没前途,生命没价值。这实际上是一种自己吓唬自己,给自己施加压力的做法。

只有改变不良的认知方式、纠正错误的观念,才能实事求是地评价挫折带来的后果,从困难中看到希望。

2. 调动感知能力和反射性行为，优化自身人格品质

挫折刺激正是通过人的认知而作用于情绪，产生这样那样的心理反应。由于认知不同，个人对挫折的主观判断、个人的认识结构会影响一个人对挫折情境和知觉的判断。因此，不同的人对相同的挫折情境所产生的主观心理压力也不尽相同。感知能力和反射性行为是个体行为上的第一道防线。它包括注意力转移、积极态度、心理容忍、良好的情绪反应及健全的个性。积极的态度可降低对不良刺激的感受，因为情绪是感知的屏幕，它可对不良因素起放大、缩小或歪曲作用，例如，恐惧时"草木皆兵"、激情时"山欢水笑"，愉快心情能明显提高对挫折的耐受力。

性情急躁的人情绪变化大，易动怒，火爆脾气一点就着，常常因为一点芝麻绿豆的事而引起挫折感。心胸狭窄的人气量小、好猜疑，喜欢斤斤计较，容易体验消极的情感。意志薄弱的人做事缺乏耐力和持久，患得患失，害怕困难，只看眼前利益，经不起打击和挫折。自我偏颇的人缺乏自知之明，或者自高自大、目空一切，或者自卑自贱、畏首畏尾。为了提高挫折承受能力，每个人都应主动地培养自己良好的人格品质，改变那些不适应发展的不良人格品质。重点应培养自信乐观、自强不息、宽容豁达、开拓创新等品质。自信才能乐观，乐观才能自信，两者相辅相成。当遇到挫折、困境时，如果相信自己一定能取胜，那就会积极地去改变现实，克服困难，战胜挫折，这是自信的作用。乐观者在面临挫折、困境时，不会被眼前的困难吓倒，而是能够透过表面的不利看到蕴藏在背后的希望，相信明天是美好的，从而信心十足地去战胜困难。自强不息是良好的意志品质，是一切成功者的共同特征。生命不息，奋斗不止。通向成功的道路不是平坦的，只有坚强不屈、顽强拼搏，才能到达光辉的顶点。而那些一遇挫折就偃旗息鼓者，只能半途而废，永远不可能成功。宽容豁达和开拓创新的人胸怀宽阔，对挫折不是被动地适应，一味忍耐，而是面向未来，积极进取，勇于创造新生活。

3. 适当运用心理防御机制

从个体遭遇挫折时解决问题的效率与维护个人心理健康的观点来看，心理防御机制具有积极和消极两种作用。它能暂时减轻和解除痛苦和不安，对情绪起缓冲作用，还能用间接性或代替性的方式使个人的动机得到满足，使原来的挫折得到化解。这些是心理防御机制的积极作用。但心理防御机制在某些方面也带有掩耳盗铃式的自我欺骗，现实问题未能得到真正解决，反而使现实问题复杂化。因此，防御机制也能起到一种妨碍成长的消极作用。大学生个人成长目标要达到健康的自我结构，应随着现实自我的变化而发生必要的改变。尽管个人所掌握的防御机制是长期生活习得的，并能反映本人的性格特征，但对大学生来说，应注意在受到挫折时适当、适度地运用，学习和善于使用积极的、成熟的防御机制来应付可能面临的挫折情境，化防御机制为激励机制，既缓解内心冲突又调节行为，尽量克服消极防御机制带来的负面性，以求得心理平衡和自我结构的完善，这是大学生健康人格发展的重要内容。

4. 加强修养，勇于实践，提高应对挫折的能力

为了提高挫折承受力，就应该主动自觉地将自己置身于充满矛盾的、复杂的社会环境中去磨炼，向生活学习，而不是逃避社会。同时，必须提高自身的思想修养、道德修养、知识素养，培养"慎独"精神，养成冷静思考的习惯，经常自我分析，自我反省，自我激励。从心理发展的角度看，积极主动的适应，勇敢顽强的拼搏，反复不断的磨炼，会使心理更趋成熟，增强承受挫折、化解冲突的能力，促进心理朝着健康、向上的方向发展。挫折的缓解与消除可由改变实际应对能力来实现，应对挫折的能力，可随某些因素而变化，如年龄、身心状况等。所谓久经考验、历经坎坷的人常具有良好的环境适应能力，能抵抗强烈的、不利的精神刺激，这要归因于其人生发展过程的复杂性。

二、大学生挫折的应对

不同的人，在同一情境中受到相等强度的挫折时，会有不同的反应，在能否经常受得起挫折打击上表现出明显的不同。这不仅因为各人经受挫折时的心理状态不同，对挫折的认知、态度、评价和理解不同，还在于他们应付挫折的行为方法的差异。个体在遭遇挫折时，不仅要经得起打击和压力，更为重要的是能否有效地摆脱和排解困境，亦即应对挫折，在克服挫折中奋起。应对挫折通常是指及时排除挫折还是让挫折冲突持续很长时间不解决；是用积极的方式解决挫折问题，达到心理平衡，还是以消极的方式获得暂时的心理平衡；是遵循社会准则解除挫折还是只凭一时的感情冲动，采取过激行为；是否具有排除挫折的经验和方法。承受挫折是挫折适应的第一阶段，是排解挫折、应对挫折的基础。排解挫折、应对挫折是对挫折的主动积极的适应。能够以积极的态度和合适的方法对待挫折、克服障碍的人，其挫折的承受能力就强，就能更好地应对挫折。大学生应对挫折，可以有很多的方式和策略，也涉及许多因素，主要有以下几种。

(一)正确归因

我们在认识和对待挫折时，还要学会对挫折进行正确的归因。按照社会的心理学归因理论来看，人对原因的归结可以分为两种类型，即外归因和内归因。倾向于外归因的人，惯常于认为自己的行为结果是受外部力量控制的，这种外部力量可以是运气、机会、命运、他人的权力、自然界的力量等无法预料和支配的因素。倾向于内归因的人，则习惯于认为自己的行为结果是受内部力量控制的，支配自己成功、失败和前途的原因是本身的能力和技能以及自己的努力程度等。

正确归因，就是要对造成挫折的原因进行实事求是的分析，弄清挫折的原因到底是外部的，还是内部的，或是内外部两种因素相互交织，共同起作用的。正确的分析和归因，是应付和解决挫折情境的必要基础。把失败结果一概归因于外部因素的人，不能对行为作自我控制和自我调节，面对挫折会感到无能为力和束手无策，从而不能尽自己的最大努力去克服困难和改变失败的处境；但是，把失败结果统统归结于个人的努力不足，过多地责

备自己，也是不现实的，同样不能对自己的行为结果负起合理的责任，有效地改善挫折处境。

对于经常遭受挫折，不加分析，不问青红皂白，便按照自己已有的固定模式作片面归因的人，尤其应当注意要作符合实情的、准确的归因。只有以积极的态度去冷静地分析遭受挫折的主、客观原因，及时找出失败的症结所在，才能从本人的实际条件出发，用切实的行动去促使挫折情境的改变。

(二)善待自己

人在遇到挫折时，最希望得到别人的帮助、鼓励和安慰。但俗话说，劝皮劝不了心，外力还要靠自己内化，才能从根本上解决问题。所以关键是要自我安慰、自我调节，即善待自己。

1. 宣泄不良情绪，珍惜生命的价值

对挫折所产生的情绪，就像对待洪水一样，堵是堵不住的。对各种不良情绪必须开渠疏导，进行适当的调适宣泄，才能恢复并保持一种健康良好的心态。有关专家经研究后证明，人的负面情绪是危害健康的大敌，受挫后如果陷入负面情绪而不能自拔就等于自杀。当遇到逆境后为某种不公平而愤愤不平时，你不妨问问自己："我还能活多久？"沿着这样的思想下去，就会倍加珍惜自己的生命，自觉地超越痛苦，心里无限宽阔，没有芥蒂，不再计较，不再为名利所惑。一个人有了生命的危机感之后才会成熟、聪明起来，才会活得充实而有意义。世上永不凋谢的花一定是假花，完全红透的苹果一定是用蜡做成的。一个人一生不可能永远生活在欢乐与幸福中，痛苦是正常的，能够品尝痛苦但不被痛苦压垮的心灵才是真正健康的。欢乐是一种很高的人生境界，一个人要保持一种永恒的欢乐心态，必须在经历无数痛苦、品尝无数忧伤之后，才会明白欢乐并不是一时的高兴，而是一种乐观向上、积极进取、淡泊明净的人生态度。没有人能剥夺你的欢乐，因为欢乐是你自己心灵结出的果实。没有人会赐予你欢乐，还因为欢乐是你自己心灵结出的果实，只有你自己才能培育它，品尝它的甘甜。

2. 展现自己好的一面

在遭受挫折而失意的时候，我们对自己的评价差不多到了最低点，这时关键在于能否发现自己好的一面，发现自己的优点和长处，从而振作精神，重新站立起来。

(1) 发现自己的优点，接纳自己。如果不能接受自己，就不能真正地发展自己。花一个钟头去发掘自己的优点，然后逐点用笔记下来。优点可分数类，例如，个人专长所在，已做过什么有益或有建设性的事，过去别人如何称赞过自己，家人朋友对自己的关怀，受过的教育，你一定会发现自己许多优点，从而知道自己原来还不差。当你在失望和沮丧中看到了自己的另一面，你就会突然发觉，天空原来是那么辽阔，阳光原来是那样明媚，自己并不是一无是处，从而鼓起战胜挫折的勇气和信心，提高对挫折的适应能力。

(2) 找出榜样人物。在认识或不认识的人中，找一个你最羡慕、最敬仰，希望自己可

以成为他那样的人做你的人生楷模。这人是司马迁？居里夫人？还是姨妈？不管是谁，他们一定有什么可模仿之处，他们也一定用过功，受过挫折，付出过代价。那么，目前自己的一时失败，又算得了什么呢？

(3) 肯定自己的能力。每天找出几件自己做成功的事，不要老检讨自己还有多少件事没有做。不要把"成功"看成登上月球那么大的事，成功可以是顺利跟医生约了治疗时间，上班路途畅通，处理的文件档案没出一次错等，日常生活工作都可以有"成功"与"失败"之分，一日至少顺利地做了几件事，又怎能说"一事无成""一无是处"呢？知道能把事情做好，等于对自己能力的肯定，你立刻便可振作精神，自信心大增。人还没做的事永远多过已做过的事，如果老想着这个没做，那个没做，便会愈想愈沮丧，真的会觉得自己能力低，无效率，大为失意。但已做好的工作列出来，可是长长的一张单子啊。

3. 总结经验教训

燧石只有经过磨砺才能溅出火星，人只有经历挫折才能变得坚强。挫折是良师益友，认真向它学习可使我们不断认识自己，完善自己。个体受挫之后，通常情绪恶劣，产生烦恼和失望，容易意气用事，导致意识模糊，从而受到新的挫折，这是一个恶性循环。所以受挫时一定要保持沉着和理智，即"平常心"。因为有竞争就有胜败，无论如何都要输得起。重要的是及时总结经验教训，使之成为进步的阶石、成功的起点。挫折是人生路上的一个音符，只有保持欢快、愉悦的心情，才能弹奏出美妙的乐章。

4. 调节抱负水平，调整目标

如果说一个人的价值观决定其行为的方向，那么，抱负水平则决定其行为达到什么程度。假如一个人的抱负水平很低，他固然容易达到目标，但是那种成就并不能给他带来真正的满足，对于增强他的自信心，提高他的自尊心几乎没有什么影响，而且他的身心潜能实际上处于被埋没的状态，没有机会充分发挥出来，就会由于空虚、苦闷、不满足感造成挫折感；反之，如果抱负水平过高，超过了自己的能力，他虽然会全力以赴，但是仍然力不从心，达不到自己希望的目标，这就会使自己产生失败感，挫败自己的自信心和自尊心。所以，确定适度的抱负水平，是避免挫折和失败，获得成功与自信，使自己得以顺利发展的一个重要问题。要确定适度的抱负水平，就应当把社会利益、自己的主观条件、客观环境条件等综合起来加以考虑，做出正确的分析和判断。

此外，挫折总是跟目标连在一起的，挫折就是行为受阻，目标没有实现。因此，当受到挫折后，要重新衡量一下，目标是否定得过高，是否符合主客观条件。如果是由于目标不切实际而造成挫折，那就要重新调整目标。对建立的远大目标，应分解成中期、近期和当前的各种子目标。子目标的排列要由易到难，由简到繁，形成一个层层升高、步步逼近的目标体系。这样，经过努力不断地实现一个个的具体目标，会使人接连获得成功的喜悦而产生更大的心理动力，同时又总有一个巨大的具有吸引力的总目标呈现在前方，而使人长久地保持旺盛的进取的热情。

小故事	有趣的投环实验

国外心理学研究曾做过一个有趣的投环实验：投掷距离由被试者自己确定，距离越远，投中的得分越高。实验结果表明，凡是抱负水平高的人，多选择在中等距离投掷；而抱负水平较低的人，则多选择很近或很远的距离投掷，即他们或者要求很低，或者孤注一掷。

由此可见，真正具有高抱负水平的人，他自己定的目标总是很适度的，既要做到有足够的把握，又要经过一定努力能够达到目标。毫无把握的冒险，或不经过努力就可轻易达到目标的事，他是不干的。

5. 知足常乐

知足常乐是人们通常用来说服别人或自己以求得心理平衡的道理。但道理归道理，做起来较难。倘若你采取一种理智的、能使自己知足的比较方法，你就会真的知足了。这个比较法很简单，即在物欲上和过去比、和自己比、和收获不如自己的人比。当然仅仅是知足，人类就不会进步发展了，所以在精神上、知识上、人生境界上要不知足，有了不知足才生生不息而拼搏进取。

(三)宽待他人

1. 宽容他人

挫折心理都是由挫折源引起的。自然条件引起的挫折没有人为性，而社会条件和个体自身因素引起的挫折都具有人为性的特点，这样就必然涉及挫折后要如何对待他人的问题。宽容是对他人一些非原则性的缺点和过失的一种宽恕和谅解。宽恕看起来是一件很矛盾的事，但如果不宽容而去伤害，则会导致"冤冤相报何时了"的后果。同时，不肯宽恕别人的人往往使自己吃苦，他们会因此失眠、肠胃不适，甚至还会引起高血压。然而一旦宽恕别人之后，他们就会超越一次巨大的挫折，一种可以称为再生的心灵净化过程。

2. 告别嫉妒

嫉妒别人的人往往把宝贵的时间用在嫉妒别人身上，而自己却产生一些不良情绪。缘何要嫉妒他人呢？岂不闻他山之石，可以攻玉。把对方的长处学习过来、借鉴过来，不就成了自己的宝贵财富么？光阴似箭，人生苦短，与其将有限的精力耗在嫉妒他人的成功上，不如抓住时机做几件实实在在的事。当你全心全意地为自己的事业奋斗时，就不会有时间去嫉妒别人了，因为"嫉妒是一种四处游荡的情绪，能享用它的只能是闲人"。

3. 多一些理解，少一分苛求

挫折是生活的组成部分，在他人遇到挫折时我们的态度和行为也很重要。对陷入严重挫折情境中的个体，要及时进行疏导、鼓励，帮助他们逐步实现目标，让他们体会只有战胜困难才能前进一步，在挫折面前决不能一蹶不振，悲观失望，只有鼓起勇气努力向前，才能最终克服困难、战胜挫折。另外，在他们做出很大努力取得一定成绩时，要及时肯定，让他们看到自己的能力，从而更有信心地去面对新的困难，而不是求全责备。只有这样，才能帮助受挫者在精神上振作起来，积极主动地应付挫折，在挫折的情况中有所作为。反过来当我们自己受挫后，才一样会得到他人的理解和帮助。

(四)创设一定的挫折情境

挫折阈限受许多因素的影响，但很重要的一个原因，是与挫折经验有关。经历坎坷、有较多挫折经验的人，比一帆风顺的人挫折阈限要高，挫折承受力较强，对挫折作出适应反应的能力也更高。这就像在气温较低的时候去水里游泳，先撩一点水在腿上，再走进没膝的水中往身体其他部位洒水，直到皮肤适应了水温，再纵身跃入波涛中。这样，无论水多冷也不在话下了。人类应付挫折的能力也可以这样去发展。人对挫折的承受能力和适应能力，像其他心理品质一样，也是可以经过学习或锻炼获得的。要提高挫折阈限，锻炼对挫折的适应能力，可以通过以下一些方法进行锻炼。

1. 有意识地容忍和接受日常生活中的一些挫折情境

要培养不屈不挠、再接再厉、坚韧不拔的精神，锻炼坚强的性格、良好的心理素质和对付压力的能力，在挫折中学习和掌握对付挫折的方式和技巧，增强适应力。当我们把生活中遭到的种种挫折和逆境，作为磨砺自己，增益其所不能的一种激励机制时，就不仅能够面对挫折坦然自若，无所畏惧，而且能够从中学到东西，获得长进。

2. 有意识地创设一定的挫折情境

即不断地让自己经受磨难，自找苦吃，自寻烦恼，对自己进行加强意志、魄力和挫折排解力的训练，最终使自己能经受住任何残酷的打击。特种部队对士兵进行的应付突发事件、复杂情况以及在孤岛、密林、荒漠、高原等特殊条件下生存和战斗的训练，就是为了他们在遭遇类似情况时，能够从容自若，锐不可当。挫折应对能力的提高，同样可以采取类似的方法。

3. 心理上经常作好对付挫折的准备

挫折既然是不可避免的，我们就应该做好随时应付挫折的心理准备。挫折适应力和对挫折的心理准备有很大的关系。有的人喜欢把未来设想得很容易，对困难却不愿多想。当生活顺利时，他感到很舒适，而一旦遭到艰难困苦，他就会感受到很大的挫折和压力，这就是因为他缺少对付挫折的心理准备。而另一些人在憧憬未来时，尽量考虑到各种可能出现的困难，做好和困难搏斗的思想准备。这样，当后来并没有碰到那样的困难时，他会感到出乎意料的轻松；即使真的碰到了那样的困难，他也会因为早就有了心理准备，而并不感到有很大的压力和挫折感。

(五)改变挫折情境

应对挫折的另一个有效方法是改变引起挫折的情境。挫折情境是产生挫折和挫折感的主要原因，如果挫折情境得以消除和改善，则挫折感自然会随之发生变化，乃至不复存在。

1. 预防挫折的产生

如果能够预见到挫折的产生，从而采取及时有效的防范措施，尽量将可能发生的挫折在发生之前予以消除，当然是最好的了，这并不是不可能的事情。对于自然因素，有些虽然是不可避免的，但有些还是可以采取措施加以预防的，如准确地进行地震预测、暴风雨预报、台风警报等，尤其对社会生产过程中的因素更可以预见，例如，厂房不坚固，机器防护装置不健全，原材料堆放不当，通道堵塞，"三废"污染等。对于社会因素，应尽量适应环境，遵守法令、社会秩序、公共道德、风俗习惯等，加强法制观念。对于生理因素，如果可以改变当然最好，但许多客观的生理条件无法改变或很难改变，只能平衡心态来肯定自己、悦纳自己，并充分认识自身条件扬长避短。

2. 改变挫折情境

挫折发生以后，经过认真分析，如果引起挫折的原因和挫折情境是可以改变或消除的，则应通过各种努力，设法将其改变、消除或降低它的作用程度。人的需要中有正确合理的需要，但由于客观环境不够合理，使需要不能获得满足，而产生挫折感。要消除挫折感首先要改变个人原来的环境结构，为满足需要提供合适的条件。大学生中常见由于所学专业与兴趣专长的不协调以致在学习上造成的挫折情境，这可以在条件允许的情况下，努力改变客观环境(如调换合适的专业)，避免学习上的失败，从而消除挫折情境的产生。但在现实生活中，改变环境，往往可能超越个人能力范围。因此，常需要调整个体的需要来适应环境。对于个人来说，应该注意改善自己个性上的各种弱点，锻炼各方面的能力，以适应工作环境对自己的要求。

改变情境的另一种方法，就是暂时离开当时的挫折情境，到一个新的环境里去。比如，恩格斯年轻时曾失恋过，他一度感到痛苦和心灰意懒，后来他去阿尔卑斯山旅行，在新的环境里，看到世界是如此宏大，生活是如此多彩，很快达到了心理平衡，摆脱了痛苦，旅行归来后又以新的热情迎接了新的工作。

3. 减轻挫折引起的不良影响

有些挫折情境一旦发生，是无法消除或一时无法改变的，如天灾人祸、生老病死，能力不济等，这时，就应设法降低和减轻挫折所引起的不良影响。一种最主要的方法，就是改变环境氛围，给受挫者以同情、支持和温暖。这样，就能提高受挫者对挫折的承受力，增加重新奋起的勇气和信心。比如，做父母的帮助子女减轻那些超出其应付能力的负担，减少其挫折感，使子女在成长过程中，得到健康的发展；能力强的人在工作中为某些遇到困难挫折的人分担一部分工作任务，就可以使他们较好地对付挫折情绪。对于某些人为的严重挫折情境，如犯罪行为等，也要创造适当的条件，既要给予当事人相应的惩罚，加强教育，也要给其自新的机会和情感的感化，从而在他们身上激发出合作和忠诚的行为。

(六)建立和谐的人际关系

要克服挫折，排解挫折，离开和谐的人际关系是难以想象的。因为挫折实际上是不可避免的。因此,每一个正常的人,总要有几个思想上、学习上或生活上志同道合的挚友,经常能从他们那里获得鼓励、信任、支持和安慰等。在与周围的人相处时,其肯定的态度(如尊敬、信赖、友爱等)一般总多于否定的态度(如憎恶、怀疑、恐惧等)。对其所属的集体,也有一种休戚相关、安危与共的情感,并愿意牺牲个人欲望或利益去谋取集体的发展。这样,他就能被他所处的集体所容纳和认同,避免由于人际关系紧张而导致心理挫折,即使偶尔出现这种挫折,也能很快消除,同时从他们那里获得必要及时的支持和帮助等。

当你满腹冤屈的时候,到朋友那里,滔滔不绝地说出来,以期得到同情和安慰,也许朋友给你物质上的帮助是有限的,但给你精神上的帮助是无法计算的。与同学交往可以使他们发现与自己不同的观点,从而更好地认识他人和自己,克服以自我为中心的不良倾向。因为同学之间的相互交流和指导,也能够帮助他们更好地克服困难、解决问题。

要建立和谐的人际关系,就要使自己受人喜爱,受人欢迎,觉得跟自己做朋友十分有趣,要花些心机和时间,同时又要关心别人,友好相处。有朋友,便有支持,有鼓励,便一定能振作精神。

(七)主动寻求社会支持

个体在遭到挫折之后,还应该积极主动地寻求他人的支持和帮助,从外界获取信息、方法和策略,必要时请他人出面解决问题,战胜挫折。俗话说"当局者迷,旁观者清""一个篱笆三个桩,一个好汉三个帮""三个臭皮匠,顶个诸葛亮"。不要羞于开口,主动寻求帮助并不意味一个人的无能,相反恰恰是心理成熟的表现,也就是运用助力、抵消阻力,以化险为夷,转败为胜。

名人名言

故天将降大任于斯人也,必先苦其心志,劳其筋骨,饿其体肤,空乏其身,行拂乱其所为,所以动心忍性,曾益其所不能。

——孟子

被克服的困难就是胜利的契机。

——丘吉尔

失败也是我需要的,它和成功对我一样有价值,只有在我知道一切做不好的方法以后,我才能知道做好一件工作的方法是什么。

——爱迪生

希望是厄运的忠实的姐妹。

——普希金

不因幸运而故步自封,不因厄运而一蹶不振。真正的强者,善于从顺境中找到阴影,从逆境中找到光亮,时时校准自己前进的目标。

——易卜生

项目思考

1. 分析自己曾经遭遇的挫折和感受以及自己是如何应对的。
2. 今后将如何有效地承受和应对可能出现的挫折?

项目十一
心理问题识别

导学案例

案例一：

我是一个高职院校的新生，入学不久就出现"洁癖"，特别怕脏，每天不停地洗手、洗衣服、打扫卫生。在抽屉里找找东西得洗手，擦完桌子也要洗手，不洗手就不敢吃东西，老觉得很脏不卫生吃了会得病什么似的……现在最严重的是不能和室友一起生活，偶尔不得已发生间接接触，就会焦虑、烦躁，必须反复洗手才能平静下来。我知道自己这样不好，室友都对我不错，也知道她们其实非常讲究卫生，可就是无法控制，感觉自己好怪，太痛苦了，我该怎么办？

案例二：

小张是某高校二年级女生，失恋以后变得有些情绪低落，晚上经常失眠，有时感到绝望，与同学很难相处，不想与人接触，经常扯头发，对什么事都提不起兴趣。同时学习成绩也受到很大影响，多门课程跟不上。辅导员老师建议小王去找学校心理咨询中心老师谈谈。

案例三：

某高校大四学生小周报警称自己被人追杀，警察赶到学校后，小周惊慌失措抓住民警："救救我，有人要杀我，还说要杀我全家！"经了解，小周最近一段时间经常后半夜从床上爬起来，不是大声说有人要追杀他，就是说他在考场上什么题都不会做。舍友说可能是考试压力太大了吧，每天精神都很紧张，晚上总是做噩梦，吓得大家晚上也不敢睡。小周的宿舍共住了6名学生，其他5名室友都说小周平时人挺和善的，只是稍微有些内向。为了不出意外，民警建议小周找心理医生咨询，并嘱咐其他室友多和他交流。最后，在联系上小周的辅导员后民警才离开。学校的心理老师则建议辅导员先带小周去脑科医院，排查是否有精神异常，才能确定能否对他进行心理辅导。

案例提示： 以上案例表明，学生进入大学以后，都要面临适应、人际关系或学习等带来的压力。个别学生由于压力过大，会出现各种心理问题。有调查数据表明，20%～23%的大学生存在不同程度的强迫症、抑郁症和焦虑症等心理问题。作为学校的心理辅导老师，他们会不遗余力地进行单独辅导，但一些问题严重、出现不良心理苗头的学生，则需要去医院就医了，否则就有可能给本人和社会带来潜在的安全危害。

所以，大学生要学会识别心理问题，了解常见的精神障碍，了解心理问题的治疗方法。

项目说明

本项目通过对心理问题的认知与学习，提高学生对异常心理与行为的警觉，提早发现自己或亲友的异常状态，以利于及早处置。

项目目标

通过学习本项目，大学生在知识、技能和方法层面达到以下目标。
- 了解心理问题的概念和心理问题识别标准
- 了解心理问题产生的原因及常见的精神障碍
- 了解几种常见的心理治疗方法

心理训练游戏

心理训练游戏一： 正性思维 PK 负性思维

活动目的： 通过游戏活动，让学生明白，在很多时候，造成心理问题的往往不是事件本身，而是我们对事件的评价与解释，我们的想法和解释改变了，不良情绪和行为就会跟着改变。

活动时间： 15分钟

活动引入： 我们每个人的头脑中，都涌动着大量的自动思维：老师喊我到办公室谈话，糟糕了，准不是什么好事；我是语文课代表，这次考试只得了 75 分，太丢人了；遇到同班女同学打招呼没有理会，小王："她可能正在想事情，没看到我们"，小李："她怎么这样？太傲慢了吧，故意不理我们"……这些思维在很大程度上影响着我们的情绪。自动思维分为正性和负性，出现往往是无意识的，迅速的，我们在大部分时间都意识不到它的存在。负性思维具有以偏概全、过分概括、糟糕至极等特点，长期的负性自动化思维模式会导致心理障碍。

活动步骤：

(1) 全体人员两两一组，小组中一个成员找出自己的负性自动化思维，另一个成员帮助其用正性思维替换。双方互换角色，继续体验。

(2) 互相分享正性与负性思维带来的心理感受。

心理训练游戏二：说说我自己

活动目的： 通过游戏活动，让学生明白，客观公正看待自己，接纳自己的优点和缺点，让内心变得平衡，才能拥有健康的心理和前进的动力。

活动时间： 15分钟

活动准备： 全体人员分为若干个组，每组 6~8 人。

活动步骤：

(1) 想想自己的优点和缺点，然后以"我_____，但我_____。"的句式填空接龙。第一个空说缺点,第二个空说优点。

(2) 体会缺点和不满的部分,以"_____是我目前能接受的,_____是我目前可以改变的。"的句式继续填空接龙。

(3) 小组每位成员说完之后,全组为他鼓掌以示鼓励。

(4) 老师请每组出一位代表将全组成员的情况向全班同学作介绍,并谈活动的心理感想。

心理测试

SDS 抑郁自评量表 (Self-Rating Depression Scale)

测试目的:含有 20 个项目,分为 4 级评分的自评量表,如表 11-1 所示,使用简单,可以相当直观地反映抑郁患者的主观感受,主要适用于具有抑郁症状的成年人,包括门诊及住院患者。

测试要求:

(1) 适用对象:可以评定抑郁症状的轻重程度及其在治疗中的变化,特别适用于发现抑郁症病人,其评定对象为具有抑郁症状的成年人。

(2) 时间范围:过去一周。

(3) 4 级评分:从无、有时、经常、持续。

(4) 注意:有反向计分 10 题。评定时应让自评者理解反向评分的各题,如不能理解会直接影响统计结果。这类题目之前加上 * 号。

(5) 对文化水平低的被试,可以念给他听。

请您根据近一周的感觉来进行评分,数字的顺序依次为从无、有时、经常、持续。其中"从无"记 1 分,"有时"记 2 分,"经常"记 3 分,"持续"记 4 分。

表 11-1 SDS 抑郁症状自评量表(问卷)

症　状	分　值
1. 我感到情绪沮丧,郁闷　　　　　　　　　　　　(1 2 3 4)	
* 2. 我感到早晨心情最好　　　　　　　　　　　　　(4 3 2 1)	
3. 我要哭或想哭　　　　　　　　　　　　　　　　(1 2 3 4)	
4. 我夜间睡眠不好　　　　　　　　　　　　　　　(1 2 3 4)	
* 5. 我吃饭像平时一样多　　　　　　　　　　　　　(4 3 2 1)	
* 6. 我的性功能正常　　　　　　　　　　　　　　　(4 3 2 1)	
7. 我感到体重减轻　　　　　　　　　　　　　　　(1 2 3 4)	
8. 我为便秘烦恼.　　　　　　　　　　　　　　　(1 2 3 4)	
9. 我的心跳比平时快　　　　　　　　　　　　　　(1 2 3 4)	
10. 我无故感到疲劳　　　　　　　　　　　　　　　(1 2 3 4)	
*11. 我的头脑像往常一样清楚　　　　　　　　　　　(4 3 2 1)	
*12. 我做事情像平时一样不感到困难　　　　　　　　(4 3 2 1)	
13. 我坐卧不安,难以保持平静　　　　　　　　　　(1 2 3 4)	
*14. 我对未来感到有希望　　　　　　　　　　　　　(4 3 2 1)	
15. 我比平时更容易激怒　　　　　　　　　　　　　(1 2 3 4)	
*16. 我觉得决定什么事很容易　　　　　　　　　　　(4 3 2 1)	
*17. 我感到自己是有用的和不可缺少的人　　　　　　(4 3 2 1)	
*18. 我的生活很有意义　　　　　　　　　　　　　　(4 3 2 1)	
19. 假若我死了别人会过得更好　　　　　　　　　　(1 2 3 4)	
*20. 我仍旧喜爱自己平时喜爱的东西　　　　　　　　(4 3 2 1)	

测验计分：若正向评分题，依次评为 1、2、3、4 分；反向评分题(加 * 号)，则评为 4、3、2、1 分。

总分、标准分(标准分=总分× 1.25 后取整)

评定结束后，把 20 个项目中的各项分数相加，即得到总分，然后将总分乘以 1.25 以后取整数部分，就得到标准分。

结果的解释：按照中国常模结果，SDS 标准分的分界值为 53 分，其中 53～62 分为轻度抑郁，63～72 分为中度抑郁，72 分以上为重度抑郁。

注意事项：

(1) SDS 主要适用于具有抑郁症状的成年人，它对心理咨询门诊及精神科门诊或住院精神病人均可使用。对严重阻滞症状的抑郁病人，评定有困难。

(2) 关于抑郁症状的分级，除参考量表分值外，主要还要根据临床症状。特别是症状的程度来划分，量表分值仅作为一项参考指标而非绝对标准。

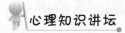

第一节 心理问题识别

一、相关概念的区分

提到心理问题，心理正常、心理不正常、心理健康、心理不健康，是我们经常听到的概念，将这些概念区分清楚，把它们的联系梳理通顺，才可以更好地理解我们的心理世界和精神状态。

心理正常是指具备正常功能的心理活动，或者说是不包含有精神障碍症状的心理活动，而心理不正常，是指有典型精神障碍症状的心理活动，是大脑的结构或机能失调或者人对客观现实反映的紊乱和歪曲，既反映了个人自我概念和某些能力的异常，也反映为社会人际关系和生活上的适应障碍。正常的心理活动具有以下功能：

(1) 保障人顺利地适应环境，健康地生存发展；

(2) 保障人正常地进行人际交往，在家庭、社会团体、机构中正常地肩负责任，使社会组织正常运行；

(3) 保障人正常地反映、认识客观世界的本质及其规律。

在临床上，判断一个人是否异常，以及异常的严重程度，常常采用"病与非病三原则"，这也是心理问题的划分与鉴别标准。

(一)主观世界与客观世界的统一性原则

因为心理是客观现实的反映，所以任何正常心理活动或行为，在形式和内容上必须与客观环境保持一致。

如果一个人坚信他看到了或听到了什么，而客观世界中，当时并不存在引起他这种感觉的刺激物，我们就可以认定，他的精神活动不正常了，他产生了幻觉。

如果一个人的思维内容脱离现实，或思维逻辑背离客观事物的规定性，并且坚信不疑，我们就可以认定，他的精神活动不正常了，他产生了妄想。

如果一个人的心理冲突与实际处境不相符合，并且长期持续，无法自拔，我们就可以认定，他的精神活动不正常了，他产生了神经症问题。

这些都是我们观察和评价人的精神与行为的关键，我们又称它为统一性(或同一性)标准。人的精神或行为只要与外界环境失去同一性，必然不能被理解。

(二)心理活动的内在协调性原则

虽然人类的精神活动可以被分为知、情、意等部分，但是它自身是一个完整的统一体。各种心理过程之间具有协调一致的关系，这种协调一致，保证人在反映客观世界过程中的高度准确和有效。

一个人遇到一件令人愉快的事，会产生愉快的情绪，手舞足蹈，欢快地向别人讲述自己的内心体验。这样我们就可以说他有正常的精神与行为。如果不是这样，用低沉的语调，向别人述说令人愉快的事，或者对痛苦的事，做出快乐的反应，我们就可以说他的心理过程失去了协调一致性，称为异常状态。

(三)人格的相对稳定性原则

江山易改，本性难移，说明了人格的相对稳定性。在长期的生活道路上，每个人都会形成自己独特的人格心理特征。这种人格心理特征一旦形成，便有相对的稳定性；在没有重大外界变革的情况下，一般是不易改变的。

如果在没有明显外部原因的情况下，一个人的人格相对稳定性出现问题，我们就要怀疑这个人的心理活动出现了异常。这就是说，我们可以把人格的相对稳定性作为区分心理活动正常与异常的标准之一。例如，一个用钱很仔细的人，突然挥金如土，或者一个待人接物很热情的人，突然变得很冷漠，而我们在他的生活环境中找不到足以促使他发生改变的原因，那么，我们就可以说，他的精神活动已经偏离了正常轨道。

区分心理正常与异常的三原则以自知力为判断和鉴别的指标。完整的自知力是指个体对其自身精神状态的认识和批判能力，是判断是否有精神障碍及严重程度、疗效的指征。自知力涵盖于三原则之中。

很显然，"正常"和"异常"是标明"有病"或"没病"的一对范畴。而"健康"和"不健康"是另外一对范畴，是在"正常"范围内，用来讨论"正常"的水平高低和程度如何。可见，"健康"和"不健康"这两个概念，统统包含在"正常"这一概念之中。这种区分是符合实际的，因为不健康不一定有病，不健康和有病是两类性质的问题。另外，在临床上，鉴别心理正常和心理异常的标准与区分心理健康水平高低的标准也是截然不同的。

对于是否有病，心理咨询和精神病学都很关心，但动机和目的不同。前者主要是为了鉴别，后者主要是为了治疗。所以，我们可以把人的全部心理活动分别使用"心理健康""心理不健康""心理异常"这三个概念来表达。

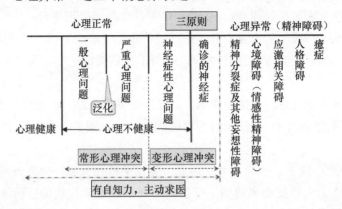

二、心理问题鉴别

一般来说，我们可以把心理诊断中经常出现的诊断结果按严重程度做如下划分。

重性精神病——神经症——神经症性心理问题(可疑神经症)——严重心理问题——一般心理问题。从诊断和治疗顺序上，需要区分的是以下情况。

1. 重性精神病与神经症、一般心理问题、严重心理问题区别

区分的重点——自知力、求医行为。临床上，首先要使用三原则做心理正常与异常的区分，求助者的知情意是否统一一致，对自己的心理问题是否有自知力和求医行为，有无逻辑思维的混乱感知觉的异常，有无幻觉妄想等精神病症状，来排查是否有精神障碍。精神障碍包括人格障碍、和精神分裂症。如果有精神病症状，需要到医院精神科就诊治疗。

2. 神经症与一般、严重心理问题的区别

区分的重点——心理冲突的性质。心理冲突有常形与变形两种。

(1) 常形与变形的区分有两个标准：是否具有道德性质、是否与现实有直接联系。如出现第三者后，在离婚与不离婚中矛盾，十分苦恼，这就与现实事件直接联系，并且有明显的道德性质，不论你持什么道德观点，你总可以将冲突的一方视为道德的，而另一方是不道德的。这就是常形。如一个人整天想着是该吃饭还是不吃饭，与现实事件无直接联系，并且不带明显的道德色彩。这就是变形。

(2) 心理冲突如是常形，就可能是一般、严重心理问题。

(3) 心理冲突如是变形，就可能是神经症。

神经症是一种精神障碍，主要表现为持久的心理冲突，病人觉察到或者体验到这种冲突并因之而深感痛苦且妨碍心理功能或社会功能，但没有任何可证实的器质性病例基础。

对神经症的评定，一般通科医生用比较简单而容易掌握的方法来进行。首先看病程，不到 3 个月为短程，评分 1；3 个月到一年为中程，评分 2；1 年以上为长程，评分 3。其次看精神痛苦的程度，轻度，病人自己可以主动设法摆脱，评分 1；中度，病人自己摆脱不了，需要借助别人的安慰或处境的改变才能摆脱，评分 2；重度，病人几乎完全无法摆脱，即使别人安慰、开导或陪着娱乐、易地修养也无济于事，评分 3。最后看社会功能，能照常工作学习以及人际交往只有轻微妨碍者，评分 1；中度社会功能受损害者，工作学习或人际交往效率显著下降，不得不减轻工作或改变工作，或某些社交场合不得不尽量避免，评分 2；重度社会功能受损害者，完全不能工作学习，不得不休病假或退学，或某些必要的社交完全回避，评分 3。

在确定心理冲突的性质，如果为变形，可以用简易评定法。如果总分为 3，则为神经症性心理问题；如果总分为 4~5 分，则为可疑神经症；如果总分为 6 分以上，则可确诊为神经症。

相关案例：小王 23 岁，大学毕业，待业。就读学校在外省，位置偏僻条件较差，宿舍里有老鼠，一到晚上老鼠就出来活动，打扰自己睡不着觉。特别是自己睡下铺，总怕老鼠跑到床上骚扰，经常担心害怕，彻夜难眠。与同学调换床位睡到上铺，睡眠有所改善。但每天早上起来要检查床上有无老鼠粪便，总担心老鼠曾经跑到自己床上弄脏衣被。一年前毕业回家，开始一个月觉得家里安全，晚上也能睡安稳。求职过程不顺利，认为和自己只是个大专学历有关，开始参加本科自考。学习遇到困难时，就后悔当初没有坚持复读，特别看到和自己差不多情况的表妹复读后考取了一所理想的大学本科，更加伤心后悔。一天夜里又听到自己房间里出现声音，怀疑老鼠作怪，紧张得一夜没有睡好。第二天，检查自己房间并无老鼠的证据，但还是不放心。半年多来，总认为院子里和马路上都会有老鼠。碰到垃圾箱要远远绕开，从外面回家要反复洗手，虽然知道没有必要，但就是不能控制，否则很难受。晚上看书时，更时时刻刻注意有无老鼠活动的声音，失眠、头晕、心慌，学习效率很差，心烦，总想发脾气，对父母态度不好。医院检查未发现身体有器质性病变，医院建议寻求心理咨询。

3. 一般心理问题与严重心理问题的区别

一般心理问题：由于现实生活、工作压力、处事失误等因素而产生内心冲突，冲突是常形的，并因此体验到不良情绪(如厌烦、后悔、懊丧、自责等)；不良情绪不间断持续一个月，或间断持续两个月仍不能自行化解；不良情绪仍在相当程度的理智控制下，始终能保持行为不失常态，基本维持正常生活、学习、社会交往，但效率有所下降；自始至终，不良情绪的激发因素仅仅局限于最初事件，即使是与最初事件有联系的其他事件，也不引起此类不良情绪。

相关案例：高二男生小明，最近换了新班主任，也是数学老师。班主任管理严格，小明因使用手机及抄其他同学作业等与其发生矛盾，开始讨厌上数学课，数学成绩下降厉害。

严重心理问题：引发问题的原因是较为强烈的、对个体威胁较大的现实刺激。内心冲突是常形的；从产生痛苦情绪开始，痛苦情绪间断或不间断持续时间在两个月以上、半年以下；遭受的刺激强度越大，反应越强烈。在大多数情况下，会短暂失去理性控制，在后来的持续时间里，痛苦可逐渐减弱，但是，单纯依靠"自然发展"或"非专业干预"难以解脱，对生活、工作和社交有一定程度影响；痛苦情绪不但能被最初的刺激引起，而且与最初刺激相类似、相关联的刺激，也可以引起此类痛苦。

相关案例：大一男生小陈，升入大学后，一次因为舍友打游戏声音大而和其发生矛盾，之后彼此关系冷淡，其他舍友对自己也不理不睬。现在感到在学校无比压抑和痛苦，不想见到那些同学，学习也学不进去，睡觉也睡不好，一放假就想回家，不知道该怎么办。

三、病因识别

导致个人心理问题的原因非常复杂，早期研究强调遗传的因素，事实上，精神医学的遗传研究并不能说明一般精神疾病的发生，先天体质脆弱因素加上环境等因素的交互作用，是导致心理疾病产生的原因。有研究发现，纯粹由单因素发病的仅占3%，由多因素致病的则占80%。心理障碍和疾病是其所处的特定环境的产物，包括内在的遗传因素，个体的生理、心理特点和外在的自然、社会灾难及社会环境因素等。

(一)生物学因素

生理功能的改变与心理活动的关系。生理功能的改变也会引起心理活动发生改变。例如，一位家长发现自己的孩子考上初中后学习吃力，成绩下降，孩子反映上课头晕头痛，注意力不集中，自己虽然努力不能克服，而且每节课的后半部分加重。由于该生这一年发育迅速，长得较高，被安排到班里最后排位置，症状加重。考虑到视觉疲劳的因素，以及近视眼镜的质量问题，医生建议去正规医院找眼科大夫检查，最后证实该生有较重的屈光不正，改配合适的眼镜后症状消失。

常见躯体疾病所致的心理异常。如流感、肺炎、疟疾、流行性出血热等细菌和病毒严重感染，会给感染者带来不同程度的意识障碍，或者虽然没有意识障碍，但有狂躁、抑郁、幻觉、妄想等表现。少数人出现感染后的人格和行为异常。心源性脑病也会引发心理行为障碍。由于脑血流量减少、脑缺氧，患者表现为易疲劳、易激怒、情绪不稳、抑郁、注意力涣散、健忘、失眠、噩梦、晕厥等。内分泌系统疾病也会带来心理异常，例如，甲状腺功能亢进时表现的精神兴奋性增高，早期表现为情绪不稳、过敏、急躁、易激动、失眠、注意力不集中，进一步可出现狂躁状态。而甲状腺机能减退者，则有淡漠、无欲、呆滞、主动性减退、言语行为迟缓等。代谢疾病也会引起心理行为异常，例如，由于肝脏疾病引发的低血糖，急性发作时的病人表现为烦躁不安、头晕眼花、恐惧焦虑、易激惹。以后逐渐出现注意力不集中，记忆力减退，躁动兴奋、意识障碍以至昏迷。发作频繁者可有人格改变，情感淡漠，理解力、判断力下降，严重时呈痴呆状态。一些手术病人会出现术后精神障碍，如脑部手术、心脏手术、眼部手术、腹部大手术的病人。急性者以意识障碍多见，如麻醉清醒2～5天又出现嗜睡、谵妄状态，部分病人在谵妄状态后残留幻觉、妄想症状，有的出现抑郁状态或幻觉、妄想状态，多发生在手术后1～2周。

生物年龄对心理活动的影响。在考虑生物学因素对心理行为的影响时，年龄是一个不可忽视的因素，因为同样的外部条件对儿童和成年人来说意义是不同的，心理效应的估价也不同。例如，儿童尿床不会成为心理负担，但对成年人来说就会引起高度的焦虑。从发展心理学的角度看，人从出生到死亡是一个精神活动的连续体，在这个连续体的不同发展阶段上，心理活动有其各自的特征。对一般心理活动来说如此，对心理问题和心理障碍来说也是如此。无论就心理问题的性质还是表现方式上来说都有差异。对于一个学龄前儿童来说，心理障碍可能由一个恐怖电影镜头的惊吓产生，但却很少可能由小朋友之间打架形成，今天打了架，明天可能又是好朋友。但对成年人来说就完全不是这样。儿童受到刺激后，很容易泛化，这是由于他们的大脑皮层功能尚未完善，内抑制力较差，认识水平低，不易分化，所以，心理问题就很容易转化为心理障碍，而成人则不然。从情绪发展来看，儿童情绪比较简单，情绪的内容多为与个体保存有关的安全感和生物需要的是否获得满足有关。很多复杂的人际关系和社会要求对儿童构不成直接威胁，即便是家庭不和或其他成人之间的矛盾，也是威胁到儿童安全感时才能形成所谓精神压力。为此，年龄较小的儿童，其心理紊乱的内容与形式并不十分复杂，由于儿童情感表达没有成人那样的高度语言化和内心压抑，所以心理障碍更多以行为障碍为主，如多动、缄默、多余动作或退缩行为等。老年人的心理习惯之一是倾向回忆往事，不愿展望未来，因为未来对他们来说不甚乐观。为此，曾经幸福的老年人情绪方面多数比较平稳，曾经坎坷的老年人情绪方面多愁闷和低沉。老年人的心理需要多数比较现实，要求眼下有事可做，特别是刚刚离开工作岗位的离退休人员。由于社会交往的减少，孤独感是造成老年人心理问题和心理障碍的原因之一。

性别因素对心理行为的影响。例如，一对未婚的青年男女发生过性关系，后因感情不睦，关系破裂，男方对性行为的经历可能并不在意，但女方可能因"失贞"而引起较大的焦虑并导致较重的心灵创伤。同样都有"更年期"，但由于性激素改变的幅度有较大的性别差异，对男女心理行为的影响不同，男性的更年期综合征远远不如女性那么明显和严重。

(二)社会性因素

社会是人们交互作用的产物，是各种社会关系的总和。社会因素包括政治、经济、文化、教育、科学技术、生活方式、风俗习惯、卫生服务等。人类健康除了受自然环境中各种因素及遗传因素的影响，也受社会环境中各种因素的影响。相关生活事件、人际关系及所处的生存环境都会对个体的心理行为产生影响。例如，小李是一个活泼开朗的大三女生，最近和舍友关系非常紧张，常常因为一点小事吵起来，宿舍变得火药味很重，大家都很不愉快。后来辅导员老师了解到，小李母亲一个月前生病去世了。因为家远怕耽误学习，家里人没有提前告诉她母亲病危。小李虽然回家奔丧，但是始终很内疚没有见母亲最后一面，回到学校后她变得很烦躁，宿舍里有人听歌或说笑她就很不舒服，很容易和宿友吵起来。这个例子里，小李的心理和行为变化主要是因为母亲去世，家庭生活发生了突然的巨大变化，使她无法承受。对一个还没成年的学生来说，这种变化是巨大的打击。

在当下中国，改革开放引起社会结构、生活方式、思维方式、价值观念、行为模式的变革，这种社会变迁对每个人来说都有一个适应与不适应的问题，不可避免地会带来心理上的矛盾冲突和压力。例如，价值观念的冲突、竞争的日益激烈、生活节奏的加快、人际关系的疏离、人口与环境的显著变化，都易引发大学生的心理冲突和压力。在这种快速、深远的变化中自身心理素质不太好、适应不良的人，会感到失望、迷茫、恐慌、嫉妒、恐惧、犹豫、缺乏安全感等，因而导致各种精神症状，如暴躁、攻击、自杀。社会所经历的重大事件，如经济危机、政治动乱、民族冲突、国家之间的战争及环境的严重污染等，都会对个体的心理健康产生影响。

(三)心理因素

认知因素致病在临床上经常可以看到，指由于对事物的理解、概念的使用、推理的逻辑和包括自身认知在内的偏差与失误造成的心理问题和心理障碍，例如，错误观念、新旧观念冲突、持久偏见、不良归因倾向、负性情绪记忆等。小张同学在中学一直都是班长，到了大学以后竞选班长没有成功，心情不好非常失落，同时自责羞愧，觉得自己没有本事很没有面子。分析小李的烦恼原因，可以看出与他要求完美自我评价过高有关。小陆同学自住校以来一直为宿舍关系苦恼，起因是他坚持晚上九点上床睡觉，而其他同学都要十点以后才上床。小陆坚持的理由是一年前自己爷爷高血压去世，他感到健康无比重要，怕自己也会有高血压，如果晚睡会非常不利。他向辅导员提出换宿舍，辅导员安慰他不要太过紧张，晚睡一点不会很严重，而且大学生普遍睡得晚，其他宿舍也不大可能做到九点睡觉。小陆的恐惧与错误归因有关，"晚睡会得高血压"这个命题推理是不真实的，结论必然荒谬。

第二节　认识日常生活中的精神障碍

一、神经症

神经症又称神经官能症，是一组非器质性的大脑机能轻度失调的心理疾病，是最常见的心理疾病。主要包括：强迫症、焦虑症、抑郁症、恐怖症、癔病以及神经衰弱症等。这些症状有共同的特点：①没有脑的器质性病变作为基础，也没有足以造成脑功能障碍的躯体疾病。尽管患者有各种躯体不适感觉，却没有相应的器质性损害。②心理冲突，精神痛苦。患者能够觉察自己处于一种矛盾的心理状态却无力自拔。例如，感到控制不住自己应该加以控制的心理活动(焦虑、恐怖、紧张等)。③精神活动能力降低。注意力不集中，记忆力减退，学习效率下降等，给正常的生活、学习、工作带来影响，但生活自理能力、社会适应能力基本正常。④自知能力良好。患者对自己的病态有充分的自知力，主动求医，求治心切。⑤症状的持续性。神经症的持续时间比较长，一般至少持续3个月。

神经症的主要类型有以下几种。

(1) 焦虑症。焦虑是一种没有明确对象或具体内容的恐惧，患有焦虑症的人常常无端地感到惶恐不安、心烦意乱，好像不幸的事情就要来临。伴有心悸、头昏、恶心、多汗、手脚发凉或燥热、呼吸困难等生理症状。检查可见心跳加快、呼吸急促、震颤，发作可持续数分钟到数小时，并可反复发作。焦虑患者多有胆小、羞怯、过分敏感、忧心忡忡等人格特点，常处于持续紧张状态，终日惶恐、提心吊胆、坐卧不安、注意力不集中，多伴有失眠、胃肠不适等。患者焦虑情绪并非由现实情况所引起。起病年龄多在16～30岁，女性多于男性。焦虑症往往是影响大学生学习精力和效率的重要因素。病程可长可短，一般比较容易治愈。

(2) 神经衰弱。神经衰弱是大学生中较常见的以精神容易兴奋和脑力容易疲劳、伴有睡眠障碍和各种躯体不适为主要临床症状的神经症。好发于精神负担沉重或缺乏良好的、科学的工作方法，或坚持长时间过于繁重的脑力劳动，而又缺乏适当体力活动的人。也可由于亲人亡故、人际关系紧张、事业受挫、恋爱失败等强烈的精神刺激或不良情绪体验导致发病。主要特点是：疲劳、头痛、失眠、注意集中困难、易激怒，但无器质性病变存在，精神容易兴奋与疲劳，对刺激过度敏感，对光刺激或细微的躯体不适特别敏感。白天爱睡、夜间难眠，多梦易醒。非常注意自身的变化。植物性神经功能紊乱，有头痛、胸闷、气短、汗、血压波动、厌食、便秘、尿频等症状。患者的症状时轻时重，病情的波动常与社会心理因素有关。该病与患者的不良个性也有关系，如心胸狭小，敏感多疑，自制力差，易于忧虑。在我国，神经衰弱虽然已经是公认的心理性疾病，但病人遇到各种躯体上的不适时，很少主动找精神科医生或心理医生咨询。药物及其他躯体疗法疗效都不太好，仅可使症状暂时减轻，心理治疗才是主要的治疗方法。

(3) 强迫症。强迫症是一种以反复出现强迫观念和强迫动作为特征的神经症。患者常常为那些反复出现的强迫现象所困扰，虽然竭力克制，但仍难以摆脱。病人不能通过理智摆脱和控制自己的观念、感情和行动，并为此感到焦虑和苦恼。主要临床特点是：强迫观念(如强迫怀疑、强迫回忆等)、强迫意向(常为某种与正常心理相反的意向所纠缠)、强迫行为(如强迫洗手、强迫数台阶、强迫检查等)。强迫症患者能认识到自己的强迫观念不是外力所强加的，试图克制，但往往失败。患者发病前性格具有谨慎、优柔寡断、办事要求十全十美、深思熟虑、与人交往严肃古板、缺乏灵活性和适宜性等特点。发病年龄多在16～30岁，男性多于女性，以从事脑力劳动者居多。症状有波动性，时轻时重，一般在用脑过度、心情焦虑烦恼时症状加剧。心情舒畅、注意力集中和紧张体力劳动时症状较轻。

(4) 抑郁症。抑郁症是一种由社会心理因素所引起、以持久的抑郁情感为主要临床特征的神经症。常常表现为悲观、孤独、哀伤和自我贬低，对前途悲观失望，没有交往的欲望，很少有活动的兴趣。常伴有焦虑、睡眠障碍和躯体不适。无明显的运动性抑制、思维混乱等精神病症状，日常生活能力没有受到显著影响。抑郁症多发病于紧张的生活事件，如亲人的分离和病故、离婚、突发灾害、挫折、慢性疾病、工作和生活困难等。敏感、胆小怕事、软弱、依赖性很强的人较容易患抑郁症。抑郁症多起病于青少年时期，女性多于男性，临床表现为情绪低落、心境不好、容易哭泣、丧失对外界人际关系的兴趣、常感到不如意。患者对于生活中的失败常常归咎于他人。

(5) 恐惧症。恐惧症是指对某种特定的对象或境遇具有持久强烈、非理性的害怕或病态的恐惧，是对特定的事物明知不存在真实的危险，却产生持续的异常强烈的恐怖反应或紧张不安的内心体验。患者极力回避所害怕的客观环境，虽然知道害怕是过分的、不应该的，但也不能防止其恐怖的发作。所害怕的客观环境是外在的，尽管当时并无危险。常伴有心跳加速、脉搏加快、呼吸急促、出汗，甚至昏厥等植物性神经功能失调现象，因而要尽可能地回避与这些对象或情境接触。按照对象和情境的不同，一般可把恐惧症分成以下几类：①动物恐惧症：害怕猫、狗、老鼠、蛇等小动物；②疾病恐惧症：害怕某种特殊疾病如肿瘤、心脏病等，反复考虑万一得了该病会怎么办，因此要求反复检查；③社交恐惧症：害怕在众人面前说话，不敢面对别人就坐，见人就紧张不安，手足无措，眩晕甚至发抖；④旷野恐惧症：害怕经过空旷的地方，如过广场、过马路、过桥等，害怕封闭的空间，如怕地铁、火车等。在日本和中国等东方国家，比较常见的是见人恐惧症。患者不敢面对他人，尤其是在异性面前。

(6) 疑病症。疑病症是以怀疑为特征的神经性障碍，患者自认为患了某种疾病，过分关注自己的健康或身体某一部分的完整性和功能，通常伴有焦虑、抑郁和担心，但无其他精神病性症状，也无器质性病变。部分患者病前具有固执、敏感、谨慎、多疑、对自身健康过分关注等特点。真正疑病症病人并不多，常常是神经衰弱并带有轻重不等的疑病现象。疑病症多数于中年起病，男性多于女性。

(7) 歇斯底里。又叫癔症，是由精神刺激或不良暗示引起的一类神经性精神障碍，表现为各种各样的躯体症状，包括感觉、运动和植物神经功能紊乱(如瘫痪、过敏、麻木、震颤、肌肉痉挛等)，或短暂的精神异常(哭笑、狂怒、喊叫、打人、打自己)，大多突然发病。癔病在检查时，不能发现有相应器质性病变，可因暗示产生，也可因暗示而改变或消失。歇斯底里发作与精神因素关系密切。使患者感到委屈、愤怒、羞愧、窘迫或惊恐等突然的刺激，常是初发病因，以后可因联想或重新体验到当时的情感而发病。歇斯底里好发于16～30岁之间，女性较多见。这类病症大学生中较为少见。

二、人格障碍

人格障碍又称病态人格、精神病态、变态人格或人格异常，指青春期或少年儿童时期发展起来的人格缺陷，这类人格缺陷是持久的，延续到成年阶段，贻害社会和自身。患者不能适应正常生活，表现为情感和意志方面障碍，但其思维和智能并无异常。患者的人格特征显著偏离正常，但人格的常态与变态只能在一定的社会历史条件下与其所处的普通社会人群相比较而言。现实生活中的人常常在某种性格的优点后面同时潜伏着相对的缺点，例如，富有进取心、活动能力强的人常伴有武断、冒进的缺点；而守规矩、谨慎的人又常伴有怯懦、缺乏信心与被动。因此，判断一个人是否属于人格障碍时一定要慎重，不要把常态人格的一些差异或有些怪癖行为的正常人误诊为有人格障碍。人格障碍的形成原因可能与遗传有关，后天不良环境因素，如童年精神创伤、不和谐的家庭环境等，在人格障碍的形成上也起着很重要的作用。

常见的人格障碍主要有以下几种。

(1) 偏执型人格障碍。又叫妄想型人格，多见于男性。主要表现为过度敏感与猜疑，固执己见，好嫉妒，心胸狭隘，有报复心理，或无任何事实根据地怀疑他人，自我评价过高，过分自负，遇到挫折则推诿于客观原因，怨天尤人。同时又很自卑，总是过多过高地要求别人。不能正确地分析看待事物，易从个人感情角度出发，思想多主观片面性。这种类型的人很难和别人和睦相处。

(2) 分裂型人格障碍。主要表现为过于内向、退缩、含羞、胆怯、孤僻，不爱交往，安静沉默，喜欢幻想，常做白日梦，喜欢想入非非，待人冷漠，缺乏进取心。

(3) 反社会型人格障碍。也称悖德型人格、无情型或违纪型人格障碍，是对社会影响较严重的一种类型，是最为心理学家和精神病学家重视的。其特点是：极端的自私与自我中心，自尊心强，缺乏责任感，行为冲动，违法乱纪，可能会做出许多损人利己甚至损人不利己的事，而自己良心上没有丝毫的不安和内疚，常把一切责任归咎于他人。毫无孤独和痛苦感。学习和工作效率低下，遇到困难或精神刺激时，易产生激烈反应状态或癔病发作。

(4) 爆发型人格障碍。又称冲动型人格障碍，其特点是常因微小的精神刺激而爆发非常强烈的愤怒和冲动，自己无法控制。在间歇期是正常的，没有冲动和攻击的迹象。情感和行为的暴烈程度与精神刺激很不相称，可造成严重的损失或伤害。患者对冲动的抵制可以是有意识的或无意识的，发作时感到满足和放松，事后懊悔自责，但不能防止再发。

三、精神疾病

精神疾病是一种严重的心理疾病，多数病人患病期间对自己的异常心理表现完全丧失了自我辨别能力，不承认自己有病，更不愿意主动求医。精神疾病的产生往往是各种因素综合作用的结果，如各种躯体疾病、遗传因素、代谢因素、环境因素、社会心理因素、个性因素等。

(1) 精神分裂症。精神分裂症是人类最多见但至今还没有找到明确病因的精神病，多发病于青壮年。儿童及50岁以上的人群初发病的较少。患者的精神活动与现实环境相脱离，主要表现为情感淡漠、对同事和朋友缺乏关心和同情，对亲人不体贴，对周围事物反应迟钝，生活学习兴趣减少，该喜时反而悲伤，思维活动无逻辑性以致无法理解，言语支离破碎、缺乏联系。精神活动脱离现实，伴有各种幻觉、妄想、行为与动作障碍等。一般将精神分裂症临床症状分为急性和慢性两个阶段：急性阶段以幻觉、妄想为主，慢性阶段以思维贫乏、情感淡漠、意志缺乏和孤独内向为主。女性多于男性，经济水平低的居民患病率较低。精神分裂症并非由单一因素引起，病因可能与遗传、器质性病变和心理社会因素等有关。

(2) 躁狂抑郁症。躁狂抑郁症又称情感性障碍、情感性精神病，以显著而持久的情感高涨或低落为主要特征，伴有相应的思维和行为等方面的改变。间歇期精神活动基本正常。病程为双相循环发作或单相发作，有反复发作的倾向。躁狂状态和抑郁可以在同一个病人身上交替发作,这种情况称为双相循环。在一个病人身上每次发作都是一种状态,如都是躁狂状态或抑郁状态,称为单相发作。单相抑郁比较常见。躁狂抑郁症在发病时情绪高涨,思维活动加速,言语动作增多,严重时可有妄想,或者心境抑郁,思维缓慢,言语动作减少、迟缓,甚至会出现木僵状态。初发病多在16~25岁,女性多于男性。

(3) 偏执性精神病。偏执性精神病是以妄想为主的精神疾病的总称,包括偏执狂和偏执状态,主要特点是持久的偏执妄想,行为和情感反应与妄想内容相一致,程度轻重不一,在不涉及妄想的情况下,患者可不出现明显的精神异常。该病的产生可能与患者个性缺陷及人格的不健全有关,并在社会心理因素的作用下逐渐发展起来。

四、性心理障碍

性心理障碍包括以下几种。

(1) 性别认同障碍或性身份障碍。也即性别转换症。由于个人不认同自己生理上的性别,而形成心理上严重困扰的异常现象。他们自我意识的性别或心理性别与其生物学性别恰恰相反,于是强烈要求医生为其改变身体的性别,否则具有强烈的自杀或自残倾向。产生性别认同障碍的原因有生物学因素和环境因素的影响。①生物学因素:哺乳类的早期胚胎形态是雌的,只是后来附加雄激素的影响而形成雄性性器官,在猕猴孕期内大量使用雌激素,产生的幼猴可发现自身性别认同障碍。②环境因素:不合理的家庭教育特别是性指定方面的教育无疑对孩子的性心理发展起重要作用。

(2) 性取向障碍。也即同性恋,由于大多数同性恋者具有良好的自我调适能力,他们不承认自己有病或有错,所以也不会求医和求助。只有少数同性恋者痛恨自己的行为,但又缺乏自我调适能力,于是处于严重的自责与心理冲突之中,或在社会舆论的谴责或压力之下具有求治愿望。由于精神医学界鉴别性心理异常标准的改变,有些早期被认为性心理变态者,现在已不再被列为性心理障碍,其中最明确的就是同性恋。20世纪80年代以前,同性恋者一向被视为变态,80年代以后,则只对同性恋者自感痛苦或因其行为而给别人带来痛苦,才被视为是心理障碍。同性恋是否属于疾病,意见不一。通常认为同性恋的人并非精神病,有些人智力超过一般水平,对艺术、音乐饶有兴趣,在政治活动和法律方面取得一定成就,但如果他们面对社会压力或他们的同性恋关系不能维持时,便可能产生严重的焦虑或抑郁反应,甚至可能消极自杀,在这种情况下医学帮助可能是有用的。近年研究证实,同性恋者是艾滋病的易感人群,更引起了医学界注意。如果同性恋者为自己的同性恋行为而苦恼,希望使自己成为异性恋者,医学帮助也是合理的。不愿医治的同性恋者治疗不会收效。

(3) 性偏好障碍。也就是性欲倒错,性变态,主要表现为性对象异常和性满足方式异常。目前性变态的概念包含了三方面。第一,其行为不符合社会认可的正常标准。但不同的社会和历史的不同时期这种标准并不相同。例如,同性恋在我国被认为是违反习俗的,是一种性变态,但在欧美、阿拉伯国家的某些地区同性恋却是合法的。第二,其行为对他人可能造成伤害,如诱奸儿童和严重施虐狂。第三,本人体验到痛苦,这种痛苦与其生活的社会态度有关,其性欲冲动与其道德标准之间发生了冲突或认识到对他人带来了痛苦。按照这三个条件为标准,人类的性行为被列为变态的不下十几种,其中就包括露阴症、窥淫症、挨擦症、恋物症等十余种变态的性行为。他们的问题不在于其性偏好偏离正常有多远,而在于缺乏正常的性追求和性行为方式。

第三节 心理问题的治疗

一、什么是心理治疗

对心理疾病的治疗已经成为心理学家、教育工作者、医学工作者乃至社会关注的热点问题,除了少数心理疾病需要服用药物治疗外,心理疾病主要采用心理治疗。心理治疗不同于一般的劝说和安慰,是治疗者运用心理治疗的有关理论和技术,对患者进行帮助的过程,以缓解或消除患者的问题或障碍,促进其人格向健康、协调的方向发展。狭义的心理治疗仅由精神分析家、精神科医师、临床心理学家来实行,广义的心理咨询包括心理咨询师、教育辅导人员、精神病学家和社会工作者等。

心理治疗的目标主要有以下 4 个方面:①诊断,即说明个体的问题类型,对现有问题做出精神病学诊断并对障碍进行归类;②提出一个可能的病因学(问题的原因)的看法,即确定疾病发生并持续的可能原因;③提出对于预后的看法,即对进行治疗或不进行治疗所可能出现的病程进行估计;④确定并进行治疗,即减轻或消除问题症状,有可能的话,祛除症状产生的根源。

心理治疗的功能有:①减轻症状;②改变病人态度及行为;③增加病人人格成熟度,如对问题领悟力、冲突解决、反应形态改变、人际适应、有意义的人生观的建立等。

心理治疗的过程有:①说明病情,了解病因及症状的关系;②寻找来龙去脉,使病人意识到自己问题所在;③协助用有效方法面对,并处理问题;④支持病人发挥其潜在能力。

二、心理治疗的方法

心理治疗过程通常有相应的理论为指导,通过心理治疗帮助患者弄清产生心理障碍的原因,发现问题并找出解决的办法和改进措施。国内外常用的心理治疗方法主要有以下几种。

1. 精神分析法

精神分析法(又称心理分析疗法)是由弗洛伊德创立的,治疗的目标是分析患者所暴露、压抑在潜意识中的心理意念,使患者意识到问题的根源。主要通过自由联想、梦的分析等心理技术使患者潜意识里的冲突上升到意识中,一旦患者领悟,疾病就会消退。

自由联想的方法是指每次会谈让患者选择自己想谈的题目,如兴趣爱好等,随脑中涌现的念头脱口而出。患者沉浸在往事回忆中时,内心深处无意识的闸门会不由自主打开,所谈的事情往往带有情绪色彩。患者有时突然出现不语、转题、冲动行为，这是患者心理症结所在，这时要用同情的语调引导患者让伴有严重焦虑和冲突的事情进入其意识中，将压抑的情感发泄出来。

梦的分析是精神分析常用的疗法。弗洛伊德认为，梦是潜意识欲望冲突的象征，做梦是为了避免被他人察觉，以象征的安全的方式避免焦虑的产生。因此，对梦的分析可发现这些象征的真正含义，找到解决冲突的方法。

2. 行为疗法

行为疗法又称行为矫正，是建立在行为学习理论基础上的一种心理疗法，强调通过对环境的控制来改变人的行为表现。行为疗法的主要观点认为，人的所有行为都是通过学习而获得的，其中强化对该行为的巩固和消退起决定作用。强化可采用嘉奖或鼓励的方式，也可以采取批评或惩罚的方式。因此，学习与强化，是改变个人不良行为的关键。心理治疗就是要利用强化使患者模仿或消除某种行为，建立新的行为方式。通过提供特定的学习环境使患者改变自我，摈弃或消除不良行为。行为疗法的原则有：取得患者和家属的充分合作，详细了解病情，确定问题行为，选择合适的矫正方法等。行为疗法不追究个人潜意识欲望对异常行为的作用。行为疗法的常用疗法有"系统脱敏""厌恶疗法""松弛疗法"等。

系统脱敏法是在患者身心松弛的条件下，按照轻重程度顺序将诱发反应的情境呈现给患者，让其逐渐习惯该刺激，消除敏感状态。系统脱敏法适应于治疗焦虑、恐惧等不良情绪。例如，有一个3岁小男孩，由于某种不明原因，他很害怕小兔子。在对他的治疗过程中，先将他安置在房间的一头，将兔子放在房间的另一头。通过一系列的治疗手段，兔子被逐渐地、一步步地放在接近小男孩的地方，直到最后，他不再害怕兔子并能够自由自在地与兔子一起玩耍。

厌恶疗法用引起痛苦反应的非条件刺激与形成不良行为的条件刺激结合，使患者在发生反应的同时感到痛苦，从而对不良行为厌恶，使不良行为逐渐消退。常用的厌恶刺激有电击、药物、厌恶想象等，适应症是治疗酒瘾、吸烟、吸毒、性变态等。例如，对吸烟者可利用电击装置，将电极置于手腕或手指上，出现吸烟动作时进行电击，产生疼痛感，从而戒烟。

3. 认知疗法

告诉自己你是什么样的人，你就会成为什么样的人，你自己相信自己应该做什么，你就会那样去做，这就是认知疗法最基本的假设。认知疗法是根据认知过程影响情绪和行为的理论假设，通过认知、学习和行为技术来改变患者不良认知与行为的一类心理疗法。认知疗法十分强调认知过程对人的情绪变化和行为动机的支配作用，主要通过挖掘和发现病人思想深处的异常或被曲解的思维方式，改变患者的认知模式，并辅以行为疗法的技术，来矫正人的不良情绪和行为。这样，随着患者认知方式的改变，其情绪和人格障碍也就会随之得到缓解。

例如，治疗师通过采用下列四种策略来改变抑郁者的认知功能：①向来访者关于自己的基本假设提出挑战;②评估病人自动式思想的证据,并指出那些自动式思想是不准确的;③对事件再次进行归因,找出当时情境的原因,而不是指责病人的无能;④与病人一起讨论在面对可能导致失败的复杂任务时,怎样找到其他的解决问题的方法。

4. 森田疗法

森田疗法是日本学者森田正马教授创立的。森田疗法的适应神经症,创立以来因其对神经症治疗所取得的巨大的疗效而闻名于世。治疗方法是让患者了解神经症的本质,在纠正异常的错误认识的同时,让其把逃避生活的态度改为积极的建设性的态度。森田疗法是一种独特的认知行为疗法,有自己的特点,可以用"顺其自然"和"为所当为"来概括。

顺其自然。按照森田的观点,精神活动有其自身的规律,是不以人的意志为转移的,神经症患者恰恰相反,总是对自身出现的恐惧、不安或苦恼等人人都会有的情感反感,总想压抑、回避或消除掉。顺其自然,就是要认识精神和情感活动的规律,接受自身可能出现的各种想法和观念以及不安等情绪;就是要认清症状形成和发展的规律,接受症状。

为所当为。森田疗法认为改变神经症状,一方面要对症状采取顺其自然的态度,另一方面要随着本来就有的生的欲望去做应该做的事情。症状通常不会很快消失,在症状仍然存在的情况下,尽管痛苦也要接受。要把注意力转向生活中总有确定意义并能够见成效的事情上。努力做应做之事,把注意力集中在行动上,任症状起伏,有助于打破精神交互作用,逐步建立起从症状中解脱出来的信心。

5. 家庭治疗

家庭治疗是对家庭成员有规律的接触与交谈,促使家庭发生某些变化,使患者症状消除或减轻。家庭治疗的前提是,所要处理的问题是在家庭中产生的。家庭治疗从家庭整体结构中寻找病因,改变家庭成员间不良的相互作用规则,调整家庭成员的相互关系,来消除个体行为症状。家庭治疗一般是由治疗者和患者以及父母一起进行谈话、示范和讨论,目的是促进家庭成员间直接、积极和建设性的沟通,围绕特殊行为问题进行讨论,解决冲突,改变僵硬失调的相互作用方式。家庭治疗一般分两步,先对家庭进行诊断评价,了解家庭相互作用模式、社会文化背景、家庭对患者症状的作用及解决方式等,然后进行定期访谈和布置家庭作业。家庭治疗尤其适应因家庭因素导致的心理行为问题的青少年,例如学习困难、学校恐怖症、社会性退缩等。

6. 来访者中心疗法

来访者中心疗法由美国心理学家罗杰斯创立的。该疗法的理论基础是人本主义心理学,认为人都有能力发现自己的缺陷和不足,并能加以改进,相信患者本身能进行合理的选择,解决自己的问题,所以心理治疗的目的不是操纵一个人的外界环境及其消极被动的人格,而是协助来访者(患者)自省自悟,充分发挥潜能,最终达到自我实现。因此,在治疗中,治疗者不是以指导者的身份出现,也不建议来访者应该怎样或不应该怎样,而是起启发作用,启发来访者自己发现自己的问题,并找出最佳的解决办法,治疗者只是一个有技术的朋友,帮助来访者成长而已。所以,在治疗的过程中,治疗者应该与来访者建立相互平等、相互尊重的关系，使来访者处于主动的地位，决定治疗的具体步骤和内容，学会独立决策。

7. 团体心理治疗

以一个小团体病患为对象，可节省人力、物力与时间，同时运用团体心理动力原理，经过相互讨论及团体内部互动方式，使参加者从中获得鼓励与心理支持，重建人际关系，达到同病相怜而相互支持的治疗目的。团体往往是由一群具有相同年龄、社会阶层、文化背景、相似问题经验的人所组成，由6~8人(3~10人或更多)组成。在治疗过程中，大家排成圆形座位，相互对话，每个人轮流与治疗者会谈，他人在旁倾听。有时，治疗者坐到团体圈之外，让大家相互会谈，治疗者拒绝直接回答问题，使病患学习到表达方式并体验到行为矫正的技巧。在治疗时，坚持病患间的直接互动，使每个人都有机会学习到社会问题的特征及如何面对与处理他们身边的问题。团体心理治疗包括心理剧、游戏治疗、训练团体等。

心理治疗法已经被人们普遍公认为是行之有效的医治疾病的方法，甚至可以解决医学上很多老大难的顽症痼疾，收到常规医疗措施不能比拟的效果。心理治疗通过影响患者的心理活动，有效地矫正一些异常行为，例如精神失常、犯罪行为、学习问题、说谎、口吃等，所以心理治疗在各国被广泛加以应用。当然，心理治疗法不是"万能"的，不能把心理疗法的作用疗效说过了头，不能把心理疗法神秘化。大学生在运用自我治疗时，首先要对心理治疗充满信心。不用考虑方法的效果会怎样，但试试看总会有益的，因为这样的自我暗示作用本身就是心理治疗。其次，要坚持下去，持之以恒，不要因为很快就收到疗效而停止，也不要因为还没有看到疗效就中断。因为坚持本身可以磨炼意志，它本身也是心理治疗。最后，如果某一种方法收效不大，或看不出什么显著的效果，就不妨改用另一种方法。也可以几种方法交替使用，或同时使用。

相关案例：

1. 抑郁神经症

李某，男，汉族，21岁，北京市某高校四年级学生。

个人陈述：觉得生活没有意义，对什么事情都不感兴趣，情绪低落，失眠，烦躁近3年。出生于高级知识分子家庭，家庭教育严格，因此养成了较为内向的性格。父母非常看重他的学习成绩，小学、中学在学习上很努力，是家长、老师心目中的好孩子，同学心目中的好班长，学习成绩非常优秀，高考时以优异的成绩考入北京某名牌大学。升入大学后尽管依然努力学习，但成绩就是不如高中时好，有一种失落感，总想提高学习成绩，但事与愿违，在班上的排名不升反降，大学一年级期末考试，居然倒数第二，为此父母极为严厉地批评了他，他觉得自己真没有用，感到自己很没面子，感到老师、同学都看不起自己，觉得自己的一切都完了，从此心情非常低落，闷闷不乐，打不起精神，觉得活着没有意思，因此什么也不想干，对什么都不感兴趣，也不愿与人交流，经常独来独往，我行我素，逐渐开始出现失眠、烦躁不安等症状。由于注意力无法集中，大二以后的学习成绩一直排在班里的后几名，父母并没有在意其异常，只是一味要求他努力学习，对他学习成绩下降很气愤。他为此痛苦不堪，感到活着没意义，还不如死了算了，曾想到自杀但又缺乏勇气。

感觉不到生活、学习的兴趣，自己也不明白原因。

咨询师观察了解到的情况：由于家庭教育的原因，李某非常注重学习成绩，总是不断地追求第一，从小性格内向，胆小怕事，小学、中学时是最愉快的时光，学习成绩优异，读大学后由于成绩下降很自卑，一直打不起精神，总想大哭一场，不能正常学习，无精力、注意力不集中，对任何事情没有兴趣，感到极度痛苦，活着没有一点价值，感到自己的生物钟错乱。平时不太愿意参与集体活动，很少与人交往，学习很勤奋，但学习成绩一般，家长邻里认为其不活泼，但很听话。几次去校医院问诊就诊，未发现器质性病变，医生考虑可能有神经衰弱、神经官能症，建议看心理门诊，自己也认为有心理问题而主动前来就诊。李某无家族精神病史及遗传病史。

咨询师的诊断：

李某的主要症状是情绪低落、兴趣下降、焦虑、自我评价低、绝望、有自杀倾向、失眠等，因此可以诊断为抑郁神经症。造成该问题的原因如下。

1) 社会原因

A. 家庭教育的原因，出生于高级知识分子家庭，家教严格，父母非常看重他的学习成绩；

B. 负性生活事件的影响，上大学后学习成绩下降，成绩排在班里后几名；

C. 人际关系紧张，很少与人交流，独来独往；

D. 缺乏社会支持系统的帮助，未得到父母、老师和同学的理解和关注。

2) 心理原因

A. 存在认知错误，因为学习成绩没有中学时好就认为自己没用，认为自己很没面子，认为父母、老师及同学因为自己成绩不理想就都看不起自己，觉得自己的一切都完了；

B. 情绪方面的原因，受情绪低落、焦虑等情绪的困扰不能自己解决；

C. 在行为上缺乏解决问题的策略与技巧，面对学习成绩下降，不知所措；

D. 个性追求完美，争强好胜，无法正视挫折。

常用的治疗方法：

(1) 药物治疗：用来改变脑部神经化学物质的不平衡，包括抗抑郁剂、镇静剂、安眠药、抗精神病药物。

(2) 心理治疗：主要是用来改变不适当的认知或思考习惯、或行为习惯，可以从根本上解决问题。

(3) 阳光及运动：多接受阳光与运动对于抑郁症病人有有利的作用；多活动活动身体，可使心情得到意想不到的放松作用；阳光中的紫外线可或多或少改善一个人的心情。

(4) 好的生活习惯：规律与安定的生活是抑郁症患者最需要的，早睡早起，保持身心愉快，以愉悦的心情面对每一天，凡事都要抱着积极乐观的态度，以期增加个人生命的彩度与亮度。

2. 强迫神经症

齐某，男，21岁，某政法大学刑侦系学生。齐某的父亲是某市政府秘书处的一般干部，母亲是农村民办教师，有一个姐姐在乡镇企业里当会计。他自小体弱多病，性格内向，常常喜欢自己一个人遐想冥思，自称是一个多愁善感的人。他承认自己心胸比较狭小，而且比较多疑，任何人的一句无伤大雅的玩笑都可能使他感到受辱而偷偷流泪。齐某高中二年级时，读了美国医学惊险小说家罗宾科克的《昏迷》和《发烧》，便怀疑自己脑子里也长了肿瘤，好长一段时间终如忐忑不安，总怕自己得了绝症。有一次他的妈妈不在家，由姐姐临时做了一顿饭，吃饭时，齐某突然产生疑心，这饭里会不会放了毒药。那以后，他好长一段时间不思饮食、夜不安枕。总是抑郁不安，对什么事情都提不起兴趣。后来父亲把他从县中学转到了市里的中学，他才摆脱了心中的阴云，情绪比较好。读高三时，有一次回家收高粱，心里突然冒出一个奇怪可怕的念头，觉得镰刀割的不是高粱，而是一颗颗人头。他就改用手捋，可是总觉得是在把一个个小孩的头掐了下来。当即吓得浑身冷汗。以后每次想起这件事，仍感到心惊胆战。

高考时，他以全市文科第一考取了政法大学。复习应考期间，他一门心思放在学习上，心理状态良好，但在进大学后，却又出现了心理问题，总觉得周围的人很古怪神秘，即使是熟悉的人也觉得陌生。还感到心烦意乱，人多的时候觉得烦躁，一个人的时候又觉得孤寂。曾去医院就诊，被诊断为脑神经衰弱，服了一些药，感觉稍微好了一点。大学一二年级，脑子里再没出现怪异的观念和可怕的形象，但情绪波动仍很大，经常一会儿高兴，一会儿心烦意乱，并且每隔一段时间便觉得心烦，干什么也提不起兴趣，晚上经常睡不着觉，一睡着就做噩梦，且睡着前眼前常常出现许多恐怖的现象，但第二天醒来便忘却了，所以当时也没在意这件事。然而，二年级结束的暑假回到家后，又一次"旧病复发"。回家是使他高兴的事，心情十分愉快，没想到第二天当他看到母亲用菜刀切西瓜时，突然感到自己的脖子有一种怪异的感觉。从那以后，就老觉得各种利器都会弄伤自己，脑子被这个念头一直包围，一想起母亲切瓜的情景便出一身冷汗，想控制住不去胡思乱想却不能成功，索性就用睡觉来排除这个念头。但一醒来，脑子里第一个浮现的仍是这个情景。发展到后来，一看见剪刀、斧头、刀子甚至一根小绳子、一个铅笔头都产生害怕的感觉。以后越来越不能控制自己，有时甚至是下意识地促使自己去想一些恐怖的念头。比如走进寝室时，便想象自己是在走进坟墓的入口；夜晚看见宿舍大楼窗口挂着的衣服，就想象上吊者；有时和儿童单独在一起，竟会冒出："我会不会害死他？"的念头；有时甚至觉得自己生活在一个虚无缥缈的空间，周围的人都是行尸走肉。他常常怀疑自己的神经出了毛病，担心自己会发疯。现在，他对未来失去了信心，缺乏足够的勇气去面对现实和迎接未来的生活。

分析诊断：

这是一例比较复杂的心理病案。齐某的症状表现复杂多样，如有明显的疑病倾向，对刀状物的极端恐怖，神经衰弱、抑郁焦虑、幻觉、妄想、强迫症状等，且病程较长，可追溯到小学低年级。根据齐某自知力强，对自己的症状深感痛苦，求治心切，主动咨询，态度配合等首先排除了精神病的可能性。对齐某可诊断为强迫性神经症。该患者的强迫症状主要表现为强迫性疑虑及强迫性联想。其强迫性疑虑主要表现为疑病和怀疑他人会伤害自己，例如，怀疑自己长脑瘤、怀疑姐姐做饭放毒药等。其强迫性联想主要表现为一看到某种刀状物就反复联想到可怕的情景，如用镰刀割高粱和见到菜刀切西瓜就联想到杀人。

常用的治疗方法：

(1) 心理治疗：主要采用认知心理治疗。目的在于提高患者对本病的认识，使患者认识到强迫症是一种功能性疾病，而不是器质性疾病，经过治疗，会逐渐好转，帮助患者树立战胜疾病的信心。

(2) 行为治疗：对于有强迫行为的患者，应采用行为治疗，如系统脱敏、厌恶疗法，满灌疗法，还有就是生物反馈，这样可以缓解症状。其中，以系统脱敏疗法最为有效。例如对于登上高楼总是想往下跳的患者，可由专业医护人员带领患者走上二楼，然后再走上三楼、四楼。经过这样反复多次训练、实践之后，常常可取得很好的疗效。

(3) 药物治疗：对于有强迫思维的患者，应在专业医生的指导下采用药物治疗。

项目思考

1. 如何识别正常与异常心理？
2. 如何预防心理问题的发生？
3. 心理治疗有哪些方法？

项目十二
心理咨询入门

导学案例

曾经有这样一个笑话。一对美国恋人和一对中国恋人分别约会，男友都迟到了，女方很生气，都责问男友为什么不准时赴约，而男友均回答去心理咨询了。美国的女青年听了认为男友有素质，有修养，有一定的经济实力，立刻对男友增加了几分好感。而中国女青年听了则认为男友可能不正常，并猜测会不会有精神病，是不是遗传，结果与男友不欢而散。

案例提示： 这则笑话反映了中国人与美国人对待心理咨询的不同态度。据悉，美国每年接受心理咨询和精神护理的人数多达6000万人，占全美人口24%。美国人被称为是世界上最自信、最讲究实际的人。他们绝不会因面子问题，而使自己的健康或生活质量受影响。他们之所以能够接受心理咨询，是因为他们敢于面对自己的内心矛盾和困扰，他们敢于面对自己的内心矛盾和困扰，是因为他们迫切需要现实的幸福和快乐，而不愿沉溺于心灵的痛苦之中。而他们之所以能够得到心理咨询的帮助，走出内心的困扰，是因为他们愿意改变自己去适应环境，而不是企望环境改变来适应自己。在美国等西方国家，成功人士身边总是少不了两个臂膀——一个是法律顾问(律师)，另一个是心理保健顾问(心理咨询师)。

项目说明

本项目重点介绍心理咨询的含义、类型，心理咨询的作用，心理咨询应遵循的原则，心理咨询的过程，大学生心理咨询的主要内容，分析影响心理咨询效果的各种因素。同时，介绍了团体咨询的操作过程和常用方法。

项目目标

通过学习本项目，大学生在知识、技能和方法层面达到以下目标。
- 了解心理咨询的作用
- 了解心理咨询与心理治疗的区别
- 掌握心理咨询的技巧

> 心理训练游戏

心理训练游戏一：脑力激荡

活动目的： 发挥集体力量探讨解决问题的有效办法及途径

活动准备： 全体成员分成6~8人一组，每个小组1张大纸，粗水笔1支

活动时间： 15分钟

活动步骤：

(1) 老师给出要讨论的题目。每组在给定的时间内就某个题目发表意见。题目如下。怎样减轻生活学习的压力？怎样过好大学生活？改善人际关系的方法有哪些？生活中自信有哪些表现？紧张焦虑的消除方法有哪些？

(2) 老师宣布开始，每个小组派1人记录，其他人出主意，相互启发，集思广益，列举出各种可能的办法。

(3) 当老师说停，每个小组把自己的意见贴在墙上，选一位代表解释这些方法。全体成员一起评论，看哪个小组办法最多。

(4) 通过评比，帮助同学们选择在生活中最适合运用的方法，依靠集体的力量，群策群力，获得解决问题的方法。

心理训练游戏二：同舟共济

活动目的： 让学生体验风雨同舟的感受，使学生懂得合作、友爱，体验相互配合

活动准备： 准备数张一样大小的报纸

活动时间： 15分钟

场地要求： 可移动桌椅的教室或室外

活动步骤：

(1) 将参加活动的同学分组，每组人数基本相等(范围在8~12人)。然后指导老师宣布比赛方式。

(2) 将报纸平铺在地下作为一只船，全组同学都设法站在船上。成功之后将报纸对折，缩小船的面积，再尝试让全组同学站上去。

(3) 各组开动脑筋，最后以报纸对叠次数最多，成功站在面积最小的船上的小组为优胜。

(4) 老师在进行过程中采访各组同学，请他们谈全组同学相互配合，同舟共济的感受，体会什么样形式的配合最有效率。

> 心理知识讲坛

第一节 心理咨询概述

心理咨询早在20世纪30年代就出现在美国的大学校园里，目前已成为高等教育的重

要组成部分。我国的大学生心理咨询活动起步于 20 世纪 80 年代中期，短短十多年时间，已经初步形成规模，并显示出强劲的发展势头。现在，我国很多高校建立了心理咨询机构并开展了心理咨询活动。有人称大学里的心理咨询中心为"情感的驿站，心灵的港湾，心伤的美容院"。

一、心理咨询的含义

"咨询"一词，从字面上看，是洽商、顾问与指导的意思。根据《朗曼心理学和精神医学词典》中的解释，咨询是"对情绪、职业、婚姻、教育、康复、退休和其他个人问题提供专业帮助"。那么，什么是心理咨询呢？

心理咨询是指由受过咨询心理学专门训练的专业人员运用心理学知识、理论和技术，针对来访者的各种适应与发展问题，通过与来访者协商、交谈、启发和指导的过程，帮助来访者达到自立自强、增进心理健康水平和提高社会适应能力的目的。

心理咨询其实是一个"助人自助"的过程。先由"他助"(来访者求助咨询者)，经过"互助"(咨询者与来访者之间相互了解、理解和谅解)，最后达到来访者"自助"(自己改变认识和行为)的完整过程。来访者并不是为学习某种知识和技能，也不是寻求道德上的教诲。咨询者给予来访者的是一种特殊的帮助，即通过咨询过程使来访者有新的体验，以新的思维方式和角度思考问题，用新的方式去体验和表达思想感情，采取新的行为方式适应环境，并和外界建立和谐的关系。有人说："心理咨询不是说教，它是聆听；心理咨询不是训示，它是接纳；心理咨询不是教导，它是引导。"有人将心理咨询称之为"心灵和心灵的对话，感情与感情的交流，智慧对智慧的启迪"。

在理解心理咨询时，要特别注意把握好以下两方面的关系。

1. 心理咨询与心理安慰的关系

当一个人心理上遇到难以排解的困苦时，他可以找个亲朋好友诉苦一番或痛哭一场，那时可以得到许多宽心的话，也可以得到不少精神安慰。一般说来，安慰具有情绪宣泄和暂时恢复心理平衡的功能。但是，心理咨询的过程并非一般人理解的是劝慰人或开导人，也非少数人理解的仅仅是处理心理障碍。心理咨询过程实际上是"人格重构"的过程，它所追求的目标是帮助你实现"心灵再度成长"的任务。一般人在相互安慰时，总是会劝说对方尽快尽早地忘却其不快的经历。"过去的事情就让它过去吧"，这大概是人们平时互相劝慰时的共同准则。但心理咨询人员不会这样简单地劝说来访者忘却过去，而是竭力使人积极地看待个人所经受的挫折和磨难，将不愉快的经历当作自我成长的良机。与一般安慰不同的另一点是，心理咨询要避免使来访者依赖他人，要促进其独立性与自立性。虽然，心理咨询不同于一般的安慰，但它并不排斥使用安慰效应。

2. 心理咨询和心理治疗的关系

心理咨询与心理治疗是两个不同的概念。"心理治疗"一词显然有着浓厚的临床色彩。心理咨询与心理治疗的区别主要有以下几点。

(1) 从服务对象上看，心理咨询以有轻中度个人适应与发展等心理问题、心理困扰、心理冲突的正常人为主，心理治疗则主要以有心理障碍和心理疾病的人为主。

(2) 从工作内容看，心理咨询着重处理的是常人遇到的各种问题，如人际、情感、家庭、环境适应、职业选择、生涯设计等问题。心理治疗的适用范围则主要是某些神经症、人格及行为障碍等。

(3) 从工作时间看，心理咨询用时较短，咨询次数一般为一次到几次，而心理治疗费时较长，由几次到几十次不等。

心理咨询与心理治疗又是密切联系的。它们所采用的理论方法常常是一致的，工作对象和目标常常是相似的，都注重建立与来访者之间相互信赖的工作关系。比较合理的做法是根据当事人问题的严重程度，辩证地看待心理咨询与心理治疗之间的关系。

二、心理咨询的作用

事实上，每个人在不同阶段、不同层面，在遇到不同的事件时，都存在或多或少或轻或重的心理问题。当你感到心情郁闷、焦虑、兴趣下降等不适或异常表现时，不妨果断、大方地走进心理咨询室，去心理咨询，就像得了感冒看内科医生一样自然。今后，定期或不定期心理咨询会被越来越多的人接受，甚至会被人们当成一种时尚，因为，心理咨询可以为你提供多方面的支持和帮助。

心理咨询可以教会你管理自己的情绪，使你拥有积极稳定的情绪，避免产生各种情绪障碍，如抑郁症、躁狂症、歇斯底里症等；帮助你学会正确认识自我和周围世界，使你拥有完善的认知体系，避免因为错误归因导致种种失败；帮助你恢复爱的能力，使你学会幸福地工作、幸福地生活、幸福地去爱；使你拥有健全的人格，摆脱自卑、自恋、自闭的不良心态，从而更好地投入到学习、工作和生活中去；帮助你摆脱因失业、失恋、离异造成的痛苦，教会你应付生活中种种挫折的方法；矫治各种人格障碍和神经症；为你提供职业指导；帮助你在人生重大问题上正确独立地选择；帮助你度过人生的各个发展阶段。

三、心理咨询的类型

(一)按照咨询的途径分类

1. 门诊咨询

门诊咨询是指在专门的心理咨询机构或医院的心理咨询门诊进行的咨询。心理咨询师与当事人采取面对面的方式交谈，详细了解、分析当事人的心理问题，帮助他们摆脱有碍于身心健康的不利因素，提高他们解决问题、适应环境的能力。对已经形成心理障碍者，则分析其病因和症状，制定完整的治疗计划。门诊咨询掌握情况全面，能够更深入地为当事人提供有效的帮助，是一种首选的心理咨询方法。

2. 电话咨询

电话咨询是利用电话通话的方式对当事人给予劝告、安慰、鼓励或指导。电话咨询方便、快捷，隐蔽性、保密性强，深受当事人的喜爱。它是心理咨询的一种重要形式。这种形式在国外经常用于心理危机干预，故心理咨询热线被称为"希望线""生命线"。

3. 信函咨询

信函咨询是以通信的方式进行心理咨询。当事人来信提出自己要求咨询的问题，心理咨询师或者是心理医生给予回信答复。其优点是不受居住条件限制，对于那些不善于口头表达或较为拘谨的当事人来说是一种较易接受的方法。但咨询效果会受当事人的书面表达能力、理解力和个性特点的影响。

4. 专栏咨询

专栏咨询是指在报纸、期刊、电台、电视台和网络开辟心理咨询专栏，对读者、听众、观众提出的典型心理问题进行公开解答。优点是受益面广，具有治疗与预防并重的功能，但是存在模糊、粗浅、泛泛而论的缺陷。

5. 现场咨询

现场咨询是指心理咨询机构的专职人员深入到基层或当事人家中，为广大当事人提供多方面服务的一种咨询形式。例如，重大考试前深入学校进行考前心理辅导等。

6. 网络咨询

网络具有极强的保密性、及时性，为心理咨询提供了无限发展的空间。通过网络，当事人能够真正毫无顾忌地倾诉自己的隐私，暴露自己的问题，从而使心理咨询师或者心理医生能够在尽可能短的时间内掌握当事人的基本情况，做出适时的分析判断，并可以通过实时交谈不断矫正其分析判断，做出切合实际的引导及处理。随着网络技术的不断提高和互联网的迅速普及，网络咨询将具有十分广阔的前景。网上咨询服务的类型一般有：BBS咨询；邮件咨询；QQ、MSN或其他聊天工具的同步咨询；网上咨询室的语音/视频咨询。

(二)按照咨询的对象分类

1. 直接咨询

由心理医生对当事人直接进行咨询，可采取门诊咨询、书信咨询、电话咨询和现场咨询等形式。心理医生和当事人的直接交往和相互作用，使得心理咨询的效果得到保证。

2. 间接咨询

由心理医生对当事人的亲属或其他人员所反映的当事人的心理问题进行咨询。由于在咨询人员和当事人之间增加了一道中转媒介，如何处理好心理咨询人员与中转人的关系，使心理咨询的意见为中转人所领悟、接受并合理实施，是影响心理咨询效果的一个重要问题。

(三) 按照咨询对象的数量分类

1. 个别咨询

个别咨询是咨询师对来访者进行的一对一的咨询。

2. 团体咨询

团体咨询是针对团体的特点来进行集体咨询。团体咨询是学校心理咨询当中应用最广的一种咨询形式。因为学生中的问题大多比较集中(如人际关系问题、恋爱问题等),且年龄相仿,非常适宜采用团体咨询。

(四) 按咨询的主要内容分类

1. 适应咨询

这类咨询的对象身心基本健康,但学习、工作和生活中有各种烦恼,心理矛盾时有发生。咨询的目的是排解心理问题,减轻心理压力,改善适应能力。例如,学习成绩不如意而忧虑;陷入失恋痛苦而难以自拔;人际关系不协调而苦恼;远离父母,缺乏生活自理能力而焦虑;环境改变导致自我认知失调等。

2. 发展咨询

在人生的发展历程中,人人都会因为成长而不断遭遇各种冲突和困扰。发展咨询的对象是属于比较健康、无明显心理冲突、基本适应环境的人。咨询的目的是为了更好地认识自己,扬长避短,开发潜能,提高学习、工作和生活的质量,追求更完善的发展。例如,怎样处理好社会工作与学习的关系?怎样获得更多的朋友?选择什么职业更有利于自己发展?以及如何实现人生价值等。我国目前大多数涉及心理咨询的职业活动,几乎都是属于这一类。这方面的工作构成了狭义上的心理健康支持系统。国内现有的学校心理咨询中心,精神病院的心理科,社区的热线电话以及其他各种形式的教育或心理机构,所做的服务工作几乎都是与发展咨询相关的。

3. 职业咨询

在职业高度分化的现代社会中,因为职业选择和工作适应等造成的个人问题正在日益增加。职业咨询因而逐渐发展成为一项专业服务。早期的职业咨询,一方面,帮助一些企业挑选适合于他们需要的专门职业人员;另一方面,帮助个人进行职业决策,向他们推荐适合于他们的工作。现代职业咨询包含了许多内容,例如,在人事管理方面,通过提供适当的评价、测试方法和各种论证思想,为管理者挑选适当的工作人员。目前,国家机关的许多人事聘用都加入了这项内容。又如,帮助谋职者进行职业生涯设计和规划等,以便更好地实现人职匹配。

4. 障碍咨询

这类咨询的对象属于有心理障碍，患有某种心理疾病，为此苦不堪言，影响了学习、工作和生活的人。咨询的目的是通过系统的心理治疗，帮助患者克服障碍，缓解症状，恢复心理平衡。例如，焦虑性神经症、严重神经衰弱等。

四、心理咨询的原则

心理咨询的原则即心理咨询人员在工作中必须遵守的基本要求，它是咨询工作者在长期的咨询实践中不断认识并逐步积累的经验。国内学者们根据自己对心理咨询工作的理解，提出了许多心理咨询的原则。

1. 保密性原则

这是心理咨询中最重要的原则。这一原则是指心理咨询人员有责任对来访者的谈话内容予以保密，来访者的名誉和隐私权应受到道义上的维护和法律上的保护，在没有征得来访者同意的前提下，不得将在咨询场合下来访者的言行随意泄露给任何人或机关。在公开案例研究或发表有关文章必须使用特定来访者的个人资料时，必须充分保护来访者的利益和隐私，并使其不至于被他人对号入座。

保密是心理咨询中一项最为敏感的问题。因为大部分寻求咨询辅导的心理问题都涉及个人隐私，所以，一般来说必要的保密可以解除来访者的心理顾虑和保护来访者的权益不被侵犯。同时，保密也是心理咨询专业操守的体现，反映了咨询人员对来访者的尊重和必要的投入。除了为来访者考虑之外，保密的另一个目的也是为了保护咨询者的利益。由于太多涉及来访者的隐私，会造成来访者对于咨询者的嫉恨，在这种情况下，咨询者最有效的自我保护形式便是为来访者保守秘密。在这方面，许多国家已经通过立法的形式加以确立。

> **小故事　　　　　　不适用保密性原则的几种情况**
>
> 根据美国心理学家联合会(American Psychological Association，APA)的条例，以下几种情况属于例外：①确信一名未成年人是性虐待或其他虐待行为的受害者；②来访者有自杀倾向，或经由一项测验显示来访者有高度危险时；③当来访者有强烈伤害他人的倾向时；④当法庭要求提供个案资料时。

2. 尊重、接纳与理解原则

在心理咨询的导入阶段，咨询员最好保持价值中立，对来访者的心理与行为、观点与立场无条件接纳。在咨询过程中则要让来访者意识到咨询员接纳的是来访者本人而不是他的行为。给来访者以充分的尊重，努力与其建立起朋友式的真诚、友好、平等、信赖的关系。耐心倾听，适当提问，用心去理解来访者面临的困扰和感受，真正做到以来访者为中心。让当事人尽情诉说，别关心他诉说的情节而要着力关心他本人当时的感受，接受当事人的各种情绪，尽管有时咨询员并不同意。要避免否认、嘲笑、责问、逃避和生气。

3. 自愿原则

心理咨询是建立在咨询者和来访者双方"知情同意"基础上的一种心理援助活动。来访者寻求心理咨询应该是完全出于自愿，这不仅是对当事人的尊重，也是心理咨询能够有效的必要条件。迫于父母、老师、上司、同学、朋友的催促和压力而前来要求心理咨询与治疗者不乏其人，但咨询员往往要为他们付出比一般来访者多出许多的辛苦。既然是自愿前来，也可以自愿离去和中止咨询，这是来访者的权力。此所谓"来者不拒，去者不追"。

4. 限定时间和感情的原则

事先对咨询时间予以限定，可以让来访者有一定的安定感，使来访者能够充分珍惜并有效利用时间。一次两小时不如一次一小时，分两次咨询的效果好，后者可以使来访者在咨询间隔期充分回味会谈或治疗的体验，并将其作为走向适应和成长的刺激剂。限定时间也让来访者体验到咨询员也有自己的生活或者还有别人等待他的帮助。当然，时间长短的限定也不是绝对的。

另外，咨询关系不能超出咨询室以外。咨询者不要与来访者在咨询室以外亲密接触和交往，不对来访者产生爱憎和依恋，更不能在咨询关系中寻找欲望的满足与实现。来访者过于了解咨询员的内心世界和私生活，也会妨碍来访者的自我袒露。

5. 发展性原则

这一原则是指在心理咨询过程中，咨询人员要以发展变化的观点来看待来访者的问题，不仅要在问题的分析和本质的把握中善于用发展的眼光做动态考察，而且在对问题的解决和咨询结果的预测上也要具有发展的观点。不要轻易将来访者的问题归为某种心理障碍或某种疾病，要知道寻求心理帮助者绝大多数只是在适应、情绪、交往、学习、自我等方面存在暂时性困难，应当相信他们能在咨询员的帮助下发挥出自己的心智潜能，并能最终战胜自己。

6. 预防重于治疗原则

这一原则是指，心理咨询人员应注意加强对人们常见心理障碍的分析和研究工作，努力掌握各种常见心理障碍发生、发展的一般规律，促进常见心理障碍的早期发现和早期诊治。重视咨询过程中心理卫生知识的宣传教育，使预防重于治疗的思想深入人心，这样才能更好发挥心理咨询在促进人们心理健康方面的作用。

7. 异同性原则

所谓"异同性"，是指在咨询过程中，咨询人员既要注意来访者的共同表现和一般规律，又不能忽视个体差异。来访者的年龄差异、性别差异、身体状态区别、问题成因的不同和现实表现千差万别，这些构成了咨询过程中差异性的基础，必须做到心中有数，因人而异，区别对待，一把钥匙开一把锁，就其不同特点采取相应的措施。在咨询工作中，要善于在同中求异，异中求同，努力做到二者的有机结合。

8. 整体性原则

这一原则是指在咨询过程中，心理咨询人员要有整体观念，对来访者的心理咨询问题做到全面考察、系统分析，既要重视心理活动诸要素的内在联系，又要考虑心理、生理及社会因素的相互制约和影响，以使咨询工作准确有效，防止或克服咨询工作中的片面性。

9. 艺术性原则

这一原则是指，心理咨询人员在咨询过程中要通晓咨询的理论和技巧，善于运用言语表达、情感交流和教育手段促进来访者的思想转化和行为改变，以便如期实现咨询的目标。

10. 转介原则

转介原则是指心理咨询者在心理咨询过程中，发现自己能力有限或是某些外来因素阻碍咨询者对来访者的帮助时，咨询者应在征求来访者意见的基础上，主动将来访者介绍给其他适宜的心理咨询者或心理治疗机构。事实上，由于每位心理咨询者的文化水平、价值观念、个性特征的不同，接受心理咨询训练程度的不同，擅长的心理咨询内容的不同，在实际咨询过程中，一旦遇到来访者要求咨询的内容与咨询者的知识技能不匹配，来访者的价值观与咨询者有明显分歧，来访者的个性与咨询者有着不协调，或来访者与咨询者有某种私人关系等因素，最好的做法是把来访者介绍给自己认为能够成功胜任这一任务的心理咨询者或心理治疗机构，以便对其进行进一步的帮助或治疗。

五、心理咨询的过程

心理咨询的过程一般分为 6 个阶段：收集信息、界定问题、确立目标、设计方案、实施方案和评价结果。

(一)收集信息阶段

收集信息阶段的首要任务是初步建立良好的咨询关系，这种关系是决定咨询成败的关键。这是因为，一方面，在咨询初期，咨询者必须了解和掌握来访者详细、准确的情况，才能有助于咨询者对问题的界定；另一方面，来访者也要了解咨询者是否关心他，能否对他负责到底，是否有丰富的咨询经验和矫正技术，是否平易近人，是否信守诺言，为人保密，等等。这样，来访者才能决定是否愿意在咨询者面前袒露真情或隐私。良好的咨询关系是化解心理障碍的一个重要因素。

收集信息阶段的另一个任务是咨询者要了解来访者的求助动机、心理问题、个人发展史、人格特点、社会背景和社会适应情况。咨询者在和来访者交流时一般注意收集两方面的信息：一是来访者的具体情况，如年龄、出生地、文化程度等，二是来访者存在的心理问题及产生原因，包括问题何时发生的，问题发生前后的情况如何，等等。

(二)界定问题阶段

界定问题阶段的主要任务是依据收集到的信息，结合心理咨询的有关知识，对来访者的问题进行界定、诊断，辨明问题的类型、性质和严重程度等，为确立咨询目标和选择咨询方法打下基础。

1. 判断来访者的问题类型

来访者的问题是多种多样的，有的属于成长中的问题，如青春期性困惑；有的属于行为品德方面的问题；有的属于一般性的心理问题，如人际交往不适；严重的也可能属于某些神经症症状，如焦虑症、强迫症等。

另外，通过对心理问题严重程度的评估，可确定哪些问题是可以通过心理咨询解决的，哪些问题是需要转介给其他机构或需要借助其他力量干预的。

2. 结合心理测验进一步诊断

(三)确立目标阶段

确立目标阶段的主要任务是在咨询双方对来访者问题界定的基础上，共同确立其应向什么方向改变，经过改变后可以达到一个什么样的状态。例如，如果来访者的问题是适应性不良，就可以把通过强化或消退等手段矫正不良行为作为主要的咨询目标；如果是由于认识的歪曲或错误造成来访者的心理问题，就应该把帮助来访者发现认识错误、改变不良认识作为主要的咨询目标。

(四)设计方案阶段

设计方案阶段的主要任务是根据来访者问题的性质，来访者的自身特点，外界资源中可供利用的支持条件，咨询者的能力，心理咨询的经验和技术储备，结合既定的咨询目标来设计咨询方案。说得通俗一点，就是咨询者与来访者共同制定一个时间表，明确双方在一段时间内做些什么，以及如何做。

(五)实施行动阶段

实施行动阶段的主要任务是将方案中拟定的行动步骤一一付诸实施。在实施过程中，来访者是主角，他在咨询者的指导下，积极进行自我探索，产生理解、领悟，克服不良情绪，或开始用新的适应性行为代替旧的不适应性行为。而咨询者则主要起解释、督促、评估等作用，鼓励来访者把行动坚持下去。

(六)评估结束阶段

评估结束阶段的任务是：评估目标收获、为学习迁移做准备。

(1) 评估目标收获。咨询双方根据已确定的目标评估整个心理咨询过程，确认目标达成情况。必要时，这种评估还可以再一次利用心理测量。评估的价值不仅在于使来访者明了咨询的收获，还能提供一个机会，让来访者体会经过一段艰难努力终于达到目标的成功体验。这种体验是很珍贵的经验。

(2) 为学习迁移做准备。咨询双方要针对来访者的担心，较详细地讨论来访者在实际学习、工作和生活中可能会碰到哪些困难，他应怎样利用在咨询中获得的积极经验和收获，去面对这些情况并加以妥善处理，从而扩大咨询效果，促进来访者的更快发展。

需要指出的是，以上 6 个阶段的划分是相对的。

第二节 大学生心理咨询的主要内容和步骤

一、大学生对心理咨询的态度

以往，人们对心理咨询存在许多认识上的误区。譬如，去心理咨询是很不体面的事；心理咨询和思想政治教育差不多；心理咨询是无所不能的；把心理学当作"算命学"等等。

时至今日，人们的认识改变了吗？特别是大学生又是如何看待心理咨询的？从调查结果看，似可得出以下几点结论。

(1) 大学生对心理咨询的看法总体上是积极的。调查表明，只有个别学生认为去心理咨询的人都是有心理疾病的人，绝大多数的学生认为心理健康者也可以去心理咨询；80%以上的人相信心理咨询有效果；90%以上的人认为心理咨询是科学的。

(2) 大学生更看重心理咨询的治疗功能，而对心理咨询的发展功能认识不足。调查中多数大学生认为，去咨询的人，答案最多的 3 项依次为"有心理障碍的人""情绪调节困难的人"和"遇到实际困难的人"或"想更好开发潜能的人"；少数学生认为"有精神病的人"才去心理咨询。

(3) 大学生寻求心理咨询的心态在一定程度上存在知与行、对己和对人的矛盾。调查中绝大多数大学生认为在高校开展心理咨询"很有必要"或"有必要"，但当"自己遇到心理困惑、不适"时，明确表示愿意寻求心理咨询的只占约 1/4。比较起来，当自己的同学、朋友或亲属遇到心理问题时，一半的同学会动员他们去心理咨询。当问及"如果你遇到心理困扰而自己又难以排解时，通常你会向谁寻求帮助"时，大学生的回答依次是"同学、朋友"，"自己承受"，"自己所信赖的教师、长辈"，"父母"，最后是"心理咨询机构"。

(4) 低年级大学生比高年级学生更愿意寻求心理咨询的帮助。总的说来，我国大学生心理咨询工作在近十年间已经有了长足的发展。那些误以为寻求心理咨询就是精神有病，或认为心理咨询只是谈谈话，解决不了什么问题的人正在减少。而在学习和生活中遇到困惑和烦恼，主动寻求心理咨询的学生正在增加。心理咨询正在高校健康发展。

二、大学生心理咨询的主要内容

高校大学生心理咨询的主要内容涉及学业问题、人际关系问题、恋爱与性问题、个性情绪问题、个人发展前途问题、健康问题、就业择业问题、其他问题(包括家庭问题、经济困难、出国、危机状态等)。少部分涉及神经官能症、人格与性心理障碍等。概括起来有4大方面内容。

1. 以心理发展为中心的咨询内容

这方面的内容包括：大学生的心理特点；大学生的发展目标；大学生的智力开发与创造力训练；大学生的情绪指导与情感陶冶；大学生的个性塑造等。

2. 以校园适应为中心的咨询内容

这方面的内容包括：大学新生入学适应的心理问题；大学生学习的心理机制与帮助策略；大学生不良学习方法的纠正；引导大学生正确与异性交往；大学生人际冲突的妥善处理；大学生人际交往的技巧等。

3. 以心理问题处理为中心的咨询内容

这方面的内容包括：大学生常见的心理问题；大学生学校适应不良的心理调整；大学生行为问题(不良生活习惯、自杀倾向、品行障碍等)的矫正干预；大学生性心理问题(过度手淫、性认同障碍、恋物倾向等)的矫治干预；大学生神经症倾向(焦虑症、强迫症、恐怖症、抑郁症、疑病症等)的矫治干预；大学生人格障碍(反社会型人格、偏执型人格、分裂型人格、强迫型人格等)的矫治干预等。

4. 以升学就业指导为中心的咨询内容

这方面的内容包括：升学就业前的综合心理调整；考试焦虑的分析与排解；学生能力性格与职业兴趣的评估；毕业求职的技能技巧等。

三、大学生心理咨询的步骤

(一)确定个人是否有问题

1. 依靠经验的方法

按照社会学的模式，个人在社会生活当中的一切行为，判断是否合理的唯一标准便是看它是否能够与社会中其他人的行为协调一致，如果是一致的，便是合理健康的行为，否则便不合理。不过，这种不合理的行为可以分为两种：一种是犯罪或犯过行为；另一种则是心理障碍。举例来说，如果在我们这个社会中，熟人见面都要相互问候一声，而你却见谁都不理不睬，那么，你的这个行为便可以判断是有问题的。所以，在界定个人是否有心理问题时，必须根据他与现实社会文化之间的关系和相容情况来决定。

2. 依靠测验工具

早在咨询心理学创立的时候，美国心理学家联合会第 17 分支(咨询与指导分支)就已经提出，咨询人员的专业训练中应该包含对测验评价工具的运用能力训练。也就是说，专业咨询人员在使用测验工具方面同样应该是一个专家。这就如同一名内科医生必须要能够识别各种医学检验报告一样，咨询工作者也应该能够运用标准化测验量表对个人做出解释。

常规的心理咨询中往往会有一些测验活动。经常用于咨询活动的测验主要包括以下几类。

(1) 用于评价个人整体人格结构的量表(如卡特尔人格调查表，简称 16PF)；

(2) 用于评价个人心理健康水平的量表。其中又包括一般评定量表(如症状自评量表，简称 SCL—90)；专门评定量表(如孤独症行为评定量表，简称 ABC)；抑郁自评量表(SDS)；焦虑自评量表(SAS)。

(3) 用于确定治疗方案的量表(如艾森克人格调查表，简称 EPQ)。

(二)选择心理咨询机构

慎重地选择心理咨询机构是十分重要的，这可以使个人及时获得适当的帮助。国内目前心理咨询机构主要包括以下几个类别。

第一种是学校心理咨询中心。许多大学都已经开设了这类咨询中心，主要由辅导员和心理学工作者联合组成。当学生面临涉及个人发展的各种具体问题(如对校园环境的适应问题、恋爱问题、学业问题)时，可以首先与自己学校的心理咨询中心取得联系，借助咨询老师的专业知识和必要的测验评价工具，谋求对于自己问题的初步澄清，并在此基础上得到老师的具体辅导。通常情况下，绝大多数大学生的心理问题都可以通过心理咨询中心得到解决。

第二种是更加专业一点的心理咨询机构。譬如专门针对学业问题的咨询机构或专门涉及婚恋的咨询机构等。当个人问题在上述一般的学校心理咨询和辅导中不能得到解决时，可以有针对性地寻求这种专业帮助。不过目前国内在这方面的专业咨询机构还不很普及，在很多城市中几乎不存在。

第三种是附设在各种医疗机构中的心理咨询门诊。尤其是在一些精神专科医院中，现在已经相当普及了。对于一些发现有比较明显的不能自控症状的大学生，建议可以经由咨询中心转介后，寻求这类咨询。不过需要注意的是，由于这些机构目前都采用传统医学模式，比较强调通过物理和化学的手段治疗障碍，所以，对于大多数同学来说除非必要，一般情况下可以优先考虑去学校的心理咨询中心。

(三)明确咨询会谈的注意事项

一般的咨询过程是这样的：先由来访者与咨询家预约好咨询时间，双方在约定的时间准时赴约。咨询过程一般在咨询室进行。作为净化心灵和强化自信心的场所，心理咨询室一般都布置得很典雅，并能给人以充分的舒适、放松感。整个咨询过程必须在高度保密的情况下进行，除非来访者提出特殊的陪同要求，咨询过程一般要求是一对一的，即咨询室一次只能接待一名来访者。为了使心理咨询取得良好的效果，必须注意以下几点。

1. 建立合理的咨询关系

在心理咨询中，咨询者和来访者之间的关系是平等的，既非教师和学生的关系，也不是治疗者和患者的关系，而是一种更倾向于朋友的关系。由于这种关系的建立极富有治疗意义，所以，从咨询开始，咨询者和来访者都要努力推动双方发展这种关系。因为，合理的咨询关系有利于促进来访者的自我探索和自我发现；有利于促进来访者的情绪适度宣泄和向合理方向改善；有利于提高来访者的自尊和自信。

2. 咨询会谈中需要注意的问题

会谈是一种信息交流的过程，信息表达的内容包括认知性信息和情感性信息两类，而信息表达的方式则包括有言语和非言语表达。另一方面，从会谈的过程来看，一次完整的会谈通常包括了开始会谈、切入主题和结束会谈这 3 个环节。对于这些环节的处理适当与否，直接影响着咨询者与来访者的关系，需要谨慎对待。具体注意事项包括以下内容。

(1) 当开始会谈时，双方可以首先从一些中性的话题(如天气、环境等)说起。不宜在开始时就把话题放在对方身上(如礼节性地称赞对方的穿着或其他外表)，也不宜谈论自己。后两种话题在情况不明的时候，容易引起对方的不快或造成自我解嘲，应该注意避免。

(2) 当你发现咨询员做出以下两种方式的姿态时，便可以准备切入正题了：一是以亲切婉转的语气询问对方："我能为你做些什么？"二是干脆不发言，仅仅以一种亲切、关注的眼神看着对方。

(3) 切入正题后，你可能会出现比较强烈的情绪变化。一般当我们开始集中关注自己问题时，随着认识的深入，情感也在随之显露出来。这时，很容易出现一些比较强烈的情绪表现，如哭泣等。在出现这些反应时，不必慌乱，也不必限制自己，咨询员多半能够表示理解并让你充分表达出来。这种情绪表达往往也是咨询的一个组成部分。

(4) 用最自然的方式探讨自我，当你感觉有任何不适应的地方时，可以直接向你的咨询员提出来，通常他们会重视你的态度的。

(5) 在交谈中当你感觉对有些事情心理准备还不充分，暂时不想讨论时，也不必顾虑，只要你坦率地表达出来，咨询员会充分理解你的这种需要的。对于你已经谈出来的问题，也不必担心，保密是心理咨询的基本职业准则，除非某些特殊情况，一般是不会让其他人知道你的隐私的。

(6) 保密的限度：在下列情况下，保密是有限度的。当确信来访者有自杀倾向时；当感到来访者有伤害他人的倾向时；当得知一名未成年来访者正在经受某种虐待时；以及当涉及某些法律问题时。

(7) 对于内心的一些涉及不道德的念头也不必顾虑，可以大胆地表达出来，咨询员会对于这些表示充分的理解。同时，这些也很可能是帮助你的一些重要资源。事实上，在心理咨询中，对于道德问题的界定是十分谨慎的，一般不可以把观念上的不道德内容，界定为实际上的不道德。

(8) 在咨询中，不要期望咨询员能够帮你解决问题。这是一种非常错误的观念，是与咨询的目标相违背的。咨询的目的就是要帮助来访者学会自助，而不是纵容来访者依赖咨询员。咨询员是一面镜子，借助于咨询员，可以让你更好地面对自己。

(9) 在看待咨询活动的收效上，要有比较长远的眼光。它往往不是一朝一夕能够取得效果的。

四、大学生心理咨询效果的评价及影响因素

(一)影响咨询效果的关键因素——咨询员

北京市心理卫生协会秘书长甄中科认为，心理咨询不同于其他行业，不是什么人都能当心理咨询员的。要想做心理咨询员，首先自己要有健康的心理，良好的人格和职业道德；其次要具备心理学、医学、社会学、人文科学等基础知识；最后还要有丰富的阅历和工作经历。具备了这些条件只能说基本合格，与优秀的心理咨询员相比，还相差很远。咨询员的特定角色地位决定了他在整个咨询过程中起着举足轻重的关键作用。咨询员的个人价值取向以及外部言行举止都直接影响咨询效果。

1. 咨询员的人性观

所谓人性观就是对人性的一种假设。有些人相信人性本"善"，有人相信人性本"恶"。对于一位咨询员来说，他所接受的人性观决定了他的辅导目标，影响他对辅导理论的选择和对来访者的态度。咨询员的人性观一般都与他们的专业取向相关。譬如，倾向于精神分析学派的心理咨询员，通常比较习惯于采取人性本"恶"的假设，把人性等同于动物性；而采取人本主义取向的心理咨询员，则相信人性本"善"，相信人是有理性和值得信赖的。通常在咨询过程中，咨询员会让你感受到他的人性取向，并努力以此去影响你。

2. 咨询员的专业限制

就像一名医生或一位教师，他的专业训练决定了他可能只胜任某个方面的专业活动，譬如，虽然这位咨询员对于学习行为的辅导十分熟悉，但是很可能他在对于婚姻恋爱方面却不擅长。心理咨询虽然可以帮助大学生解决许多涉及心理健康的问题，但是，在这些问题当中，心理咨询的专业选择还是有一定限度的。通常的分类是，临床精神科医生主要服务于那些有严重精神错乱的患者(如精神分裂症、各种情感障碍及人格障碍等)，尤其在他们面临急性发作期时，因为丧失了合理的自我意识，不适宜进行心理治疗或咨询。专业心理治疗人员主要服务于那些因为长期的心理影响造成的个人情感或行为障碍，并借助系统的心理治疗手段去帮助个人。相比之下，心理咨询工作主要和个人当前所面临的一些具体心理问题或即将面对的困惑有关，咨询工作者通过各种针对个人或团体的咨询辅导活动(如青春期预备训练)来提高个人面对社会的能力，改善生活质量。

3. 咨询员的个人倾向

在某些情况下(如在少数民族地区或在不同种族的人之间进行咨询的时候)，咨询员的个人信仰也会使咨询或治疗受到影响。在这种情况下，及时转换接受信仰一致的人咨询或治疗是很重要的。

(二)来访者个人因素

对于接受心理咨询的个人来说，是否有良好的动机愿望配合咨询者的咨询辅导工作是影响咨询效果的最主要个人因素。无论是动机过强还是动机不足，都会使咨询效果受到影响。往往有来访者因为种种原因，对于心理咨询存在疑虑，常常用一种挑剔的眼光看待咨询，与咨询员抬杠，甚至故意设置圈套，试探咨询人员，使咨询工作无法正常进行。同时，也有一些人盲目迷信心理咨询或某个咨询员的个人影响力，导致出现移情疗效，并且这种疗效被扩大影响了合理的治疗。

(三)心理测验的限制

随着心理学日益强调对人的客观评价，各种测验工具也开始大量地被运用到心理咨询中来。运用心理测验的好处是可以比较方便快捷和客观地评价来访者，用一个比较一般的标准而不是仅仅凭借经验去评价人，其优势是有目共睹的。但是，尽管如此，测验仍然是有局限性的。在很多情况下它无法取代通过会谈所获得的对来访者的经验评价。测验的局限性主要由于以下原因造成：第一，测验取样的限制。目前国内大部分的评定量表都是从国外进口的，而心理健康问题具有很大的文化限制性，某些适合西方文化的内容未必适合中国人，如果一个西方的评定量表中把见面接吻看作是合理的人际行为的话，移植到中国来这样的行为肯定是心理障碍。第二，使用上的限制。量表的使用虽然并不十分复杂，但也有很多专业问题需要考虑，譬如，智力测验对于时间和完成测验的方式都有很多要求，使用不当便会使测验成绩反映失真。因此，检测人员必须要经受严格的训练方可，使用过滥是很危险的。第三，对于结果解释上的限制。一些缺乏专业训练的和过于迷信量表的人员，由于滥用和不适当评价而误导来访者。

第三节 团体心理咨询

一、团体心理咨询概述

团体心理咨询是指在团体咨询员的带领下，团体成员围绕某一共同关心的问题，通过一定的活动形式与人际互动，相互启发、诱导，促使个体在交往中通过观察、学习、体验，认识自我、探索自我、接纳自我，调整和改善与他人的关系，学习新的态度与行为方式，以发展良好的生活适应的助人过程。

与一对一的个别心理咨询相比，团体心理咨询的特点和长处在于①效率高，省时省力。②感染力强，影响广泛。③效果容易巩固。有个心理学家曾指出："在帮助那些有着类似问题和困扰的人时，团体心理咨询是一种经济而有效的方法。心理辅导员如果把自己可以胜任的工作局限于个别辅导的话，他也就限制了自己可以提供服务的范围。"

团体心理咨询的一般作用有：①培养与他人相处及合作的能力。②加深自我了解，增强自信心，开发潜能。③加强团体的归属感、凝聚力及团结。④有助于德育功能的实现。

美国是团体心理咨询发展较早，也是理论及策略研究较为领先的国家。当前在美国，团体咨询已不仅仅局限于对心理障碍者的咨询，而是涵盖了教育、工作和生活的许多方面，种类和形式也越来越多样化。例如，美国的团体心理咨询类型有教育团体、指导生活技巧团体、心理治疗团体、支持和自助团体、任务团体以及成长团体等。

其实，在心理健康教育中，团体心理咨询的应用领域很广。就高校而言，团体咨询领域主要有：

- 大学生成长问题辅导(家庭影响、生命模式分析等)。
- 心理健康问题指导(压力处理、挫折的承受和应对、男女相处等)。
- 领袖才能训练(社交、沟通、团队合作、时间管理等)。
- 人际关系辅导(自我认识、信任建立、助人技巧等)。
- 就业技能训练(自我探索、表达练习、求职技巧等)。
- 学习技能培训(学习方法探索、考试技巧练习等)。
- 各类工作坊(如生涯规划、自我拓展训练等)。
- 特殊群体工作(如贫困生、单亲家庭学生、学业困难生、问题行为学生等)。

二、团体心理咨询的发展过程

1. 探索期

同心理咨询起源于欧美一样，团体心理咨询与治疗也是最早在欧美发展起来的，许多心理学家和精神病学家都为它的发展做出过贡献。其中美国内科医生普瑞特是人们公认的团体心理咨询与治疗之父。他于1905年组织了一个由医生和20多位肺病患者组成的治疗小组，采用讲课、讨论、现身说法等形式开展集体心理治疗，这是团体心理治疗小组的雏形。

1909年，精神科医生兼牧师马施开始尝试以团体心理治疗的方法治疗精神病人，他是第一个把团体心理治疗方法引进精神病治疗与康复工作的精神科医生。1920年，维也纳精神病医生莫瑞诺创编了一种团体心理咨询与治疗的新方法——心理剧，即用表演的方法来启发小组成员对人际关系及自我情况有所认识的方法，这一方法沿用至今。1932年，莫瑞诺在他的一篇文章中首次使用了"团体心理治疗"这一术语。20世纪30年代初，斯拉夫森在纽约运用团体心理治疗的方式为诊断和治疗有行为问题的青少年做出了开创性的工作。

2. 发展期

二次世界大战造成千百万人流离失所，大批士兵出现精神障碍，单靠个体心理咨询与治疗已远不能满足社会需要。在此背景下，团体心理咨询与治疗得到重视，并迅速发展起来。

20世纪40年代后期，美国社会心理学家勒温提出了"团体动力学"，并做了大量实验研究，为团体心理咨询与治疗的发展做出了特殊的贡献。1947年，在他的指导下建立了美国"国家训练实验室"，又称"人际关系训练实验室"。这一实验室的建立在团体心理咨询史上有十分重大的意义。因为从前的团体心理咨询主要是针对心理或行为有问题的人做矫正治疗，而如今的团体心理咨询已不仅做这种矫正性治疗，同时为正常人提供发展性教育和培训。"团体心理咨询"这一概念开始为人们所熟悉。1949年，美国精神病专家沃尔夫首先将精神分析理论应用于团体心理咨询。50年代，行为治疗开始兴起，美国心理学家拉扎勒斯首先将以学习为基础的行为疗法应用于团体心理咨询与治疗。

20世纪60年代，人本主义心理学兴起，对团体心理咨询与治疗产生重大影响的是罗杰斯等所推进的以"交友集体"为标志的人类潜能开发运动。

3. 团体心理咨询现状

在美国，20世纪七八十年代以来，各种类型的团体心理咨询活动，特别是交友集体如雨后春笋般地涌现出来。罗杰斯等人倡导的人类潜能开发运动受到越来越多的关注，全国各地有几百万人自愿参加这种团体。在青少年心理障碍问题的预防与治疗方面，团体心理咨询与治疗得到了广泛的应用。

团体心理咨询与治疗主要采用的有4种理论，即：精神分析理论、行为主义理论、存在——人本主义理论和认知——行为理论。精神分析是将精神分析的方法应用到团体心理咨询与治疗中；行为主义理论是把行为疗法应用到团体心理咨询与治疗，通过改变不适应行为以使症状缓解、消除；认知——行为理论是将认知疗法与行为疗法结合起来，以帮助求助者产生认知、情感、行为方面的变化；存在——人本主义理论以存在主义哲学为基础，比较强调人的价值、人的向善的倾向以及人自由选择的权利和能力，强调通过人际间的交互作用促进求助者的变化与成长。这些理论各有其优点，但自20世纪70年代以来，治疗家们就开始对各种理论进行整合并发展成一种运动。因为，治疗家们发现，没有一种单独的理论可以有效解决所有的心理障碍。这种方法与技术的整合也必将会带来理论上的突破，促进团体心理咨询与治疗更深入的发展。

从20世纪80年代起，团体心理咨询与治疗在香港和台湾就有较迅速的发展，在大陆则是90年代初才开始出现。现在团体心理咨询与治疗的应用范围日趋广泛，它既可以被用于治疗各种神经症，如恐怖症、抑郁症、神经衰弱症等；也可用于解决正常人的心理障碍，用于发展性目标，即帮助正常人解决其成长中遇到的种种适应问题，还被广泛地应用于企业的员工培训中，如潜能训练、拓展训练、成功训练等。

三、团体心理咨询的操作过程和常用方法

(一)团体心理咨询的准备

1. 培训咨询师和助手

咨询师是团体心理咨询活动得以顺利开展的基础和保证。因此，在团体咨询开始之前，首先要对咨询师进行培训。一个优秀的咨询师不仅要能接纳自己，还要能与他人和睦相处；不仅要具备团体领导技能，而且要有针对特定主题的知识。咨询师的培训内容包括：知识学习，如离婚的影响有哪些，怎样开展自信心训练；技能技巧训练，如对他人的情感、反应、言语产生同感的能力；此外，自信、情绪稳定、善于表达情感、尊重别人、乐于助人、宽容、思维敏捷等素质训练也是必不可少的。

对于比较大的团体咨询活动，还需要培训助手以帮助咨询师布置场地，配合咨询师开展活动。

2. 确定咨询目标

团体心理咨询开展之前，最重要的就是要选定一个合适的活动目标，因为今后的整个活动都是围绕着这个目标开展的。目标从大的方面来说有发展性目标和治疗性目标两类，但具体到一个实际的团体心理咨询活动，目标必须集中、明确、具有可操作性。例如，在"如何接受别人的关心与帮助"这个单元名称下面，可以设立下列单元目标：

(1) 了解接受别人的关心与帮助的重要性；
(2) 在人际沟通中能适时地接受别人的关心与帮助；
(3) 在接受别人的关心与帮助中建立良好的人际关系。

这样的活动目标就定得比较具体、可行，所以实现目标的可能性就大，也为后面整个活动的设计奠定了良好的基础。

当活动目标确定后，还需要为活动设计一个好听的名字，要求既具有独特性、可理解性，同时又富有吸引力，还要考虑到未来成员的心理承受力。比如，"挑战自我""人际交往小组""自我拓展训练小组""生涯发展设计小组""生活规划工作坊"，等等。

3. 设计团体咨询计划

合理、有效的团体咨询计划是团体咨询活动开展的依据，也是取得预期效果的重要前提，计划内容包括几个方面。

(1) 小组规模。团体心理咨询是以小组(集体)形式开展的，活动计划首先就应考虑到小组的规模。小组人数过少，组员会感到有压力、乏味；人数过多，组员间不易沟通，参与交往机会受到限制。所以必须确定一个较理想的小组规模，一般说来，7~15人较为恰当。

(2) 活动时间、次数及频率。小组活动可分为集中式小组和持续式小组。集中式小组是将组员集中住宿，在几天时间内进行团体心理咨询活动，一般以3~5天为宜，最长不超

过1周；持续式小组是定期的，一般8～15次为宜，每周1～2次；每次1.5～2小时，持续4～10周，活动时间要考虑到组员的方便。

(3) 活动场所。由于团体咨询的内容包括冥想和松弛运动，因此，活动场所要求安静，有足够空间，使人有安全感。此外，在计划中还要考虑经费预算。

4. 咨询前的准备工作

根据活动需要准备卡片、笔记本、收录机、磁带、摄像机、电视机、照相机、音响等。

5. 小组成员的选择

(1) 招募小组成员的途径。小组成员的招募应坚持自愿参加的原则。招募途径主要有3种：一是通过宣传手段，成员报名参加；二是辅导者根据平时咨询情况，建议某些人参加；三是由其他人介绍。其中宣传招募是最常用的，宣传方式也是多种多样的，如张贴海报、开讲座、利用大众传媒等。

(2) 筛选。为使团体咨询活动更具针对性，在所有报名者的基础上还要进行筛选。筛选可分为初次筛选与第二次筛选。初次筛选时一般用量表进行筛选，可以用1～2个合适的量表，选出得分较高的人。然后进行第二次筛选，这次可同时用几种技能，一是面谈法，了解一些报名者的基本情况；二是量表法，再填一些能反映活动目标的量表，以备以后评估之用；三是请他们写一份简单的自我情况报告，包括入组目标、生活中重要的人和事等，经过这次筛选就可以确定最终的组员。另外，这时还需要让组员们填写申请书，以保证他们遵守小组规则，顺利完成各项活动。

(二)团体心理咨询的操作过程

团体心理咨询的操作过程分为导入、实施、结束3个阶段。下面我们就具体的来说明一下小组活动的运作。

1. 导入阶段

导入阶段一般指小组的前一、二次聚会，目的是让组员互相实习、互相了解、消除紧张，建立一种安全、信任的气氛，为以后的活动奠定一个良好的基础。

小组活动开始时，组员大多互不相识。一方面他们很想知道其他组员的个人情况及存在的心理问题，同时又有点儿恐慌、焦虑，怕不被人接纳，怕在他人面前出丑。因此这一阶段活动的重点是组员间彼此熟悉和接纳。所以这一阶段的活动又称为热身活动、破冰运动。活动内容也是一些比较简单、容易的互相认识的游戏。

导入阶段的活动可以分为静态讨论和动态活动两类，前者适合于一些解决问题的小组，后者适合于多种类别的小组，尤其适合于青少年。

活动开始时，咨询者可以先大致介绍一下团体心理咨询概况及小组的情况，然后同组员集体宣誓，遵守小组规则，之后安排一些活动，可以采用做游戏的方式让组员进行自我介绍或介绍他人，比如"最佳拍档""猜猜我是谁""征集签名"等。聚会结束时可以让组员回去写一下参加本次活动的感受及对今后活动的期望、建议，等再次聚会时大家分享作业。以后每次聚会结束都有类似的作业。当组员已比较熟悉，能开放自己时，导入阶段便告结束，开始进入第二阶段。

2. 实施阶段

这一阶段是团体心理咨询的关键阶段，也是活动目标的达成阶段。它是在前一阶段组员之间形成相互信任、相互坦诚关系的基础上，把小组当成一个安全的实验场所，通过组员间的相互影响、人际互动，使彼此能谈论自己或别人的心理问题和成长经验，一方面争取别人对自己的理解、支持、指导，另一方面发现自己的缺点和弱点并练习改善自己的心理与行为，以期能将学到的技能或改变的行为扩展到现实生活中去。

这一阶段采用的小组活动形式和方法因咨询的目的、类型、对象的不同而不同。有的小组采用讲座、讨论、写日记等形式；有的小组采用自由讨论；有的小组主要采用行为训练、角色扮演等方法。其中以系列活动的形式居多。较常见的如自我探索活动有"我是谁""生命线""自画像""墓志铭""生命计划"等；相互支持的活动有"热座""戴高帽"等。

3. 结束阶段

这是指小组的最后几次聚会，目的是巩固小组咨询的成果，作好分别的心理准备。咨询师应该充分把握时机，给小组活动画上一个圆满的句号。结束阶段做得好可以使成员深入掌握在小组中取得的经验，对小组留下美好的回忆，能把小组中学习成果运用到正常生活中，达到真正的成长目标。

结束活动的方式可以分为 3 类：一是回顾与反省。大家回想一起做了些什么，有哪些心得体会，有哪些意见。二是祝福与道别。可以自制一些小礼物互相赠送，也可以说一些鼓励与祝福的话，维持并增进已建立的友谊。三是计划与展望。讨论今后的打算，应该定什么计划，对未来有什么展望等。

这一阶段常采用的活动形式有"总结会""联谊会""反省会""大团圆"等。通过前两个阶段的活动，原来互不相识的人已经成为朋友，集体气氛和谐亲密、心情舒畅、相互信任，在这种气氛下离别多少会有些伤感，因此，需要安排好结束工作。活动结束后，也可在必要时再重新聚会，进一步交流，了解小组活动效果的保持情况。

(三)团体心理咨询的常用方法

团体心理咨询的方法一般根据小组活动目标和参加对象的不同而不同，运用最多的是头脑风暴、角色扮演和行为训练。

1. 头脑风暴(Brain storming)

头脑风暴又称思潮冲击法、脑力激荡法，是培养创造性的方法之一。它是由美国企业家、发明家奥斯本首创，是目前世界范围内应用最广、最普及的集体智力激励方法。它通过暂缓对大家提出的设想做出评价，以鼓励人们对同一问题做出多种解答的方法。它遵循以下4条基本原则。

第一，禁止随意批评他人的答案；

第二，鼓励畅所欲言；

第三，鼓励多种想法，且多多益善；

第四，欢迎进行综合归纳和提出改进意见，其主要目的是避免过早集中于某一答案而忽视最佳答案的提出。

心理学家提出这种方法的初衷是培养学生的创造性思维。以后在创造性活动中，人们常运用这种方法。它也是团体咨询中运用最普遍的小组活动方法之一。它要求在小组内就某个问题人人可以畅所欲言、不受任何限制地发表自己的意见，没有任何想法会被认为是太狂野或太疯狂而不可以提出。头脑风暴不仅可以在团体咨询中使用，也可以在教育教学、员工培训中使用。为保证头脑风暴的顺利进行，最好在头脑风暴开始之前，指定以下5个基本角色由小组成员轮流担任。

(1) 召集人：负责召集小组讨论。

(2) 记录员：承担小组中每一位成员的发言记录。

(3) 计时员：保证小组内每一位成员的发言时间。

(4) 噪声控制员：控制小组讨论的声音音量。

(5) 汇报人：代表本组汇报小组讨论的结果。

2. 角色扮演

角色扮演是指用表演的方式来启发小组成员对人际关系及自我情况有所认识的方法，如心理剧。角色扮演通常由小组成员扮演日常生活情境中的角色，使成员把平时压抑的情绪通过表演得以释放、解脱，学习人际关系的技巧及获得处理问题的灵感并加以练习。角色扮演一般从成员中找到素材，然后稍加准备，对全体组员讲明场景，让组员自愿选择角色，扮演中可以互换角色。最后要注意发起组员进行讨论，互相启发、互相支持。角色扮演，说得简单一点，就是学会换位思考的方法。

3. 行为训练

行为训练是指以行为学习理论为指导，通过特定程序，学习并强化适应性行为，纠正并消除不适应性行为的一种心理咨询与治疗方法。小组中的行为训练一般是通过咨询师的示范、指导以及小组成员间的人际互动实现的。行为训练包括放松训练、自信训练等。行为训练一般应由易到难。

团体咨询还有多种形式，如系统家庭法、坦诚小组法等。利用团体咨询可以使个人在人际关系中获得自信；可以使成员感受到对团体的需要；可以帮助个人获得必要的社交技能。

学校团体心理咨询应用举例如表12-1，表12-2所示。

表 12-1 自我拓展训练

次 数	主 题	活动内容	目 的
1	前期准备	小组承诺书 问卷调查	说明自我拓展要从了解自身开始
2	相识	热身操、胸卡情怀 问与答	成员之间达成初步的相识，减少拘谨感
3	回顾	人以群分、无家可归 心有千千结	认识到人有归属的需要、有不同的划分模式、心结终究能打开
4		人生曲线、生命线	回顾自己走过的人生历程，并重新认识这段历史对人生的意义
5	自我觉察	我是谁？ 我的原生家庭	检查对自己的了解程度，并客观认识影响自我成长的因素
6		人际关系中的我	从多种角度认识自我，并寻找理想与现实的差距，及改变现实的可能性
7		自画像	以非语言的方式自我表达，了解自我的心理空间
8		人生盾牌 我是一个独特的人	了解自我对成败得失及人生的看法，认识到自己是独特的个体，可有独特人生
9		T恤展览	自己的设计是独一无二的，学会自我欣赏
10	自我价值	澄清价值观	了解在自己的生命中，什么最重要，学会在人生中把握最重要的东西
11		临终遗言	了解自己的一生中还需要什么？就目前来说哪些可以开始？
12		精神拍卖	认识到人生的很多机会，目前要当机立断，否则就将成为遗憾
13	自我展望	命运在我手中	认识到每个人都多必须为自己的抉择和行为负责
14		同舟共济	向"不可能"挑战，培养敢于尝试的勇气
15	结束 真心英雄	问卷调查 把心留住 握手告别	总结整个活动的收获，送上对他人的祝福和期望，感谢一起走过的日子

表 12-2　生涯发展设计

次数	主题	单元目标	活动内容
1	明确目标	介绍方案设计、要求、规则	相互认识——找亲人
2	生涯觉察	什么是"生涯"？生涯的目的，生涯角色，生涯发展任务	头脑风暴 作业：前传
3		生涯形态，生涯主体性觉察。我的背景，从我的家庭看我的发展	家庭树 生命中的重要他人
4		我的生涯年历、生涯需求，你目前关心或想要做的事	生涯幻游
5	自我探索	了解自我——人格类型	20个"我是谁"自画像
6			度假计划
7	生涯规划	个人风格	户外　盲人之旅
8		价值观选择	我的5个价值观
9		整合个人特质，找出暂定生涯目标	空椅法
10	职业、环境探索	职场分析，我看职业、我心目中的理想职业	生涯博览会
11		重估个人资源，学会选择	高考故事
12	决策、计划	理性决策	平衡单
13		重塑生涯计划	生涯彩虹图
14	回顾	评估与结束	把心留住

项目思考

1. 心理咨询应遵循哪些原则？
2. 影响咨询效果的因素有哪些？
3. 简述大学生心理咨询的步骤和应注意的问题。
4. 什么是团体咨询？简述团体咨询的操作过程和常用方法。

参 考 文 献

[1] 李健荣. 大学生心理学[M]. 西安：陕西人民出版社，1990.
[2] 常挽波. 大学生成才心理学[M]. 北京：中国青年出版社，1988.
[3] 邵龙宝. 大学生心理健康导论[M]. 大连：大连理工大学出版社，1998.
[4] 陈杜育. 大学生职业心理辅导[M]. 北京：北京出版社，1998.
[5] 梅传强. 大学生心理健康教育[M]. 北京：中国法制出版社，2001.
[6] 黄希庭，郑涌. 大学生心理健康教育[M]. 北京：高等教育出版社，2001.
[7] 张智勇，边慧敏. 大学生就业指导[M]. 成都：西南财经大学出版社，2003.
[8] 刑莹，吴敏. 大学生心理健康教育[M]. 郑州：郑州大学出版社，2003.
[9] 孤草. 逆境心理学[M]. 北京：大众文艺出版社，2001.
[10] 姜宪明. 大学生心理自我保健[M]. 3版. 北京：北京出版社，2001.
[11] 樊富珉. 大学生心理健康研究[M]. 北京：清华大学出版社，2002.
[12] 桑志芹. 大学生心理健康教程[M]. 南京：江苏人民出版社，2002.
[13] 辽宁省教委思想政治教育处等. 大学生心理健康导论[M]. 北京：人民出版社，1998.
[14] 新世纪高等职业教育教材编审委员会组. 新编大学生心理健康[M]. 大连：大连理工大学出版社，2003.
[15] 车文博. 心理学原理[M]. 哈尔滨：黑龙江人民出版社，1986.
[16] 樊富珉. 大学生心理健康与发展[M]. 北京：清华大学出版社，1997.
[17] 海云明. 情感智商[M]. 北京：中国城市出版社，1997.
[18] 王登峰，张伯源. 大学生心理卫生与咨询[M]. 北京：北京大学出版社，1992.
[19] 杨琴珠，朱苓，等. 大学生心态调节[M]. 合肥：安徽教育出版社，1994.
[20] 韩翼详，常雪梅. 大学生心理辅导[M]. 杭州：浙江大学出版社，2003.
[21] 张春兴. 现代心理学[M]. 上海：上海人民出版社，1994.
[22] 胡德辉. 大学生心理与辅导[M]. 广州：中山大学出版社，2000.
[23] 李继文. 通向心理健康之门[M]. 上海：东华大学出版社，2004.
[24] 章明明，冯清梅，韩励. 大学生心理发展与教育[M]. 广州：暨南大学出版社，2004.
[25] 王群. 大学生心理健康教育[M]. 上海：复旦大学出版社，2005.
[26] 贺淑曼，李焰，赵丽琴. 大学生心理优化辅导[M]. 北京：高等教育出版社，2005.
[27] 肖永春，齐亚丽. 成功心理素质训练[M]. 上海：复旦大学出版社，2005.
[28] 朱彤. 情商决定成败——搭建非智力成功平台[M]. 北京：京华出版社，2006.
[29] 冉超凤，黄天贵. 高职大学生心理健康与成长[M]. 北京：科学出版社，2008.
[30] 李先锋. 大学生心理健康十五讲[M]. 2版. 北京：电子工业出版社，2011.
[31] 边玉芳. 心理健康教师用书[M]. 上海：华东师范大学出版社，2007.
[32] 张革. 大学生心理适应指南[M]. 北京：北京工业大学出版社，2010.
[33] 刘欣. 大学生心理健康教育教程[M]. 南京：东南大学出版社，2012.
[34] 陈桂兰. 大学生心理健康辅导教程[M]. 北京：高等教育出版社，2011.

[35] 吴世珍. 大学生心理健康[M]. 中国标准出版社，2014.

[36] 龙瑞金，戴益信. 大学生心理健康教育[M]. 江苏大学出版社，2014.

[37] 王福顺，傅文青. 中医情绪心理学[M]. 中国中医药出版社，2015.

[38] 段鑫星，赵玲. 大学生心理健康教育[M]. 科学技术出版社，2008.